한국사

16

고려 전기의
종교와 사상

국사편찬위원회

자문위원

민 병 하　　변 태 섭

편찬위원

박 용 운　　최 병 헌　　홍 승 기

집필(고려 전기의 종교와 사상)

김 두 진　　리 영 자　　서 영 대
양 은 용　　이 봉 춘　　이 상 선
이 해 준　　이 희 덕　　천 혜 봉
최 병 헌　　최 창 조　　홍 윤 식

기획 · 편집

신 재 홍　　변 승 웅　　이 근 택
고 혜 령　　권 영 국　　김 영 미
나 애 자　　박 남 수　　박 한 남

복간 간행 : 김 용 곤 · 장 득 진

한국사 간행취지

우리 겨레가 앞으로 어떻게 살아갈 것인가 하는 문제는 우리들은 물론 우리와 더불어 살아가는 세계인들의 관심사일 것이다. 이에 대한 해답은 과거에 어떻게 살아왔는가 하는 우리 역사에 대한 인식을 통해 찾을 수 있을 것이라고 생각된다.

본 위원회에서는 이미 1970년대에 『한국사』 25권을 간행하여 해방 이후 한국사의 연구성과를 집대성함으로써 한국사에 대한 인식을 새롭게 한 바 있다. 그 이후 한국사회는 놀라운 성장과 발전을 이루었고 역사학계도 상당한 연구성과를 축적하였다. 이러한 변화에 발맞추어 한국사학계는 새로운 『한국사』 편찬의 필요를 느끼게 되었다.

이에 본 위원회는 일차적으로 한국사 연구지원비를 마련하여 역사학계로 하여금 1980년대 중반까지 연구성과가 미진하다고 생각되는 분야를 연구할 수 있도록 하였다. 이어서 1989년부터 1990년까지의 준비를 거쳐 1991년에는 '신편 한국사 편찬위원회'를 따로 구성하고 총 60권에 달하는 새로운 『한국사』를 편찬하기로 하였다. 그리고 다음과 같은 『한국사』 편찬의 목표를 세웠다.

① 한국의 역사와 문화에 대한 객관적 인식의 토대를 제공할 수 있는 한국사를 편찬한다.

② 민족의 창조적 문화활동과 민족사의 내재적 발전을 드러내는 한국사를 편찬한다.

③ 최근까지의 연구성과를 체계화하고 새로운 영역을 개척함으로써 한국사 연구의 지평을 넓힌다.

④ 한국사 연구와 관련하여 고고학·인류학·사회학·경제학 등 인접학문의 연구성과를 수용하여 한국사 인식의 폭을 넓히는 데 기여한다.

새로운 『한국사』를 펴내면서 우리 모두가 바라는 바는, 민족의 통일에 대비해야 하고 급격히 변화하는 시대상황 속에서, 한국사 연구자의 깊이 있는 연구를 도와주고 독자들의 역사인식을 드높일 수 있는 길잡이 구실을 할 수 있었으면 하는 것이다.

국사편찬위원회 위원장

목 차

Ⅱ. 유 학

Ⅲ. 도교 및 풍수지리·도참사상

개　　　요

I

나말려초 고려국가의 성립 기반이었던 고대 신분체제의 폐기와 수취체제의 개혁을 중심으로 한 사회전환에 상응하여 사상계도 커다란 변화를 겪게 되었다. 사상계의 주요한 변화로서 들 수 있는 것은, 첫째 신라 말기의 崔致遠·王居仁 등을 비롯한 경주 6두품 신분의 지식계급이 등장하여 유교사상의 입장에서 진골귀족 중심의 독점적인 지배체제와 역대 정치의 문란을 비판하면서부터 유교가 새로운 정치와 사회의 방향을 모색하지 않을 수 없는 단계로 들어가게 된 것이었다. 그리고 둘째는 불교계의 변화로서 고대 진골귀족이 가졌던 族的 관념에 대항하는 지방의 호족세력이 일어나는 것에 상응하여 교종 중심의 불교 전통에 대한 도전으로서 선종이 새로 대두되어 불교계의 새로운 조류를 형성한 것이었다. 그 다음 셋째는 호족세력에 그 지방의식의 성장을 자극하는 것이며, 그 타당성을 부여하는 것으로서 풍수도참설이 선종의 대두에 부수되어 새로 유행하여 사회변화의 추진체 역할을 담당하게 되었다. 그리하여 지방 호족세력과 경주 6두품세력이 주체가 되어 성립한 고려에 들어와서는 정치적인 혼란이 수습되고 새로운 사회질서의 수립이 모색되면서 신라시대의 것과는 질적으로 다르고, 그리고 보다 확대된 정신세계를 발견하려는 운동이 전개되기에 이르렀다.

먼저 유교에 있어서는 고려 건국의 주체세력이었던 지방 호족세력의 진출과 참여를 가능케 하는 중앙집권체제의 정비에 따라 그 운영원리로서 신라시대의 족적 관념 대신에 새로 유교정치사상체계를 수립케 되었다. 그리하여 고려시대의 사상계는 불교와 함께 유교가 2대 주류를 이루어 공존을 모색하고 상호 영향을 주면서 발전하게 되었다.

다음 불교계에 있어서는 신라시대의 사상사적 과제가 주로 교학면에서 대승불교의 2대 조류인 中觀學派와 唯識學派의 통합 문제이었던 데 비하여 고려시대에는 그 교종(이론체계)과 선종(실천방법)의 조화 문제가 새로운 중심과제로 대두된 것이었다. 고려 불교사는 실로 교·선 대립의 극복과정이라고 할만한 것으로서 여러 단계의 시도를 통해서 신라시대와는 질적으로 다른 불교사상을 성립시키게 되었다.

그 다음 풍수도참설은 나말려초의 사회적인 전환기에 國土再計劃案의 성격까지 가져 마침내 고대문화의 중심지였던 경주의 위치를 약화시키고, 개경으로의 문화 중심의 이동과 각 지방의 문화밀도를 평준화하는 구실까지 함으로써 고려 건국의 타당성을 부여하였고, 나아가 고려 문화의 기반을 크게 확대시키는 결과를 가져왔다.

II

고려가 후삼국을 통일한 이후의 사상사적 과제는 중앙집권체제의 수립에 상응하여 그 운영원리로서의 유교정치사상의 성립과, 그리고 난립된 불교교단의 정비와 사상의 통일이었다. 먼저 유교정치사상에 관해서는 일찍이 태조 때에 후삼국을 통일하는 과정에서 유교사상에 입각한 국가운영의 방향을 제시한 바 있었다. 그러나 국가운영의 주체로서 유교적인 지식계급이 성립할 수 있는 조건은 광종 때의 과거제도의 설치를 통하여 비로소 마련될 수 있었다. 그리고 성종 때에 서적을 수집하고 교육을 적극적으로 장려함으로써 유교정치이념의 실천을 담당할 수 있는 지식계급을 양성시키면서 유교정치이념이 성립할 기반을 마련하였다. 이러한 진전은 전시대의 사회적 모순을 극복하고 스스로 새로운 사회를 개척하여 온 역사적 경험을 통하여 이루어진 것이었다. 성종 때 활약한 崔承老는 유교정치이념에 입각하여 정치질서·사회질서를 바로 잡기 위한 개혁안으로 「時務二十八條」를 올려 그 대부분이 채택되어 실행을 보게 되었다. 그 개혁안에 의하면 최승로는 정치운영에 있어서 불교의 영향을 가능한 한 배제하고 유교사상에 의거할 것을 주장하였다. 그러나 그는 유교사상을 받아들임에 있어 고려 사회가 필요로 하는 전진적인 정치와 사회의 운영원리로서만 이해하면 족한 것이고 일상생활에 있어서는 고려의 생활전통과 관습을 그대로 따를 것을 말하였다. 또한 중국에 대한 「事大」라는 것도 외교적인 예의로 생각하는 데 그쳤으며, 정신적·문화적으로까지 영향을 줄 수 있는 것으로는 보지 않았다.

그런데 이러한 초기의 학풍도 對契丹戰爭 이후에 와서는 문벌귀족세력의 성립과 함께 지배세력 안에 파벌성·계층성의 차이가 심화되면서 점차 보수적인 성격을 띠게 되었다. 거란과의 전쟁이 일단 끝난 뒤에 와서 지방 호족세력의 참여와 전통적인 북진주의를 그대로 주장하던 세력들은 밀려나고, 중앙집권체제의 안정과 기성집권세력의 안전만을 위주로 하던 외척과 문신 등의 일련의 세력이 주도하게 됨에 따라 초기의 진취적인 학풍은 퇴색되고 차차 보수적인 성격을 띠어 유교정신을 강조하기보다는 귀족사회의 안일함만을 찬미하는 한문학이 성하여 갔다.

대표적인 외척세력으로 등장한 仁州 李氏와 결탁한 崔冲은 문종 당시에 문신으로서의 영도자적인 위치에 있었고, 그의 유학의 학문 수준도 대단히 높았던 것이었다. 그러나 고려 초기의 유학이 지방출신의 신지식계급의 진출을 장려하는 성격을 가졌던 것에 반하여 최충의 유학에 와서는 여러 가지 신분상의 조건에 제한을 가하여 지방출신의 진출을 억제하고 지배계급의 자기도태를 시작하여 중앙 문벌귀족세력의 안전을 도모하는 데 동조하였고, 그 대변자적 구실을 하는 보수적 성격을 띠게 되었다. 그가 정년으로 퇴직한 뒤 九齋學堂이라는 사학을 세워 학도들을 가르치자, 다른 학자들도 이에 따라 많은 사학을 일으켰으므로 사학 12도가 생기게 되었다. 당시 귀족들의 문벌존중의 풍조에 따라 사학은 크게 융성하였고, 그들은 각기 학벌을 형성하여 귀족세력을 더욱 강화하는 구실을 하게 하였다. 사학은 유학의 수준을 높이는 데 크게 기여하여 성리학에서 비로소 중시하는 心性의 문제를 인식하는 단계에까지 이르고 있었으나 성리학을 수용할 수 있는 신진세력의 성장이 이루어지지 못함으로써 그 이상의 발전을 보지는 못하였다.

한편 사학의 융성은 상대적으로 국가가 직접 교육을 관할하는 능력을 그만큼 약화시켜 관학의 부진을 초래하게 되었다. 이리하여 국가에서는 관학진흥책을 마련하지 않을 수 없게 되었다. 숙종 때에는 국자감을 강화하고자 국자감에 書籍舖를 두어 서적의 간행에 노력하였고, 예종 때에는 사학에 밀리고 있는 관학을 부흥시키려고 국자감을 재정비하여 7齋라는 전문강좌를 설치하였다. 이 관학 7재는 최충의 9재를 모방한 것으로 과거시험 준비기관의 성격을 가진 것이었다. 또 예종은 養賢庫라는 일종의 장학재단을 설치하여 관학의 경제기반을 강화하였고, 궁내에 淸讌閣과 寶文閣의 학문연구소를 설치해서 學士를 선발해서 충당하고 도서를 수집하여 經史를 연구케 하였다. 그리고 인종 때에 와서는 京師 6學과 鄕學의 제도를 세워 지방에까지 관학의 교육기관을 정비하기에 이르렀다.

당시의 대표적인 문인학자로는 金仁存·朴昇中·金富軾·尹彦頤·鄭知常 등을 들 수 있다. 그 중에도 경주계 인물들인 김인존·김부식 등은 예종 때 尹瓘의 九城役이 실패로 돌아간 뒤에 한편으로는 윤관 세력에 대한 경쟁자로서, 다른 한편으로는 인주 이씨세력에 대한 비판세력으로서 등장하여, 먼저 정지상 계통과 합세하며 李資謙을 타도하고, 그 뒤에 金에 대한 사대를 주장하면서 묘청·정지상 등의 서경천도운동을 저지하고 그들의 영도세력을 구축하게 되었다. 김부식 등의 유학 수준은 당시를 영도하는 입장에 있었는데, 그들은 유교를 國家治國의 正道로 내세웠고, 군주와 관료들에게 도덕적 수양을 강조하였다. 그러나 그 유학의 사회적 성격은 점차 사대와 보수의 성격을 드러내어 귀족사회의 모순을 해결할 수 있는 능력을 상실하게 되었다. 인종 때에 김부식이 유교 사관의 입장에서 편찬한《三國史記》도 전통적 문화체질과는 거리가 먼 사대적이고, 보수적인 당시 유학의 성격을 나타내주는 것이었다.

III

신라 하대 선종이 새로 성립되면서 시작된 敎·禪의 사상적 대립은 고려에 들어와서도 그대로 계속되고 있었다. 그리하여 고려 초기에서의 불교계의 일차적인 문제는 난립된 불교 교단의 정비와 함께 그 사상의 통일이었다. 이러한 때에 불교계의 개혁을 과감하게 추진한 사람은 고려 4대 왕인 광종이었다. 광종은 당시의 불교계를 교종과 선종으로 양립시켜 교종은 華嚴宗 중심으로 정리하고, 선종은 새로 중국에서 法眼宗을 도입하여 난립된 선종 각

파를 정리하려고 하였다.

먼저 화엄종에서는 개경에 歸法寺를 새로 세우고 均如를 주지로 앉혀서 그를 통하여 후삼국시대 이래 南岳派와 北岳派로 분열되었던 화엄종단을 통합하고 아울러 화엄종의 교리체계를 재정리하게 하였다.

그리고 다른 한편으로 중국 선종의 일파인 법안종에서 교선일치를 내세우고 있던 것에 주목하여 法眼 文益의 문하에 있던 惠居를 귀국시켜 선종교단을 영도케 하고, 智宗 등 36명의 젊은 승려를 선발하여 吳越에 유학시켜 永明 延壽의 문하에서 수학하게 하였다. 광종은 또 법안종의 후원과 함께 天台學에도 유의하여 諦觀을 오월에 파견함으로써 오히려 침체되었던 중국의 천태종을 부흥시키는 데 큰 역할을 하였다.

광종 때의 이와 같은 사상적 노력은 교·선의 대립을 극복하기 위한 최초의 본격적인 시도로서 고려 불교의 수준을 한 단계 높은 차원으로 끌어올리게 되었다. 그러나 광종이 세상을 떠난 뒤에는 경종대의 반동정치에 의한 탄압과 성종대의 소극적인 불교정책으로 말미암아 더 이상의 발전을 보지 못하고 중단되어 버리고 말았다.

그 뒤 현종대 이후에 가서는 교종 계통의 法相宗이 새로 대두하여 화엄종과 함께 불교계의 주류를 이루게 되었다. 그리고 이 두 종파는 각기 왕실과 귀족세력에 연결되어 대립하게 되었다. 그 결과 교·선의 대립을 극복하려는 노력도 이루어지지 못한 채 그 대립은 그대로 1백 년간이나 계속되었다. 이러한 때에 義天이 등장하면서 이러한 분열과 대립을 극복하기 위한 일대 불교개혁을 시도하게 되었다. 그는 먼저 性相兼學을 내세우면서 화엄종의 입장에서 법상종 교단을 억압하여 교종을 정리하고, 나아가 敎觀幷修를 주장하면서 새로 천태종을 개창하여 선종을 포섭함으로써 교·선의 대립을 극복하고자 하였다. 의천은 당시의 대문벌귀족인 인주 이씨세력과 연결된 법상종 교단 측의 공격을 받아 한때 지방으로 밀려나기도 하였으나, 인주 이씨세력을 억압하고 즉위한 숙종의 후원으로 숙종 2년(1097) 國淸寺가 창건됨으로써 한국의 천태종을 창립하였다. 의천에 의한 천태종의 창립은 단순히 하나의 새로운 종파의 창설에 그치는 것이 아니라 5敎 9山으로 분열 대립되었던 전불교 교단을 재편하는 것이었고, 또 교·선의 대립을 극복하는 사상적 과제를 해결하는 것이었다. 그러나 의천의 교선통합사상은 절충적인 성격이 강하였기 때문에 천태종의 창립은 결과적으로 선종 교단을 天台宗과 曹溪宗으로 양분시키는 데 그쳤다. 그리고 또한 왕실 출신인 의천으로서는 당시의 사원들이 귀족들의 願堂으로서 재산도피나 정권싸움의 수단이 되고 있었던 불교의 사회경제적 모순을 극복할 수 있는 정신세계를 제시하는 것은 불가능하였기 때문에 귀족불교를 끌어내려 대중화하는 단계에는 이르지 못하고 말았다. 그리하여 당시 고려의 불교는 이중적 구조를 가지고 있어서 불교철학이나 사상의 이해는 지배세력인 지식계층에 국한되었고, 일반백성들은 미신적인 정신세계에서 의연히 벗어나지 못하고 있었다. 일반 백성들의 불교신앙은 민속종교의 기복적인 요소를 지니고 있었던 것이다.

한편 왕실과 귀족층의 절대적인 신앙이 되었고, 아래로는 농민이나 노비들의 뜨거운 종교적 열정을 만족시켜 주는 한편, 그 종교적 행사까지도 거의 국가적인 규모의 것으로 되어 비대할 대로 비대해진 불교교단을 유지하고 국민 교화의 효과를 거두어 나가는 데는 막대한 경제적 뒷받침이 뒤따르지 않을 수 없었다. 승려들은 과거제도의 시행에 따라 창설된 승과를 거쳐 법계와 승직을 받고, 국가로부터 토지를 급여 받았으며, 또 역의 의무에서 면제되었다. 이리하여 승려의 수는 늘어가는 형편이었고, 왕자나 귀족의 자제들 가운데도 승려가 되는 자가 많았다. 사원은 신라시대부터 물려받은 적지않은 寺有財産에, 다시 고려에 들어와서 왕실과 귀족의 기진, 농민들의 투탁, 토지의 겸병 등의 방법으로 그 소유지를 확대하여 갔다. 이 사원전은 면세의 특전을 누리고 있었기 때문에, 사원은 더욱 경제적으로 부유하여 갔다. 사원은 이와 같이 획득한 광대한 토지를 경작하기 위하여 막대한 수의 노비를 소유하고 있었고, 그밖에 양인신분으로 승려가 아니면서 사원에 예속된 사람의 수효도 적지 않았다. 사원은 국가에서 주어진 특권을 최대한도로 이용하여 그 소유지로부터 들어오는 수입으로 長生庫·佛寶 등의 고리대자본을 형성하여 이자놀이를 하였다. 또 양조·목축·상업 등의 방법으로 그 부를 늘려가기도 하였다. 이와 같은 사원의 경제력의 증대는 국가의 경제기반을 축소시키고 일반 농민들의 생활을 더욱 어렵게 하는 결과를 가져다주었으나, 다른 한편으로는 그 막대한 경제력을 기반으로 하여 대장경의 간행과 같은 거대한 문화사업과 빈민의 구제, 서민층에 대한 의료사업과 같은 사회사업을 전개하기도 하였다.

Ⅳ

고려시대에는 불교와 결부된 풍수도참설이 크게 유행하여 일반 백성들의 인식에 상당한 영향을 주었을 뿐만 아니라, 때로 왕실이나 중앙귀족들에게도 영향을 주어 정치적 대립에 이용되기도 하였다. 신라 말기의 선승인 道詵에 그 연원을 두었던 풍수도참설은 풍수지리설과 불교가 복합된 비보사탑설 및 國都의 선정과 관련된 地德衰旺設을 그 주요 내용으로 하는 것인데, 일찍이 태조대부터 국가적인 차원에서 주목받고 있었다. 태조의 「訓要十條」에서 찾아 볼 수 있는 사찰 창건에서의 위치 선정이라던가, 끝까지 반항하던 후백제의 옛땅을 背逆處로 규정한 것 등에서 풍수도참설에 대한 믿음을 엿볼 수 있는 것이다. 특히 「훈요 10조」에서의 서경에 대한 풍수지리적인 설명과 그 중요성의 강조는 그 뒤 줄곧 북진정책의 하나의 이론적 근거가 되었던 것이며, 때로는 유교정치이념의 보수화에 반발하면서 정치·군사면에 크게 영향을 미쳐 개경세력과 서경세력의 정치싸움에 이용되었다. 인종 때의 서경 천도설을 둘러싸고 일어난 묘청의 난은 그 대표적인 사건이었다. 그런데 고려 중기에 와서는 북진정책의 좌절과 아울러 서경 대신에 새로 남경, 즉 지금의 서울 일원에 대한 풍수지리설이 대두하여 고려가 망할 때까지 자주 정치적인 영향을 미치고 있었다. 남경에 대한 풍수지리설은 서경에 대한 그것과는 달리 한강이 지닌 인문지리에서의 가치가 점차 중요성을 띠게 된 반영이었던 것으로 보인다.

한편 고려시대의 민속종교에서 무속은 매우 우세하였다. 국가의 각종 의례나 종교적 행사에서 유교와 불교의 의식 이외의 巫俗行事도 공적으로 수행되었던 만큼 일반백성들의 신앙생활에서 무속이 차지했던 비중도 클 수밖에 없었다. 고려시대에서 排巫論이 일어나고 禁巫政策이 시행된 것은 말기에 이르러 성리학을 기치로 내세운 사대부세력이 등장하면서부터였다.

고려에서는 태조 이후 山·河·海·井 등 자연을 국가나 군사의 수호신으로 숭상하고 그것을 擬人化하여 이른바 神祇加號, 즉 신의 이름을 붙이고 때로는 벼슬을 내리기도 하였다. 그리고 역대 왕들은 궁중의 종교적 행사 가운데 상당한 부분을 무속에 의하여 개설하고 있었다. 무당을 불러 비를 빌고, 산신들에게 전쟁에 이기기를 기원하고, 아기를 빌고, 혹은 병이 나아지기를 기원하기도 하였다. 그리고 민간에서도 거의 집집마다라고 해도 좋을 만큼 수호신으로서 무교적 신을 모신 神祠를 갖추고 있었다. 또한 마을 단위로는 서낭굿·堂굿·堂山굿·山神祭 등의 이름으로 공동제의가 베풀어지고 수호신이 모셔졌다. 그리고 국가적으로 致祭된 것은 朱蒙의 어머니인 柳花를 모신 東明神祠, 개경의 수호신으로 받들어진 崧山神 등으로서 정기적으로 관리를 파견하여 제사케 하고 있었다. 그리고 고려 왕실의 祖靈 가운데 시조인 聖骨將軍 虎景은 山神祠(虎景祠)에 모셔진 산신으로, 태조의 할머니인 龍女는 井祠(開城 大井)에 모셔진 龍神으로 국가적인 숭앙대상이 되고 있었다.

한편 전시대의 전통을 그대로 계승하는 것으로서 성행되었던 무속은 불교·도교와 더불어 병존하면서 일면 혼합되고 있었다. 태조의 「훈요10조」에서 八關會가 天靈과 五嶽·名山·大川·龍神을 섬기는데 뜻이 있다고 한 바와 같이 무속의 자연숭배신앙을 그대로 간직하면서 불교와 仙風을 받아들여 일체화시킨 종합적인 종교행사였으며, 문화제였던 것이다. 묘청이 인종을 설득하여 서경에 세웠다는 이른바 八聖堂에 모셔진 神格들도 무속적인 자연숭배의 전통을 이어받은 이름과 신선의 이름, 불보살의 이름 등이 복합되어 있어, 무·불·선 합일의 대표적인 사례라고 할 수 있다.

〈崔柄憲〉

Ⅰ. 불　　교

1. 불교사상의 전개
2. 대장경의 조판
3. 불교행사의 성행
4. 사원의 경제활동

Ⅰ. 불 교

1. 불교사상의 전개

1) 나말려초의 교종과 선종

(1) 왕건의 선대 세력과 선종

신라 하대 초기에는 중앙귀족이었다가 지방의 연고지를 찾아 나아간 落鄕豪族 세력이, 지방에서 뿐 아니라 중앙에서도 상당한 영향력을 가지고 실질적으로 그 사회를 움직여 갔다. 그러나 신라 말이 되면 지방민과의 유대관계를 강화하면서 등장한 토착호족이나 軍鎭勢力이 오히려 강성해졌다. 진성여왕 이후 후삼국시대가 되면 지방의 대호족이 주위의 군소 지방세력을 흡수하면서 삼한을 통합하려는 기운이 익어가고 있었다. 후삼국의 혼란을 수습하여 새 사회를 건설해 나가는 것은 토착호족 세력과 군진세력이 제휴하면서 이루어져 갔다. 王建은 바로 이러한 세력배경을 가지고 등장한 인물이다.

왕건의 선조인 聖骨장군 虎景은 신라 하대 개성지방의 호족이었으며[1] 조부인 作帝建 때에는 開城·貞州·鹽州·白州·江華·喬桐·河陰 등의 백성을 동원하여 永安城을 쌓고 「宮室」을 지을 정도로[2] 강력한 호족세력을 형성하고 있었다. 또한 작제건은 서해의 龍女와 결혼한 것으로 되어 있다. 《編年通錄》에는 용녀가 막연히 서해 용왕의 딸로 되어 있으나, 李齊賢이 인용한 《聖源錄》에는 平州(平山)사람 豆恩坫 角干의 딸이라 하였다.[3] 용녀의 집

---

1) 李佑成, 〈三國遺事所載 處容說話의 一分析 - 高麗 其人制度의 起源과의 關係에서-〉(《金載元博士回甲紀念論叢》, 1969), 100쪽.

2) 《高麗史》 권 首, 高麗世系.

3) "昕康大王之妻 龍女者 平州人豆恩坫角干之女子也"(위의 책).

안은 평주지방의 호족이었는데, 西海龍으로 나타난 것은 해상세력임을 시사해주는 것이다.

왕건의 先代는 개성을 중심으로 한 토착 호족세력이었는데, 禮成江을 배경으로 한 해상세력과 결합하여 대호족세력을 형성하였다. 왕건의 부친인 龍建은 삼한을 병합하려는 의사를 가질 정도로 집권적인 대세력을 형성하였다.[4)]

신라 하대에 지방호족은 선종의 도움을 받으면서 독자세력을 형성하였다. 그들은 은근히 선종을 옹호하였고 선종사원을 경제적으로 후원하고 있었다. 왕건의 선대도 그 세력권 내에 여러 선종사원을 경영하고 있었다. 順之가 주지로 있었던 五冠山의 瑞雲寺도 그러한 사원 중의 하나였다.

순지의 생존 연대를 정확하게 알 수는 없다. 그는 약관에 오관산에 들어가 승려가 되었고, 헌안왕 2년(858)에는 중국에 유학했다. 65세에 입적한 것으로 되어있기 때문에, 순지는 20세에 승려가 되었고 30세에 중국에 유학한 것으로 추측한다면, 그는 적어도 진성여왕대까지는 활동하고 있었던 것으로 생각된다. 순지의 俗姓은 朴氏이고 浿江人이며, 祖考의 가업은 雄豪하였고 대대로 邊將으로서의 명예가 그 지방에 잘 알려져 있었다.[5)] 곧 순지의 집안은 지방호족이었다. 순지가 주지로 있었던 서운사는 그 이전의 龍嚴寺를 고친 것이었는데, 그 檀越은 왕건의 부친인 龍建과 조모인 龍女였다.[6)]

신라 하대의 선종은 外息諸緣 즉 밖으로부터의 거추장스런 간섭을 배제하면서 見性悟道를 주장하였다. 때문에 그것은 개인주의적 성향을 강하게 지니는「內證」을 강조하였다. 그러나 진성여왕대를 지나면서 지방의 대호족이 주위를 흡수 통합해 가는 분위기 속에서 선종사상은 변화하여 갔다. 순지의 선사상은 바로 이런 면을 밝힐 수 있게 한다.

《祖堂集》에 나오는 순지의 사상으로 相論과 三遍成佛論이 있다.[7)] 상론은

---

4) 金杜珍, 〈了悟禪師 順之의 禪思想 - 그의 三遍成佛論을 中心으로 -〉(《歷史學報》65, 1975), 11～13쪽.

5) 《祖堂集》 권 20, 順之.

6) 《祖堂集》 권 20, 順之傳에 의하면 順之가 주석한 五冠山 龍嚴寺의 단월은 元昌王后와 威武大王인데 서운사로 고쳤다. 元昌王后는 景(昕)康大王인 作帝建의 부인이며 威武大王은 龍建이다.

7) 우선 相論은 四對八相·兩對四相·四對五相으로 구성되어 있다. 4대8상은 所依涅槃相(◯相 : 頓悟)·牛食忍草相(㊉相 : 頓證實際)·三乘求空相(◯犇相 : 漸悟)

삼편성불론보다 초기에 형성된 사상으로, 지방호족의 독자세력 형성에 도움이 된 것이었다. 특히 兩對四相에서는 교학 불교의 경전이나 불타에 대한 권위의식을 부정하고, 他方의 부처나 정토를 찾는 대신 그것을 자기 안에서 구하게 했다. 양대사상에서 교학불교가 부정되는 것은 下根人의 경우에 한한다. 이것은 上根人의 경우 교학도 허용된다는 결론이 된다. 四對八相 중 牛食忍草相에서는 화엄사상이 융합되고, 露地白牛相에서는 법화사상이 융합되었다. 四對五相은 순지의 선사상 체계를 일원적으로 전개시킨 것이며, 사대팔상과 양대사상을 종합한 것이다. 그것은 성격면에서 양대사상과 통하지만, 그 논리의 전개 방법은 삼편성불론과 비슷하다. 곧 사대오상은 삼편성불론을 성립시키기 위한 교량적 역할을 했다.[8]

삼편성불론은 證理成佛·行滿成佛·示顯成佛로 나뉘인다. 증리성불은 頓悟에 의해, 행만성불은 漸修에 의해, 시현성불은 八相의 과정을 통해 성불한다는 것이다. 또 이 삼편성불의 경지는 모두 같다. 三遍實際論은 頓證實際·廻漸證實際·漸證實際이다.「內證外化」의 사상은 돈증실제에서 나타나는데, 선종사상과 화엄사상을 융합한 것이며, 돈오 후 自利利他行을 위한「衆行」을 행하게 한다. 회점증실제는「會三歸一」사상을 담고 있는데 선종사상과 법화사상을 융합한 것이며, 三乘人으로 하여금 돈오 후에 衆行을 행하게 한다. 점증실제는 교선일치의 사상을 담고 있는데, 漸敎悟나 頓悟의 어느 것으로도 깨칠 수 있음을 말하였다.

이러한 순지의 선사상은 지방의 대호족을 옹호하는 것이었다. 삼편성불론은 각기 독자적 방법을 추구하여 중생으로 하여금 내재적 實我를 발견할 수 있게 한다. 그러나 지방의 대호족을 중심으로 군소세력을 통합하는 데 필요

·露地白牛相(牛⃝相 : 廻漸證實際)·契果修因相(牛○相 : 衆行)·因圓果滿相(⊕相 : 衆行)·求空精行相(○牛相 : 衆行)·漸證實際相(⊕相 : 漸證實際)이다. 양대4상은 想解遣敎相(牛人⃝相 : 自己理智를 밝히지 못함)·識本還源相(人⃝相 : 열반을 인식함)·迷頭認影相人⃝(牛相 : 他方佛을 구함)·背影認頭相(人⃝相 : 自己佛을 인식함)이며, 4대 5상은 擧函索蓋相(○相 : 佛體의 가능성)·把玉覓契相(○相 : 佛體의 형성)·欽入索續相(厶⃝相 : 內在的 實我를 인식 못함)·已成寶器相(佛⃝相 : 衆行에 이르지 못함)·玄印旨相(土⃝相 : 實我를 추구함)이다.

8) 金杜珍,〈了悟禪師 順之의 相論〉(《韓國史論》2, 서울大 國史學科, 1975), 111~112쪽.

한 사상은 돈증실제론에서 나타난「內證外化」사상이다.[9] 內證은 頓悟의 과정이며, 내재적 實我를 추구하는 개인주의적 경향을 갖게 된다.「外化」는 주위의 세력을 포섭 융합해 가는 衆行과정이다. 회점증실제론에 나타난「회삼귀일」사상은 용건이 삼한을 통합하려는 의사를 도울 수 있는 것이었다. 점증실제론에 나타난「교선일치」사상은 지방의 대호족이 주위의 군소 지방세력을 흡수 동화하면서 통합된 세력권을 형성하기 위한 것이다.

순지의 선사상은 중국 潙仰禪宗의 接化法에서 영향을 받은 것이지만, 위앙선종 그대로는 아니다. 오히려 그의 선종사상은 元曉 사상의 전통을 이은 면을 지녔다. 특히 원효가 법화경의「회삼귀일」사상을 주장한 이후, 순지에 의해 그것이 다시 주장된 셈이다. 법화의「회삼귀일」사상은 삼한을 통합하려는 사회사상으로 성립된 것이었다.

순지의 삼편성불론은 고려시대 불교사상의 전개에 상당한 영향을 주었다. 義天은 화엄종에서 出身하여 법화사상을 수용하였고, 신라 말의 선종을 받아들이면서 天台宗을 성립시켰다. 이렇게 성립된 천태종은 순지의 사상과 비슷한 면을 지녔다. 또 순지의「교선일치」사상은 고려시대 불교의 교선융합사상에 영향을 주었다. 그의 돈증실제론은「先悟後修」를 주장한 知訥의「定慧雙修」로 연결된다. 점증실제론은 漸修를 닦은 후 頓悟 과정을 논한 것이기 때문에, 義天의「敎觀兼修」와 연결된다. 말하자면 순지의 선사상은 의천의 천태종이 일어나게 하는 데 밑거름이 되었고, 고려시대 불교사상의 형성에 크게 기여하였다.

(2) 왕건과 승려의 결합

후삼국 성립 이후가 되면 선사들은 물론 교종 승려들도 지방의 대호족과 결합해 가는 추세가 되었다. 왕건과 연결된 승려 중에는 화엄종 승려인 坦文과 법상종 승려로 추측되는 釋冲이 있었다. 또한 왕건과 연결된 선사들은 신라왕실과 연결된 흔적을 거의 찾아볼 수 없다. 이 때가 되면 선사들은 신라 중앙왕실과 연결됨으로 해서 사실상 아무런 이익도 권위도 보장받지 못했다.

---

9) 金杜珍, 앞의 글(1975), 43~44쪽.

고려 건국 이전에 왕건과 연결된 승려는 逈微·麗嚴·慶猷·利嚴 등의 四無畏士와 行寂·忠湛 등이다. 坦文·璨幽·玄暉·兢讓·慶甫·開淸 등은 고려 건국 이후에 왕건과 결합하였다.

왕건은 개성지방의 호족으로 예성강지역을 중심으로 한 해상세력에 기반을 두고 있었다. 弓裔의 부하로 있으면서 왕건은 궁예 3년(903, 효공왕 7) 羅州를 정벌하고, 이후 서해안 지역의 해상권을 장악하였다. 그 후 태조 3년(920)에 康州將軍 閏雄이 그 아들 一康을 보내어 왕건에게 귀부해 왔다. 이로써 康州를 중심으로 한 남해의 해상권이 왕건의 수중으로 들어오게 되었다. 이후 중국에 유학한 승려들은 왕건의 도움 없이 본국으로 돌아오기 어려웠다.[10] 이런 현상은 유학했던 지식인들의 향배가 왕건 쪽으로 기울고 있었음을 알려준다. 통일이 가까워지면서 중국 유학승뿐 아니라 국내의 승려들까지도 왕건과 결합되어 갔다.

고려 건국 이전의 승려들은 왕건과 직접 결합되기에 앞서 다른 지방호족세력과 연결된 흔적이 보인다. 行寂·麗嚴·利嚴·審希 등이 蘇律熙·康萱 등과 연결된 예가 그것이다. 이에 비해 고려 건국 이후가 되면 慶甫가 甄萱과 연결되었고 開淸이 王順式과 연결된 외에,[11] 왕건 이외의 인물과 연결된 흔적을 발견할 수 있는 승려가 달리 없다. 탄문·찬유·현휘 등은 모두 왕건과 직접 결합되었다.

이것은 왕건이 한 나라의 실질적인 지배자라는 것과 표리관계를 이룬다. 실질적인 지배자가 아니었을 때에는 왕건과 연결된 승려들도 이미 연고관계를 가진 지방호족과의 결합을 중요시하였다. 왕건이 승려들과 열심히 결합하려는 배경에는 그들과 연고된 지방호족 세력과 연합하려는 생각이 자리하고 있었다. 곧 왕건은 승려뿐 아니라 이들과 연고된 지방호족 세력과의 연결까지를 의도하고 있었다.

---

10) 후삼국시대의 중국 유학승 중 慶甫는 甄萱의 도움으로 귀국하였으며, 그 외의 모든 승려는 王建의 도움으로 귀국하였다. 물론 고려의 통일 이후 견훤과 연결된 승려들이 기록에 남겨질 수 없으며, 경보의 경우는 결국 왕건 쪽으로 귀부해왔기 때문에 기록으로 남겨질 수 있었다. 그러므로 해상권을 장악한 왕건의 도움없이 중국 유학승들이 본국으로 귀국하기는 현실적으로 어려웠을 것이다.

11) 慶甫와 開淸은 王建의 세력권에서 벗어나 있었기 때문에 실질적으로 그들이 왕건과 직결될 수는 없었다.

그러므로 승려와의 결연은 오히려 왕건 쪽에서 더 적극적으로 시도하였다. 政開 2년(915, 신덕왕 4) 왕건은 實際寺에 거주하는 行寂을 두 번씩이나 찾아갔다.[12] 왕건은 승려와 인연을 맺기 위해 몸소 찾아갔으며, 한 승려를 두 번씩이나 찾아가 결연을 돈독히 하였다. 이것은 왕건이 승려와 결연하는 데 특별한 관심을 가졌음을 알려준다. 이와 같은 관심은 왕건이 그들과 연고된 지방호족과의 결속을 위해 나타났다.

왕건이 즉위한 918년 이후 지방호족과 결합하는 데에는 왕건의 정치적 힘이 보다 크게 작용했다. 왕건이 승려들과의 결연을 매개로 그들과 연고되었던 지방호족들과의 결합을 유지시킬 필요는 없어졌다. 승려와 인연을 맺는 것에 대한 왕건의 정치적 관심은 훨씬 줄어들었고 오히려 그것은 민심을 교화하려는 의미에서 계속되었다. 그런가 하면 고려 건국 이전 왕건과 연결된 승려는 모두 중국에 유학하였는데, 그 이후에는 중국 유학승뿐 아니라 국내에서 수행한 승려에 대해서도 인연을 맺어 갔다.[13]

고려 건국 이후 국내의 승려에 대해 인연을 맺고자 할 때, 몸소 찾아간 것과는 달리 왕건은 鵠版을 내려 부르는 형식을 취하였다. 마땅히 조정에 나아가 왕정의 고문으로 부촉되기를 바랐기 때문에,[14] 승려들은 대개 왕건의 부름에 응하였다. 왕정에 참여시키기 위해 특별한 승려를 부른 경우도 있지만, 경우에 따라서 왕건은 조서를 내려 전국의 승려들을 불러모으게 하기도 했다. 이 당시 왕건이 승려를 대하는 태도에 대해서는 다음 기록에서 볼 수 있다.

> 승려를 중히 여겨 불교에 귀의한 것은 梁帝의 遺風을 존중한 것이다. 五天의 像을 만들어 더욱 숭배하고 四門을 열어 英賢을 불러들였다. 이에 道人이 輻湊하고 禪侶가 雲臻하여 上德의 宗旨를 爭論하고 太平의 業蹟을 높이 찬양했다 (李夢游, 〈鳳岩寺靜眞大師圓悟塔碑〉, 《朝鮮金石總覽》 上, 201쪽).

---

12) 崔仁滾, 〈太子寺朗空大師白月栖雲塔碑銘〉(《朝鮮金石總覽》 上, 朝鮮總督府, 1919), 184~185쪽.

13) 金杜珍, 〈王建의 僧侶結合과 그 意圖〉(《韓國學論叢》 4, 1981), 139~140쪽.

14) 王建의 부름을 받은 승려들은 "居於率土者 敢拒綸音 儻遂朝天者 須霑顧問 付囑之故 吾將赴都"(〈廣照寺眞澈大師寶月乘空塔碑〉, 《朝鮮金石總覽》 上, 127쪽)라 하였다.

왕건은 후삼국 통일과정에서 불교에 대해 특별한 관심을 쏟았다. 후삼국을 통일한 이후 왕건은 여러 차례 조서를 내려 전국의 승려를 불러모아 융숭하게 대접하였다. 이 때가 되면 승려들도 鵠版을 기다리지 않고 왕건에게 나아갔다. 즉위 이후 왕건이 승려와 결합하는 태도는 그 이전에 비해 극진하지 못한 듯한 인상을 준다. 아마 그것은 왕건과 승려와의 결합이 지방호족의 연합을 위해 절대적으로 작용하지 못했기 때문일 것이다. 그러나 통일 이후 민심의 교화면에서 왕건은 불교를 숭상하였고, 여전히 승려들을 융숭하게 대접하였다.

(3) 4무외사와 그들의 선사상

고려 건국 이전에 왕건과 연결되어 있었던 大鏡 麗嚴·朱覺 逈微·眞澈 利嚴·法鏡 慶猷 등을 海東 四無畏士라 부른다. 이들은 왕건과 돈독한 연결을 가졌지만, 왕건의 외척과도 연고가 있었다. 뒤에 須彌山門을 이루는 이엄은 黃州지역의 대호족으로 왕건의 외척인 皇甫氏와 결연되어 있었다. 그의 재가제자에 皇甫悌恭과 前王子 太相인 王儒가 있었다. 경유의 재가제자로는 神聖大王(태조)·黔弼·劉權說·王濡·崔彦撝·韓桂逢·韓憲閏·韓平 등이 있었다.[15] 경유는 충주지역의 대호족인 劉氏세력과 연고가 있었다.

여엄은 속성이 김씨이고 그 선조는 慶州에 살고 있었던 것으로 보아, 본래는 진골 신분이었음이 분명하다. 그는 경문왕 2년(862)에 태어났으며, 無量壽寺 住宗法師에게 출가하여 처음에는 화엄을 익혔다. 헌강왕 6년(880)에 具足戒를 받았는데, 그 후 교종이 眞宗이 아님을 깨닫고 선종 쪽으로 기울어져 廣宗大師인 朗慧에게로 나아갔다.[16] 곧 그는 聖住山門에 들게 되었고, 진성왕 원년(887)에 낭혜가 입적하자 스승의 法嗣인 深光和尙에게로 나아갔다. 심광은 그의 사형이기도 했다. 이후 얼마 되지 않은 시기에 중국으로 유학하여 雲居 道膺의 문하에 들었고, 그의 법인을 얻고는 효공왕 13년(909)에 귀국하였다. 武州 昇平(順天郡)으로 귀착한 여엄은 당시 이 지역의 해상권을 장악하고 있었던 왕건의 도움을 받았다. 그의 귀국에 도움을 준 이 지역의 軍事上

15) 〈長湍五龍寺法鏡大師普照慧光塔碑〉(《朝鮮金石總覽》 上), 167쪽.

16) 崔彦撝, 〈砥平菩提寺大鏡大師玄機塔碑〉(《朝鮮金石總覽》 上), 131쪽.

國인 康萱은 왕건과 연결되어 있었다. 귀국 후에는 왕건의 부름에 응해 菩提寺에 주지하였는데, 그의 문인으로는 昕政 등 50여 인이 있었다. 여엄은 태조 13년(930)에 입적하였다.

형미는 경문왕 4년(864)에 태어났으며, 속성은 최씨이고 어머니는 김씨였다. 그의 집안은 光州에 있었는데 선대에 경주에서 이주하였다. 그는 迦智山門을 크게 일으킨 體澄에게 나아가 출가하였으며, 헌강왕 8년(882)에 華嚴寺의 官壇에서 구족계를 받았다.[17] 이후 그는 融賢長老를 찾아뵈었으며, 진성왕 5년(891)에 중국에 들어가 道膺의 법인을 전수 받았다. 효공왕 9년(905)에 귀국하였는데, 이 때 羅州를 정벌하여 이곳에 머물고 있던 왕건의 도움을 받았다. 왕건의 청으로 그는 無爲岬寺의 주지로 있게 되었으며, 그의 문하에 鎔俊·化白 등의 제자가 있었다. 그는 경명왕 원년(917)에 입적하였는데, 왕건과 함께 개경으로 나아가서는 궁예에 의해 죽임을 당한 것으로 생각된다.

이엄은 경문왕 10년(870)에 태어났으며, 속성은 김씨이다. 그의 선조는 경주에 살았고 본래는 진골이었으나, 熊川지역으로 낙향하여 호족이 되었다. 헌강왕 7년(881)에 迦耶岬寺의 德良法師에게 출가한 그는 정강왕 원년(886)에 道堅律師에게서 구족계를 받았다. 진성왕 10년(896)에 入朝使 崔藝熙를 따라 西學한 이엄은 도응의 법인을 받아 효공왕 15년(911) 나주의 會津으로 귀국하였는데, 이 때에 그는 왕건과 결연하였다. 그는 귀국할 때에 金海府知軍府事 蘇律熙의 도움을 받았는데, 소율희는 왕건과 연결된 인물이었다.[18] 태조 5년(922)에 왕건의 부름을 받아 이듬해에 舍那內院에 주지했다.[19] 곧 다시 산사로 돌아간 그는 태조 16년에는 왕건의 하교를 받아 海州의 廣照寺에 주지하면서 수미산문을 개창하였다. 그는 태조 19년(936)에 입적했는데 문하에 處光·道忍 등의 제자가 있었다.

경유는 경문왕 11년(871)에 태어났으며 속성은 장씨이고, 그의 가문은 南陽의 호족이었다. 진성왕 2년(888)에 近度寺의 靈宗律師에게서 구족계를 받았

17) 崔彦撝, 〈康津無爲寺先覺大師遍光塔碑〉(《朝鮮金石總覽》 上), 172쪽.
18) 金杜珍, 앞의 글(1981), 136~137쪽.
19) 〈海州廣照寺眞澈大師寶月乘空塔碑〉(《朝鮮金石總覽》 上), 127쪽.

으며, 진성왕 5년에 중국에 유학하여 도응의 법인을 전수 받았다. 효공왕 12년(908)에 무주의 會津으로 귀국하였는데, 이 때 그도 역시 왕건의 도움을 받았다. 이후 그는 왕건의 王師가 되어 長湍의 五龍寺에 주지하였으며, 조정으로부터 가사 등을 하사 받았다. 태조 4년(921)에 日月寺에서 입적하였으며, 그의 문하에 裴玄·神榮 등의 제자가 있었다.

四無畏師는 왕건이 장군으로 있던 시절에 연결된 인물들이다. 그들은 중국에 유학하여 모두 운거 도응의 법인을 받았으며, 왕건의 도움으로 귀국하였

〈표1〉 羅末麗初 禪宗의 法派

- ① 達磨 — ② 惠可 — ③ 僧璨 — ④ 道信 — ⑤ 弘忍
  - 神秀
  - ⑥ 惠能
    - 靑原 行思
      - 石頭 希遷
        - 天皇 道悟 ⋯ 慧炬 · 智宗 등
        - 丹霞 天然 ⋯ 璨幽
        - 藥山 惟儼
          - 圓智
            - 慶諸 — 谷山藏 — 兢讓
            - 行寂
          - 曇晟 — 良价
            - 匡仁 — 慶甫
            - 道膺
              - 利嚴 (須彌山門)
              - 麗嚴
              - 慶猷
              - 逈微
    - 南嶽 懷讓
      - 馬祖 道一
        - 章敬 懷暉 — 玄昱 (鳳林山門)
        - 南泉 普願 — 道允 (獅子山門)
        - 麻谷 寶徹 — 無染 (聖住山門)
        - 鹽官 齊安 — 梵日 (闍崛山門)
        - 百丈 懷海 ⋯ 順之
        - 西堂 智藏
          - 慧徹 (桐裏山門)
          - 洪陟 (實相山門)
          - 道義 (迦智山門)

(□ 안은 우리나라 승려임)

다. 신라 하대의 선사들은 중국에 유학하여 대부분 南嶽 懷讓의 法嗣인 馬祖 道一의 法脈을 받아 귀국하였다. 그런데 4무외사는 도응의 법인을 받아오고 있는데, 이 점은 나말려초의 禪宗史를 규명하면서 중요하게 취급하여야 할 문제이다.

도응의 스승인 曹洞 良介는 南嶽의 동학인 靑原 行思의 법맥을 이었다. 앞의 〈표 1〉을 참고하기로 하자.

九山禪門 가운데 중국에 들어가지 않고 一門을 이룬 道憲의 曦陽山門을 제외하면, 이엄의 수미산문 외의 7산문이 모두 마조 도일의 법맥을 받아왔는데, 신라 말의 4무외사만이 유독 청원의 법맥을 이은 도응의 법인을 받아왔다. 이후 고려 초의 중국 유학승들은 대체로 청원계 법맥의 법인을 받아 귀국하고 있다.

그러면 청원계통의 선풍을 받아들인 4무외사의 선사상을 살펴보기로 하자. 그들의 선풍에 대해서는 다음 기록이 참고된다.

> ① 大師가 말하기를 道는 사람에게서 멀리 떠나 있는 것이 아니며 사람이 능히 道를 弘布한다. 東山의 뜻은 다른 사람에게 있는 것이 아니다(〈海州廣照寺眞澈大師寶月乘空塔碑〉, 《朝鮮金石總覽》 上, 126쪽).
>
> ② 一心으로 법을 중히 여겨 十載 동안 同符했다(〈五龍寺法鏡大師普照慧光塔碑〉, 《朝鮮金石總覽》 上, 165쪽).
>
> ③ 어찌 他心을 빌려 한가로이 此門을 보겠는가. 본래 문자를 떠나 매번 心境을 생각하고, 끝내는 客塵을 털어버렸다(위의 글, 164쪽).
>
> ④ 大師가 비록 空을 觀照하여도 어찌 능히 本을 잊겠는가(〈菩提寺大鏡大師玄機塔碑〉, 《朝鮮金石總覽》 上, 132쪽).

4무외사는 도가 사람을 떠나 있지 않으며, 또한 다른 사람에게도 있지 않으므로 각자가 능히 도를 널리 편다고 하였다. 곧 他心이나 他悟를 부정하고 일심을 강조하고 있다. 이러한 4무외사의 선풍은 「非心非佛」을 강조한 마조 도일의 선풍과는 분명히 다른 것이다. 그것은 此心이 是佛이라 하면서 일심을 강조하는 行思의 사상에서[20] 영향을 받은 것임이 분명하다. 그런가하면 행사의 法嗣인 希遷은 「卽心是佛」을 말하면서 門門이 모두 一切境을 가진다

20) 金東華, 《禪宗思想史》(太極出版社, 1975), 184쪽.

고 했다.[21] 자기 안에서 불성을 찾아 깨치려는 뜻에서 4무외사의 선풍은 개인주의적 경향을 지닌다. 이 점은 그것이 신라 하대의 선풍과 다를 바 없음을 보여준다. 그러나 그들은 도웅의 문하에서 청원계 선풍의 영향을 받아 無心이나 非心이 아닌 是心을 강조하였다. 곧 그들의 선풍 내에는 北宗禪의 경향이나 유가적 성향이 흡수되어 있는 듯한 느낌을 준다.

실제로 이엄은 923년에 왕건을 알현하고는 "道는 마음에 있고 일에 있지 않으며, 法은 자기로 말미암은 것이요 다른 사람으로 말미암은 것이 아니다"[22]라고 하면서, 四海를 집으로 삼고 만민을 자식으로 삼아 奉行할 것을 권하고 있다. 일심을 강조하면서 유가적 성향까지를 포용한 4무외사는 장군으로서 호족적 기반을 가졌을 때의 왕건과 결속되었지만, 그들의 선사상 경향은 고려 성립 이후 왕건의 통치에 도움을 주는 것이었다.

(4) 나말려초의 화엄결사

가. 오대산의 화엄결사

五臺山事蹟은 《三國遺事》에 실려 있는데, 지금까지는 신라 중대의 신앙결사를 알려주는 것으로 이해되어 왔다. 그 속에는 신라사회에서 행해진 불교의 여러 신앙요소가 복합되어 있다. 오대산은 본래 문수가 거주하는 곳이었는데, 뒤에 五臺의 各臺는 眞身의 상주처로 되었다. 곧 東臺에 觀音, 南臺에 地藏, 西臺에 無量壽, 北臺에 釋迦, 中臺에 文殊가 거주하였다. 또 중대에는 문수를 모시는 眞如院과 아울러 華藏寺와 文殊岬寺가 따로 있었으며, 그것은 모두 문수신앙과 관계되었다.[23]

오대산사적에 얽힌 불교신앙은 신라 불교의 전통과 연결되는 것이겠지만, 막상 그것의 성립시기는 신라 중대에 한한 것이 아니다. 그 중에 진여원은 성덕왕을 전후한 시기에 개창되었을 것이지만, 5대의 각 臺가 모두 결사된 시기는 신라 말엽이었다. 오대산이 문수의 주처지에서 五如來의 상주처로 관념되는 것은 당의 澄觀에 의해서였으며, 그가 활동한 9세기는 신라 하대에

---

21) 金東華, 위의 책, 188~189쪽.
22) 〈海州廣照寺眞澈大師寶月乘空塔碑〉(《朝鮮金石總覽》 上), 127쪽.
23) 《三國遺事》 권 3, 塔像 4, 臺山五萬眞身.

해당된다.[24] 오대산 내지 月精寺 사적과 깊이 연관된 최초의 인물은 信孝이다. 그가 만난 五類聖衆은 5대의 각 대에 상주하는 진신과 이어질 수 있다. 그런데 신효는 신라 하대의 인물이다.[25]

신효 외에 오대산사적에 깊이 관여된 자는 信義인데, 그는 梵日의 문인이다. 범일은 진성왕 8년(894)에 입적하였으므로 신의는 적어도 진성왕대 이후에 활동하였을 것이다. 신의가 입적하고 난 후 월정사 내지 오대산사적은 폐허가 되어 내려왔는데, 이를 중창한 자는 水多寺의 長老인 有緣이다. 유연이 중창하면서 월정사는 점점 큰 절이 되었으며, 오대산사적 역시 완전하게 갖추어져 갔다. 후삼국의 동란기에 폐허가 된 월정사를 다시 일으켰기 때문에 유연은 아무리 시대가 빨라야 후삼국시대 말, 아마 나말려초에 살았던 듯하다.

오대산신앙 속에는 慈藏의 사상전통이 진하게 배어 있다. 그러나 자장이 말년에 은거하여 문수의 진신을 보려 했던 곳인 淨岩寺는 오대산사적의 중심도량인 월정사가 아니며,[26] 거기서 그는 문수로부터 따돌림을 받고 죽어갔다. 자장은 오대산의 문수신앙과 반드시 밀착되어 있었던 것은 아니지만, 뒤에 월정사 중심의 오대산신앙이 결성될 때에는 자장계 불교신앙이 중요하게 고려되었다.

자장은 말년에 의상계 화엄종으로부터 배척 당했는데, 오대산사적에서는 자장계와 다른 불교종파와의 반목을 찾아볼 수 없다. 이 점은 오대산사적이 형성될 당시에 자장계와 의상계의 화엄종 사이의 갈등이 정리되었음을 알려준다.

오대산신앙의 형성에 중요한 역할을 한 것은 의상계 화엄신앙이다. 東臺에 관음이 중요시되어 모셔진 점이나 5대의 각각에 圓通의 불상을 모신 점 등은 의상계 화엄사상의 특성으로 이해될 수 있다. 오대산사적의 성립에 실제로 깊이 관여한 신효나 유연은 모두 의상계 화엄종에 속한 인물로 생각될 수 있다. 오대산신앙 속에는 신라 法相宗의 전통이 자의적인 힘에 의해 정리

24) 朴魯埻, 〈唐代 五臺山信仰과 澄觀〉(《關東史學》 3, 1988), 105~107쪽.

25) 李能和, 《朝鮮佛敎通史》 下(新文館, 1918), 136쪽의 五臺佛宮山中明堂條에서 信孝는 高麗 때의 公州人으로 기록되어 있다.

26) 金杜珍, 〈慈藏의 文殊信仰과 戒律〉(《韓國學論叢》 12, 1990), 23~29쪽.

된 느낌을 준다. 신라불교 신앙으로 대단히 중시되어 온 미륵신앙이 배제되어 있고, 미타는 무량수로 나타나 있다. 곧 미륵과 미타의 兩尊을 모시는 법상종 교단의 신앙이[27] 오대산사적 내에 배제되어 있는 셈이다. 미륵과 미타를 모시는 법상종 교단의 맥이 궁예에게로 이어졌기 때문에,[28] 오대산사적이 성립되는 시기는 적어도 궁예가 축출된 고려 초기여야 할 것이다.

고려 말 閔漬가 찬한 〈五臺山佛宮山中明堂記〉에는 5대의 각 대에 이루어진 결사는 왕건의 도움에 의한 것으로 기록하고 있다. 다음의 내용이 곧 그것이다.

> 五臺山은 佛聖眞身이 상주하는 곳이다. 월정사는 五類聖衆이 행적을 나타낸 곳이다. 하물며 이 절은 역시 오대산의 목과 입에 해당된다. 그러므로 우리 태조가 왕업을 열 때 옛 聖訓에 의해 매년 봄·가을로 각각 백미 200석과 소금 50석을 바쳤으며, 별도로 공양하여 복리를 쌓는 비용으로 하고 드디어 역대의 恒規로 삼았다(李能和, 《朝鮮佛教通史》 下, 138쪽).

왕건은 옛 聖訓에 의해 매년 200석의 쌀과 50석의 소금을 바치고 그 외에도 따로 공양을 드리고 있다. 옛 성훈은 寶川이 남긴 「後來山中輔益邦家之事」일 것 같다. 물론 그 속에 5대의 각 대의 결사에 대한 구체적인 내용을 담고 있었던 것은 아니지만, 산중에 전해 내려왔던 것이다. 五類聖衆信仰과 월정사를 목과 입으로 비유하면서 각 대에 대한 구체적인 결사를 결성한 것은 왕건에 의해 이루어졌는데, 그러한 사실이 보천의 오대산사적으로 부회되어 기록되었던 듯하다. 眞如院은 비록 신라 중대에 설립되었겠지만, 그것과 연관된 孝明의 등극 사실 등은 어쩌면 궁예를 축출하면서 등장하는 왕건의 사적과 은유적으로 얽히게 되었을 것이다.

나. 개태사의 창건

후삼국을 통일한 왕건은 민심의 교화에 관심을 가졌다. 본래 그는 불교를 숭상하였지만, 이 때에 승려들과의 결연을 돈독히 하려는 것은 민심의 수합을 위한 것이었다. 사실 왕건은 오랫 동안 항복하지 않았던 강릉지역의 王順

---

27) 文明大, 〈新羅 法相宗의 成立 問題와 그 美術〉 下 (《歷史學報》 63, 1974), 60쪽.
28) 金杜珍, 〈高麗初의 法相宗과 그 思想〉 (《韓沽劤停年紀念 韓國史學論叢》, 1981 ; 《均如華嚴思想硏究》, 一潮閣, 1983, 117~118쪽).

式이 항부해 오자, 開淸을 통해 이 지방민의 교화에 관심을 가졌다.[29] 왕건은 불법을 통해 삼한을 통일할 것과 백성을 진휼할 것을 특별히 강조하였다.

후삼국통일 이후 왕건은 후백제지역 백성들을 위무하려 하였다. 그가 慶甫를 극진히 대한 것도 이런 이유에서였다. 경보는 道詵의 풍수지리사상을 전해 받았다. 후삼국시대의 혼란기에 백성들에게 상당한 영향을 끼쳤던 것은 풍수지리사상이었다. 또한 경보는 견훤과 연결된 경력을 갖고 있었으므로 자연 그는 후백제지역의 민심을 잘 수습할 수 있는 위치에 있었다.

왕건은 후백제를 통합한 후에 충남 連山에 開泰寺를 세웠다. 경보와의 결연이나 개태사의 창건은 모두 왕건의 후백제 舊民에 대한 교화나 민심 수습면에서 이루어졌다. 특히 개태사를 창건한 왕건은 친히 그 願文을 지었다. 그 내용을 간략히 제시하면 다음과 같다.

> ① 어려운 시기에 태어나 많은 어려움과 병란을 겪었으며, 사람들은 살아가기가 어렵게 되어 집안에서도 안도하지 못했다.
> ② 王建은 하늘에 맹서하고 백성을 도탄에서 구하고자 하였다. 몸소 전장에서 矢石을 맞기도 했으며 친히 방패와 칼을 잡고 잠들기도 하였다. 그리하여 丙申年에 백제병과 교전하여 그 흉악함을 물리치고 개가의 소리를 높이 드날리었다.
> ③ 스스로 죄과를 뉘우친 萑蒲의 적당과 溪洞의 흉악한 자들을 품에 받아들여 추호라도 다치지 않게 하였다.
> ④ 佛聖이 계속 도와준 것에 보답하고 山靈이 찬조해 준 것을 갚고자 하여 유사에게 명하여 절을 창건하고 開泰라 이름지었으며, 그 山名을 天護라 하였다(《新增東國輿地勝覽》 권 18, 連山縣 佛宇).

개태사의 창건 동기는 河南의 30여 군과 발해국인이 귀순해 왔기 때문이다. 자연 개태사를 세운 목적은 이들 귀순자의 연고지에 사는 백성들의 교화 내지 민심의 수합이었다. 호족연합책에 의해 귀부해 온 지방세력을 보다 안전하게 확보함으로써 왕건은 창업의 기반을 다지는 기틀로 삼았다. 후삼국시대에 각기 독자세력을 구축하고 있던 이질적인 지방세력을 보다 긴밀한 통일 고려국가의 체제 내로 묶는 데에, 왕건은 불교의 힘을 빌리고 있다. 왕건이 불법에 호소하고 있는 願文의 내용에서, 어려운 시기에 천명을 받아 삼한을 통일함으로써 백성을 도탄에서 구하게 된 것을 강조하였다. 특히 귀순자

29) 金杜珍, 앞의 글(1981a), 150쪽.

의 포용과 아울러 왕건은 이들을 조금이라도 범하고 상하게 한 바가 없음을 말했다. 이것은 그가 민심의 수합에 얼마나 관심을 가지고 있었는가를 짐작하게 한다.

개태사의 창건은 후백제인을 회유하기 위한 중요한 정치적 의미를 지니기도 하지만, 유독 그것이 화엄도량으로 나타난 데 중요한 뜻이 있다. 고려 초에 개태사에는 대장경이 판각되어 보관되어 있었다. 화엄교학은 融會的이어서 이질 집단의 통합사상으로 나타날 수 있게 된다. 신라 이래 그것은 전통적으로 중앙왕실에 의해 수용되었고,[30] 지방세력을 포함한 모든 사회체제를 중앙왕실 속에 통합시키는 데 유리한 사상체계였다.

왕건은 즉위하면서 화엄교학에 대한 관심을 가졌다. 태조 4년(921)에 왕건은 坦文을 法會에 불러들여 특별히 別和尙으로 대우하면서, 僧科를 주관하게 하였다. 선종이 크게 유행했던 나말려초에 화엄종에 대해 관심을 가졌던 것은 왕권의 안정과 중앙집권 정치의 실현을 위해서였다. 후삼국이 통일되면서 왕건의 화엄교학에 대한 관심은 더 각별해졌다. 개태사 창건 이후 화엄학승들이 활동하고 있었으며, 광종 4년에는 화엄승려인 謙信이 국사로 봉해져 있었다.

〈金杜珍〉

2) 광종대의 불교통합운동과 천태학의 연구

(1) 광종대의 불교통합운동

가. 고려 초의 교선융합사조

가) 선종 입장에서 교종사상의 포용

왕건은 호족연합책으로 후삼국을 통합해 갔다. 그런 과정에서 결혼정책을 추진하여 자신은 물론 전국 유력 호족의 딸과 결혼하였을 뿐 아니라, 호족과 중앙귀족들의 자제들을 혼인시킴으로써 호족들 사이의 상호 결속을 이루었

30) 李基白, 〈新羅時代의 佛教와 國家〉(《歷史學報》111, 1986 ; 《新羅思想史研究》, 一潮閣, 1986, 257쪽).

다. 아울러 왕건은 승려와의 결속을 중요시하였다. 신라 하대의 지방호족은 대체로 거대한 사원을 경영하고 있었으며, 사원의 주지는 지방세력을 형성하였거나 아니면 유력한 호족과 연결되어 있었다. 왕건이 승려와 결합을 시도한 이유가 바로 이러한 데 있었다. 왕건은 승려를 통하여 그들과 결합관계에 있는 지방호족과의 결연을 의도하였다.[1] 왕건과 승려와의 결연이나 호족연합책 등은 당시의 불교사상이 형성되는 데 영향을 미쳤다.

왕건은 불교의 종파를 초월하여 교·선의 어느 승려와도 연결을 가졌다. 승려에 대한 왕건의 이러한 태도와 연관되어 고려 통일기의 불교사상은 그 안에 다른 종파의 사상을 융합하여 갔다. 고려 통일기의 불교사상은 교·선이 융합되어 가는 경향을 가졌고, 그것은 호족연합책과 연관된 시대적 소산이었다. 고려 초의 교선융합사조에는 대체로 두 가지 입장이 있었다. 그 하나는 선종승려가 교종사상을 융합하려는 입장이고, 또 하나는 교종승려가 선종사상을 융합하려는 입장이었다.

선종의 입장에서 교종사상을 융합하려는 대표적인 사람은 玄暉이다. 신라말 이래 선사라 하더라도 대개 화엄사상을 익혀 알고 있었으며, 고려 초 왕건과 연결된 선승들은 대체로 화엄을 중시하여 그것을 습득하고 있었다. 현휘의 사상적 특성을 간명하게 제시하면 다음과 같다.

> ① 오직 禪德을 尊崇하고자 佛戒를 늘 행하며, 大師의 말은 어긋남이 없고 마음으로 靈器를 전한다.
> ② 생각건대 世間·出世間은 모두 佛性으로 돌아가야 되고, 體에는 分別이 없으므로 모두 一乘으로 만나게 된다. 그러므로 一託의 松門이 十經의 槐律로 된다(〈忠州淨土寺法鏡大師慈證塔碑〉, 《朝鮮金石總覽》 上, 153~156쪽).

선사이지만 현휘는 항상 佛戒를 행하고 언행을 일치시키는 일을 게을리하지 않았다. 이러한 행적은 그가 교선융합사상의 경향을 지녔음을 알려준다.

一託의 松門은 禪門을 뜻하고 十經의 槐律은 교종사상으로 이해된다. 松門이 槐律로 됨은 선문을 중심으로 교종사상, 특히 화엄사상을 융합하려는 것이다. '일탁의 송문' 내에 '십경의 괴율'이 포함될 수 있으며, 세간·출세간의 모든 현상이 불성으로 돌아가 一乘으로 만나게 된다. 이것은 '一中에 일체가

---

1) 金杜珍, 〈王建의 僧侶結合과 그 意圖〉(《韓國學論叢》 4, 1981), 141~152쪽.

있고 한 티끌 속에 十方의 세계를 포함시킨다'는 화엄사상과 다를 바 없다.

현휘는 선종사상 내에 화엄사상을 융합시켜 하나로 돌아감을 강조하였다. 다음 기록을 유념해 보기로 하자.

> 千萬의 一流도 바삐 흐르다 보면 門閾을 지나지 않게 되어 큰 차이를 나타낸다. 만약 禪關에 경건히 參謁하여 우러러 돌이켜 보고 매번 들어 曉誨하여 修行한다면, 급기야는 鍾을 쳐 크게 울린다 하더라도 바다에 들어가 같은 맛이 된다(〈忠州淨土寺法鏡大師慈證塔碑〉, 《朝鮮金石總覽》 上, 154쪽).

현휘는 萬象을 천만 갈래로 흐르는 개천의 물로 비유하여, 그것이 바다에 이르기까지 비록 차이가 있으나 바다에 들어가면 동일하게 된다고 하였다. 현휘에게서 문제되는 것은 자기 안에 있는 불성을 깨치는 데 그치는 것이 아니다. 중생이나 모든 법은 같은 眞性을 가졌으므로 그는 그 안에서 동질성을 발견하여 융합하려 했다. 그렇기 때문에 바위에 떨어지는 물이 바로 바다를 생각할[2] 정도로 동질성을 내세워 큰 하나로 돌아감을 강조했다.

일찍부터 忠州 劉氏세력과 연결되어 있었던 현휘는 효공왕 10년(906)에 중국에 들어가, 道乾의 법을 받고는 태조 7년(924)에 귀국하였다. 귀국하자마자 왕건은 그를 국사에 봉하여 충주의 淨土寺에 머물게 했다. 이 때 현휘는 왕건을 위해 法王의 교화를 말하였다. 그것은 왕건을 위해 賢士를 등용하는 등의 구체적인 정책의 건의였다. 태조 24년(941)에 입적하기까지 그는 이곳에서 만년을 보냈다. 태조 3년(920) 이후가 되면 해상권이 왕건의 수중으로 들어가게 되므로 현휘의 귀국은 왕건의 요청에 의해 이루어졌을 것이다. 충주의 정토사는 통일 이전에도 왕건의 세력권 내에 들어있었지만, 직접적으로는 충주 유씨들에 의해 경영된 절이다. 현휘는 충주 유씨세력과 깊이 연관되었으면서도 왕건과 돈독하게 결합되어 있었으며, 그의 교선융합사상은 왕건의 호족연합책을 이념면에서 뒷받침하는 연립적인 통일사상이었다.[3]

현휘뿐 아니라 고려 초기 선사들의 사상은 연립적인 통일사상의 경향을

---

2) 崔彦撝, 〈忠州淨土寺法鏡大師慈證塔碑〉(《朝鮮金石總覽》 上, 朝鮮總督府, 1919), 155쪽.

3) 金杜珍, 〈玄暉(879~941)와 坦文(900~975)의 佛敎思想—高麗初의 敎禪融合思潮와 關聯하여—〉(《高柄翊先生回甲紀念 史學論叢》, 1984), 397쪽.

띠어갔다. 특히 왕건과 연결되어 왕정에 깊이 연관되어 있었던 大鏡 麗嚴·法鏡 慶猷·先覺 逈微·眞澈 利嚴 등 四無畏士[4]의 사상은 현휘와 비슷한 면을 보여준다. 4무외사들은 중국에 유학하여 雲居 道膺으로부터 선종사상을 전수받아 왔다. 그런데 도응의 사상 속에는 "一切는 즉 萬法이요, 萬法은 즉 一心이며, 一心은 즉 一切性이다"[5]라는 화엄사상과 융합되는 면이 내포되어 있다. 왕건이 현휘를 국사로서 경배하였을 뿐 아니라 4무외사를 존경하였던 이유는 이러한 그들의 사상경향에서 찾아볼 수 있다.

고려 초의 선사들은 이들처럼 강하게 주장하지는 않았을지라도, 대체로 교선융합사상에 관심을 가졌다. 海龍王寺의 開山祖인 普耀禪師는 吳越로부터 대장경을 가지고 들어왔다.[6] 선사인 보요가 대장경을 가지고 들어온 데에서 당시에 선사들이 불교경전을 외면할 수 없는 분위기가 형성되어 있었다는 것을 알 수 있다.

나) 교종의 입장에서 선종사상의 포용

교종승려들도 선종사상을 융합하려 했다. 신라하대 선종이 유행하는 분위기 속에서 교종은 위축될 수밖에 없었으나, 고려 초에 화엄종을 위시한 교종세력이 점차 대두하여 갔다. 특히 화엄종 세력이 더 커져 갔는데, 후삼국의 통일을 이룩한 왕건은 충남 連山에 開泰寺를 세우고 그 疏文을 직접 찬술하였다. 개태사는 후백제 유민을 회유하기 위한 목적에서 창건되었는데, 화엄도량으로 나타나 있다.[7] 왕건이 직접 비문을 찬술하였을 정도로 중요시된 개태사는 통일국가의 화엄 진흥책과 연결되었을 법하다. 왜냐하면 화엄사상은 통일신라 이래로 중앙왕실과 연결될 수 있는 성격을 지녔기 때문이다.

고려 초가 되면 선종사상뿐 아니라 화엄종사상까지도 교선융합의 경향을 띠어갔다. 말하자면 화엄종의 입장에서 선종사상을 융합하려는 사상경향이

---

4) 〈長湍五龍寺法鏡大師普照慧光塔碑〉(《朝鮮金石總覽》 上), 164쪽.
5) 金東華, 《禪宗思想史》(太極出版社, 1975), 295쪽.
6) 《三國遺事》 권 3, 塔像 4, 前後所將舍利.
7) 文明大, 〈開泰寺 石丈六三尊佛立像의 연구—毘盧舍那丈六三尊佛像과 관련하여—〉(《美術資料》 29, 國立中央博物館, 1981), 9~10쪽.

나타났다. 이에 속한 대표적 인물이 坦文이다. 탄문의 교선융합사상은 다음 기록에서 알 수 있다.

> ① 釋氏의 三藏에 六△가 있는데 △△△△는 △禪의 根이요, 밖으로 經論은 律敎의 문이다. 누가 그 전부를 실로 갖추었겠는가. 오직 大師이다.
> ② 迦耶山寺에 이르니 그 승도들이 仙樂을 갖추어 부처를 영접하듯이 했다. 이에 幡旗가 구름처럼 나부끼고 鉢螺가 번개처럼 울렸으며, 敎·禪의 1천여 인이 奉迎하여 절로 들어갔다(金廷彦, 〈普願寺法印國師寶乘塔碑〉, 《朝鮮金石總覽》 上, 224~230쪽).

탄문은 莊義山寺에서 주로 화엄을 수학하고 15세 되던 해에 信嚴律師로부터 구족계를 받았다. 그는 妙覺과 아울러 律義를 갖추었다. 곧 교종사상을 아우를 수 있는 소양을 가진 셈이다. 이후 장의산사의 수도생활이 그에게 교선융합사상을 갖게 하는 데 도움을 주었다. 그는 경전을 하루 동안 읽으면서 반드시 수행을 했고, 신엄율사도 그에게 "하루 동안 현행을 행함이 30夫를 대적할 수 있다"고 가르쳤다. 그는「心傳」과 아울러 경전에 대한 이해를 넓혀 갔다. 탄문의 사상적 특성을 총체적으로 지적한 머릿 부분의 비문 기록에는, 그가 禪根과 아울러 律敎를 갖춘 인물로 부각되어 있다.

밖으로 경론을 추구함이 율교라면 안으로 自性을 깨치는 면이 선근이다. 이와 연관시켜 그의 법호인 탄문과 字인 大悟는 교선융합적인 사상과 연관하여 붙여졌다. 즉 탄문은 敎의 뜻에서 붙여진 것이고 자성의 깨침은 신라하대 이래 선종산문에서 강조된 것이다. 그러므로 탄문은 교선융합사상 경향을 내세우면서 고려 초에까지 상당한 영향력을 발휘하고 있던 선종산문의 포용에 관심을 두었다.

실제 탄문은 광종 26년(975)에 普願寺로 돌아올 때 교종·선종의 승려 1,000여 명의 영접을 받았다. 보원사는 義湘 이후 華嚴十刹 중의 하나로 줄곧 화엄도량으로 중요시되었으며, 개경으로부터 해로를 통해 곧바로 연결이 가능한 곳에 위치하였다. 이러한 이유로 고려 왕실은 일찍부터 보원사에 대해 관심을 가졌다. 그런데 보원사 내에는 교종뿐 아니라 선종 승려도 상당수 거주하고 있었던 것이다. 이들 선종 승려들은 물론 신라 하대 이래의 9산 선문에 속해 있었던 자들로 보인다. 교종·선종 승려가 대립하지 않은 채 한 곳에 거주할 수 있다는 것은 대단히 중요하다. 그것은 광종대 말이라는 시대적 여건 속에서 이해되어야겠지만, 탄문사상의 교선융합 경향과도 밀접한 관련을 가진다.

탄문은 화엄의 입장에서 교종사상을 받아들여 종합하였다. 태조 18년(935) 초에 西伯山의 神朗太大德이 「覺賢의 餘烈」을 편찬하여 方廣의 秘令을 펴고 있었는데, 입적할 때가 되어 탄문을 초청했다. 탄문이 신랑에게 나아가 화엄 三本을 들려주니, 신랑이 부끄러워 했으며 이로 말미암아 화엄대교가 번성하게 되었다.[8] 心傳者로 표현된 신랑태대덕은 선종 승려로 생각된다. 그가 편찬한 「각현의 여열」은 선종 조사의 행적을 모은 승전이었을 것이다. 이러한 저술을 편찬하기 위해 신랑은 고려 초기까지의 선종사상의 전통에 대해 깊이 이해하고 있었을 것이다. 선종사의 흐름에 대해 일가견을 가진 신랑이 탄문을 청하여 듣고자 한 것은 선종계통이 아닌 화엄사상이었다.

탄문은 화엄종 승려이지만 선종사원과 깊은 관련을 맺고 있었다. 광종 19년(968)에 歸法寺에 주석한 후에도[9] 탄문은 선종 사원과의 연결을 의도하고 있었다. 화엄종 승려이지만 선종과의 인연을 넓게 가지는 과정에서 선종의 신랑과 교류하였다. 그런데 막상 신랑이 탄문에게 감응된 것은 화엄 3본을 듣고서였으며, 탄문이 신랑에게 화엄을 설함은 마치 석가가 가섭에게 설법한 것이나 혹은 淨名이 文殊에게 묵대하고 있는 것으로 비유되었다.[10] 이것은 선종사상에 대한 화엄사상의 우위를 말한 것으로, 탄문은 화엄사상의 입장에서 선종사상을 융합하고 있음을 알려준다.

나. 균여의 통합불교

가) 균여의 저술

均如傳에 의하면 균여의 저술로 《搜玄方軌記》 10권 · 《孔目章記》 6권 · 《五十要問答記》 4권 · 《探玄記釋》 28권 · 《敎分記釋》 7권 · 《旨歸章記》 2권 · 《三寶章記》 2권 · 《法界圖記》 2권 · 《十句章記》 1권 · 《入法界品抄記》 1권이 있었

---

8) 金廷彦, 〈普願寺法印國師寶乘塔碑〉(〈朝鮮金石總覽》 上), 226쪽.
9) 金龍善, 〈光宗의 改革과 歸法寺〉(《高麗光宗硏究》, 一潮閣, 1981), 106쪽.
10) 金廷彦, 앞의 글, 226쪽.

다고 한다.《수현방궤기》·《공목장기》·《오십요문답기》는 智儼의 교학에 대한 저술이며,《법계도기》·《입법계품초기》는 의상의 교학에 속한 저술이고, 그 나머지는 法藏의 교학에 의한 저술이다.

이 중《교분기》·《삼보장기》·《지귀장기》·《10구장기》·《법계도기》가 현재 전해지고 있다. 또 崔南善의 〈均如傳解題〉에 의하면《法性偈抄》3권이 현전한다고 기록되어 있는데,[11] 아마도 그것은《법계도기》의 이본이 아닌가 생각된다. 균여의 저술 중 현전하는 것은 의상이나 법장의 저술에 대한 해설이지만, 그 내용은 단순한 주석이나 모방이 아니라 균여 자신의 저작이며, 그 체제도 이들 저자의 그것과 상당히 다름을 보여준다.[12] 또 균여의 저술에 지대한 영향을 준 것은 의상계의 신라 화엄사상이지만, 그 외에 원효나 법장의 교학 역시 그의 저술에 영향을 주고 있다. 특히 성상융회사상은 법장의 저술에서 영향을 받았다.

나) 균여의 정치·사회적 입장

균여는 태조 6년(923)에 黃州의 荊岳에서 태어났으며, 속성은 邊氏로 아버지는 煥性이며 어머니는 占命이다. 그의 가문은 대호족이 아닌 지방의 군소토호였으며, 일찍부터 불교와 밀접한 관계에 있었다. 황주지역의 불교사원은 대부분 그 곳의 강호였던 황보씨와 연결되어 있었기 때문에, 균여도 그들과 연고되어 있었다. 균여는 당형인 善均을 따라 復興寺의 識賢和尙의 문하에서 출가하였는데, 그 후 靈通寺의 義順에게 수학하였다. 의순도 황보씨와 연결되어 있었는데, 정종 4년(949)에 균여는 그를 통해 大穆皇后와 인연을 맺게 되었다. 이후 균여는 광종과 돈독하게 연결되었다.

광종 4년(993)에 균여는 국사 謙信의 천거로 祈晴祭를 주관하였다. 後周가 사신을 파견하여 광종을 책봉하려 할 때 마침 비가 오자, 균여가 圓音으로 강연하니 하늘이 맑아졌다고 한다.[13] 광종 4년 경이면 화엄종 승려인 겸신이 국사에 봉해질 정도로 광종의 화엄사상에 대한 관심이 높아져 있었

11) 〈均如傳〉(崔南善 編,《新訂 三國遺事》附錄, 民衆書館, 1946), 55쪽.
12) 金杜珍, 〈均如의 生涯와 著述〉(《歷史學報》75·76, 1977 ;《均如華嚴思想研究》一潮閣, 1983, 51~52쪽).
13) 赫連挺,《均如傳》感通神異分者.

다. 그러한 사상적 분위기 속에서 균여는 광종과 접근할 수 있었다. 책봉의례를 위한 국가적인 기청제를 주관한 점으로 미루어, 이 때 균여는 광종대 전제정치의 태동에 관여하였을 것이다. 광종은 기청제를 마친 균여의 가족 10여 인에게, 칙명으로 각각 田 25頃과 노비 5명을 내리는 등 후한 은전을 베풀었다.

균여가 실제 광종대 전제정치의 핵심인물로 부상한 것은 광종 9년(958)에 佛日寺에서 消災道場을 주관하고 난 후이다. 이 때 광종이 균여를 찾아 뵙고 敬重을 더하여 총애함이 고금에 뛰어났다고 한다.[14] 불일사는 광종 2년(951)에 어머니 劉氏의 원당으로 창건된 절이다. 당시 균여의 나이는 만 35세에 지나지 않았다. 원로도 아니요 그렇다고 높은 승직에 있지도 않은 균여를 찾아본 광종의 의도에는, 종교 외의 정치적 포석이 더 강하게 깔려 있었을 것이다. 광종 9년 이후 전제 개혁정치는 박차를 거듭한 듯 급속히 진전되었는데, 그 이데올로기를 성립시키는 데 균여의 사상이 중요한 역할을 하였다.[15]

균여의 저술은 광종 9년에서 13년 사이에 집중적으로 설교된 기록이었다. 광종 14년(963)에 귀법사가 창건되어, 균여는 그 곳의 주지로서 남은 생을 보내었다. 이것으로 보아 어쩌면 균여는 귀법사를 창건하는 주역이었을 것으로 짐작된다. 즉 귀법사는 전제정치를 이념적으로 뒷받침할 균여의 성상융회사상을 펴기 위해 창건되었을 것이다. 황보씨세력과 관련있는 균여를 광종이 측근세력으로 흡수한 것은 전제정치의 성격과 관련된다. 국초 이래 군소 토호세력은 지방의 강호들과 관련되어 있었을지라도, 그들과 이해가 반드시 일치하지는 않았다. 광종도 황보씨와 연고가 있지만 그들과 이해를 완전히 같이 하지는 않았던 균여를 회유하여 결합함으로써, 측근세력을 보강하고 상대적으로 황보씨와 같은 강호세력을 효과적으로 약화시킬 수 있었다.

그러나 균여는 전제정치의 핵심 인물이면서도 강호였던 황보씨와의 관계

---

14) 赫連挺,《均如傳》感通神異分者.

15) 金杜珍,〈均如華嚴의 史的 意義〉(《韓國華嚴思想硏究》, 東國大 佛敎文化硏究所, 1982), 157쪽.

를 완전히 청산하지 않았다. 측근세력의 이러한 성향은 광종의 전제정치에 상당한 영향을 주어 광종 말년에 강호들은 점차 세력을 회복해 갈 수 있었다. 광종 19년(968) 이후 균여는 귀법사 내의 正秀와 대립하고 있었다. 어쩌면 정수는 균여보다 더 광종과 밀착된 인물이며, 그의 거세는 광종대의 전제주의에 반발하는 강호세력의 압력에 의한 것이었다. 정수 외에 崔行歸 등 광종의 倖臣이 거세되면서 전제정치는 실패로 기울게 되었다.[16] 광종 24년(973) 균여의 입적은 이런 면에서 생각되어야 한다. 균여는 비록 강호와의 연결을 청산하지 않은 인물이지만, 광종대의 전제주의와 운명을 같이 하였다.

다) 성상융회사상

균여의 사상은 광종대 전제정치를 위한 체제의 통합과 관계되면서 강한 융합사상으로 나타났다. 그러한 융합사상으로서의 성격을 가장 뚜렷하게 나타낸 것이 性相融會사상이다. 본래 중국의 성상융회사상은 교종 내부의 대립을 해소하기 위해 화엄종사상 내에 법상종사상을 융합하려는 것으로, 이미 法藏에 의해 체계화되었는데 武周朝의 전제정치를 옹호하는 성격을 지닌 것이었다.[17] 균여는 주로 법장의 저술을 주석하면서 성상융회사상을 주장하였다.

신라 이래의 한국불교에서 그는 圓宗으로서의 성격을 강하게 나타냈다.[18] 때문에 그의 저술에는 모두 「圓通」이라는 이름이 붙어 있다. 균여는 원종으로서의 성격을 표방하면서 의상 화엄사상의 융회적 성격을 충실히 계승하였다. 이처럼 화엄사상의 수용면에서 균여의 성상융회사상은 법장의 그것에 비해 오히려 더 융회적 사상으로 나타났다. 그렇지만 법장의 사상경향을 무시하지 않은 데에서 균여 화엄사상의 의의를 찾을 수 있다.

균여는 의상과 법장의 화엄사상의 구조를 橫盡法界와 竪盡法界로 나누어 설명하였다. 의상의 횡진법계는 "一을 부를 때 一切가 一名으로 불려진다"고 했다. 횡진법계에서는 전체의 하나 하나를 파악하기 보다는 원칙적인 「

16) 金杜珍, 〈高麗光宗代 專制王權과 豪族〉(《韓國學報》 15, 1979 ; 위의 책, 100~102쪽).
17) 鎌田茂雄, 《中國華嚴思想史の硏究》(東京大出版會, 1970), 147쪽.
18) 張元圭, 〈華嚴敎學 完成期의 思想硏究〉(《佛敎學報》 11, 1974), 16쪽.

一」을 파악하고, 그것으로써 전체를 이해하려 한다. 반면 법장의 수진법계에서는 "一을 부를 때 一切가 각각 불리워진다"고 했다.[19] 수진법계에서는 전체를 파악하고자 할 때 그 구성된 하나 하나의 의미에 집착해서, 그것을 각각 달리 이해하려 한다. 智儼은 의상과 법장에게 각각 「義持」와 「文持」라는 이름을 붙여 주었는데, 이것 역시 그들이 가진 법계관의 차이와 연결될 수 있다.

균여는 횡진법계와 수진법계를 종합한 화엄사상 체계인 「周側」을 주장했다. 그것은 횡진법계를 근간으로 수진법계까지를 융합하려는 사상이다. 「周」는 횡진법계를, 「側」은 수진법계를 뜻하므로 「주측」은 두 법계를 융합한 것이며,[20] 「주측」 사상 내에서 두 법계는 반드시 구별될 필요가 없게 되어 결국에는 하나로 통합된다.[21]

균여의 사상이 「주측」에 기초하고 있다는 것은 의상의 사상을 근간으로 법장의 사상까지를 융합하려는 것이다. 그리고 원칙적인 「一」 속에 전체를 통합하면서도 그 하나 하나의 의미를 음미해 보려고 한 것이다. 말하자면 만물의 제법상에 대한 파악이 균여의 화엄사상 속에 결여된 것은 아니다. 그러나 제법상이 원칙적인 「理」 속에서 융회되어 하나로 파악될 때 事나 理는 모두 민멸되어 존재를 초월해 버리기 때문에, 그것은 혼연된 一體로 나타나게 된다.

「性」은 理이고 「相」은 事이기 때문에 성상융회사상은 理와 事의 융합사상 즉 理事無碍사상으로 연결된다. 「相」이 실체를 갖지 않는다면 「性」은 주체가 되는 점이 다를 뿐, 「성」과 「상」이 다 같이 민멸되어 혼연된 일체를 이루게 된다. 따라서 균여의 성상융회사상은 性相無碍사상으로 불러야 마땅하다. 균여는 이러한 성상융회사상을 相在不在門·相是不是門·空不空門의 三門으로 나누어 설명하였다. 상재부재문에서는 事相이 自性을 가지지 않으므로 융회가 가능함을 논했다. 상시불시문에서는 事相의 민멸을 논했다. 공불 공

19) 均 如, 《法界圖圓通鈔》 권 下, 20葉 左에 "呼一時 一切口許 有二義 一者藏師呼一名時 一切各各 自名口許 二者相師呼一名時 一切共一名口許"라 했는데, 전자를 豎盡法界, 後者를 橫盡法界라 한다.

20) 均 如, 《旨歸章圓通鈔》 권 上, 8葉 右.

21) 金杜珍, 〈均如의 法界觀〉(《歷史學報》 77, 1978 ; 앞의 책, 303~308쪽).

문에서는「성」과「상」이 혼연된 일체로 융합되는 주체를 논했다.[22)]

라) 성속무애사상

균여의 화엄사상 내에는 神異的인 측면이 강조되었다. 그는 순수 교리적이라기보다는 토착적인 신앙을 흡수하여[23)] 사상체계를 완성시켰다. 균여사상의 신이한 측면은 광종대 중기에 토착적 사조가 크게 일어나는 것과 연관된다. 이 때에 등장하는 토착사조나 균여사상의 신비적 측면은 광종의 전제주의와 관련해서 이해해야 한다.

토착적이거나 신이적인 면을 강조하는 균여의 사상은 서민 백성에게 친근감을 줄 수 있다. 실제 균여는 향가를 지어 聖俗을 구별하지 않고 하나로 묶고자 하여 聖俗無碍사상을 내세웠다. 〈普賢願歌〉에서 師의 마음은 본래 부처의 경지와 같으니 세속과 가깝게 하기 위해[24)]「俗」과「眞」(聖 혹은 僧)을 융합하려 했으며, 더 나아가 동방과 서방, 남녀나 귀천까지를 융합하려는[25)] 강력한 통합사상을 내세웠다.

균여는 성속무애사상을 펴면서 특히 서민 대중을 의식하고 있었다. 균여는 학문에 뜻을 둔 사람들을 부처에게로 귀의시키고자 보현원가를 지었는데, 그 마지막은 恒順衆生歌와 普皆廻向歌로 끝을 맺고 있다. 이 두 향가의 내용은 중생을 부처에게로 귀의시키려는 것이다.[26)] 균여의 교학에 있어서 중생과 부처는 크게 구별되는 것이 아니어서, 깨달으면 부처가 되고 미혹하면 중생이 된다. 따라서 중생은 곧 부처가 된다.

균여의 성속무애사상은 불교계의 융합은 물론 세속계까지를 융회하려는 강력한 통합사상인데, 성상융회사상을 기반으로 성립되었다.[27)] 성상융회사상은 교종 내부의 모순을 해결하려는 융합사상이지만, 광종대 당시 토착적 사조의 등장과 연결되어 신이한 성격을 지니게 되면서, 끝내는 성속무애사상으

22) 金杜珍, 〈均如의 '性相融會' 思想〉(《歷史學報》 90, 1981 ; 앞의 책, 222~226쪽).
23) 許興植, 〈高麗前期 佛教界와 天台宗의 形成過程〉(《韓國學報》 11, 1978), 93쪽.
24) 赫連挺, 《均如傳》 譯歌現德分者.
25) 위와 같음.
26) 위와 같음.
27) 金杜珍, 앞의 책, 166쪽.

로까지 나타나게 되었다.

광종대 중기의 토착적 사조는 전제주의와 밀착되어 있었다. 균여의 성상융회사상은 비록 토착적이고 신이한 면을 강조하고 있으면서도, 결코 중국 법장으로 이어지는 정통파화엄의 보편성을 완전히 무시한 것은 아니었다. 그것은 의상의 사상을 근간으로 법장의 사상을 융합한 것이기 때문이다. 즉 균여의 화엄사상은 법장 화엄사상 중 제법상을 강조하는 사실적 측면을 흡수하여 법상종사상의 융회로 나타났다.

(2) 천태학의 연구

가. 법안종의 성립

가) 법안종의 등장

광종대 초기까지 선종이 유행하고 있었다고는 하지만 9산선파가 모두 홍했던 것은 아니다. 광종은 그 중 鳳林山派와 曦陽山派에 대해 큰 관심을 나타내어, 광종 원년(950)에 高達山의 證眞(元宗)大師 璨幽를 국사에 봉하고 그 다음 해에는 鳳岩寺의 靜眞大師 兢讓을 서울로 불러 帝釋院에 머물게 했다. 즉위 초에 광종의 불교에 대한 관심은 政道를 구하는 데 있었다. 그것은 피비린내 나는 왕위계승의 와중에서 광종의 즉위를 정당화하려는 이념을 모색하려는 것이며, 보편적인 법을 내세우는 불교이념을 통하여 치국의 모책을 수립하자는 것이었다.

다만 광종이 9산문 중 특별히 봉림산문이나 희양산문에 대해 관심을 나타낸 것은 두 산문이 교선일치 내지 성상융회적 사상경향을 띠고 있었기 때문이다. 이들이 주장하는 성상융회적 사상경향은 선종의 默守를 위한 空觀의 인식이어서, 뒷날 전제정치의 이념을 제공하는 균여의 성상융회사상과는 입장을 달리할지라도 그것을 성립시키는 데 이바지하였다.[28] 광종이 두 산문에 대해 보다 큰 관심을 나타낸 이유가 바로 이러한 데 있었다. 그런데 선사들이 선종의 입장에서 성상융회사상을 포용하려는 경향은 法眼宗을 성립시키

28) 金杜珍, 〈高麗光宗代 法眼宗의 登場과 그 性格〉(《韓國史學》 4, 한국정신문화연구원, 1983), 13쪽.

는 데 작용하였으며, 더욱이 玄暉의 교선융합사상이 광종대의 법안종사상을 대두시키는 데 영향을 주었다.

광종대의 교선일치적 사상경향인 법안종이나 天台宗에 대해서는 일찍부터 주목되어 왔다. 《朝鮮佛敎通史》에 의하면 고려 초에 법안종이 많이 전해졌는데 당시의 법안종 승려로 慧炤·靈照·靈炤 등이 있었다고 한다.29) 이것은 광종대에 법안종이 대두하고 있음을 지적한 것이다. 이 외에도 법안종 승려로서 중국에 유학하고 돌아온 사람들로 道峯 慧炬·寂然 英俊·眞觀 釋超·智宗 등이 있다. 이들은 고려 초 법안종 성립에 크게 기여한 인물들인데, 고려사회에서 활약한 시기는 석초를 제외하면 대체로 광종대 말에 해당된다.

그렇지만 광종대 중기에 법안종은 이미 고려 국내에 알려져 있었으며, 광종도 이에 대해 관심을 가졌다. 광종은 중국의 延壽를 흠모하여 사신을 파견하고 제자의 예를 폈으며, 고려 승려 36인을 그 문하에 보내어 印記를 받아 귀국하게 하였다.30) 이러한 기록은 그 연대가 정확한 것은 아니지만, 지종이 광종 10년(959)에 오월국으로 들어가 연수의 문하에 수학하게 된 사실을 말한 것으로 생각된다. 지종 외에 석초도 중국 천태 德韶의 法嗣인 龍冊曉榮의 문하에서 수학한 후, 귀국하여 광종대 중기에 활동하였다.

광종대 중기에 활동한 법안종 승려들은 교선일치보다는 오히려 성상융회적 사상경향을 띠고 있었으므로, 전제정치를 이념면에서 돕고 있던 균여의 사상과 배치되지는 않았다. 따라서 광종은 법안종에 대해 관심을 가졌던 것이다. 또 지종은 법안종 승려로서가 아니라 선승으로서, 성상융회의 사상경향을 가졌기 때문에 광종에게 발탁되었다. 그는 긍양의 法孫으로서 찬유와도 연결되었고, 그러한 인연으로 말미암아 승과에 합격하여 광종과 인연을 맺게 되었다.

그러나 실제 법안종이 크게 등장한 시기는 광종 19년(968) 이후이다. 광종 19년에 惠居가 국사에 봉해지고 그의 문도인 영준 등이 연수의 문하로 유학

29) 李能和, 〈高麗初多傳法眼派〉(《朝鮮佛敎通史》 下, 新文館, 1918), 344~346쪽.
30) 道 原, 《景德傳燈錄》 권 26, 知覺禪師 延壽.

하였다. 그리고 광종 22년(971)에는 道峯院·高達院·曦陽院의 三不動門을 설정하였는데, 그것은 법안종의 기준에서 설정된 것이었다.[31] 이 때의 법안종 사상에서는 교선일치의 경향이 크게 강조되었다. 광종 10년(959)에 연수 문하로 유학한 지종이 광종 21년에 귀국하였다. 10년이 넘도록 중국에 체류한 그가 갑자기 귀국하게 된 것은 아마도 국내에서 교선일치의 사상 경향이 용납되었기 때문일 것이다. 그는 처음 중국에 들어갈 때와는 달리 연수 문하에서 定慧論 등 교선일치의 사상체계에 대해 관심을 가지고 있었다.

이러한 지종의 사상은 성상융회사상이 지배적인 광종대 중기의 고려사회에서 용납되기 어려웠으므로 귀국하지 못하고 있다가, 교선일치적 사상경향이 대두하면서 귀국하게 되었을 것이다. 광종 19년 이후 교선일치 체계의 법안종사상이 등장하게 된 것은, 점차 세력을 만회하여 가고 있던 호족세력과 유기적인 관련이 있었다. 이 때가 되면 호족세력은 비록 역사의 표면에 나타나지는 않았지만 왕권에 제약을 가할 수 있을 정도였다. 이후 광종과 밀착된 인물들이 역사의 그늘에 숨어 표면에 나타나지 않은 실력자, 즉 호족세력의 압력을 받아 하나 둘씩 처단되어 갔다.

나) 법안종사상

광종대에 활동한 법안종 승려들의 비문은 서너 개가 현전한다. 광종대의 법안종사상은 이들 비문을 중심으로 하여 미약한 부분은 중국 법안종사상의 이해를 통해서 보강할 수 있다. 중국의 법안종은 靑原 行思선사의 법맥을 이은 雪峰 義存의 法孫인 文益에 의해 개창되어, 天台 德韶와 永明 延壽로 이어져 내려오면서 확립되었다. 문익이나 덕소·연수 등은 모두 고려 초의 법안종 성립에 큰 영향을 끼쳤다. 그 중에서도 연수의 사상이 광종대 법안종을 성립시키는 데 크게 기여하였다.

중국에서는 당대 초에 法相宗이 풍미하였는데, 그 뒤 화엄종이 등장하면서

31) 道峯院은 法眼宗 사찰이다. 다만 高達院과 曦陽院은 성상융회적 사상경향으로 말미암아 광종 초에 왕실과 연결되었다. 그런데 선종의 입장에서 성상융회사상을 포용하는 것이 바로 법안종사상이다. 곧 그것은 '禪的 理事觀'으로 불리운다(金杜珍, 앞의 글, 1983, 31~32쪽).

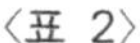

〈표 2〉 法眼宗의 系譜

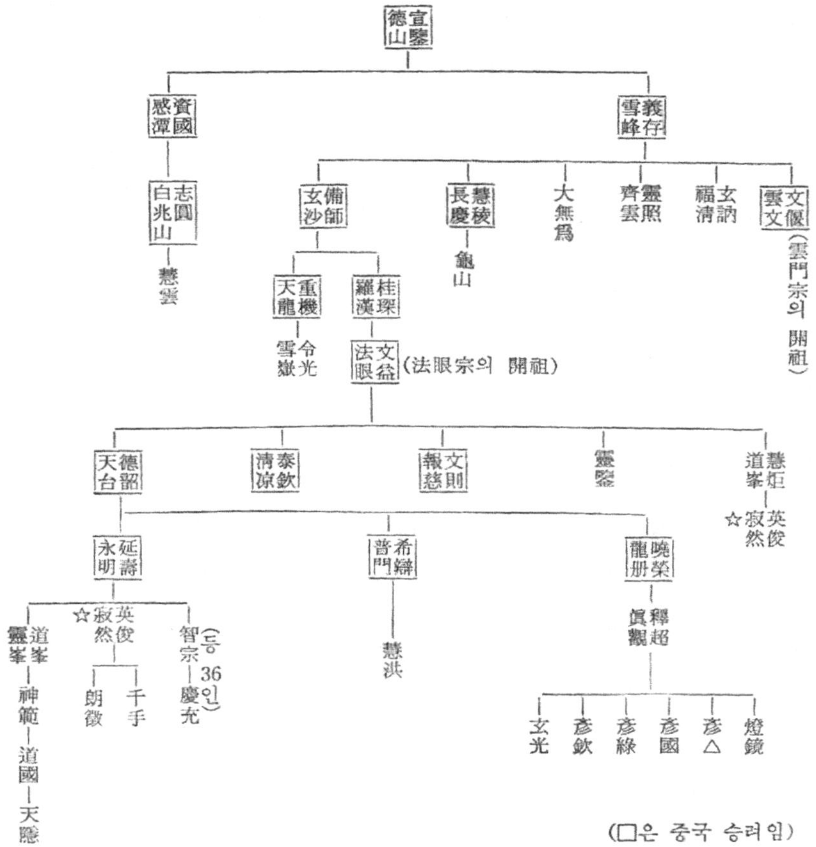

- 德山宣鑒
  - 感潭資國
    - 白兆山志圓
      - 慧雲
  - 雪峰義存
    - 玄沙師備
      - 天龍重機
        - 雪嶽令光
      - 羅漢桂琛
        - 法眼文益(法眼宗의 開祖)
          - 天台德韶
            - 永明延壽
              - 靈峯道峯 — 神範 — 道國 — 天隱
              - ☆寂然英俊
                - 朗徵
                - 千手
              - 智宗(등 36인) — 慶充
            - 普門希辯
              - 慧洪
            - 龍册曉榮
              - 眞觀釋超
                - 玄光
                - 彦欽
                - 彦綠
                - 彦國
                - 彦△
                - 燈鏡
          - 清涼泰欽
          - 報慈文則
          - 靈鑒
          - 道峯慧炬
            - ☆寂然英俊
    - 長慶慧稜
      - 龜山
    - 大無爲
    - 齊雲靈照
    - 福清玄訥
    - 雲文文偃(雲門宗의 開祖)

(□은 중국 승려임)

교종 내부에서 화엄종과 법상종의 대립을 해소하려 했다. 法藏이나 澄觀의 사상은 각각 「性相融會」나 「性相決判」으로 특징 지워진다. 연수는 선승이지만 교계의 대립을 자기 나름대로 소화하여 종합하고자 하였고, 그러한 결실이 《萬善同歸集》으로 엮어졌다. 《만선동귀집》에서는 교와 선의 문제도 다루었지만, 그 주된 관심은 「空」과 「有」 즉 「性」과 「相」의 융합에 비중이 두어졌다. 때문에 광종은 《만선동귀집》을 읽고 거기에 매력을 느꼈다고 한다. 그러나 연수의 또 하나의 저술인 《宗鏡錄》에는 교선일치의 사상체계가 더 강하게 담겨 있다. 그것은 선종의 입장에서 천태나 화엄 및 법상종사상을 융합하려는 것이다. 연수는 교·선의 융합을 내세우지만, 그 중 「敎」는 화엄사상과 법상종사상을 융합한 교계의 대립을 해소한 것이다. 곧 그는 선종의 입장에서 성상융회사상을 포용하려 했다.[32)]

지종은 연수의 문하로 나아갈 당시에 법안종의 성상융회적 성향에 매료되어 있었다. 또 지종보다 조금 시대가 앞서는 석초는 성상융회의 사상체계에 관심을 갖고 있었다. 아마도 광종대 중기의 법안종에 대한 관심은 성상융회적 경향에 더 비중을 두었을 것이다. 그러나 법안종사상에는 교선일치의 경향이 담겨 있고, 그것은 선종의 입장을 강하게 견지하면서 교종사상을 융합하려는 것이었다.

고려 초의 법안종 승려들도 처음엔 성상융회사상에 관심을 두었지만, 점차 시대가 내려오면서 교선일치의 사상체계에 홍미를 가지게 되었다. 영준은 말할 것도 없거니와 지종도 처음 출국할 당시에는 성상융회의 사상경향에 몰두해 있었지만, 연수 문하에서 수학하는 동안 점차로 교선일치의 사상체계에 심취하였다. 지종뿐 아니라 광종대 말에 활동한 법안종 승려들은 대체로 교선일치의 사상경향을 지녔다. 그들은 교종 내부의 융합 즉 성상융회사상을 완전히 배제하지는 않았으며, 교선일치의 사상경향을 가졌으나 어디까지나 선종의 입장에 서 있음을 명백히 했다.

나. 고려 초기의 천태교학

고려 초 義通과 諦觀은 중국에 들어가 활동하였는데, 의통은 중국 天台宗의 13대 교조가 되었고 제관은 천태종 교본이라 할 수 있는 《天台四敎儀》를 저술하였다. 중국에까지 역수입된 의통과 제관의 천태사상을 논하면서, 고려 초기 사회에서 천태학의 연구가 활발하면서 그 수준이 높았다고 생각하는 견해[33)]가 있는 반면 고려 초에는 종파로서 천태학이 성립되어 있지 않다는

32) 延壽는 敎宗 내부의 모순을 극복하고자 성상융회사상에 더 비중을 두어 《萬善同歸集》을 저술하였다. 그러한 사상기반 위에 敎禪一致사상을 구축하였는데 이것이 《宗鏡錄》으로 종합되었다.

33) 金哲埈, 〈高麗初의 天台學硏究〉(《東西文化》 2, 啓明大, 1968 ; 《韓國古代社會硏究》, 知識産業社, 1975, 342~343쪽).

견해도 있다.[34] 곧 불교종파로서 5교 9산이 성립되어 있었다는 통설을 부정하면서 고려 초에는 선종인 조계종과 교종인 화엄종·유가종의 3대 종파만이 있었다는 것이다. 이러한 견해로 보아 고려 초에 천태학 연구가 활발하였는지는 의심스럽다. 다만 광종대 법안종의 성행은 천태종에 대한 이해를 증진시킨 것이 분명하다.

고려 건국 초에 천태사상이 성행하였는지는 분명하지 않다. 나말려초에 무려 30여 명에 달하는 선종 승려들의 비문이 전하지만, 그들 가운데 법안종 승려인 지종을 제외하면 천태사상에 접한 자는 현휘[35]와 찬유[36] 정도이며, 이들도 천태교문을 잠깐 거쳐가는 데 지나지 않는다. 그러나 고려 초에 후삼국을 통합하려는 기운과 연관하여 法華나 천태사상의 「一心三觀法」이 유포되어 있었다. 다음 기록에서 이를 확인할 수 있다.

> '지금 동쪽의 韓 땅도 일찍이 三分된 고로 우리 太祖(王建)가 창업할 때에 행군한 福田인 四大法師에 의한 一心三觀法이 있었는데, (그것은) 聖君이 三韓을 합하여 한 나라를 이루는 것과 풍토가 서로 맞습니다. 만약 法을 구하여 유행시킨 즉 後嗣가 죽순처럼 번창하고, 수명이 연장되어 왕업이 끊이지 않으며, 항상 일가를 이룰 것입니다'라고 하였다(閔漬, 〈國淸寺金堂主佛釋迦如來舍利靈異記〉, 《東文選》 권 68).

고려 후기 閔漬의 이 기록은 다소 사료적 가치가 떨어지기는 하지만, 천태종의 본거인 國淸寺 관계기사인 까닭으로, 그 전부터 있어오던 국청사 寺乘이라든가 기타의 기록을 참고하여 서술되었을 것이다.[37] 왕건에게 「會三歸一」의 사상을 전한 能兢은 법화 내지 천태종 계통의 승려였다. 隋는 남조의 陳·齊를 병합하여 천하를 통일하기 위해 국청사를 세우고 일심삼관법의 천태학을 진작시켰다. 이러한 풍토는 후삼국 통일의 과업을 눈앞에 둔 왕건의 처지와 비슷하였기 때문에, 능긍은 천태교학을 유행시킬 필요를 역설하였다.

34) 許興植, 〈高麗前期 佛敎界와 天台宗의 形成過程〉(《韓國學報》 11, 一志社, 1978), 80~96쪽.
35) 崔彦撝, 앞의 글, 153쪽.
36) 金廷彦, 〈高達寺元宗大師惠眞塔碑〉(《朝鮮金石總覽》 上), 209쪽.
37) 金哲埈, 앞의 글, 336쪽.

의통이나 제관은 능긍을 배출하였던 고려 초기 천태교학의 분위기 속에서 성장하였다. 즉 능긍보다 약간 시대가 앞서는 順之의 사상은 법화사상을 포용하고 있다. 그의 廻漸證實際論은 「會三歸一」 사상을 담고 있다.[38] 그런가 하면 이미 신라 중대에 元曉는 朗智法師로부터 《법화경》 강의를 들었다고 하며, 《法華宗要》를 저술하였다. 원효의 법화사상은 「회삼귀일」의 논리에 근거하고 있으며, 智顗의 교학에서 상당한 영향을 받아 형성되었다고 한다.[39] 신라 중대 이래로 비교적 성행하였던 법화사상의 전통은 고려 초기의 천태교학을 일으키게 하였을 것이다.

신라 말 吳越에 들어간 의통은 천태 덕소가 거주하던 雲居寺에 머물렀으며, 지금은 전하지 않으나 《觀無量壽經疏記》·《光明玄贊釋》 등의 저술을 남겼다. 이보다 뒤인 광종 12년(961)에 오월왕 錢俶이 당의 선승인 玄覺이 지은 《禪宗永嘉集》을 읽다가 「同除四住」라는 술어의 의미를 몰라 천태 教籍을 고려에 구하였다. 이에 고려는 建隆 2년(961, 광종 12)에 사문 제관을 파견하여 天台論疏를 가지고 螺溪에 이르게 했다.[40] 제관은 광종 12년에 오월왕의 요청으로 고려국에서 파견되었다. 이 외에는 제관에 관한 절대 연대가 알려져 있지 않다. 그가 광종 12년에 중국에 들어갔는지에 대해서는 확실하지 않지만, 이 때를 전후한 시기에 중국에 들어갔을 가능성은 충분히 생각할 수 있다.

제관은 중국에서 일생을 마쳤으며 고려로 돌아오지 않았다. 그가 중국에 들어가고 난 후의 고려와 오월국의 정치·사회상황은 상당히 달라졌다. 고려사회에서는 광종대 중기의 전제정치가 한창 행해지고 있었다. 한편 오월왕 전숙은 강력한 지방세력을 형성하고 있었지만, 새로 일어나는 송 태조에게 입조해야만 했다. 그 후 약 20년이 지나 나라가 없어지자, 전숙은 가족을 이끌고 서울로 옮겨가 살지 않으면 안되었다. 이렇게 다른 정치상황 속에 제관의 사상은 고려사회에서 보다는 오월국의 사회에서 더 필요하게 되었을 것이다.

---

38) 《祖堂集》 권 20, 順之.
39) 李永子, 〈韓國 天台思想의 展開〉(《日本學》 2, 東國大, 1982), 77~81쪽.
40) 志 磐, 《佛祖統記》 권 23, 歷代傳敎表(《大正新修大藏經》 49, 249쪽 中).

그러나 중국에서의 제관과 의통의 행적은 광종대 천태교학의 발달을 충분히 생각할 수 있게 한다. 광종대에는 법안종이 대두하였고, 교선일치의 사상체계가 성립되어 있었다. 특히 탄문의 경우처럼 화엄종의 입장에서 선종사상을 융합하려는 경향도 있었다. 광종대의 이러한 불교학의 분위기는 천태교학의 진흥을 가능하게 했다. 법안종과 천태종은 비록 선종과 교종이라는 입장의 차이는 있지만, 사상면에서는 대단히 근접되어 있었다.[41] 훗날 의천의 교학은 이러한 불교학의 전통에서 생각될 수 있다.

다. 제관의 《천태사교의》

오월왕 전숙의 요청으로 중국에 들어간 諦觀은 「同除四住」의 뜻을 해설하기 위해 《天台四敎儀》를 저술하였다. 그는 圓敎를 밝혀서 그 속에서 「동제사주」의 뜻을 부각시켰다.[42] 「四住」는 一切處地·欲愛住地·色愛住地·無色愛住地인데, 그 각각의 경지를 모두 같은 것으로 본 데에 제관사상의 독특한 면이 있다. 4주에 대한 이러한 해석은 이미 《永嘉集》 속에 나와 있었으나, 중국 천태종에서는 그것이 중요시되지 않았던 것을 제관이 주목했던 것이다. 또 一切處와 欲·色은 藏敎로서 三乘敎에 속하지만 無色은 一乘敎에 속하게 되므로, 제관의 사상은 궁극적으로 「會三歸一」의 논리로 전개되었다.[43]

제관은 중국에 들어가 천태종 12대 교조인 義寂의 문하에서 10년 동안 머물다가 입적했는데, 《천태사교의》는 이 기간 중에 쓰여졌다. 그는 일찍이 《천태사교의》를 저술하여 상자 속에 넣어 두었다고 했으므로,[44] 적어도 그것은 그의 입적에 가까운 시기가 아니라 중국으로 들어가 곧 저술되었음이 분명하다. 그렇다면 《천태사교의》를 저작한 제관의 학문적 식견은 이미 고려 사회에서 길러진 셈이다. 제관은 언제 태어났는지 정확하게 알 수 없지만, 일생

---

41) 天台宗이 華嚴의 입장에서 선종사상을 융합하려는 것이라면, 法眼宗은 선종의 입장에서 교종을 융합하려는 敎禪一致의 사상이다. 다만 법안종은 禪的 理事觀으로 표현되는데, 그것은 선종과 성상융회 사상의 융합을 의미한다. 그러므로 그것은 선종과 화엄사상을 융합하려는 천태사상의 경향과 부합되는 면을 많이 지녔다.

42) 志 磐, 《佛祖統記》 권 10, 諦觀(《大正新修大藏經》 49, 206쪽 中).

43) 金杜珍, 〈諦觀의 天台思想〉(《韓國學論叢》 6, 國民大, 1984), 46~47쪽.

44) 志 磐, 《佛祖統記》 권 10, 諦觀.

의 마지막 10년을 중국에서 보내기까지 고려에서 활동했다. 아마 그는 만년에 중국에 들어갔으며, 가장 원숙한 정신세계를 가진 청장년기를 고려에서 보냈는데, 그것은 대체로 고려 건국으로부터 광종대 초기에 해당되는 시기가 된다.

《천태사교의》는 五時·八敎에 대한 설명을 통해 원교를 내세우려는 것이므로 화엄종의 입장에서 서술된 것이었다. 「5시」는 華嚴時·鹿苑時·方等時·般若時·法華涅槃時이다. 화엄시는 頓部에 해당되지만 화엄사상 전반에 관한 것이 아니라, 사물의 존재에 대한 가장 초보적인 인식을 추구하는 것이다. 녹원·방등·반야시는 漸敎에 관한 것이다. 법화열반시는 「회삼귀일」 사상을 포용하고 있지만, 화엄 원교적인 성격을 강하게 내포하고 있다.

「8교」는 頓敎·漸敎·秘密敎·不定敎의 化儀四敎와 藏敎·通敎·別敎·圓敎의 化法四敎로 나뉘어진다. 화의 4교가 부처의 경계에 이르는 방편이라면, 화법 4교는 그것의 의미를 추구하는 것이다. 대체로 8교는 교학 특히 화엄교학의 보살 수행에 입각하여 설명되어 있다. 제관은 8교 가운데 원교를 가장 강조하였는데, 이것 역시 화엄의 보살행에 비추어 설명하였다. 물론 원교의 내용 속에 一心三觀法도 나타나 있으며, 그 끝을 一乘觀法으로 장식하고 있다. 교선일치사상은 十乘觀法에 나타나 있다. 그러나 제관의 교선일치사상은 수행과정을 강조하기 때문에, 그 밑바닥에는 교학 특히 화엄사상을 강하게 깔고 있다.[45]

제관이 저술한 《천태사교의》는 상·하 2권으로 되어 있었는데, 상권은 天台一家의 敎判을 밝힌 것이고 하권은 남·북 諸師의 宗趣 사이에 존재한 미묘한 차이를 부각시킨 것이다. 그 중 상권만이 유통되어 지금까지 전해지고 있다.[46] 제관 이후 《천태사교의》는 천태종의 敎典같이 취급되어, 천태학인은 반드시 그것을 읽어야만 했다.

그리하여 이 책에 대한 많은 역주서나 연구서가 나오게 되었다. 중국 천태종의 정통인 山家派의 주석서로는 從諫의 문하인 宗印의 제자 元粹가 지

45) 金杜珍, 앞의 글(1984), 58쪽.
46) 馮夢禎, 〈刻天台四敎儀引〉(《大正新修大藏經》 46, 774쪽 中).
47) 島地大等, 《天台敎學史》(中山書房, 1976), 213~218쪽.

은《四敎儀備釋》이 있고, 방계인 山外派의 주석서로는 從義가 지은《四敎儀集解》가 있다. 그 외 종인의 문하에서 분파한 王岡 蒙潤이 지은《四敎儀集註》가 있다.[47] 이를《천태사교의》의 3대 주석서라 하는데, 일본에까지 전해져 일본 내 천태사상의 연구를 활발하게 하였다.

〈金杜珍〉

3) 현종대 이후 화엄종·법상종의 대두와 불교계의 모순

(1) 귀족불교의 융성

가. 화엄종의 성행

가) 화엄학파의 계승

고려 초의 화엄종은 일단 균여에 의해 정리되었다. 신라 말에 화엄종은 해인사에 주석한 希郎과 觀惠가 서로 대립하면서 각각 北岳과 南岳으로 나뉘어 다투었는데, 북악의 法孫인 균여가 남·북악파의 교리를 통합하여 융회불교인 성상융회사상을 성립시켰다. 그러나 균여가 활동하던 시기에 화엄종단 내에 대립이 없었던 것은 아니다. 교선융합의 경향을 가진 法印國師 坦文은 균여와 특별히 교류한 것 같지는 않지만, 그의 스승인 信嚴大德과 문도인 靈損·一光 등과 더불어 華嚴宗趣를 내세우고 있었다.

균여는 歸法寺에 주지로 있으면서, 같은 절에 거주하는 正秀와 대립하고 있었다. 균여가 토착신앙을 강하게 내세웠다면 정수는 어쩌면 순수교리적 신앙을 내세웠는데, 正秀房을 중심으로 여기에 모인 한무리의 세력이 균여를 참소하다가 처형되었다.[1] 정수도 화엄종 승려였지만 탄문과 연관되었는지는 분명하지 않다. 광종대 이후 균여나 탄문의 법맥이 계승되는 모습은 잘 알려져 있지 않다.

탄문은 원효보살과 의상대덕의 발자취를 찾아 수련했으며,[2]《화엄경》을

1) 赫連挺,《均如傳》感應降麗分者.
2) 金廷彦,〈普願寺法印國師寶乘塔碑〉(《朝鮮金石總覽》上, 1919), 225쪽.

풀이한 후인의 이론서보다 경전에 몰두하였고《大般若經》의 講主를 맡았다. 그의 교학은 화엄학에 기반을 두고 있지만 다른 경전에도 폭넓은 관심을 보인 점에서, 원효의 사상에 접근하여 있다.[3] 이로 보면 탄문은 뒷날 의천의 화엄교학과 비슷한 사상경향을 가졌다. 화엄의 입장에서 선종사상을 융합하려 한 탄문의 사상은 바로 의천의 사상과 맥이 닿을 수 있을 듯하다. 특히 탄문은 九龍山寺에 오래 주석하였는데, 그 곳에서 화엄을 강론하였을 뿐 아니라《화엄경》3본을 寫經하기도 했다.[4] 구룡산사는 뒷날 의천의 스승인 景德國師 爛圓의 비가 세워지는 구룡산 福興寺였을 것으로[5] 생각되며, 따라서 탄문과 난원의 연결을 생각할 수 있다.

균여의 계승자로 昶雲이 있다. 창운은 문종 27년(1074)에 균여의 생애를 기록한 전기를 赫連挺에게 전해주었으며, 이를 토대로 혁련정은《균여전》을 완성하였다. 창운은「神衆經註主」로 불렸으므로《神衆經》을 중요시한 인물이었다.《신중경》은 80권 화엄경에 포함된 밀교적인 경향이 강한 내용을 담고 있으므로, 그가 사상적으로 神異나 토착신앙을 중요시한 균여를 정통으로 계승하였음을 알 수 있다.[6] 창운은 南原人이고 광종 때에 급제한 柳邦憲의 손자이다. 그는 문종 8년(1054)에 王輪寺의 選場에 나아가 대덕이 되었고, 선종을 위해 弘護寺를 창건하였으며 숙종 9년(1104)에 입적하였다. 그의 문도로 308명이 있었는데, 그 중 경전의 뜻에 정통한 자가 100여 인이었다.[7] 이로 보면 창운은 화엄종 내에서 종파를 이룰 수 있을 정도의 많은 문도를 거느리고 있었음이 분명하다.

창운이 활동하던 당시는 의천의 화엄종이 큰 세력으로 성장하고 있던 때였다. 의천이 따르며 배우고자 하니 창운은 그를 깨우쳐 주었는데 또한 의천은 一代 宗匠의 하나가 되었다고 하였다.[8] 곧 의천은 창운과 구별되는

3) 許興植,〈華嚴宗의 繼承과 所屬寺院〉(《高麗佛教史研究》, 一潮閣, 1986), 195쪽.
4) 金廷彦, 앞의 글, 225쪽.
5)〈景德國師墓誌〉(許興植 編,《韓國金石全文》中世 上, 亞細亞文化社, 1984), 500쪽.
6) 許興植, 앞의 글, 195쪽.
7)〈弘護寺等觀僧統昶雲墓誌〉(《韓國金石全文》中世 上), 537쪽.
8) "時大覺國師 一代宗匠之是一也 亦嘗從而訓之"(위의 글, 535쪽).

일문을 이룬 것으로 짐작하게 한다. 창운은 개경 중심의 고려문화가 난숙기로 접어든 시기에 살면서, 토착적인 신이를 강조한 고려 초기의 화엄사상 경향을 계승하였다. 창운과 함께 균여를 흠모하여 그의 전기를 남겨준 혁련정도 이러한 불교경향에 동조하였던 인물이었다.

의천을 중심으로 한 화엄종파는 가장 번성하였고 또 많은 기록을 남겼다. 의천의 師僧은 경덕국사인 난원이다. 그는 당시 문벌인 安山 金氏로서 金殷傅의 아들이며 병부상서를 지낸 金忠贊은 그의 형이다. 난원의 스승은 弘睡인데 그에 대해서는 알려진 바가 거의 없다. 난원이 직접 의천을 지도하였는지는 확실하지 않지만, 난원의 문인이었던 창운·理奇·樂眞 등이 의천에게 보다 더 영향을 끼쳤던 것으로 여겨진다.

元景王師 樂眞은 속성이 申氏이고 利川郡의 호족출신이었다. 문종 20년(1066)에 난원이 입적하고 대각국사가 그 법맥을 잇자, 낙진은 의천의 문하로 나아갔다. 곧 낙진은 知己로서 또는 협력자로서 의천과는 법형제였다. 숙종이 잠저에 있을 때 백일도량을 열고, 낙진으로 하여금 그것을 주재하게 하였다. 또한 의천이 몰래 상선을 타고 송나라에 건너가자, 왕명을 받은 낙진이 慧宣·道隣 등과 더불어 그를 좇아갔으나 뒤따르지 못했다. 杭州 惠因院 晋水法師는 선종 3년(1086)에 귀국하는 의천편에 부쳐 향로를 낙진에게 전하기도 했다.[9] 숙종 5년(1100)에 낙진은 왕명을 받고《釋苑詞林》250권을 편찬하는 것을 도왔는데, 문인인 覺純으로 하여금 그것을 詳定하게 하였다. 그런가 하면 經律論 등 三藏 5,450권을 늘 강독하면서 후학을 가르쳤다.

의천에 관한 자료는 많이 전하는데, 비문으로 〈興王寺大覺和尙墓誌〉, 金富軾이 찬한 〈靈通寺大覺國師碑〉와 林存이 찬한 〈僊鳳寺碑〉가 있다. 그 가운데 화엄종의 입장을 강하게 나타내고 있는 것은 〈영통사비〉이며, 〈선봉사비〉는 천태의 입장에서 찬술된 것이다. 의천은 문종의 넷째 아들로서 중국에 들어가 晋水 淨源의 문하에서 수학하였다. 의천은 정원을 따라 혜인원에 머물면서 경론 7,500여 권을 조판 인쇄하여 비치하였다. 귀국 후에도

9) 〈般若寺元景王師碑〉(《朝鮮金石總覽》 上), 319쪽.

그는 혜인원에 대한 후원을 계속하였고 그에 연유하여「慧因高麗華嚴敎寺」로 불렸다. 의천은 정원을 통해 많은 불전을 수합할 수 있었다.

숙종 6년(1101)에 의천은 개성 洪圓寺에 九祖堂을 짓고 화엄의 九祖師像을 모셨는데, 그것은 馬鳴·龍樹·天親·佛陀·慧光·杜順·智儼·法藏·澄觀이다. 이것은 정원의 七祖說을 모방한 것이지만, 천친·불타·혜광을 추가한 대신 宗密을 제외시켰다. 이 점은 의천의 화엄사상이 두순에서 법장을 거쳐 징관에 이르는 성상융회적 사상에 유념하였음을 알려준다. 천친이나 혜광 등 唯識이나 地論宗 승려가 포함된 것은 性과 아울러 相을 유념하려는 의천의 사상경향과 연관된다. 다만 정원 당시 중국 화엄종은 종밀을 중요시하면서 교선일치의 경향으로 나아가고 있었는데, 의천은 오히려 종밀을 제외시킴으로써 법장이나 징관대의 성상융회나 성상결판의 사상에 집착하였다.

의천의 제자로 두드러진 인물은 無㝵智국사 戒膺이다. 그는 太白山 覺華寺를 개창하고 많은 문도를 키웠으며 소백산 남쪽의 龍壽寺는 그의 제자들이 개창한 절이다. 숙종의 넷째 아들로서 출가한 圓明국사 澄儼도 의천의 제자이다. 그는 인종대에 홍왕사에 10여 년을 주석하면서 화엄의 큰 뜻을 펴고 있었다. 그 외에 의천의 행장 10권을 쓴 慧素나 문집을 정리한 慧觀은 모두 그의 문도이다. 의천의 또 다른 제자로 敎雄이 있었다. 그의 제자인 通炤僧統 智偁은 주로 의종대에 활동하였으며, 당시 불문의 영수였다.

균여나 탄문 이후 의천이 등장하기 전에 활동한 圓融국사 決凝이 주목된다. 그는 江陵 金氏가문 출신이며 光律의 아들이다. 정종 7년(1041)에 왕사에 봉해졌으며 문종대에 국사에 봉해졌다. 결응은 浮石寺에 주로 주석하였으며 의상의 법맥이 그에게로 이어졌다.[10]《화엄경》入法界品을 중시하여 인용하고 있음도[11] 그가 義湘系의 실천수행적인 화엄사상을 내세우고 있음을 알려준다. 의상계의 화엄은 균여계의 화엄종파로 이어지는 것이어서, 의천의 화엄종파로 이어지는 것 같지 않다. 의천 당시에 결응의 법맥으로 의

---

10) "相師傳法嗣暨于國師 國師故始末 住此寺焉"(林 顥,〈順興浮石寺圓融國師碑〉,《朝鮮金石總覽》上, 271쪽).

11) "華嚴經入法界品云 或見阿彌陀 觀世音菩薩灌頂授記者"(위의 글, 271쪽).

상계 화엄종파에 속해 있었던 사람은 잘 발견되지 않는다. 결응의 문인은 廣證·元昶·惠英 등 1,438인이 있었다고 한다. 아마 결응은 뒷날의 의천과는 구별되는 비교적 큰 세력의 문도를 규합했는데, 그렇다고 이들이 균여계의 화엄종파에 속해 있었는지는 분명하지 않다.

나) 균여파와 의천파의 대립

광종대의 화엄종은 균여로 대표되지만, 그와 상당히 성격을 달리하는 탄문이 있었다. 탄문의 사상경향은 오히려 의천의 그것과 비슷한 면을 가졌다. 탄문의 법맥이 의천에게로 꼭 이어지는지는 분명하지 않다. 고려 중기에는 의천의 화엄종이 융성하였다. 그는《新編諸宗敎藏總錄》을 저술하여 당시까지의 佛典이나 고승의 章疏를 정리하는 작업에서 균여의 저술을 제외시켰다.

의천은 균여에 대해 매우 비판적이었는데 다음 기록에서 이를 확인할 수 있다.

> 海東의 先代 諸師가 남긴 기록은, 그 학문이 精博하지 못하고 억설이 더욱 많음을 한탄하였다. 그리하여 몽매한 後生을 지도할 만한 것은 백에 한 책도 없어서, 중생이 능히 聖敎로써 거울을 삼아 自心을 보지 못하고 일생 동안 구구하게 남의 보배만 세고 있다. 세상에서 말하는 均如·梵雲·眞派·靈潤 등 諸師의 책은 잘못된 것이다(義天,《大覺國師文集》권 16, 示新參學徒緇秀).

문종대에 불교계 내지 화엄종단을 장악한 의천은 균여파를 철저하게 배격하였던 것이다. 문종대를 전후한 시기에 균여파에 속한 화엄종 승려를 많이 찾아볼 수는 없다. 그러나 균여파도 의천이 견제해야만 할 정도로 왕성하게 활동하고 있었다. 창운과 혁련정의 활동이 이를 알려준다. 혁련정은 숙종 5년(1100)에 요에 사신으로 다녀왔으며, 예종 즉위년(1106)에는 長樂殿學士 判諸學院事가 되었다. 장락전이나 제학원은 서경의 分司기구로서, 그는 金摯와 더불어 서경을 대표하는 문인이었다.[12] 혁련정의 이런 면은 의천과 상반될 수 있다. 혁련정은 의천과 거의 같은 시기에 살았고 의천은 김부식과 상통할

12) 許興植, 앞의 글, 196쪽.

수 있는 관계였다. 김부식이 의천의 사상을 계승한 세속인이라면 혁련정은 균여의 사상을 계승한 세속인이라 할 수 있다.[13]

균여파와 의천파의 대립은 서경파와 개경파라는 정치적 대립관계에서도 생각할 수 있다. 아울러 그것은 균여와 의천의 사상상의 차이에서 추구되어야 한다. 우선 의천은 균여의 性相融會사상과 다른 敎觀幷修사상을 성립시켰다.[14] 균여의 화엄사상은 신라 의상의 사상을 계승하고 있었는데, 의천은 중국 화엄종의 정통파인 법장의 화엄을 계승하였다고 자부하고 있었다. 의천이 유학한 晋水 淨源은 법장파를 계승한 인물이다. 의상과 법장은 지엄문하에서 수학한 동학이지만, 그 사상경향은 매우 대조적이었다.

의상이 橫盡法界觀을 주장하여 하나 속에 전체를 융회하려는 사상경향을 가졌다면, 법장은 竪盡法界觀을 주장하여 전체의 구성인 하나 하나의 차별을 부각시키려 했다. 전자가 연기된 모든 법상의 실체를 전혀 인정하지 않음으로써 근본적으로「一」속에 통합된다는 性起趣入을 주장했다면, 후자는 연기된 모든 법상의 실체를 인정하여 그 차별상을 설정하려는 緣起建立을 주장했다. 화엄사상의 구조에 있어서 의상과 법장의 차이는 바로 균여파와 의천파의 그것의 차이로 이어질 수 있다.

性과 相의 문제는 교학불교 내의 대립을 해소하려는 입장에서, 화엄종뿐 아니라 법상종에서도 중요하게 취급되었다. 일반적으로 화엄사상에서 균여의 사상을 제외하면, 相의 泯滅을 말하지만 性은 주체로 보기 때문에 민멸한다고 말하는 경우가 드물다. 법장의 경우는 더욱 그렇다. 그런데 고려 중기의 법상종 특히 韶顯은 성과 상이 합해져 하나가 되면서도, 상은 물론 성도 민멸되는 것이라 했다. 이러한 법상종의 사상은 균여의 성상융회사상과 맥락이 닿을 수 있다. 현종대 이후 크게 등장한 법상종 승려들은 균여의 사상에 대

13) 許興植, 위의 글, 196쪽.

14) 균여가 敎觀幷修와는 달리, 중국 초기의 화엄학 즉 지엄과 법장화엄을 그대로 받아들여 경론에만 치우친 관념적 敎學을 성립시켰기 때문이라는 설이 있다(崔柄憲, 〈高麗時代華嚴學의 變遷—均如派와 義天派의 대립을 중심으로—〉, 《韓國史硏究》 30, 1980, 69쪽). 그러나 실천적인 義湘의 화엄사상을 이어 받으면서 融會佛敎를 성립시킨 균여의 사상은 관념적인 것으로 규정할 수는 없다. 오히려 균여는 향가를 지어 僧俗無碍를 주장했으며, 神異한 土着的 사조를 강조했다.

해 오히려 호의적이었다. 자연 숙종대에 법상종과 대립하고 있던 의천이 균여의 사상을 배격하였다.

천태사상과의 관계에서도 균여와 의천의 입장은 다르다. 의천은 중국에 들어가 慈辯 從諫에게서 천태를 전수 받았다.[15] 종간은 山家派의 거장인 四明知禮의 법손이다. 중국의 천태사상은 山家派와 山外派로 나뉘어 淨論하고 있었는데, 처음에는 산가파가 이긴 듯했다. 의천 당시에 後山外派가 일어나면서 그 논쟁은 재연되어 열기를 더해 갔다. 산가파가 具相論的이었다면 산외파는 具性論的이었다. 제법상의 차별을 전제로 하는 구상론적 산가파의 사상이 의천의 사상과 가깝다면, 그것의 차별을 인정하지 않은 구성론적인 산외파의 사상은 균여의 사상과 비슷하다.[16]

의천은 법장으로부터 이어지는 중국 정통파의 화엄뿐 아니라, 천태종의 경우도 중국 정통파를 계승했다고 자부하고 있었다. 그런 면에서 그의 사상은 보편성을 강조하였다. 이에 비해 균여의 사상은 광종대의 특수한 정치적 여건과 얽혀서, 보편적이라기보다는 융회적이고 토착적 사조를 강조하는 신비적인 것이었다. 이런 면에서 고려 중기에 균여파와 의천파가 불교 사상경향에서 뿐 아니라 그들의 정치적 입장 등 여러 면에서 대립하게 되었다.

나. 법상종의 대두

가) 고승의 배출

현종대에 玄化寺가 개창되면서 법상종이 크게 일어났다. 현종은 왕건의 아들인 安宗 郁과 경종의 妃였던 獻貞王后 皇甫氏 사이에 태어났다. 그러나 안종은 泗水縣(지금의 泗川)으로 유배되어 그 곳에서 죽었고, 헌정왕후도 현종을 낳고는 곧 세상을 떠났다. 어릴 때 현종은 獻哀王后의 핍박을 받아, 12세에 법상종 사찰인 崇敎寺에 출가하였다. 이후 三角山 神穴寺로 옮겼고 여기에서 현종은 승려들의 보호를 받아 시해의 음모를 여러 번 무사히 넘길 수 있었다. 즉위한 현종은 안종의 묘를 사수현에서 개경 靈鷲山 아래의 乾陵

15) 朴 浩, 〈開城興王寺大覺和尙墓誌〉(《朝鮮金石總覽》 上), 294쪽.

16) 金杜珍, 〈均如의 '性相融會' 思想〉(《歷史學報》 90, 1981 ; 《均如華嚴思想硏究》, 一潮閣, 1983, 272~274쪽).

으로 옮기고, 그 원찰로서 현화사를 개창하여 부모의 명복을 빌었다. 고려 중기에 법상종이 크게 일어나게 된 것은 바로 현화사의 개창이 계기가 되었다.

법상종은 현화사를 중심으로 왕실과 연관하여 그 종세를 급속도로 확장하게 되었지만, 문벌세력과도 연계되었다. 현종은 즉위 후에 거란의 침입을 받아 南遷하는 도중에 安山 金殷傅의 딸을 취하여 妃로 삼았다. 김은부는 仁州 李氏와 인척이어서 뒤에 현종은 인주 이씨와도 중첩된 혼인을 맺었다. 안산 김씨와 인주 이씨는 삼각산 남쪽의 한강 유역을 중심한 토호들이었는데, 이들은 법상종과 깊은 관계를 맺고 있었다.[17] 그런가 하면 현화사의 창건은 崔士威가 담당했는데, 이후 水州 崔氏 가문도 법상종과 깊이 연고되어, 증손인 尙之는 승통이 되었고, 현손인 觀奧도 법상종의 승려로 활약하였다. 현종 이후 문벌세력으로 성장하여 왕실의 외척이 된 인주 이씨는 대대로 법상종 승려를 배출하였다. 법상종은 이들과 연결된 세속의 후원세력을 갖게 되었다.

현화사를 창건함과 동시에 그 곳에 주석한 자는 大智國師 法鏡이다. 그는 三角山 三川寺의 주지였는데 현화사 주지로 봉해지면서 왕사가 되었다.[18] 이것은 아마 현종이 천추태후와 김치양의 박해를 피해 다니던 시절에 삼각산에서, 그와 특별한 인연을 가졌기 때문일 것이다. 이 때부터 현화사는 학도들이 몰려와 1년이 못되어 1,000명이 넘는 대사찰이 되었고, 당시의 고려 불교계에서 가장 융성한 교단으로 발전해 갔다.

고려시대에 법상종이 떨치게 되는 것은 慧炤국사 鼎賢(972~1054)에 의해서이다. 정현의 속성은 이씨이며 어머니는 김씨이다. 처음 그는 光敎寺의 忠會에게 나아가 출가하였으며, 漆長寺(일명 七長寺)의 融哲에게서 唯識學을 배우게 되었다. 정현은 이곳을 본사로 활동했으며 덕종 때는 法泉寺의 주지를 했다. 지금의 原州郡 法泉里에 있던 이 절은 당시 법상종 사찰 가운데 중요한 위치를 점하고 있어서인지, 이어 그는 현화사 주지가 되어 법상종 교단을 이끌게 되었다. 특히 靖宗 때에는 삼각산에 沙峴寺館을 개창하였는데, 뒤에 국

17) 許興植, 〈瑜伽宗의 繼承과 所屬寺院〉(앞의 책), 216쪽.
18) "以玄化寺僧法鏡乃王師"(《高麗史》 권 4, 世家 4, 현종 11년 10월 을축).

가의 후원을 받아 弘濟院으로 개칭하였다. 그는 문종 2년(1048)에 왕사에, 문종 8년 국사에 봉해졌다. 그의 문하에 靈念·岹雲·仁祚 등의 제자가 있었으며, 특히 영념은 뒤에 현화사 주지를 역임하였다.

정현 다음으로 현화사의 주지가 된 사람은 智光국사 海麟(984~1070)이다. 해린은 속성이 原州 元氏이며 그의 할아버지는 元吉, 아버지는 元休로서 모두 향리였으며, 어머니는 이씨이다. 어려서 李守謙 밑에서 공부를 하였으며, 출가의 뜻을 품고 법천사의 寬雄에게 나아가 유식학을 전수 받았다. 해린은 법천사를 본사로 활동하였는데, 개경의 海安寺나 水多寺 등의 주지를 역임하였다. 문종 2년(1048)에는 李子淵이 다섯째 아들인 소현을 그의 제자가 되게 함으로써, 법상종 교단은 대문벌 귀족인 인주 이씨의 후원을 받게 되었다. 문종 8년에 그는 현화사의 주지가 되었으며, 문종 10년에 왕사가 되고 문종 12년에 국사가 되었다. 해린의 문하에는 1,370여 명에 달하는 제자가 있었다.

고려 법상종이 법맥을 갖추면서 융성하게 된 것은 慧德王師 韶顯에 의해서이다. 그는 11세에 海安寺의 해린에게 출가하였다. 문종 23년(1069)에는 王興寺 大選場에서 급제하였고, 문종 25년에는 해안사의 주지가 되었다. 문종 33년에는 金山寺로 옮겨 주지하였으며, 선종이 즉위하자 현화사의 주지가 되었다. 소현은 일찍이 금산사의 남쪽에 廣敎院을 창설하고 慈恩 窺基가 지은 《法華玄讚》·《唯識述記》 등 章疏 32부 352권을 고증 간행하였다.[19] 소현이 유식학의 장소 등을 간행하여 유통케 한 것은 신라 말 이래 침체되었던 법상종을 선양한 데 큰 의의가 있는 것으로, 의천이 화엄종 입장에서 장소를 수집하여 속장경을 간행한 것과 비교될 만하다.

소현은 현화사에 주석하면서 전국의 법상종 사찰을 보다 잘 통어하고 있었으며 현화사 안에 繕理官을 설치하였다. 그리고는 석가여래 및 玄奘·窺基 二師와 더불어 해동의 六祖像을 그려서, 법상종의 각 사찰에 봉안하게 했다.[20] 소현이 정한 해동 6조가 누구인지는 명시되어 있지 않으나, 다만 법상종의 연혁에 대해 다음과 같이 기록되어 있다.

19) 〈金山寺慧德王師眞應塔碑〉(《朝鮮金石總覽》 上), 299쪽.
20) 위의 글, 300쪽.

당의 文皇 때에 신라왕의 주청으로 瑜伽論 1백권을 보내와 … 점점 이 땅에 성행하게 되었다. 이미 원효법사가 앞에서 이끌었고 太賢大統이 이를 이어서, 이후에 燈燈이 전해져서 世世로 法嗣가 홍하게 되었다(〈金山寺慧德王師眞應塔碑〉, 《朝鮮金石總覽》 上, 299쪽).

이로 보면 법상종 6祖 중 元曉와 太賢이 들어있음이 분명하다. 이들을 제외한 나머지 4조는 圓測·道證·憬興·眞表로 추존되기도 한다.[21] 이와는 달리 소현이 법상종의 법맥으로 해동 6조를 성립시켰기 때문에, 나머지 4조 중 제6조는 그의 스승인 해린을, 제5조는 정현을, 제4조와 제5조는 寬雄과 진표를 들었을 것으로 생각되기도 한다.[22] 소현이 해동 6조의 법맥을 정하여 그 화상을 전국의 법상종 사찰에 걸게 한 것은 법상종 교단의 확립과 연관하여 중요하게 생각된다. 신라시대의 법상종 교단은 태현계와 진표계로 나뉘어 있었다. 전자는 궁예로 이어지면서 고려 초에 그 법맥이 계승되지 못했으며, 후자에 속한 법맥이 소현에게로 이어져 왔다. 소현은 법상종의 법맥을 재정비하면서 화엄종과 더불어 고려 귀족불교를 대변하고 있었다.

소현의 문하에는 1,800여 명에 달하는 제자가 있었다. 이들 가운데 導生僧統 竀가 주목된다. 그는 문종의 여섯째 아들로 의천의 同母弟이다. 규는 문종 24년(1070)에 현화사 소현의 문하에서 출가하였다. 그와 소현은 외숙과 생질의 관계였다. 규는 선종 2년(1085)에 法住寺의 주지가 되었으며, 예종 6년(1111)에는 金山寺 주지가 되었다. 다음해인 예종 7년 8월 반란사건에 연루되어 巨濟縣에 귀양가서 그 곳에서 생을 마쳤다. 그는 의천에 비해 지방의 사찰을 전전하다가 불운하게 일생을 마쳤다. 그 외에 重大師 闡祥과 三重大師 順眞이 있었다.[23] 천상은 현화사 주지를 역임하다가 인종 19년(1141)에 입적하였고, 순진은 淸州 金氏로서 삼촌인 英念과 조카인 德謙과 함께 현화사의 승려였으나 숙종 즉위를 전후하여 입적하였다.

---

21) 許興植, 앞의 책, 215쪽 주 21.

22) 金杜珍, 〈高麗初의 法相宗과 그 思想〉(《韓㳓劤博士停年紀念 史學論叢》, 1981), 218~219쪽.

23) 이들 외에 법상종 승려로 祐翔·尙之·世梁 등이 알려져 있다. 또한 靈念은 英念과 동일인으로 생각되기도 한다.

나) 법상종의 사상경향

현상계의 차이를 그대로 인정하는 법상종 사상은 하찮은 미물이라도 그 존재 가치를 부여하려 한다. 이러한 사상은 그대로 인간관계에 적용되어 根機에 利鈍이 있다고 하며, 둔한 근기를 가진 사람이라 할지라도 자기에게 맞는 수행을 통해 성불하게 되며, 반드시 利根을 거쳐 성불에 이르는 것이 아니라고 한다. 법상종 사상의 이러한 특징이 그 사회의 중류 이하의 신분에 속한 사람들에게 받아들여져서, 그들의 사회적 지위를 정당화할 수 있게 하였다. 그리하여 신라 중대에서부터 고려 중기에 걸쳐 활동한 법상종 승려들은 대체로 중류 이하의 신분출신이었다.

신라 법상종 중 고려시대에도 그 법맥이 계승되고 있었던 것은 미륵과 지장의 兩尊을 받드는 진표계 교단이었는데, 이 교단에서는 占察法이 성행했으며 아울러 엄격한 계율이 강조되었다. 고려 중기에 대두된 법상종에서도 계율이 중시되었다. 성종 15년(996)에 정현은 彌勒寺의 승과에 임하면서, 默照나 話頭와 같은 선문을 배격하였으며 계를 지켜 가져야 함을 강조하였다. 속리산 아래의 大川에서 고기잡이하는 사람을 만난 정현은 곡식으로 그가 잡은 고기를 바꾸어 방생하였다.[24]

잡은 고기를 방생할 정도로 법상종에서 강조하는 계율은 엄격한 것이다. 그리고 그 계율은 미륵이 說主인 瑜伽菩薩戒였다. 다음 기록이 이를 알려준다.

> ① 彌勒尊像을 그려 완성시키고 (결략) 승려들을 모아 禮懺하게 하여 귀의시켰다. … 彌勒如來의 名號를 念하면서 戒를 넓게 펴려했다(〈金山寺慧德王師眞應塔碑〉, 《朝鮮金石總覽》 上, 300~301쪽).
> ② 戒定을 연마하고 慈氏를 본받아 그 분신으로 행동하려 했다(鄭惟産, 〈原州法泉寺贈謚智光國師玄妙之塔碑〉, 《朝鮮金石總覽》 上, 284쪽).

미륵여래의 이름을 念하면서, 넓게 펴려 했던 소현의 戒行은 유가보살계였다. 미륵의 분신으로 행동할 만큼 미륵의 감화를 생각하면서 戒定을 연마하였으므로, 해린도 유가보살계를 닦고 있었다.

---

24) 金 顚, 〈七長寺慧炤國師塔碑〉(《朝鮮金石總覽》 上), 275쪽.

현상계의 차별을 그대로 인식하려는 법상종사상은 개체의 존재의미를 크게 부여하는 특성을 지녔다. 하찮은 미물이라도 그 독특한 영역을 가진다. 그리하여 非情物인 水·火·山·岩 등이 인간을 위해 설법할 수도 있을 뿐 아니라, 비정물도 정물과 같이 성불할 수 있게 된다. 본래「非情成佛」의 근거는 物과 주체를 구별하지 않으려는 데 있으며 色心을 동일하게 보려는 데서 나왔다. 이러한「色心不二」의 사상은 결과적으로 법상종사상을 변하게 만드는 중요한 계기가 되었다. 그리하여 법상종사상은 色界에서 空觀界에로까지 그 인식의 폭을 확대시켜 갔다.

법상종사상의 이러한 면은 화엄종 내지 다른 불교종파와의 융회를 가능하게 했다. 무정과 비정은 서로 통하는 것이고 분별이 없기 때문에, 법상종의 非情說法은 圓敎 내에서 정물과 비정물이 모두 회통할 수 있게 한다. 이와 같이 법상종사상이 원교로 포용되어 화엄사상과 융회될 수 있게 되면서 新法相사상으로 불리게 되었고, 이와 구별되는 그 이전의 법상종사상은 舊法相사상으로 관념되었다.

구법상사상에서는 五性各別을 주장하기 때문에 사물 자체의 의미가 추구된 반면, 그것의 회통은 불가능했다. 그러므로 원측법사는 "善種은 善果, 惡種은 惡果를 生한다"[25]고 할 정도였다. 이와는 달리 신법상사상에서는 "三性이 卽 三無性이다"[26]라고 했는데, 無性은 진공이기 때문에 대소 동이를 초월하므로, 결국 3성이 하나로 파악되었다. 이러한 신법상사상의 융회적 성격은 법화나 천태의「廻三歸一」사상으로 이어질 수 있으며, 고려시대 교학불교 내의 대립을 해소하려는 성상융회사상의 성립과도 밀접한 관련이 있다.

(2) 불교계의 모순

가. 거사불교의 유행

고려 중기 문벌귀족이 대두한 사회에서는 선종세력이 약화된 반면, 교종 특히 법상종과 화엄종세력이 강성하여 양립하였다. 두 교단이 대립하면서 싸우는 속에 화엄종과 제휴하여 천태종이 일어나게 되었다. 그런데 당시 불교

---

25) 均 如,《敎分記圓通鈔》권 7, 8葉 右.
26) 均 如, 위의 책 권 6, 2葉 右.

계에 이러한 정통의 종파 불교와는 구별되는 또 다른 흐름으로서 이른바「居士佛敎」가 있었다. 고려 귀족사회에 불교가 크게 융성하여 문인관료는 거의 모두 불교와 관계를 갖지 않은 사람이 없을 정도였다. 그런 가운데 불교에 심취한 나머지 거사로 일생을 보내거나 심지어는 아예 출가한 경우도 적지 않았다. 고려 중기의 문벌귀족 출신 인물 가운데 거사로서 유명했던 사람은 李資玄·李頫·尹彦頤·郭輿 등이다.

그 중 이자현은 거사불교의 전형적인 인물로서, 당시 최대 문벌인 仁州 李氏 출신이면서도 일찍이 벼슬을 버리고 淸平의 文殊院에 거주하며 청평거사라 自號하였다. 거기에서 그는 佛理의 연구와 참선의 생활로 일생을 보냈다. 이오도 인주 이씨 출신으로 예종 때에 開府儀同三司檢校太師 守太保門下侍郞으로 은퇴하기까지 여러 관직을 역임하였다. 그도 비교적 순탄하게 관직생활을 보냈으나 녹을 받는 것 외에 다른 산업을 경영하지 않았으며, 불경과 章疏를 읽고《金剛經》을 좋아하여 금강거사라고 자호하였다.[27]

윤언이는 당대 문벌귀족인 坡平 尹氏 출신으로 尹瓘의 아들이다. 재상을 역임하였던 그도 만년에 불법을 매우 좋아하여, 치사한 후 파평의 金剛齋에 살면서 스스로 금강거사라 불렀다. 일찍이 그는 승려 貫乘과 더불어 空門의 벗을 삼아 생사에 초연하였다. 곽여는 예종이 태자로 동궁에 있을 때 그 속관이었는 데 예종이 즉위하자 사직하고, 城東의 若頭山에 東山齋를 열고 처사라 칭하고 있었다. 당대의 대표적인 유학자도 대체로 불교에 심취해 있었다. 그러한 사람으로 權適이나, 龜山寺의 曇秀禪師와 교류하였던 金富轍·洪灌 등을 들 수 있다.

곽여에게서 뚜렷이 나타나지만, 그들의 불교사상은 도가사상의 영향을 강하게 받아 은둔적 성격을 지녔다. 곧 이자현의 사상은 불교와 도가사상이 융합된 과도기적인 것으로 이해되고 있다. 고답적이며 은둔적인 성격을 가진 거사불교는 이른바「竹林사상」과 맥을 같이하는 것으로 생각되고 있다.[28] 그리고 무신란 이전 고려 문벌귀족사회의 안정 속에서 나타난 것이라기보다

---

27)《高麗史》권 95, 列傳 8, 李子淵 附 頫.

28) 崔柄憲,〈高麗中期 李資玄의 禪과 居士佛敎의 性格〉(《金哲埈博士華甲紀念 史學論叢》, 知識産業社, 1983), 960쪽.

는, 문벌귀족사회의 모순 속에서 점차 융성하게 되었다. 이자현은 관직을 버리고 속세를 벗어나고자 임진강을 건너면서, 스스로 "이번에 가면 다시는 京城으로 돌아오지 않겠다"라고 맹세하였다.[29] 그가 다시 개성으로 돌아오지 않으려 했던 것은, 그의 일족인 李資義가 왕실을 압도하고 권력을 독점하는 비리를 경험하면서, 앞으로 닥칠 사회모순을 예견하였기 때문일 것이다. 이자현뿐 아니라 당시 문신귀족이 거사불교에 빠져드는 모습은 대체로 이런 것이었다.

이자현은 청평산에 은둔하여 있으면서 선의 수행에 관심을 가져, 예종에게 《心要》 1권을 저술하여 올렸다. 그것은 물론 선종사상을 다룬 저술이며, 그의 다른 저술인 《禪機語錄》 1권도 선종사상에 관한 것이다. 그의 깨달음에 대해서는 다음과 같은 기록이 전하고 있다.

> 《雪峰語錄》을 읽었는데, '모든 天地가 눈〔眼〕이다. 너는 어디에 쭈그리고 앉았느냐'는 말을 듣고는 번쩍 깨달았다(金富轍, 〈淸平山文殊院記〉, 《東文選》 권 64).

이로 보면 청평산에서의 이자현의 생활은 오히려 선 수행에 가장 비중이 두어졌고, 그러한 경향은 다른 거사에게서도 마찬가지였다.[30]

거사들이 선 수행에 관심을 두었던 것은 교종계의 상황에 대해 품고 있던 회의적인 생각 때문이었던 것으로 여겨진다. 고려사회가 점차 안정기로 접어들면서 교종이 번성하지만, 그것은 왕실 내지 문벌귀족가문과 밀착되어 여러 가지 폐단을 낳게 되었다. 고려 중기 왕실과 인주 이씨 사이에 있었던 정치적 알력이 불교계로 확산되어, 의천이 홍왕사에 있지 못하고 해인사로 퇴거하기에 이르렀던 것이다. 또 거사들은 그들이 처한 정치상황에 대해서 불만을 품고 있었다. 문벌귀족과 왕실의 정치적 싸움이나 문벌귀족 사이의 권력 투쟁 등이 재현되는 속에, 그들은 정계를 떠나 은둔생활을 하게 되었다.

그렇지만 그들은 어디까지나 교종불교와 깊이 연관된 인물들임을 유념해

---

29) 金富轍, 〈淸平山文殊院記〉(《東文選》 권 64).

30) 崔 滋, 《補閑集》 권 上(《高麗名賢集》 2, 成均館大 大東文化硏究院, 1973), 112쪽에 "尹文康公彦頤 晩節尤嗜禪味 退居鈴平郡金剛齋 自號金剛居士"라 하였다. 그 외 《金剛經》을 좋아한 李頫나 龜山寺에서 曇秀禪師와 같이 교류한 郭璵도 오히려 禪修行에 깊이 매료되어 있었다.

야 한다.[31] 아마 문벌귀족으로서의 출신 배경이 그들로 하여금 교종에서 완전히 벗어나 선종으로 나아가게 하지 못하였다. 말하자면 거사들은 문벌귀족사회의 비리를 예견하고 그것과 깊은 연관이 있는 교종불교에서 벗어나려고 선종 속으로 빠져들었지만, 거기에서 미련 없이 떠나지 못하는 한계성을 가진 과도기적 불교사상을 가졌다.

나. 선종계의 움직임

문벌귀족사회가 동요되는 고려 중기에 거사불교가 나타나 선 수행을 병행하는 사상경향을 띠어갔는데, 한편으로는 선종사상이 서서히 퍼져가고 있었다. 특히 예종대에는 선종 승려의 활동이 비교적 활발해졌다. 그 이유는 우선 예종이 선종에 대한 관심을 가져 慧照 등 선종 승려를 지원하거나 선종사찰인 安和寺 등을 중수하였으며, 선종 사원으로 자주 행차하였음을 들 수 있다. 뿐만 아니라 예종이 이자겸 일파를 견제하기 위해 의도적으로 지원하였던 韓安仁·尹彦頤 등 신진세력은 선종과 친밀한 관계에 있었다.

예종대에 크게 활약한 선종 승려는 혜조국사이다.[32] 그는 이자현 등 거사불교와 밀접하게 관련된 인물이다. 혜조국사는 예종의 명을 받들어 서쪽으로 유학하여 遼本 대장경 3부를 구해 가지고 돌아왔는데, 그 1부는 定慧寺에 소장하였다. 혜조국사는 개경의 廣明寺·춘천의 華岳寺·전남 승주의 定慧寺 등에 머물렀는데, 정혜사는 그가 직접 창건한 절이다. 이 정혜사는 후일 知訥이 창건한 定慧社와는 다른 절로,[33] 뒤에 조계종 승려들에게 영향을 주면서 제6대 冲止 때에 이르면 정혜사의 혜조도 조계종의 법맥으로 이어지게

31) 이자현이 거주한 文殊院은 광종 24년에 白岩禪院으로 창건되었다. 禪宗의 전통을 지닌 백암선원은 뒤에 普賢院으로, 다시 문수원으로 개칭되었다. 물론 불당이나 암자에 「聞性」이나 「見性」의 이름이 붙여지기는 했으나, 本寺 자체가 문수원으로 개칭된 것은 이자현의 사상이 아무리 禪宗쪽으로 기울어져도, 그것의 주된 것은 교종에 두고 있음을 분명히 나타내 주고 있다.

32) 《高麗史》나 《高麗史節要》에는 예종대에 활동한 禪僧으로 慧照國師는 보이지 않고, 曇眞이 예종 2년(1107)에 王師로, 예종 9년에 국사로 책봉되었음이 나타나 있다. 이로 미루어 曇眞과 慧照國師는 같은 사람일 것이다. 《삼국유사》에 나와 있는 慧照국사는 冲止가 지은 《圓鑑錄》에는 慧炤국사로 나와 있다. 慧炤국사와 慧照국사는 같은 사람임이 분명하다. 다만 慧照국사는 文宗代까지 크게 활동한 七長寺의 慧炤국사와는 다른 인물이다. 곧 이 때의 혜소국사는 법상종 승려였다.

33) 知訥, 〈觀修定慧結社文〉(《普照國師法語》).

되었다.

혜조국사는 崛山門에 속한 승려로 알려져 있으며, 그의 제자인 坦然·之印은 물론 英甫와 영보의 法嗣로 뒤에 龍門寺를 중창한 祖應 및 조응의 법사인 資嚴 등은 모두 굴산문의 승려로 파악된다.[34] 그런데 탄연 등은 그의 비석이 명종 2년(1172)에 건립되어 조계종에 소속됨으로써, 혜조의 문도는 바로 조계종으로 그 법맥이 이어졌다. 말하자면 조계종은 예종대에 미세하게 활동하던 선종의 법맥을 이어 받으면서, 고려 문벌귀족사회가 전면적으로 무너지는 무신란을 거치면서 굳건하게 확립되어 갔다.

大鑑國師 坦然은 인종 24년(1146)에 왕사가 되었으며 입적 후에 국사로 추증되었는데, 속성은 손씨이다. 그는 어릴 때 문장을 잘해 세자 시절의 예종과 함께 지내기도 했다. 19세 되던 해에 安寂寺에서 출가했으며, 이후 탄연은 禪悅을 동경하여 廣明寺의 혜조국사에게 나아가 선법을 전수 받았다. 예종이 즉위한 후 그는 開頓寺·禪岩寺의 주지를 맡았다. 인종이 즉위하자 탄연은 天和寺·善提寺 등을 주지하였으며, 인종 13년에는 普濟寺·帝釋院·瑩原寺 등을 겸하여 주지하였다. 인종 17년(1139)에는 광명사로 이주하여 의종 13년에 입적하였다. 그의 저술로 《四威儀頌》과 《上堂語句》가 있었는데 송의 선사 介諶이 이를 보고 찬탄하였다고 한다.

혜조국사의 문인인 廣智大禪師 之印은 예종의 아들이다. 지인은 예종 5년(1110)에 9세로 출가하여 15세에 佛選場에서 합격하였다. 예종 14년(1119)에 法住寺에 머물렀으며, 주로 인종·의종대에 크게 활동하였다. 지인은 의종 3년(1148)에는 광지라는 법호를 받았으며, 그 후 개경에서 멀지 않은 金剛寺에 머물렀는데, 의종은 매일 이곳으로 사람을 보내어 안부를 물었다 한다. 의종 12년(1158)에 입적하기까지 그는 종친으로서 선종계를 크게 진작시켰다.

혜조를 중심으로 한 그 제자들의 법맥은 대체로 굴산파를 이었다. 이들과는 달리 비슷한 시기에 활동한 圓應국사 學一은 迦智山派의 법맥을 잇고 있다.[35] 학일은 이씨이며 西原 保安人이다. 11세에 眞藏에게 나아가 출가했으

34) 金映遂, 〈曹溪禪宗에 就하여—五教兩宗의 一派, 朝鮮佛教의 根源—〉(《震檀學報》 9, 1938), 162쪽.

35) 金相永, 〈高麗 睿宗代 禪宗의 復興과 佛教界의 變化〉(《清溪史學》 5, 1988), 66~67쪽.

며, 선종 2년(1084)에는 광명사에서 실시한 승과에 합격하였다. 예종 원년(1106)에 迦智寺에 머물렀으며, 그 후 龜山寺·內帝釋院·安和寺 등을 주지하였다. 인종 즉위년에 왕사에 봉해졌으며, 인종 4년(1126)에 雲門寺로 나아가 이후 인종 22년 입적할 때까지 그 곳에 머물렀다. 학일에 의해 중흥된 가지산파는 그 후 一然에 의해 그 종세를 크게 떨치게 되었다.[36]

고려 중기에 서서히 부흥한 선종은 혜조국사를 중심한 굴산파와 학일을 중심한 가지산파로 나뉘었는데, 그 주류는 굴산파 선승들이었다. 당시의 선종은 문벌 중심의 교학불교를 외면하지 않아 교선융합적인 사상경향을 가졌다. 굴산파 선종은 일찍부터 교선융합적인 경향을 띠었는데, 가지산파의 학일도 교선융합적인 사상경향을 가졌고,[37] 고려 중기 선종사상의 이러한 분위기는 무신란 이후 조계종의「先悟後修」사상을 성립시키는 데 영향을 주었다.

〈金杜珍〉

4) 대각국사 의천의 불교개혁운동과 천태종의 창립

(1) 당시의 동아시아 불교

大覺國師 義天은 고려 불교사에서 뿐 아니라 당시의 동아시아 불교사에서도 국제적 위치가 뚜렷이 부각된다. 그는 신라의 원효처럼 많은 저작을 남기지도 않았고 고려 후기의 뛰어난 선사들처럼 깊은 종교적 경지에 몰입했다는 기록도 보이지 않는다. 그럼에도 불구하고 의천이 불교관계 서적을 통해 송·요·일본과 교류했다는 점은 특기할 만한 일이다.

의천이 살았던 시기는 고려 초기부터 끊임없이 북방 변방민족의 침략에 시달리던 질곡에서 벗어나 평화정책을 쓰고 있던 고려 문종 이후가 된다. 이 시기의 고려는 서쪽에 송, 서북쪽에 요, 동북쪽으로 여진, 남쪽에는 일본 등

36) 金相永, 위의 글, 68쪽.
37) 金相永, 위의 글, 74~75쪽.

여러 나라와 인접해 있었다. 고려는 이 국가들과 정치·경제·문화에 걸친 교류를 통해 평화를 구가하는 시기에 접어들고 있었다. 따라서 외세에 의해 국력을 소모하지 않은 위정자들은 내치에 힘을 기울여 국가의 부흥과 건설을 이룩함으로써 문화의 황금시대를 구가할 수 있었다.[1] 고려는 송·요와 등거리 외교정책을 추진하여 한족 일변도에서 벗어나 다채로운 외래문화를 수용하였다. 중국불교사에서 5호16국이라는 변방 이민족의 불교문화가 한족의 강남불교보다 반드시 열등하지 않았듯이 요의 불교활동도 남쪽의 송에 버금갔다. 의천은 불경과 원효의 저술을 요나라에 기증하고, 요나라의 불교관계 연구서들을 고려로 받아들이는 역할을 담당했다. 중국대륙 북방에 버티고 있던 요의 역대 황제는 불교보호정책을 폈기 때문에 불교문화는 상당한 수준에 달했다. 요의 불교가 가장 극성한 때는 聖宗(983~1030), 興宗(1031~1054), 道宗(1055~1100) 3대인데, 이 때가 요나라 문화의 전성기라고 할 수 있다. 특히 도종은 華嚴과 梵語(Sanskrit)에 통달한 왕이었다. 요에는 각지에 탑과 사원이 건립되고 제왕이 참석한 불교행사가 행하여졌으며 승려에 대한 예우가 극진했다. 따라서 명예와 영달을 위해 승려가 되는 사람들이 급증해 갔다. 요나라는 契丹大藏經을 조조하였는데 모두 5,048권을 홍종 때에 완성하였다. 현재는 전하지 않지만 요나라 불교문화의 가치를 충분히 짐작할 수 있다.[2]

요의 불교는 많은 고승과 학자를 배출하였고, 화엄사상을 중심으로 밀교와 율이 성행하여 융합불교적 성격을 강하게 지녔다. 요에서 불교가 성행하였음을 알려주는 예로서 민간인 재속신자와 승려의 신행단체라고 할 수 있는 결사성격의 千人邑會 같은 것도 있었다.[3]

한편 송은 唐末 五代에 걸친 혼란을 수습하고 後周의 무장이 세운 나라이다. 북방 요나라와 대치하였다가 여진족 금과 함께 요를 멸망시켰지만 결국 금의 침략을 받았다. 그 결과 강남으로 옮겨가서 남송을 건립하고 원

1) 李丙燾, 《韓國史—中世篇—》(震檀學會, 1961), 208쪽.
2) 道端良秀, 《中國佛教史》(法藏館, 1965), 197~199쪽.
3) 李龍範, 〈契丹佛敎와 千人邑會의 활동〉(《白性郁博士頌壽紀念論文集》, 東國大, 1957), 751~773쪽.

에 의해 멸망될 때까지 전후 320여 년간 존속하였는데, 우리나라 고려 광종 11년(960)부터 인종 4년(1126)까지가 북송이고 그 후 충렬왕(1279)까지가 남송이다.

불교가 외래사상으로 중국에 정착하는 과정에서 외래 변방민족의 역할을 과소평가할 수 없으나, 수·당 이래 한민족에 의하여 불교문화의 황금시대를 이루었다. 그러나 당 말의 혼란을 틈타 다시 변방민족이 득세하면서 불교계도 많은 변혁을 초래하게 되었다. 당 말과 5대라는 역사적 전환기를 거치면서 세워진 송의 불교는, 당나라 때 불교 여러 종파가 발전하였던 것과 달리 선종이 불교의 주류를 이루었다. 그 이유는 당 말엽의 會昌法難으로 많은 불교서적들이 사라지고 산 속의 선종만이 탄압에서 벗어날 수 있었기 때문이었다. 선종은 5대에 이르러 臨濟宗·潙仰宗·曹洞宗·雲門宗·法眼宗의 5家로 나뉘어 발전하였다. 그러나 송대에 위앙종은 일찍이 그 맥이 끊어지고 법안종의 法眼 文益(885~958)은 남당에 초빙되어 淸涼寺에서 법굴을 널리 펴면서 활약하였다. 한편 雲門 文偃(964~949)은 南漢의 운문산에서 운문종을 열어 크게 선풍을 진작하였다. 5대 때에는 이 두 사람의 활약이 두드러지는데, 문익의 제자인 天台 德韶(891~972)와 그의 제자인 永明 延壽(904~975)는 이 시대의 대표적 인물들이다. 연수가 종풍은 드날렸으나 그 이후의 법안종은 별로 활발하지 못하였다. 그 후 선종의 이름으로 활약한 것은 운문과 임제(?~867)의 두 계통뿐이었다. 임제종계통에서 다시 두 파가 갈리게 되므로 흔히 선종을 「5家 7宗」이라 한다. 이 선종과 대등할 수 있었던 것은 오직 天台宗뿐이었다. 천태종도 당나라 때에는 쇠미하였다가 교세를 가다듬어 부흥하게 되는데 고려의 諦觀법사가 천태관계 경론을 가지고 吳越에 간 것이 인연이 되었다. 화엄종도 교종이었으므로 교세가 쇠미하였는데, 의천이 많은 화엄관계 서적들을 가지고 가 당 말 이후 법난과 전란으로 산일되었던 경론이 갖추어짐으로써 화엄교학이 융성하게 되었다.

의천이 송나라에 간 때는, 5대의 오월 왕가의 불교보호정책으로 義寂에 의해 천태교적이 수집되어 천태종이 부흥된 후였다. 이 번영은 전술한대로 제관법사에 의해 천태교적이 중국에 역수출된 역사적 사실에 연유한다. 의적의 제자에는 고려 출신으로 제관 이외에도 義通, 智宗 등이 있었는데, 의통(92

7~988) 문하에서 遵式(963~1032)과 知禮(960~1028)가 배출되었다. 의적의 동문에 志因이 있고 그 제자에 晤恩(?~986)으로부터 源淸(?~996), 智圓(976~1022)의 차례로 계승되었다. 이들은 송대 천태종의 대표적 인물로서 천태종을 부흥시켰으나, 山家·山外 양파로 나뉘어 논쟁을 계속하였다. 흔히 의통과 지례의 일문을 산가파라 하고 지원의 일파를 산외파라 일컬었다. 산가파는 實相論, 산외파는 唯心論의 입장에서 대립·논쟁을 계속하면서 천태교학의 정밀함을 더하였다. 산외파는 〈大乘起信論〉의 사상을 수용하였는데, 산가파의 지례계통이 번영하였으므로 이 계통이 정통이 되었다. 이 지례 문하로는 尙賢, 本如, 梵臻의 四明 3家가 유명하고[4] 범진 문하에서 慈辯 從諫이 배출되었다. 의천이 송에 갔을 때 이 자변 종간에게 天台敎觀에 대하여 배우고 귀국했다. 의천은 천태종의 정통이라고 할 수 있는 산가파에서 교·관을 전수한 것이 된다.

의천은 일본에서도 불교관계 서적을 구한 적이 있다. 당시의 일본은 最澄과 空海가 804년에 입당했다가 귀국하면서 법등을 전한 이후, 天台宗과 眞言宗이 각각 독자적인 종파로 공인 받고 있었던 平安시대이다. 奈良시대 이후 6宗과 대등한 위치에서 이 두 종파는 국가의 지원을 받으며 번영하였다. 특히 일본의 천태종은 圓敎와 密·禪·戒의 네 기본요건을 지니고 발전하였다. 천태의 교관에다 밀교와 계(圓頓戒)를 더한 것이다. 이와 같이 의천은 중국대륙과 바다 건너 일본에까지 관심의 시야를 넓혀 불교의 세계성을 지향해 갔다.

(2) 고려 불교계의 동향

고려 불교는 정치적으로 고려라는 통일국가를 탄생시키는 데 그 이념적 기반을 제공하였다. 태조 왕건은 고려 건국이 불법의 가호에 힘입었다고 굳게 믿고 있었으므로, 국운의 융성과 진호를 위하여 불법의 加被에 의존하려고 하였다. 이러한 불교의 색채는 신라 이후로 계승된 것이지만 특히 태조는 10훈요의 제 1조에서 "우리 나라 대업은 반드시 여러 부처님의 호위의 힘을

4) 島地大等, 《天台敎學史》(中山書房, 1976).

바탕으로 하는 까닭에…"라고 명문화시킴으로써 고려를 불교국가로 건설하려고 심혈을 기울였다. 또 같은 10훈요 제2조에서는 신라 멸망의 원인을 "사찰을 다투어 창건하여 地德을 손상시켰기 때문이라"고 하면서도 태조는 계속 개경에 10대 사찰을 비롯하여 많은 절을 창건하였다.

이와 같이 국가건설에 있어 불교의 도움을 받으려는 그의 의지는 이후 고려 왕들의 치국책에 반영되어 정치적 제도로 발전하였다. 왕사제도와 국사제도 그리고 승과에 의한 僧階制度로 나타나는 제도적 뒷받침은 고려를 불교국가로 인정할 수 있게 하는 것이다. 이것이 가능했던 것은 태조 자신의 신앙심이 돈독했던 이유도 있을 터이지만, 한편 불교가 일반 백성 속에 깊숙이 뿌리 박혀 있었으므로 불교를 배제하고 대중을 통치한다는 일은 쉽지 않았기 때문일 것이다.

고려 불교는 재래 토속신앙과 습합되어 전개되기도 하였다. 가령 지리도참설·산신숭배·용신신앙 같은 토착신앙이 불교에 포용되어 나타나는 경우도 있었다. 불교의 이러한 현상은 태조가 편 종교정책에서 비롯하여 고려에 뿌리깊게 퍼져 있었다. 물론 백성의 신앙형태와 지배자의 통치이념을 분리하여 이해할 수 없는 것이지만, 불교의 이와 같은 종교현상은 불교 자체가 가지는 내적 구조의 복잡성에도 연유한다. 불교의 교리구조는 단순 소박하지 않고 포용적인 구조를 가지고 있기 때문이다. 언제 어떤 상황에서도 불교는 결코 자신만이 정당하다고 하는 배타적 성향을 가진 교의가 아니기 때문에 어느 시대 불교에도 그 지역의 신앙형태가 습합될 수 있었다.

고려 초 이후부터 중기의 의천시대에 이르기까지 불교는 어떤 형태로 전개되고 있었는지를 살피기 위해 우선 그 배경부터 알아보자. 불교는 원래 인도불교와 중국불교가 지역적·문화적 이질성에서 오는 상황 때문에 그 인식의 틀을 달리하며 변천하였다. 인도불교는 초기불교·부파불교·대승불교, 그리고 밀교의 단계를 거치면서 변천하였다. 그런데 중국이라는 땅에는 이 인도의 역사적 전개와는 달리 거의 같은 시대에 초기·부파·대승불교가 전래되었다. 중국인들은 그들에게 주어진 불교를 나름대로의 인식의 틀을 마련하여 연구했다. 그것을 敎相判釋이라 한다. 이 敎判에 의해 학파가 형성된 것은 주로 남북조시대라고 하겠다. 이 때의 학파는 涅槃宗·成實宗·地論宗·

攝論宗이 주류를 이룬다. 이어 수나라 때에는 三論宗·天台宗·三階敎가 형성되고, 당대에 와서 法相·華嚴·律·禪宗·密敎·淨土敎가 종파를 형성하였다. 대부분의 학파는 수·당시대에 실천기반으로 교단을 형성하면서 소위 宗派를 이루었다. 당나라 때에는 법상·화엄·선종이 대표적 종파이다. 불교의 종파 관념은 앞에서 이미 살펴보았듯이 6세기 무렵 일본에도 전해져 奈良시대의 6宗, 그리고 9세기 이후의 天台宗·眞言宗이 교단을 형성하였고, 12세기 이후의 鎌倉시대는 대중불교의 종파가 형성되어 오늘까지도 배타적 종파 관념을 이룩하고 있다.

반면 우리 나라의 종파 관념은 중국이나 일본처럼 적대관계를 가지고 교리 논쟁이나 교단확대를 꾀하는 것 같은 경쟁 양태는 별로 보이지 않는다. 그러나 고려 불교를 종파간의 갈등이라는 시각에서 일찍부터 연구되어 왔다.[5)]

신라시대의 불교학 연구는 대체로 학파의 성격에서 벗어나지 않으나, 신라말 중국 南宗禪이 도입되면서 기존의 교학 중심이었던 사원에 종파로서의 성격이 나타난다.

고려 초기 이후에는 대체로 曹溪, 華嚴, 瑜伽業이라는 3대업이 종파로 존재했을 것이다. 이 시기에 국사나 왕사들이 대개 이 세 종파에서 책봉된 것에서 충분히 그 상황을 짐작할 수 있기 때문이다. 국사나 왕사를 두는 것은 정치지도자가 스스로 왕법과 불법의 관계를 대등관계가 아닌 종속관계에 둠을 의미한다. 거의 모든 민중이 불교를 신앙하는 사회에서 민심을 받들어 王道政治를 편다는 전통적인 동양의 정치사상을 불교와 결합시켜 교권과 왕권의 갈등을 피할 수 있었다. 즉 권력자인 국왕은 스승으로 왕사를 두고 그 왕사보다 우위에 국사를 둠으로써 민중을 국왕보다 존중한다는 왕도정치를 표방하였다.[6)]

이 제도와 더불어 시행된 것이 승과제도이다. 당시의 승과는 선종과 교종으로 나뉘는데, 교종은 화엄·유가업이고 선종은 여러 산문에서 배출되는 조계업이 해당된다. 대체로 불교는 고려의 국교였음을 알 수 있고, 국교의 종

---

5) 金映遂, 〈五敎兩宗에 對하야〉(《震檀學報》 8, 1937 ; 《韓國曹溪宗의 成立史 硏究》, 民族社, 1989).

6) 許興植, 〈國師·王師制度와 그 機能〉(《高麗佛敎史硏究》, 一潮閣, 1986), 427쪽.

파로는 3대종파가 의천 당시까지 존립하고 있었다고 하겠다.[7] 종파라고 하면 교리에 대해 같은 인식을 하는 인맥의 계승과 이들 인맥이 활동하는 사원, 그리고 僧政에 나타난 형태 등에서 추정할 수 있다.

의천 당시에는 화엄종·유가종·조계종 등의 3대종파가 존재했었다. 먼저 화엄종은 중국에서 賢首 法藏이 대성하였고, 신라 화엄학은 신역 80권《華嚴經》에 기초한 義湘의 화엄학이 주류를 이루었다. 신라 말 해인사의 화엄교학은 남·북악파로 나뉘고 고려 광종대에 북악파에 속한 화엄종에서 均如가 배출되었다. 균여는 남북악으로 분열된 종지가 모순됨을 개탄하고 이를 통일하였다.[8] 그가 지은 〈普賢十願歌〉는 詞腦歌로 지은 것으로서 보현보살의 行願사상을 대중에게 고취시킨 것으로 유명하다.[9] 그러나 균여의 행적에 나타난 신비적 요소는, 화엄종을 재창출하려던 그의 의지를 희석시키는 결과를 초래하여, 결국 의천의 평가를 받지 못하였다.

유가종은 중국 현장의 제자 慈恩 窺基를 중심으로 성립한 법상종 계통으로 짐작된다. 신라의 順璟이 유가를 계승하였으며[10] 고려 현종대 왕실의 지원으로 玄化寺가 창건되면서 뚜렷한 기록이 나타난다.[11] 이 유가교단의 전성기에 의천은 興王寺의 주지로 활약하며 유식학에 대한 이해를 심화시켰다.

조계종은 중국에서 달마를 초조로 하여 제6조 혜능에서 전개한 南頓禪에서 비롯하는데, 신라 말 이후 도입된 9산선문을 중심으로 형성된 선종의 우리 나라 명칭이다. 선종이란 원래 律院에 속하였는데 〈百丈淸規〉가 만들어지면서 독립하게 되고, 나중에는 법당만 꾸미는 제도를 만들면서 臨濟禪院이 독립된다.[12] 선문의 가풍에 의한 5가 7종의 분파가 이루어지면서 선종이 형성된다. 우리 나라 선종은 가풍에 의한 종맥보다 선사의 인맥을 더 중요시하는 특색을 가진다.[13]

---

7) 黃壽永, 〈高麗僊鳳寺大覺國師碑陰記〉(《韓國金石遺文》, 一志社, 1978), 470쪽.
8) 赫連挺, 〈均如傳〉(《韓國佛敎全書》 4, 東國大出版部, 1982), 512쪽.
9) 金雲學, 《新羅佛敎文學硏究》(玄岩社, 1970), 303~330쪽.
10) 李鍾益, 〈韓國佛敎諸宗派成立의 역사적 고찰〉(《佛敎學報》 16, 1979), 29~58쪽.
11) 崔柄憲, 〈고려중기 玄化寺의 창건과 法相宗의 융성〉(《高麗中後期佛敎史論》, 民族社, 1989), 101쪽.
12) 關口眞大, 《禪宗思想史》(李永子 譯, 文學生活社, 1987), 214~216쪽.
13) 高翊晋, 〈新羅下代의 禪傳來〉(佛敎文化硏究院 編, 《韓國禪思想硏究》, 1984), 56쪽.

가풍을 중요시하는 중국 선종은 "문자를 세우지 않고 가르침밖에 따로 전하는 바가 있다(不立文字 敎外別傳)"라는 교판을 가지고 당 말 5대의 난세에 존립하고 있었다. 특히 이 시대에 남당의 외호를 받으며 종풍을 드날린 선승이 바로 法眼 文益이다.[14] 그는 〈宗門十規論〉을 지어 선종에 대해 신랄한 비판을 가하였는데, 주로 가풍에만 집착하여 理와 事가 둘이 아닌 관계의 부처님의 본뜻을 드러내지 못한다고 하였다.[15] 그의 종파를 법안종이라고 하는데, 선객과 학인의 결점을 보완하여 선과 교의 융합을 지향한 것이다.

이 선법을 익히고 중국에서 귀국한 이가 고려의 英俊(932~1014)[16]과 智宗(930~1018)이다. 당시 법안종의 성격은 문자를 무시하고 경전을 도외시하는 교판이 아니고 오히려 교학을 포용하고 있다. 의천이 지향했던 불교는 이러한 선종의 사상적 경향과도 무관하지 않을 것이다.

(3) 의천의 행적과 연학

義天은[17] 고려 문종의 넷째 왕자로서 불교를 독신하는 仁睿王后 李氏를 어머니로 하여 태어났다. 이름은 후(煦)이고 자는 의천이다. 대각국사는 그의 시호이다. 그는 고려가 바야흐로 전성기에 접어든 문종 9년(1055)에 태어나 숙종 6년(1101)에 입적했다. 왕자들에게 승려로 출가할 뜻을 타진하는 부왕에게 11세된 어린 후가 선뜻 출가의 소원을 사뢰었다고 전한다. 景德國師에게 출가한 문종 19년(1065) 10월에 佛日寺의 계단에서 계를 받았다. 이듬해 경덕국사 爛圓은 입적하고, 의천은 15세 때인 문종 23년(1069)에 僧統의 법계와 祐世라는 호를 왕에게서 제수 받았다. 고려는 광종 이후 과거제도가 정비되면서 승과제도도 시행되었으므로 승려의 사회적 신분은 상당히 높은 위치에

14) 鈴木哲雄, 《唐五代の禪宗》(大東出版社, 1983), 261~263쪽.
15) 關口眞大, 앞의 책, 231~232쪽.
16) 李能和, 《朝鮮佛敎通史》 下 (新文館, 1918), 334쪽.
金杜珍, 〈高麗光宗代 法眼宗의 등장과 그 성격〉(《高麗初期佛敎史論》, 民族社, 1986).
許興植, 〈靈巖寺寂然國師碑〉(앞의 책), 620쪽.
17) 의천의 활동은 〈靈通寺大覺國師碑銘〉·〈僊鳳寺天台始祖大覺國師碑銘〉(《朝鮮金石總覽》 上, 朝鮮總督府, 1919)과 《大覺國師文·外集》(建國大出版部, 1974) 참조.

있었다. 의천의 출가는 자신의 주체적 의지의 발로에서 이룩되었다. 이러한 주체적 의지에 의한 삶의 방향은 그가 불법을 硏學하는 행적에서도 뚜렷이 부각된다. 그는 당시의 국제정세의 미묘함 때문에 송에 건너가는 일이 조정의 반대에 부딪혀 어려웠음에도 불구하고, 구법·연학의 의지를 굽히지 않고, 결국 미복으로 비밀리에 바다를 건너갔다. 그 때 의천은 당의 玄奘이 인도에서 구법을 하고 의상이 중국에 구법한 사례를 들어, 스승을 찾아 구법하는 일은 출가자의 본분이라고 왕에게 호소하기도 하였다. 그는 23세(1077) 때 처음 강의하기 시작하였는데, 출가 초기에는 賢首와 淸凉의 화엄학을 연구하는 데 몰두하였다. 후에는 淨源(1011~1088)과 직접 서신을 왕래하면서 송나라에 갈 의지를 굳혀, 31세 때인 선종 2년(1085) 송나라에 건너가 이후 정원의 강의를 慧因院에서 청강하고 귀국할 때는 그로부터 법등을 전하는 징표로서 손향로와 拂子를 전수 받았다. 송나라 화엄종은 당 말 이후 상당히 침체하였는데, 의천은 산일된 많은 華嚴章疏를 송에 전해주어 화엄을 융성케 하였다.[18]

의천의 행적을 보면 불법에 대한 구법의 폭이 다양했을 뿐 아니라 그 밖에 여러 학설에도 관심을 가졌다. 즉 불교를 연학하는 데 있어서 頓敎·漸敎, 大乘·小乘을 가리지 않았고, 경전·율전·논전과 이에 대한 주석서들까지 포괄하였다. 이것은 의천이 특정한 교학이나 방법론만을 고집하지 않았음을 말해준다. 뿐만 아니라 유교·도교·제자백가의 학설도 섭렵하였음을 볼 때 의천에게서는 학문적 폐쇄성을 찾아볼 수 없다. 정원법사와는 〈華嚴經〉·〈楞嚴經〉·〈圓覺經〉·〈大乘起信論〉 등의 경론을 담론하고 확인하였다. 이어서 慈辯 從諫법사에게서는 천태교관을 익히고 논의하였다. 나아가 懷璉·宗本·了元 등의 선사를 방문하기도 하고, 戒律宗의 擇其·元照와 唯識學의 慧林, 그리고 梵語에는 天吉祥과 紹德을 찾기도 하였다. 이와 같이 의천이 교류한 고승은 무려 50여 명이나 된다. 의천에게 있어 송나라 유학이란 단순히 법을 배우는 것만이 목적이 아니고, 스스로 독학했던 지식을 여러 고승과

18) 鎌田茂雄, 《中國華嚴思想史の硏究》(東京大出版部, 1965), 594~595쪽.
趙明基, 《高麗大覺國師와 天台思想》(東國出版社, 1964), 16쪽.
大屋德城, 《高麗續藏雕造考》(便利堂, 1936).

의 논의를 통해 검증하는 길이었다.

의천은 화엄종 출신이지만 그가 지향한 불교는 전통적 종파 관념에 의한 것이 아니고, 통합적 불교를 지향하였음을 알 수 있다. 그래서 송나라에서도 그를 가리켜 "天台·賢首·南山·慈恩·曹溪·西天의 梵學을 일시에 전해 터득한 대보살행자"라고 하였다.[19] 의천의 구법이 중국의 종파불교만이 아니라 인도불교의 본질까지도 이해하려는 의도였음을 알게 한다. 의천이 배웠던 중국 불교는 분파적 관념을 가지고 어느 학파·종파에 편집되어 불교를 이해시키는 것이었다. 그러므로 의천이 초기에 화엄교학을 통해 불교를 이해하고 후배를 기른 것은 물론이다. 화엄학 강의를 할 때는 三觀五教에 초점을 맞추었을 것이고 이에 따라 제자들의 이해를 촉구했을 것이다. 그러나 의천은 앞에서 본 바와 같이 어느 특정 종파에 치우쳐 불교를 이해하는 틀에서 벗어나 있었다. 그는 보편적 진리인 불교를 객관적인 학문의 시각으로 깨치려 하였다. 그의 학문의 역정을 가리켜 兼學者라고 규정짓기도 하지만, 이는 학문을 탐구하는 과정에서 나타난 피상적인 현상일 뿐이다.

의천은 송에 갔을 때 맨처음 有誠과 만났다. 그 때 함께 문답을 주고받았는데 주로 화엄과 천태의 교상판석에 있어 같고 다름을 이해하고, 또 이 두 종파의 유현하고 오묘한 뜻을 밝히는 것이었다. 그러므로 정원법사를 떠나 천태의 자변 종간의 천태교관을 강론하는 데서 청강하였는데, 귀국할 때에 의천은 종간으로부터 전별의 시 1수와 손향로, 여의주 등을 받아 법등을 전하는 징표로 삼았다. 그리고 그는 천태산 智顗대사의 탑에 참배하면서 "귀국하면 목숨이 다하도록 이 법을 널리 선양하겠노라"고 맹세하였다.[20] 선종 3년(1086) 귀국 후에는 복지사업으로 指南館·兼濟院 등을 복구토록 하고 국왕의 업무에 자문을 하기도 하였다. 특히 화폐의 필요성을 건의하여 숙종이 이를 시행하도록 하였다.[21] 그리고 14개월 동안의 여행을 마치고 귀국할 때 1천 권의 장서를 가지고 왔는데, 이것은 경·율·론 三藏 즉 대장경에 수록되지 않았던 많은 학자들의 저술이었다. 그는 요·송·일본 등 동아시아 각지에서 25년 동안

19) 〈僊鳳寺天台始祖大覺國師碑銘〉과 《大覺國師文·外集》 13.
20) 위와 같음.
21) 趙明基, 앞의 책, 49쪽.

수집한 1,010부 4,759권의 저술을 가지고 선종 8년(1091)《新編諸宗敎藏總錄》(이하《敎藏總錄》이라 칭한다) 혹은「海東有本現行錄 3卷」이라 하는 목록을 편찬하였다.[22] 이《교장총록》은 불교서적 목록으로서 현대불교학에 필수적인 書誌學(Bibliography)의 기본자료가 된다. 이《교장총록》은 11세기 경 동아시아 불교관계 저술의 경향뿐 아니라, 의천이 추구한 사상적 향방과 함께 불교학의 체계를 보여주는 독자성이 있는 목록이다. 여기에는 신라 고승들의 저술뿐 아니라 거란인의 희귀한 저술이 수록되어 있다. 화엄·유식·법화·천태관계 저술은 포함되어 있으나, 반면 선종의 어록이나 연구서들은 제외되어 있는 것이 특색이다. 일반적으로 균여대사의 저술이 의도적으로 제외된 것을 지적하고 있는데, 동시에 이 목록 제3권 말미에 거의 天台止觀관계 저술을 수록하고 있는 점은 의천의 말년의 사상적 귀추를 시사하고 있는 것으로 주목된다. 그 후 정치적 혼란으로 해인사에 은둔하였다가 국청사가 숙종 2년(1097)에 낙성되자 천태교관을 강의하기 시작하였는데, 숙종 6년(1101) 天台大選 실시 후 입적하였다.

大覺國師 義天의 연보

○ 1세 문종 9년(1055) 9월 28일, 왕의 제4자로서 인예왕후 이씨를 어머니로 궁중에서 태어남. 휘는 煦이며, 자는 義天이다.

○ 11세 문종 19년(1065) 靈通寺 景德國師 爛圓에게 출가하고, 화엄종 佛日寺계단에서 계를 받음.

○ 13세 문종 21년(1067) 법호는 祐世, 법계는 僧統이 됨.

○ 23세 문종 31년(1077) 여러 경론(화엄경 등)을 강의하기 시작함.

○ 30세 선종 원년(1084) 송에 갈 것을 아뢰었으나 조정에서 허가하지 않음.

○ 31세 선종 2년(1085) 4월, 왕과 모후에게 서신을 남긴 후 변복을 하고 송나라 상선을 타고 시자인 壽介와 함께 도항함. 조정에서 관료와 제자인 樂眞·慧宣·道隣 등을 수행토록 보냄.

5월, 송의 板橋鎭(현재 河北省) 도착. 이 때 관리 范鍔이 국사를 환영하고 송의 哲宗은 관리 蘇注廷으로 하여금 국사를 안내케 함.

7월, 啓聖寺에 들어감. 화엄종의 有誠법사를 만나 법을 문답하는 가운데 유성법사는 국사에게 "法王의 아들이고 義想(相)의 후신"이라 찬탄함.

이어 淨源법사를 祥符寺에서 만나 法門을 청함. 그리고 정원법사가 강의를

22) 李永子, 〈義天의 新編諸宗敎藏總錄의 獨自性〉(《佛敎學報》 19, 1982), 179쪽. 大屋德城, 앞의 책.

하던 慧因院과 다른 절에도 경제적 지원을 하고, 대장경 7천여 권도 봉납함.

○ 32세 선종 3년(1086) 2월, 眞如寺에 가서 〈楞嚴經疏〉 저자의 탑을 수리토록 회사함. 그리고 慈辯大師 從諫의 천태경론의 강의를 들은 인연으로 전별시 1수와 손향로와 여의주를 증정 받음.

4월, 慧因院에서 경서·향로·拂子를 정원법사로부터 전등의 신표로 받음. 송에 체재하는 동안 국사는 圓炤禪師 宗本, 西天三藏인 天吉祥, 佛印禪師 了元, 그리고 慧林, 善淵, 元照, 紹德, 大覺禪師 懷璉 등 50여 인을 만나 禪·律·敎를 담론함.

또 天台山 智者大師 부도에 참배하고 고려에 돌아가 전교할 것을 서원함.

6월, 14개월 간의 외유를 마치고 장서 1천여 권을 수집 귀국하여, 興王寺에 敎藏都監을 두고, 그 후 요·일본에서 수집한 장서를 포함 4천 권을 간행함.

○ 35세 선종 6년(1089) 2월, 海印寺에서 《天台四敎儀》를 重刻하여 간행함.

10월, 왕태후의 발원으로 國淸寺를 개창하기 시작함.

○ 36세~37세, 선종 7년(1090)~8년(1091) 《新編諸宗敎藏總錄》 3권을 편집하여 완성함.

○ 38세 선종 9년(1092) 인예태후가 天台宗禮懺法을 1萬日을 기해 白州 見佛寺에서 베품. 이 해 9월 인예태후 별세함.

○ 40세 선종 11년(1094) 2월, 洪圓寺에서 교학을 강의하며 주지가 됨.

5월, 海印寺에 은둔함.

○ 41세 헌종이 11세로 즉위(1095)함. 李資義의 반란이 일어남.

○ 42세 숙종 원년(1096) 興王寺로 돌아와 강의하고 주지가 됨. 國淸寺가 인예태후의 忌辰道場이 됨.

○ 43세 숙종 2년(1097) 5월, 국청사가 완공되자 祥宗僧의 6·7할 이상을 흡수하여 天台宗을 개창함.

○ 44세 숙종 3년5(1098) 왕이 제4왕자(諱 : 澄儼)로 하여금 삭발케 하고, 국사의 시자가 되게 함.

○ 47세 숙종 6년(1101) 洪圓寺에 九祖堂을 낙성함. 天台宗 僧科 大選을 실시하고 40명을 선발함.

元曉와 義相에게 각각 和諍국사·圓敎국사의 贈謚를 내리도록 함.

8월에 병환이 나서 10월 5일에 입적하니 謚號를 大覺國師라고 함.

(4) 불교개혁운동과 천태종 개창

가. 불교계의 개혁

고려 불교계를 개혁한 의천시대에는 주로 조계·화엄·유가의 3대업이라는 종파가 있었다. 이 세 종파는 고려 초부터 존재하였는데, 〈僊鳳寺大覺國

師碑〉 陰記에는 의천에 의해 천태종이 개창되었으므로 4대업이 되었다고 전하고 있다. 고려시대의 국사와 왕사가 소속했던 종파를 보면 조계종·화엄종·유가종으로 나뉘었던 것으로 보인다. 그 가운데 화엄종과 유가종을 교종이라 하고, 조계종을 선종이라고 할 수 있다.

그러면 여기에 의천이 천태종을 개립하여 새로운 불교운동을 시도한 의도는 어디에서 연유한 것일까. 교종인 화엄종과 선종인 조계종에 관한 그의 인식을 통하여 개혁의지를 유추해 볼 수 있다.

우선 의천이 소속했던 화엄종을 살펴보기로 한다. 의천은 화엄종의 경전을 강의할 때 三觀과 五敎의 교·관의 중요성을 강조하였다.[23] 그러나 고려 화엄가들에게는 교학만이 있고 觀門이 결여되어 있었다. 중국 화엄가의 초기 사상에서는 관문과 함께 종교적인 신이와 이적을 보여주고 있다.[24] 그런데 고려 화엄종에서 정통 화엄교학을 전수하였던 균여대사는 당시의 화엄종세력을 통합하여 광종대에 상당히 활약하였다. 그럼에도 균여를 포함한 이 시대 화엄가들은 의천의 평가를 받지 못하였다. 균여의 화엄사상에 대하여는 아직 연구과제가 남아 있으나, 대체로 관문이 결여되어 있다고 이해되고 있다.

의천은 〈새로 참여한 학도 緇秀에게 보임〉[25]이라는 글에서 화엄경을 연구하는 사람이 비록 대학자라도 "관문을 배우지 않으면 믿을 수 없다"라고 하였다. 불교는 실천이 중요하므로 법계관문 즉 '한마음에 법계를 관하는 법문'은 필수적인 것이라고 역설하고 있다. 의천이 이와 같이 관문에 역점을 두었던 사실은 고려 불교계의 사상적 배경과도 연관이 있을 것이다. 그것은 후술할 선종의 상황에 대한 우려에서 기인하였다고 볼 수 있다. 의천은 어머니 인예태후에게 '天台三觀은 최상의 眞乘'이라고 아뢴 적이 있는데,[26] 이는 천태종 개종의 의지이기도 하지만 천태교관에서 3관에 관심이 모아졌던 것으로 볼 수 있겠다. 불교의 실천면에서의 관문이란 의천에게 주어진 당위적인

23) 崔柄憲, 〈天台宗의 成立〉(《한국사》 6, 국사편찬위원회, 1984), 89쪽.
24) 鎌田茂雄, 앞의 책, 59~69쪽.
25) 《國譯 大覺國師文集》 권 16 (韓國精神文化硏究院, 1989), 126쪽.
26) 〈僊鳳寺天台始祖大覺國師碑銘〉과 《大覺國師文·外集》 권 13.

과제였다고 보겠다. 그리고 그가 편찬한《교장총록》에 균여의 저술뿐 아니라 고려 화엄학자의 저술을 전혀 수록하지 않은 것은 그들의 저술에 문제가 있다고 판단했기 때문일 것이다. 그렇다고 해서 의천이 균여를 폄하한 것이 詞腦歌(향가)로 글을 썼기 때문이라고 하기는 어렵다. 왜냐하면 의천도 방언으로 제자들을 가르치고 또 저술했기 때문이다. 따라서 의천이 고려 화엄종의 승려들에 대하여 비판적인 시각으로 본 것은 그들의 사회적 활동을 바람직하게 받아들일 수 없었기 때문이었음을 알 수 있다. 그는 앞서 나왔던 글에서 "바른 도를 행하는 이가 적고 삿됨을 따라 배운다"라고 평하고 또 "편벽되고 삿된 주장이나 명성과 이익에 빠져 있다"라고[27] 신랄하게 비판하고 있는 데서 당시의 화엄가들의 모습을 상상할 수 있다.

균여는 많은 저작을 남긴 대표적 화엄학자임에도 불구하고, 정치권력을 비호하는 측근세력으로서의 행적이 보인다.[28] 그는 보편적 진리인 불법을 탐구하는 불교학자로서 활동했을 뿐 아니라, 전제권력자의 왕권을 비호하였다. 그는 신이와 이적을 보임으로써 광종과 깊은 연관을 유지하였다고 추정된다. 신통과 신이는 화엄종 초조인 杜順의 행적에서도 나타난다고 앞서 말하였는데, 이것은 사회가 혼란하고 민중이 방향감각을 상실할 때 흔히 발생하는 종교현상의 부분인 것이다. 비록 균여 자신은 혼란한 사회에서 중생을 구제한다는 자비심의 발로로 쓴 방편이었다고 하더라도 보편적 진리인 正法의 불교에서 벗어난 것이었다면 의천의 안목으로는 邪道의 길로 보였을 것이다. 더구나 그것이 지배자의 주변에서 맴도는 인물의 행적이라면, 세속적 명성에 현혹된 탐욕의 소산이라고 인식할 수 있다. 의천이 고려 화엄가들에게 실망을 금치 못한 것은 이상과 같이 觀門이 결여되어 있는 화엄사상뿐 아니라, 세속적 명리 추구에 쫓기어 종교의 보편적 진리를 객관적 안목으로 이해하려는 의지가 결여되어 있기 때문이었다.

이 때문에 의천은 다시 선종에 관심을 돌리지 않을 수 없었다. 禪이란 인도불교 이래 戒·定·慧인 3學의 하나로서 어떤 불교에서도 중요시하는 기

---

27)《國譯 大覺國師文集》권 16, 140쪽.
28) 金杜珍, 〈均如華嚴思想의 역사적 의의〉(앞의 책), 365쪽.

본요건이다. 그러므로 선은 인도뿐 아니라 중국에서도 많은 승려들이 실천 수행하였다. 신라의 원효도 그의 저술에서 선과 止觀에 대해 해설하고 또 스스로 이를 실천하였다.[29] 그러나 나말려초에 들어온 선종은, 인도불교 이래의 정통선이 아니고, 8세기 이래 중국에서 새롭게 토착화되어 발전한 중국 특유의 가풍을 가진 것이다. 이른바 '마음에서 마음을 전한다'는 의미로서 '문자에 의하지 않으며 가르침밖에 따로 전한다'는 교판에 의해 전개된 중국 독자적인 祖師禪을 말한다. 의천 당시의 선풍은 비록 法眼宗風을 익힌 고려 선승들이 귀국하였다고 하더라도, 아직도 문자를 거부·배척하는 조사선풍이 풍미하고 있었던 것으로 추측된다. 의천은 당시의 선종에 대하여 다음과 같이 비판한다.

> 선가에서는 통발이나 덫(경론의 비유)에 의거하지 않고, 마음으로 마음을 전한다고 하는데, 이는 가장 높은 근기의 지혜있는 이에게 맞는 것이다. (그런데도) 가장 낮은 근기의 사람이 (남이) 말하는 것을 귀로 듣고 배워 가지고 한 법을 증득했다고 하며 (스스로 만족하고서) 경론을 가리켜 '풀로 만든 개(무가치한 것)요 깻묵지게미(보잘 것 없는 것)'라고 한다. 이는 잘못이 아니겠느냐(《大覺國師文集》 外集 권 12, 靈通寺碑文).

의천 당시에도 이상과 같이 스스로의 능력을 생각하지 않고, 경론을 무용지물처럼 생각하는 선승이 많이 있었던 것이다. 의천은 단순히 특정 종파의식을 가지고 자기 종파를 비호하기 위함이 아니라, 불교계에서 경전을 무시하는 실상을 직시하고 부처님의 정법을 실현하는 방법상의 오류를 시정하려는 개혁의지를 뚜렷이 보였다. 이 개혁의지는 《교장총록》을 편찬할 때, 禪관계의 모든 전적을 제외한 데서 뚜렷이 부각된다. 의천은 화엄종의 淸凉 澄觀을 존경하였는데, 심지어 그의 제자인 宗密의 선서마저 제외한 데서 당시의 선종을 얼마나 폄하하고 있었는지 알 수 있다.

의천은 교에 의해 실천하는 정통 선과 중국적 조사선을 다음과 같이 비교하고 있다.

> 옛날 선이란 敎에 의거하여 선을 익히는 것이었는데, 지금의 선은 교를 떠나

---

29) 李永子, 〈元曉の止觀〉(《佛教の實踐原理》, 山喜房佛書林, 1977), 429쪽.

선을 말한다. 「선을 말함」은 그 명목에 집착하여 그 내실을 잃는 것이다(〈釋門正統〉 8, 《日本卍續藏經》 제 2편 130책).

이것은 宋의 飛山 戒珠(1063~1077)가 지은 《別傳心法議》를 간행하면서 붙인 발문의 내용인데, 여기에서 그는 거짓됨의 폐단을 없애고 옛 성인의 순수한 도로 귀착해야 함을 강조한다. '敎 밖에서 달리 전한다'는 종지에 대한 부정적 의식은 외국에서 일어난 사건에까지 미치고 있다. 즉 요의 道宗이 경론을 새로 선정하여 《續開元釋敎錄》 3권을 詮曉 등에게 편수토록 조서를 내리면서, 그 때 요에 유행하던 선종의 《六祖壇經》과 《寶林傳》을 모두 불태워버린 일이 있었는데, 의천은 이 일에 공감을 표시하고 있다.[30] 《육조단경》은 南宗禪의 독립을 선언한 것이고, 《보림전》은 선종계열의 祖師의 인연담을 싣고 있으며 선종 28조의 전등계보를 수록한 것으로서 선종으로서는 중요한 저서이다.

요는 불교국가였고 도종은 화엄교학을 연학하던 학자 왕이었다. 그러나 그의 불교는 중국 북지에서 유행하던 종밀의 선에 친밀감을 가지고 있었다. 그것은 종밀이 「화엄과 선의 융합」을 주장하기 때문이라 보인다. 그러므로 도종은 《보림전》을 불태우면서 종밀의 《禪源諸詮集都序》를 인쇄하여 반포한 것이다.[31] 도종과 의천은 조사선을 이단시하였다는 공통점이 있지만, 종밀의 화엄적인 선교일치사상에 대하여 반드시 견해가 같았다고 보기는 어렵다.

이와 같이 의천은 화엄교학과 선이 모두 불교의 분파이긴 하지만 그 일방성에 객관성을 부여할 수 없었다. 그리고 의천이 3대 종파의 하나인 법상종계의 瑜伽唯識學에 대한 조예가 있었다고 하더라도 교리적으로 五性各別設을 주장하였으므로 사상적 한계를 느끼지 않을 수 없었을 것이다. 여기에서 의천은 화엄교학과 그 대승적 교학이 일치하면서 관문의 체계가 완벽한 천태교학에 관심을 돌리지 않을 수 없었다. 의천은 교종인 화엄종과 선종인 조계종 모두에서 발견되는 선·교 어느 한 쪽의 결함을 보완하기 위해 교·선의 통합을 지향했다. 그것은 의천이 불교란 교외적인 이론체계를 가진 철학

30) 〈釋門正統〉 8(《日本卍續藏經》 제2편 130책).
朴鍾鴻, 《韓國思想史》(瑞文堂, 1972), 150쪽.
31) 神尾弌春, 《契丹佛敎文化史考》(滿州文化協會, 1937), 111쪽.

임과 동시에 실천을 필수로 하는 종교라는 것을 깊이 인식하였기 때문이다. 그러므로 圓覺經을 강의할 때 이렇게 말하고 있다.

> 진리인 법은 말이나 형상이 없지만, 그렇다고 말과 형상을 떠나 있는 것은 아니다. 말과 형상을 떠나면 미혹에 빠지고 말과 형상에 집착하면 진실을 미혹케 된다. …교리를 배우는 이는 내적 마음을 버리고 외적인 것을 구하는 일이 많고, 참선하는 사람은 밖의 인연을 잊고 내적으로 밝히기를 좋아한다. 이는 다 편벽된 집착이고 양극단에 치우친 것이다(〈講圓覺經發序〉, 《大覺國師文集》 권 3).

이것은 宗密(780~841)의 초기 저술인 《圓覺經略疏》에 의거해 강의하며 교와 선의 상호보완성을 주장하며 쓴 것이다. 종밀은 화엄종 第4祖 澄觀(738~839)의 사상을 계승하였으나 선의 입장과 화엄을 받아들인 점이 징관과는 상이하다. 징관은 화엄의 입장에서 선을 융섭하고 있는데 비해 종밀은 교가 곧 선이라고 보았다. 종밀은 《선원제전집도서》에서 선을 4종으로 분류하였으나, 한편 天台止觀인 三止三觀을 비판하였다.[32] 의천이 종밀의 후기작인 이《都序》를 《교장총록》에 수록하지 않고 오히려 천태지관의 저술을 많이 넣고 있는 것은 시사하는 바 많다고 하겠다.

종밀의 사승인 징관은 일찍이 삼론·천태·화엄·선·율에 능통하여 이를 화엄교학에 의해 통합하려고 한 종합불교의 수립자이다. 그는 특히 천태학을 湛然에게 배웠다. 그래서 "天台와 賢首五敎는 크게 같다"고 하였다. 그러나 의천이 청량의 화엄적인 종합불교를 지향했다고 보는 데는 어려움이 있다. 그것은 의천이 처했던 고려 불교계와 징관이 처했던 당의 후기 불교계가 같다고 보기 어렵기 때문이다. 의천은 고려 선종계의 모순과 화엄종의 모순을 극복하기 위해 화엄의「法界三觀」사상의 이해를 시도하였다. 그러나 화엄의 실천론은 천태지관사상에 힘입은 바가 많았다. 法藏은《起信論義記》에서 천태지관을 추천하였고, 또《般若心經略疏》에서도 천태지관에 의해 해석하고 있다. 징관도《法界玄鏡》상권에서 천태삼관에 의해 설명하고 있다.[33] 의천의 선종에 대한 신랄한 비판은 법안종의 영향을 간과할 수 없는

---

32) 鎌田茂雄, 앞의 책, 586쪽.
33) 鎌田茂雄, 위의 책, 60쪽.

것이지만, 그 비판은 다시 진일보하여 天台宗 개창으로 연결되고 있다고 하겠다.

나. 천태종의 개립

대각국사는 송에서 귀국하자 국내외에서 구입한 장·소를 편찬하여 간행하는 한편 천태종 개립에 전력을 기울였다. 선종 6년(1089) 2월에는 《天台四敎儀》를 海印寺에서 重刻하여 간행하고[34] 10월에는 國淸寺를 개창하기 시작하였다. 그의 천태종 개창의 의지는 송에 갔을 때 이미 천명한 바 있다. 그는 송에서 慈辯 從諫으로부터 법등을 전하는 믿음의 징표를 받은 후 다시 天台山에 올라가 智者대사탑 앞에 참배하고 발원문을 지어 서원하였다.

> 저는 머리를 조아려 귀명하며 天台敎主 智者대사께 아뢰니다. 일찍이 듣건대 대사께서는 '五時八敎로써 동쪽에 전해진 부처님 1代의 성스러운 가르침을 분류하여 해석하였는데 이에 포함되지 않은 것은 없다'고 하셨습니다. 그리하여 후세에 불법을 배우는 이들이 이에 의거하지 않는 이가 없습니다. 그러므로 우리 조사 화엄소주께서도 '현수 5교와 천태교의는 크게 같다'고 말씀하셨습니다. 조용히 생각하옵건대, 우리나라에도 옛적 諦觀법사가 대사의 敎觀을 강연하며 해외까지 유통시켰으나 그것을 익혀 전하는 일이 끊어져 지금은 없습니다. 제가 분발하여 몸을 돌보지 않고 스승을 찾아 도를 묻던 바, 이제 錢塘의 자변대사 강석에서 敎觀을 이어 받고, 그 대략이나마 알게 되었습니다. 이에 후일 고국에 돌아가면 목숨 바쳐 선양하여 대사께서 (중생을) 위하여 가르침을 펴신 노고의 덕에 보답할 것을 이에 서원합니다(〈大宋天台塔下親參發願疏〉《大覺國師文集》 권 14).

의천이 얼마나 지극한 마음으로 天台敎觀을 이해하려고 노력하였는지 알 수 있다. 또 이 교관을 목숨 바쳐 홍포하겠다는 굳은 결의를 읽을 수 있다. 이 결의가 천태종의 개종에 대한 것이 아니라고 보기도 하지만,[35] 의천에게 있어 종파의식이란 그리 배타적인 것으로 보기는 어렵다. 天台宗은 天台 智顗(538~597) 선사에 의해 시작되었지만, 종파 관념에 의한 천태종이란 명칭은 당 중기의 천태 중흥조인 6조 荊溪 湛然(711~782)이 처음 쓰기 시작하였다. 그 계보는 인도의 龍樹보살로까지 소급되기도 하지만, 중국에서는 北齊

34) 大屋德城, 앞의 책, 祐世僧通義天關係章疏에 板本 4장의 영인본이 수록됨.
35) 許興植, 〈天台宗의 形成過程과 所屬寺院〉(앞의 책).

의 慧文선사를 初祖로 하고, 제 2조 慧思선사(514~577), 제 3조 智顗선사, 그리고 灌頂에서 智威, 慧威, 玄朗, 湛然으로 이어진다. 일반적으로 화엄종과 더불어 천태종은 중국 불교사상의 정수라고 일컬어진다. 천태교학은 북지의 禪과 남지의 교학을 통합하여 敎門과 觀門의 조직으로 이룩되었다. 교문이란 교판과 교리를 말하고 교판이 5時 8敎이다. 諦觀의 《천태사교의》는 천태교학을 압축·요약한 책이다. 이것에 의하면 5시는 화엄·아함·방등·반야·법화열반시를 말하고, 8교는 化儀四敎와 化法四敎인데, 화의 4교는 돈교·점교·비밀교·부정교이며, 화법 4교는 장교·통교·별교·원교를 말한다. 화의란 교육방식이고 화법이란 교육내용이라 할 수 있다. 이 교관의 특색은 화법 4교에서 화엄경은 별교에 해당하고, 中道實相을 설하는 법화경은 원교라고 판단 해석하는 것이다. 천태종의 교의는 이 원교인 《法華經》의 '모든 존재가 진실한 모습'이라는 뜻을 천명한다. '모든 존재가 진실한 모습' 즉 제법실상을 空諦·假諦·中諦의 3諦로서 설명한다. 이 3제의 상호관계는 卽空·卽假·卽中의 圓融 3諦로 파착한다. 원융 3제는 모든 존재현상에 자연 그대로 갖춰진 妙諦로서 1境 3諦라고도 한다. 이를 觀心門 즉 실천적으로 설명하는 것이 1心 3觀이다. 원융 3제의 이치를 한 마음에 파착하는 것인데 이 3관도 즉공·즉가·즉중이라 한다. 진리를 깨달아 가는 실천적인 방법이 止·觀으로서 천태지관을 圓頓止觀이라 한다. 이 지관에 의한 수행과정을 여섯 단계로 분류하여 六卽이라 한다.

이상과 같은 교문과 관문이 「새의 두 날개」 혹은 「차의 두 바퀴」처럼 두 문의 어느 한 쪽도 없을 수 없다는 敎觀雙修의 교리체계를 가진 것이 천태종이다. 天台 智顗는 맹목적 수행만을 능사로 하는 선사를 暗證禪師라고 비판하고 또 문자·어구에 집착하여 부처님의 본지를 파착하지 못하는 경학자들을 文字法師라고 꾸짖었다. 따라서 의천이 귀국하여 선종과 고종의 모순을 극복하기 위해 천태교학의 요체인 《法華玄義》를 강의하며 동지들을 모아 지관을 닦으며 천태종풍을 드날리려고 노력했던 것은 당연한 일이 아닐 수 없다.[36] 천태종 본산 국청사가 인예태후의 발원으로 선종 6년(1089)에 창건되기 시작하여 숙종 2년(1097) 2월에 완공되자, 의천은 천태교학을 강의하면서 다

36) "台嶺宗門 天未喪 會須同志振遺風"(〈送翼宗大師歸故山〉, 《大覺國師文集》 19).

음과 같이 언급하였다.

> 해동에 불법이 전래된 지 7백여 년 동안 여러 종파가 다투어 연설하고 모든 가르침이 퍼졌지만 천태의 한 종파만이 그 밝음이 가려졌다. 과거 元曉보살이 훌륭함을 칭찬하였고 이어서 諦觀법사가 전해 드날렸다(〈新創國淸寺啓講辭〉, 《大覺國師文集》 권 3).

신라의 원효는 《法華宗要》를 지어 《법화경》의 一乘實相의 사상을 천명하였고,[37] 《涅槃宗要》에서는 천태대사의 교판관에 대해 찬탄하고 있다.[38] 의천은 우리나라 천태시조를 원효라고 보고 계승자는 제관이며, 자신은 "목숨이 다하도록 그 꺼진 법의 등불을 밝히기 위해 정성을 다할 것을 맹세하였더니 이제야 그 소원이 이룩되었다"고 글을 맺고 있다. 비록 수사상의 어구라고 하더라도 '목숨이 다하도록 법의 등불을 밝히겠다고 맹세하였다'는 것은 의천의 천태종 개종의 굳은 의지를 표현한 것이라 하겠다. 천태종의 사회적인 기반이 되는 국청사는 7년 여에 걸쳐 완성된 국가적 대불사였다. 그러나 천태종은 국청사가 완공되기 전에 또 승과제도에 의한 사회적 형식을 갖춘 교단이 형성되기 전부터 인예태후의 후원 아래 실질적으로는 천태 실천의 도량이 베풀어지고 있었다. 그것은 인예태후가 白州의 見佛寺에서 선종 9년(1092) 天台宗 禮讖法을 약 1만 일 동안을 예정하여 베풀고 있는 것에서 짐작된다. 태후는 의천을 통해 천태 3관이 최상의 참 가르침으로 일찍이 인식하고 있었고, 의천이 귀국하자 국청사 창건을 발원한 것이다. 또한 태후는 白蓮結社를 발원하고 여산의 18賢人의 진영을 모시려고 하였었는데, 의천도 태후의 백련결사정신에 힘입어 서방극락의 업을 닦아 왕생을 기원하였던 것이다.[39]

이와 같이 국청사가 창건되기 전부터 천태종 예참법을 베풀었다는 것은 고려에 일찍이 천태종의 法華讖法 도량을 개설하였음을 의미한다. 법화참법

---

37) 李永子, 〈元曉의 法華經理解〉(《제5회 국제학술회의논문집》, 한국정신문화연구원, 1988), 518~540쪽.

38) 李永子, 〈元曉의 天台會通思想연구〉(《東國大論文集》 20, 1981), 19~44쪽.
———, 〈義天의 天台會通思想〉(《佛敎學報》 15, 1978), 219~233쪽.

39) 〈祗合匡廬種社蓮〉(《大覺國師文集》 권 20).

이란 《법화경》에 의해 실천 수행하는 의례형식의 하나로서 천태의 四種三昧 가운데 하나의 실천행법이다. 또한 의천이 태후의 뜻을 이어 白蓮社를 결사하려 한 것도 4종3매 중 常行三昧의 행법과 일치하는 것이다. 따라서 인예태후와 의천은 고려 불교계를 개혁하기 위하여 천태종을 개립하는 道俗의 도반이었다고 하겠다. 국청사는 태후 별세 후인 이듬해에 완공되었는데, 의천은 송나라에 이 소식을 전하여 선배와 후배의 격려 서신을 받았다. 서신 중에는 경제적 원조를 바라는 내용도 있었다. 자변 종간은 천태교학의 광범하고 난해함을 말하면서 그것이 단절된 곳에서 선양하니 더욱 홍포를 바란다는 희망과 격려를 의천에게 보냈다.[40] 국청사 개창 이후 의천은 본격적으로 강의를 시작하면서, 천태의 기본서적으로 三大部의 하나인 《妙法蓮華經玄義》 10권을 강설하였다. 그리고 《南本涅槃經》과 징관의 해석을 기초로 하여 《華嚴經》과 함께 이 《法華玄義》 10권 등을 우리나라말로 번역하였다. 그러나 현재 전하지는 않는다. 그리고 주목되는 것은 湛然의 저술인 《十不二門》도 강설한 점이다.[41] 이것은 담연이 《法華玄義釋籤》에서 迹門十妙에 이어 本門十妙를 설명하기 전에 논술한 10종의 둘 아님을 논한 것이다. 천태의 觀門인 摩訶止觀과 敎門인 法華玄義를 통일하여 이해한 것이 이 《십불이문》이다. 이로 보면 의천이 교문과 관문의 통합적 이론을 천태교의에서 찾으려고 노력한 흔적을 알 수 있다. 그러면 천태종이 형성되는 과정에서 그 인맥이 어떻게 구성되었는지 살펴보기로 한다.

의천이 원효를 우리나라 천태교학의 시조로 추앙하고 제관을 계승자로 본다는 것은 앞서 살폈다. 원효는 학자이면서 참선을 하는 초종파적 생활을 한 무애도인이었다.[42] 삼국시대 이후 많은 법화행자들이 있었을 터이지만 자료는 너무 빈약하다. 천태 지의의 문하에서 수학하여 깨달음을 얻고 신라에 귀국한 緣光, 고구려의 波若, 백제의 玄光과 慧現 등 법화행자의 이름이 전하고

---

40) 〈大宋沙門從諫書〉(《大覺國師文·外集》 권 7).
그 외에 法鄰·元淨·仁岳·惟勤·可久 등의 이름이 《大覺國師文集》에 보인다.

41) 〈留題三角山息庵〉(《大覺國師文集》 권 19).

42) 의천은 元曉를 특정 종파에 국한시키지 않고, 性과 相을 融明하고 百家의 논쟁을 화합하여 알대의 지극한 논리를 터득하였다고 보았다(〈祭芬皇寺曉聖文〉, 《大覺國師文集》 권 16).

있다. 신라 성덕왕대에 法融·理應·純英이 천태교관을 전했고 緣會도《법화경》의 普賢觀行을 닦았다. 홍덕왕대에도 법화신앙은 신라인의 일반적 신앙형태였다.《법화경》의 會三歸一사상과 천태의 一心三觀의 관법이, 수나라가 진과 제를 통일하는 데 사상적 기반이 되었으므로, 고려 초기에는 能兢법사가 “고려도 후삼국을 통일하였으니 같은 천태사상을 받아들일 것”을 건의했다고 전한다.[43] 또 태조 18년(935) 중국 四明의 子麟이 고려에 천태교법을 전했다는 기록이 있는 것은 이 능긍의 상소와 관계가 있을 것으로 추정된다. 제관법사가 오월에 갈 때 보여준 고려 조정의 당당한 태도는 고려 불교계의 천태학의 수준을 시사해 주고 있다. 제관 이후에는 德善과 智宗(930~1018)에 의해 계승되고 있는데 제관의《천태사교의》가 오월의 교학의 부족함을 보충한 것이라면 지종은 송에서《大定慧論》을 강의하였으므로 마하지관에 의해 관문을 보완하였을 것으로 생각된다. 지종의 경우 법안종과의 관련을 배제하고 생각할 수 없지만, 그의 활동이 의천 때에 와서 천태종 개창의 교단적 기반이 되었음직 하다.[44] 의천은 법안종과 밀접한 居頓, 神□, 靈巖, 高達, 智谷 등 여러 사찰의 선승 1천 명을 모집하여 천태종 개창의 기반으로 삼았다.[45] 당시의 달마 9산문의 선종 총림의 납자들은 6 내지 7할 이상이 천태종으로 옮겼다고 하므로, 의천의 천태종 개립은 선종의 교세에 지대한 타격을 주었을 것이다. 그러나 의천은 선 그 자체를 부정한 것이 아니라 궁극적 목적인 깨달음에 이르기 위한 방법상에서 궤도수정을 강력히 주장했을 뿐이다. 의천은 천태지관을 닦다가 늙어서 산사로 돌아가는 悟禪師에게 다음과 같은 송별시를 읊었다.

> 佛隴山(천태산) 높은 글이 땅에 떨어진 지 오래인데 조사(천태)께서 남긴 유풍 그대 기다려 행해지니, 공 이룩하고 믿음 있는 그대 서울을 떠나, 숲과 샘 좋아하며 止觀을 배워 닦으리(〈送悟禪師請老歸山〉,《大覺國師文集》권 20).

---

43) 閔 漬,〈國淸寺金堂主得釋迦如來舍利靈異記〉(《東文選》권 68).
眞 靜,〈芸台亞監閔昊書〉(《湖山錄》권 4).

44) 金相鉉,〈高麗初期의 天台學과 그 史的 意義〉(佛敎文化硏究院 編,《韓國天台思想硏究》, 東國大出版部, 1983), 114~131쪽.

45) 許興植, 앞의 책, 272쪽.

이 글에서 많은 선승이 止觀을 익히고 있었음을 알 수 있다. 또 앞에서도 언급했듯이 의천은, 翼宗선사가 옛산으로 귀산하는 것을 보고 송별시를 읊으면서 말세의 불법외호가 천태종의 종문을 수립하는 데 있다 하고 반드시 동지를 규합하여 그 유풍을 드날리겠다고 다짐하기도 했다. 천태종을 개립할 때 모인 인적 구성은 다른 산문에서 1천 명이 들어오고 직접 국사에게 들어온 학도가 3백 명이라고 한다. 국사는 이들 중에서 숙종 6년(1101)에 우수한 사람 1백 명을 추려서 그들에게 중요 경론으로 시험을 쳐서 40명을 선발했다. 이러한 사실은 천태종이 최초로 승과를 치르고 사회적 제도가 뒷받침된 교단으로 공인받은 것으로 간주된다. 따라서 천태종은 명실상부하게 교단을 형성하고 국청사를 중심으로 大禪師 德麟, 禪師 翼宗·景蘭·連妙 등의 선승 및 천태학을 계승하여 5산문을 떠나온 선승들과 의천의 직제자들이 크게 활약하게 되었다. 원래 선승들인 이들은 자기의 제자들과 함께 천태지관의 법문을 배우고 익혔을 것이고, 의천의 직제자들은 천태교학을 배우면서 사상적 기반을 형성하였을 것으로 보인다.

이와 같이 천태종 교단은 1천 3백여 명이 모인 대교단으로서, 국청사를 중심으로 5대 법문과 南崇山에 있던 선봉사의 법문이 모여 6대 문중을 형성하면서 고려 불교계를 혁신하였다. 〈선봉사대각국사비〉 음기에는 의천의 천태 법맥을 이은 문도가 명시되어 있다. 이 선봉사비는 의천이 입적한 지 35년이 지난 인종 14년(1136)에 법손들에 의해 건립되었는데 그 인명이 1백여 명 이상 나열되어 있다. 천태종의 인맥을 계승한 문도 중에 익종대사의 제자 妙應大禪師 敎雄(1076~1142)이 가장 뚜렷한 두각을 나타냈다. 교웅은 숙종 6년에 실시한 천태종의 승과에서 大選의 최고시험에 등과하여 대덕이 되고 그 후 대선사의 법계를 받았으며, 인종 13년 국청사 주지로 취임하였다가 인종 20년(1142)에 입적하였다. 교웅의 제자 중에 圓覺國師 德素(1108~1174)가 있다. 현재 옥천의 영국사에 그 비가 전하는데, 명종의 두터운 존숭을 받고 천태종풍을 진작시켰다.[46]

천태종은 대각국사가 개창한 후 얼마 안되어 귀적하였으므로 예종이 즉위한 수년 동안 인주 이씨세력의 득세로 현환사 중심의 법상종에 압도되었다

46) 金映遂, 앞의 글, 176쪽.

가 인종이 즉위하고 이자겸이 사망한 후에 교세가 부흥하였다.47) 《高麗史》에는 교웅이 국청사에 주지로 있을 때 인종이 두 번이나 그 곳에 머물렀다고 한다. 숙종 이래 국청사는 국장의 행차가 계속되어 의종도 행차하였으며, 명종(1171~1197)이 즉위하면서 덕소는 왕사에 임명되었다. 교웅선사와 덕소왕사는 천태종 개창 이후 천태교관을 진작시키면서 교단을 통솔하였지만 명종 26년(1196) 무신 최충헌이 정권을 장악하고 조계선종과 긴밀한 관계를 유지하기에 이르자, 천태교단은 새로운 국면에 접어들게 되었다.

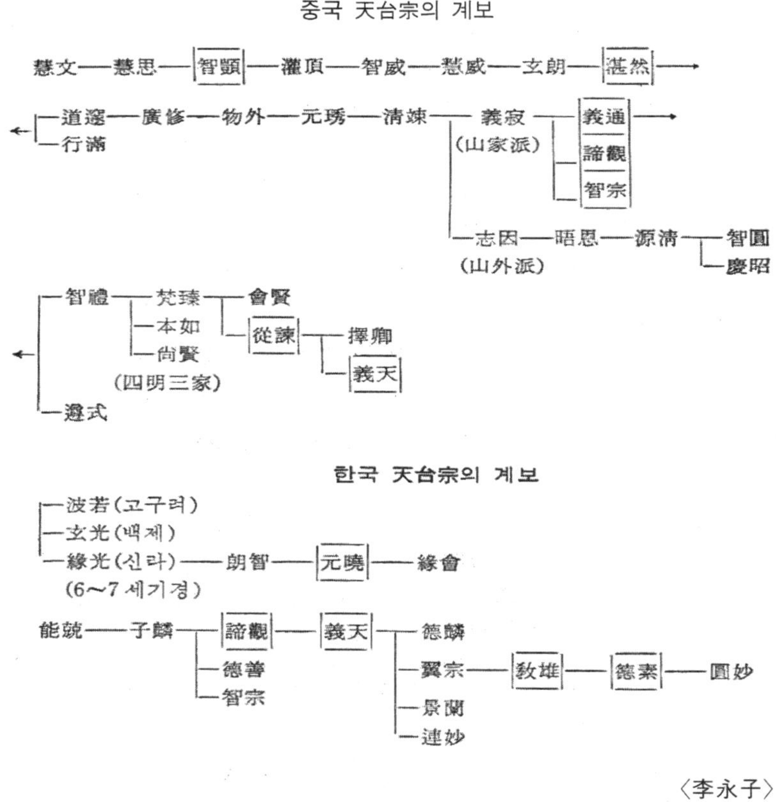

〈李永子〉

47) 仁州 李氏세력과 고려 불교계의 사회경제적인 역학관계의 서술은 崔柄憲, 앞의 글(1984), 81~84쪽 참조.

5) 승관조직과 승과제도

고려 불교는 태조 왕건의 숭불정책으로 국초부터 그 방향이 설정되었고, 이어 후대 대부분 왕들의 귀의와 적극적인 지원을 받으면서 국교로서의 확고한 위치를 차지하였다. 따라서 고려 불교는 특히 국가 불교적 성격을 강하게 드러내고 있다. 무엇보다도 국가와 밀접하게 관련된 각종 불교조직 및 제도에서 그것을 쉽게 확인할 수 있으며, 그 가운데서도 僧官組織과 僧科制度는 그 대표적인 예가 된다. 이와 같은 조직과 제도에 의해 고려 불교는 국가 불교로서의 틀을 유지해 갔다고 말할 수 있기 때문이다.

승관이란 불교에 관한 국가의 업무를 관장하기 위해 국가가 임명한 승려 또는 일반관리를 말한다. 이들 승관은 중앙뿐만 아니라 지방에까지도 임명되어 있어 그 형태는 전국 규모의 승정조직을 이루고 있다. 한편 승과는 승려에게 일정한 자격을 부여하고 인재를 선발하기 위해 실시하던 시험제도이다. 즉 승과를 통해 승려의 法階를 제도적으로 인정하고, 국가에서는 이들을 주지 등 교단 내 주요 승직에 등용했던 것이다.

승관조직과 승과제도는 특히 고려 초기의 국정과 밀접한 관계가 있으며, 여기서 이미 국가불교로서의 고려 불교의 윤곽은 어느 정도 드러난다. 뿐만 아니라 이들 두 제도의 시행으로 승려와 불교의 사회적 지위가 향상되고 그 활동 범위가 증대됨은 물론 불교의 교학진흥에도 큰 전기가 마련되었다. 이런 점을 아울러 감안할 때 고려 불교에서 이들 제도가 갖는 의의는 크다고 할 수 있다. 고려 불교의 국가적 성격과 함께 그 전개의 주요 경향을 아울러 짐작케 해주는 승관조직과 승과제도에 관해 각기 항을 달리하여 살펴본다.

(1) 승관조직

우리나라 승관의 역사는 삼국시대 신라에서부터 찾아진다. 즉 진흥왕 11년(550)에 安藏法師를 大書省으로 삼고 그 이듬해에는 고구려에서 귀화해 온

惠亮法師를 國統(寺主)으로 삼았다는 것[1] 등이 승관에 관한 최초의 기록이다. 교단 통제기구로서의 신라 승관조직의 구체적인 형태는 자세하지 않다. 그러나 주요 승관직으로 대서성·국통 외에도 大國統·都唯那娘·大都唯那·州統·郡統 등이 있었으며, 대체로 신라의 승정 초기에는 중국 남북조시대 각국의 것이 혼합되고 뒤에는 수·당제를 모방했을 것으로 인정된다.[2]

이처럼 신라 진흥왕대부터 승관조직이 있어 왔다면, 고려시대의 그것은 중앙과 지방에 걸친 체계적인 조직과 임무 및 기능 등에 이르기까지 상당히 정비된 모습일 것으로 기대할 수 있다. 그러나 고려의 승관조직 또한 제대로 기록이 전해지지 않는다. 다만 중앙 승관조직인 僧錄司에 관한 약간의 내용이 몇몇 자료에서 보일 뿐이다. 그리고 지방 승관에 관해서는 "式目都監에서 黃州 등 10州郡의 僧官印을 거둘 것을 주청하였다"[3]는 유일한 기사를 통해 그 존재를 유추해 볼 수 있을 뿐이다.

승록사는 고려 불교계와 가장 관계가 깊은 중앙의 관부였음에도《고려사》백관지에 수록되어 있지 않으며, 또한 전시과나 녹봉에 대한 기록에도 나타나지 않는다. 따라서 사서·비문·문집 등에 단편적으로 수록되어 있는 기사들에 의존하여 중앙 승관조직으로서의 승록사의 성립과 직제·기능 등 대체적인 윤곽을 파악할 수 있을 뿐이다.

승록사에 관한 가장 오랜 기록은 고려 태조 21년(938) 3월의 일로 나타난다. 즉《고려사》에 "西天竺의 승려인 弘梵大師(啞哩嚩日羅)가 왔을 때 왕이 兩街를 크게 갖추고 法駕로써 그를 맞이하였다"[4]는 내용이 그것이다. 이 기록은 외국의 승려를 맞이하는 왕의 거둥에 승록사가 동참하고 있음을 보여준다. 뿐만 아니라 이 기사는 승록사제도가 승과제도에 앞서 태조 때부터 성립되어 있었다는 것과, 그 조직의 편제가 양가로 구성되어 있었음을 아울러 짐작케 해주고 있다.

---

1)《三國遺事》권 4, 義解 5, 慈藏定律條 分註.
《三國史記》에는 권 40, 雜志 9, 職官(下) 武官條 끝부분에 승관에 관한 기록이 보이는데, 원성왕 원년에 처음 승관을 둔 것으로 되어 있다.

2) 李弘稙, 〈新羅僧官制와 佛敎政策의 諸問題〉(《白性郁博士頌壽紀念佛敎論文集》, 1957), 668쪽.

3)《高麗史》권 6, 世家 6, 정종 원년 10월.

4)《高麗史》권 2, 世家 2, 태조 21년 3월.

양가는 곧 左右兩街임을 승록사 관계 기타 여러 자료에서 확인할 수 있다. 현종대 蔡忠順이 찬한 〈玄化寺碑陰記〉도 그런 자료 가운데 하나이다. 이 음기에서는 현화사에 般若經寶를 설치하고 널리 경전을 간행할 때 공이 많았던 사람에게 각각 시상한 내용을 기술하고 있다. 그 가운데에서 官使左街都僧錄大師 光肅, 副使左街副僧錄 釋眞, 右街副僧錄 彦寶, 判官右街僧正 成甫, 其僧記事 2인, 俗記事 5인 등이 언급되어 있다.[5] 즉 좌우 양가로 구성되어 있는 승록사의 조직과 함께 양가에 각기 도승록・부승록・승정과 같은 직제가 있었고, 다시 그 밑에 약간 명씩의 僧・俗 記事를 두었던 것이다.

좌우 양가로 구성된 승록사의 정확한 성립 연대를 밝힐 수는 없다. 그러나 우선 통일신라시대 승관제에서는 그 사례가 발견되지 않는 점으로 미루어, 승록사는 고려 태조에 의해 처음 실시되었을 것으로 보인다. 그리고 그 시기는 개국 초 무렵부터였을 가능성이 높다. 태조가 창업할 때에 중국에서 유학하고 돌아온 다수의 승려들이 직・간접으로 협찬했던 사실이나, 훈요10조 등에 보이는 태조의 信佛 및 불교정책 방향[6]등을 고려할 때 더욱 그렇게 추정할 수 있다. 여기서 한 가지 더 언급해야 할 것은 양가 승록사제도가 중국 당・송의 승관제도로서 이미 존재하고 있었다는 사실과 고려의 승록사는 그런 당・송 승관제와 거의 유사하다는 점이다.[7] 이는 당에 유학하고 돌아와 태조의 창업에 협찬했던 승려들의 권유에 따라 승관제도를 실시하면서 그 조직 편제를 본땄기 때문이 아닌가 생각해 볼 수 있다.

신라 후기 승관제가 수・당제를 모방했던 것과 마찬가지로, 고려의 양가 승록사제도 역시 당・송대의 그것에 영향을 받았을 가능성은 충분하다. 그러나 비록 제도 자체는 모방이었다 하더라도 거기에는 고려적인 독자성 또한 분명히 엿보이는 것도 사실이다. 신라의 승관으로서 수・당제에서는 볼 수 없는 都唯那娘이[8] 있었던 것처럼, 고려의 승록사에서 당・송 승관제에서는 보이지 않는 승직들이 포함되어 있는 것이다. 그 중 하나로서 僧維를 들 수

5) 蔡忠順, 〈高麗國靈鷲山大慈恩玄化寺碑陰記〉(《朝鮮金石總覽》 上, 朝鮮總督府, 1919), 250쪽.

6) 洪庭植, 〈高麗佛敎思想의 護國的 展開〉(I)(《佛敎學報》 14, 1977), 14~17쪽.

7) 安啓賢, 〈高麗僧官考〉(《東國史學》 5, 1957), 99쪽.

8) 李弘稙, 앞의 글, 665쪽.

있다. 즉 〈鳳巖寺靜眞大師圓悟塔碑〉에 의하면 광종 7년(956)의 일로서 左僧維 大德 淡猷·右僧維 大德 宗乂가 왕사의 喪事를 맡아 처리하고 있다.[9] 이 좌승유와 우승유는 곧 좌가승유·우가승유를 뜻하는 것으로 여겨지는데, 이 승유라는 승관명은 당·송의 승관에서는 보이지 않는다. 따라서 승유라는 직명은 고려에서 처음 생긴 것이라 할 수 있다.[10]

승유를 포함하여 양가 승록사의 승직 단계 또한 분명하게 밝히기는 어렵지만, 여기저기 보이는 자료를 종합하여 그 대체적인 모습은 짐작해 볼 수 있다. 승록사의 조직체계로서 승직의 단계는 앞의 〈玄化寺碑陰記〉에 보이는 도승록·부승록·승정 외에 승록이라는 직계도 적지 않게 눈에 띈다. 즉 다음과 같은 예를 들 수 있다.

① 右街僧錄 惠英(〈七長寺慧炤國師塔碑〉,《朝鮮金石總覽》上, 277쪽).
② 左街僧錄 崇演(〈法泉寺智光國師玄妙塔碑〉, 위의 책, 289쪽).
③ 左街僧錄 道元(《高麗史》권 8, 世家 8, 문종 21년 정월).
④ 右街僧錄 繼通(〈金山寺慧德王師眞應塔碑〉,《朝鮮金石總覽》上, 301쪽).

이 가운데 혜영은 문종 7년(1053)에 부승록이었다가 이듬해인 문종 8년에 우가승록이 된 경우이며, 문종 8년에 좌가승정이던 도원은 13년 후인 문종 21년(1667)에 좌가승록으로 승진한 것으로 드러난다. 이로 미루어 볼 때 승록이 부승록의 상위직임에는 분명한데, 여기서 다시 검토해야 할 문제는 이 승록과 도승록과의 관계이다. 우선 이들이 동일한 직위인가 아닌가 하는 점이다. 이에 대해 승정이나 부승록을 일컬을 때 그냥 승록이라 한 경우가 없다는 점과 위에 열거한 승록 기록의 예 등에 비추어 승록은 곧 도승록을 가리킨다고 보는 견해와,[11] 그것을 각기 다른 직급으로 보려는 견해가[12] 있다. 그러나 두 가지 입장 가운데 후자가 더 타당할 듯하다. 무엇보다도 도승록과

9) 李夢游,〈鳳巖寺靜眞大師圓悟塔碑〉(《朝鮮金石總覽》上), 205쪽.
10) 安啓賢, 앞의 글에서는, 僧維를 維那의 약칭으로 보고 이것이 신라 때의 중앙 승관에 이미 나타나 있음을 들어, "고려의 兩街僧錄制度는 唐宋의 僧錄司제도와 新羅의 中央僧官제도를 適宜 절충하여 놓은 것 같다"고 추정하고 있다.
11) 安啓賢, 위의 글, 97쪽.
李載昌,〈高麗佛敎의 僧科·僧錄司制度〉(《朴吉眞博士華甲紀念韓國佛敎思想史》, 圓光大出版部, 1975), 440쪽.
12) 許興植,《高麗佛敎史硏究》(一潮閣, 1986), 346쪽.

부승록 사이에는 한 단계가 더 있는 편이 자연스러우며, 도승록을 굳이 승록이라고만 기록해야 할 별다른 이유를 찾을 수 없기 때문이다. 그렇다면 승록사의 조직은 좌우 양가에 각각 위로부터 都僧緣·僧錄·副僧錄·僧正의 순서로 직위가 마련되어 있었던 것이 아닐까 한다.

그런데 다음의 사례들은 다시 양가도승록 혹은 양가도승통이라는 직위가 더 있었음을 보여준다. 먼저 양가도승록의 예로서는 예종 6년(1111)에 鄭晃先이 찬술한 〈金山寺慧德王師碑〉 음기의 隨職階加者 명단에 兩街都僧錄 光國이 보이며,13) 〈億政寺大智國師智鑑圓明塔碑〉에는 공민왕 8년(1359)에 왕이 普愚의 제자 粲英을 兩街都僧錄으로 삼았다14)고 기록되어 있다. 이 대지국사비는 조선 태조 2년(1393)에 세워진 것인데, 당시 建碑 감독자의 한 사람으로 이름이 보이는 대사 尙柔의 직명 또한 양가도승록으로 되어 있다.15) 이로써 양가도승록의 명칭은 일찍이 예종대에서부터 조선 초에까지 걸쳐 사용되었음을 확인할 수 있다.

양가도승통은 현종 17년(1026)에 崔忠이 지은 〈弘慶寺碣〉 중에, 사원개창의 詔命을 받고 이를 수행했던 대사 逈兢의 직명이 左右兩街都僧統이라 한 데서 처음 발견된다. 그러나 이후 양가도승통의 직명은 시기적으로 무려 2백여 년이 지난 고려 후기에 가서야 다시 보인다. 즉 〈法住寺慈淨國尊普明塔碑〉에 慈恩宗의 彌授가 국존에 책봉되기 이전인 충선왕 5년(1313)에 양가도승통이 되었으며, 이듬해 충숙왕 원년 봄에는 왕으로부터 새로 만든 양가도승통의 관인을 받고 있는 것이다.16)

이 외에 약간 다른 예로서 兩街僧摠,17) 兩街都摠攝,18) 禪敎都摠攝19) 등도 보이지만, 어떻든 좌우양가도승록 혹은 양가도승통은 그 직명이 말해 주듯

---

13) 鄭晃先, 〈金山寺慧德王師眞應塔碑〉(《韓國金石全文》 中世 上, 亞細亞文化社, 1984), 549쪽.
14) 朴宜中, 〈億政寺大智國師智鑑圓明塔碑〉(《朝鮮金石總覽》 下), 715쪽.
15) 朴宜中, 위의 글, 719쪽.
16) 李叔琪, 〈法住寺慈淨國尊普明塔碑〉(《朝鮮金石總覽》 上), 488쪽.
17) 李夢遊, 〈鳳巖寺靜眞大師圓悟塔碑〉(《朝鮮金石總覽》 上), 203쪽.
金廷彦, 〈高達寺元宗大師慧眞塔碑〉(《朝鮮金石總覽》 上), 213쪽.
18) 李齊賢, 〈贈謚文正權公墓誌〉(《益齋亂藁》 권 7).
19) 〈彰聖寺眞覺國師大覺圓照塔碑〉(《朝鮮金石總覽》 上), 531쪽.
李 穡, 〈檜巖寺禪覺王師碑〉(《朝鮮金石總覽》 上), 499쪽.

승록사의 양가를 통할하는 최고의 승직임에 틀림없는 것 같다.

이로써 승록사 조직체계의 대강이 드러난 셈이지만, 고려 승관조직에서만 볼 수 있는 승유의 존재와 양가승총 및 양가도총섭 등의 위치는 아직 불분명하다. 이 문제는 승록사 구성직의 명칭 변화를 시기별로 추적해 봄으로써 어느 정도 추정이 가능하다. 승관명의 시기별 조사에 의하면 승록사 구성직의 명칭은 다소 예외가 있기는 하지만 크게 세 차례에 걸쳐 변화하였다.

그 첫째 시기는 900년대로 승총과 승유의 시기이고, 둘째는 11세기부터 12세기의 전형화된 시기로 승록과 승정이 위주이며, 셋째는 주로 14세기부터 도승통이나 도총섭으로 명칭이 바뀌고 있다. 이는 정치사에서 제도의 형성기, 확립·안정기, 그리고 변화기로 시기를 구분하는 것과도 상통한다.[20] 즉 승총과 좌승유·우승유가 보이는 초기는 제도의 형성시기로서, 이 때는 승총을 최고 책임자로 하며 좌우 양가에 각각 승유를 두었던 것 같다. 그럴 경우 승총과 승유 사이 혹은 승유 아래에 보다 세분화된 직책이 존재했다고 본다. 그것이 제2기에서의 직책과 대체로 동일했을 것으로 생각되지만 이를 뒷받침해 줄 만한 자료는 발견되지 않는다.

제도의 확립·안정기에 해당하는 둘째 시기는 양가도승록 혹은 양가도승통을 최상직으로 하는 승록·승정의 순서였음이 거의 확실하다. 그러나 여기서는 양가도승록과 양가도승통의 관계가 어떤 것인지가 자세하지 않다. 위에서 언급한 대로 멀리는 현종 17년(1026)에서부터 가깝게는 조선 태조 2년(1393)까지 이 시기 중에 양가도승통과 양가도승록이 함께 나타나는 것으로 보아 양 직명이 혼용되었을 수도 있다.

셋째 시기의 양가도총섭은《益齋亂藁》권 7에서만 발견되며, 禪敎都摠攝은 고려 말 승려들의 비문에서 비교적 자주 눈에 띈다. 양가도총섭의 경우 역시 자세하지 않지만 선교도총섭은 승록사의 직명과는 별개의 것으로 생각된다. 가령 〈億政寺大智國師碑〉의 비문을 쓴 旋軜의 직명이 '前內願堂判曹溪宗師禪敎都摠攝…大禪師判僧錄司事'[21]인데, 이 하나의 사례에서만도 선교 도총섭이 승록사와는 별개의 직책임을 알 수 있다. 물론 判僧錄司事라는 또 새로운 직

20) 許興植, 앞의 책, 343쪽.
21) 朴宜中, 앞의 글, 717쪽.

책이 나타나고 있기는 하지만, 한 사람이 선교도총섭으로서 판승록사사를 겸하고 있음은 이들 두 직책이 서로 다른 것임을 말해주기 때문이다.

이상에서 살펴본 대로 승록사는 모든 시기에 걸쳐 좌우 양가로 나뉘어져 있으며 그 직명은 시기별로 약간씩 변화되어 왔다. 따라서 11~12세기의 승록·승정 위주의 전형화된 형태를 중심으로 그 순서를 다시 설정해 보면 다음과 같다.

左右兩街都僧錄┬左街 : 都僧錄－僧錄－副僧錄－僧正
└右街 : 都僧錄－僧錄－副僧錄－僧正

이러한 조직을 갖춘 승록사의 기능에 관해서는 임원들의 활동을 통해 그 대강이 파악된다. 승록사의 직명을 살피는 과정에서도 단편적으로 엿볼 수 있었지만 승록사 임원들은 주로 국가의 불교관련 행사 주선과 왕명을 수행하는 역할을 담당하였다. 왕이 외국의 승려를 맞아들이는 데 동참한 것을 비롯하여, 왕사·국사제도가 시행되기 시작한 광종대 이후에는 이에 관한 일들도 주요 임무의 하나가 되고 있다. 즉 승록사에서 왕사·국사의 책봉서를 전하거나 하산을 배행하고, 그들이 입적한 뒤에는 喪事와 建碑의 임무를 맡아 처리하는 예가 잦았던 것이다. 또 세속의 학자들과 함께 藏經都監의 구성원이 되어 印經 업무를 담당한 사례도 보이며, 사원 개창에 왕의 명령을 수행하기도 하였다.

그러나 승록사의 활동이 불교행사 주선 및 왕명의 수행에만 국한되었던 것은 아니다. 興王寺에 상주시킬 계행이 높은 승려 1천 명을 선발할 때 이 업무를 주관했던 경우나[22] 특히 중앙과 지방 각 사원의 승적을 관장하는 임무를 수행했던[23] 것으로 보아, 승록사에 행정적 기능이 있었음을 알 수 있다. 그런 관점에서 승록사는 불교교단과 국가의 행정적 협력기구로서 국가의 불교행사 주선 및 불교정책 수행에 대한 보조역할을 담당하는 기능을 갖고 있었다고 보겠다.

---

22) 《高麗史》 권 8, 世家 8, 문종 21년 정월.

23) 李藏用, 〈若滕爲兩街都僧錄官誥〉에는 若滕을 兩街都僧錄으로 임명하는 官誥의 서두에서 "緇籍掌領 無曠苾蒭之職"이라 하였는데, 이는 곧 승록사에 전국의 僧籍을 관장하는 임무가 있었음을 유추케 한다(《東文選》 권 27).

한편 광종대부터 제도화된 것으로 보이는 왕사·국사도 넓은 의미에서는 고려의 승관조직에 포함시킬 수 있지 않을까 한다. 만일 그렇다면, 승록사의 기능과는 전혀 무관하지만 그 순서는 당연히 좌·우양가도승록 혹은 도승통 위에 왕사→국사의 순서로 배열될 수 있을 것이다. "대개 왕사라는 것은 한 임금이 본받는 것이요 국사라는 것은 한 나라가 의지하는 것"이라고 한 李奎報의 글[24]에도 엿보이듯이 국사는 왕사보다 우위를 인정받았기 때문이다.

왕사도 마찬가지였지만, 국사는 학덕과 도력이 높은 고승을 국가 최고의 정신적 지도자로서 극진히 예우하고 존호를 더 하였다. 국사는 고려 전기에는 상징적인 기능 외에 뚜렷한 역할을 찾아볼 수 없다. 그러나 원의 간섭기에는 승정을 장악하는 등 매우 실질적인 기능을 가졌으며, 그 명칭도 國統 또는 國尊으로 변하고 있음이 주목된다.[25] 이미 충렬왕 때 왕사였다가 충숙왕 즉위년(1313)에 국통에 오른 無畏 正午나 역시 충숙왕 때의 慈淨國尊 彌授가 불교 모든 종파의 주지를 파견하는 등 승정을 전관하고 있음은[26] 그 좋은 예이다. 이들 중 무외국통도 그러하지만 특히 미수의 경우 그의 승정 장악은 정확하게는 국존의 자격으로서가 아니라, 양가도승통으로서 또는 독립 관부로 세워진 懺悔府를 주관하는 內殿懺悔師의 자격에 의한 것이었다. 미수는 양가도승통(1313)·내전참회사(1315)를 거쳐 충숙왕 11년(1324)에 국존으로 책봉되는데, 그에게 모든 승정이 맡겨지는 것은 미수가 내전참회사가 되면서부터이기 때문이다. 어쨌든 이같은 특수한 상황은 원 간섭기의 정치적 혼란과 맞물린 승정의 일시적 변화라 할 수 있으며, 따라서 국통이나 국존이 승록사 제도와 직접 연결되는 문제는 아니다.

고려시대의 주된 승관조직인 승록사는 조선 세종조 초기까지도 존속하였다. 그러나 억불정책을 추진하던 조선시대에는 국초부터 그 폐지 건의가 잇따랐고, 결국 세종 6년(1424) 4월 예조에서 제시한 禪·敎 양종으로의 종파

---

24) 李奎報, 〈故寶鏡寺住持大禪師贈謚圓眞國師敎書〉(《東文選》 권 27).

25) 國統 혹은 國尊으로서의 명칭 변화는 元의 압력에 의한 것으로 생각된다. 고려를 지배하는 원의 입장에서는 자신들의 國師 외에 고려의 국사를 인정하지 않으려 했을 것이며, 이 때문에 고려에서는 국사의 명칭을 바꾸지 않을 수 없었던 것이 아닌가 한다.

26) 朴全之, 〈靈鳳山龍巖寺重創記〉(《東文選》 권 68).
李叔琪, 앞의 글, 488쪽.

폐합 등 불교정비 방안의 일환으로 그것이 혁파되기에 이른다. 즉 서울의 興天寺를 禪宗都會所로, 興德寺를 敎宗都會所로 삼고, 行首를 뽑아 승정을 살피게 하는 동시에 승록사 소속의 노비를 양종도회소와 동·서부학당에 옮겨 소속시키고 있다.[27] 이같은 조치에 뒤이어 승록사는 자연히 폐지되고 만 것이다. 따라서 승록사는 고려 불교제도의 성립과 더불어 확립 발전하였고 조선 초의 억불정책과 함께 폐지된 제도였다고 할 수 있다.

(2) 승과제도

중앙 승관조직인 승록사가 불교교단과 국가의 행정적 협력기구였다면, 승과제도는 불교교단과 국가가 공동으로 운영 관리하던 승려 선발의 시험제도였다. 이들은 다 같이 국가의 불교관리 제도였지만, 승록사가 국가의 불교정책 수행에 보조적인 역할을 담당하는 정도였던 것에 비해, 승과제도는 그 기능과 역할면에서 보다 광범하고 실제적인 것이었다. 즉 주지의 선발 파견, 종파에 대한 공인, 승려의 제도적인 法階 인정 문제를 비롯하여 왕사·국사 책봉 및 불교 교학의 발전 촉진 등에 이르기까지 고려의 주요 불교정책 대부분이 승과제도와 유기적으로 관련되어 있는 것이다.

이런 승과의 제도화 과정 및 내용을 체계적으로 보여주는 별도의 사료 또한 없다. 다만 승록사의 경우와 마찬가지로 고려 승려들의 행장과 비문 등에 그 단편적인 기록들이 나타날 뿐이다. 따라서 영세한 대로 이들 자료를 종합하여 승과의 성립과 그 실시방법 및 僧階와의 관계, 고려 승과의 변천 등에 관해 대강을 추정해 볼 수밖에 없다.

자료의 미비로 인해 아직까지 해결되지 못한 문제 가운데 하나가 승과의 최초 실시에 관한 것이다. 그러나 이는 대체로 과거제도의 시행과 함께 실시했던 것으로 인정되고 있다. 잘 알다시피 고려의 과거제도는 後周의 귀화인이며 한림학사이던 雙冀의 건의에 의하여 광종 9년(958) 5월에 처음 시행되었다는 것이[28] 통설인데, 많은 학자들이 이 때 승과가 함께 실시된 것으로

27) 《世宗實錄》 권 24, 세종 6년 4월 경술·정사.
28) 《高麗史》 권 2, 世家 2, 광종 9년 5월 및 권 73, 志 1, 選擧.

보고 있다.[29] 그러나 《고려사》에서는 물론 기타의 사서에서 과거제도 시행과 더불어 승과를 실시했다는 분명한 기록은 .찾아볼 수 없다. 다만 승과가 실시되었음을 알게 하는 최초의 기록으로서 광종대 고승 圓空國師 智宗의 비문 가운데 다음과 같은 내용이 있다.

> 顯德 初에 광종대왕이 왕위에 올라 불교를 지극히 숭상하였으며 깊은 산의 禪僧들을 모아 그들로 하여금 角妙를 펴게 함에 '丹霞의 佛'을 선택하여 科題로서 明示하였다(崔沖, 〈居頓寺圓空國師勝妙塔碑〉, 《朝鮮金石總覽》 上, 255쪽).

이것으로 최초의 승과가 顯德年間(954~959, 광종 6~10)에 시행되었음을 알 수 있는데, 같은 비문에는 승과에 급제한 다음 지종이 광종 10년(959, 현덕 6)에 중국 유학을 떠난 것으로 되어 있다. 일반 과거가 광종 9년에 실시되었고 승과에 합격한 지종이 광종 10년에 중국으로 떠났다면 승과제도가 처음으로 시행된 시기에 관한 추정은 어느 정도 가능하다. 즉 과거제도의 시행에 승과가 포함된 것으로 볼 수 있는 것이다.

단언하기는 어렵지만 이처럼 일단 승과제도가 과거제도와 동시에 성립되었다고 볼 때, 다음으로 떠오르는 문제는 승과제도의 시행 의도가 무엇인가 하는 점이다. 이에 관한 논의를 위해서는 먼저 과거제도의 실시 목적부터 생각해 볼 필요가 있다. 광종의 과거제도 실시는 중앙집권체제의 정비·강화의 일환으로서 취해진 조치라는 기왕의 연구들이 있다. 고려 국초 이래 큰 정치적 비중을 가지고 있던 武勳功臣들의 관료독점화를 배제하고, 이와 동시에 종래 중앙집권력에 대립적 요소가 되어 오던 지방호족들을 관료기구에 흡수함으로써 인심을 일신시키고 왕권을 공고히 하기 위하여 과거제도를 시행케 되었다는 견해 등이 그것이다.[30]

광종이 그의 정치적 참모라 할 쌍기의 건의를 받아들여 과거제도를 실시하게 된 목적이 이와 같다면, 일반 과거제도와 함께 시행한 승과제도에는 어떤 의도가 담겨 있는 것일까. 이는 무엇보다도 먼저 광종의 돈독한 숭불열과

29) 李能和, 《朝鮮佛敎通史》 下 (新文館, 1918), 294쪽.
忽滑谷快天, 《朝鮮禪敎史》(春秋社, 1930), 137쪽.
李丙燾, 《韓國史—中世篇—》(震檀學會, 1961), 142~143쪽.

30) 曺佐鎬, 〈麗代의 科擧制度〉(《歷史學報》 10, 1958), 126쪽.
金龍德, 〈高麗 光宗朝의 科擧制度問題〉(《中央大論文集》 4, 1959).

관련지어 생각해 볼 수 있다. 그럴 경우, 광종은 승과제도를 통해 불교 교단의 발전을 국가적 차원에서 도모코자 했던 것으로 이해할 수 있다. 역대 어느 왕에 못지 않게 불교에 대한 신앙심과 護法의 의지가 컸던 광종이 그의 홍불정책의 한 방안으로서 승과제도를 시행했으리라는 것이다. 한편 여기에는 개혁정책을 추진해 온 그의 정치적인 고려 또한 없지 않았을 것으로 보인다. 특히 당시 불교계 및 승려들의 동향을 감안할 때 더욱 그렇게 생각할 수 있다.

신라 하대로부터 불교계에는 중국 유학승들에 의해 禪法이 전래되었거니와, 새로운 불교라 할 이 선법을 전해온 승려들은 주로 몰락한 진골이나 6두품 이하의 출신들이 대부분이었다.[31] 이들은 고착된 정치 사회적 현실에 대한 불만과 함께 인습과 관념에 얽매어 있던 당시의 교종 불교계에 새로운 변혁을 시도하던 계층들이었다. 그런 만큼 기존의 지배체제와 교종불교의 전통적 권위를 부정하던 이들의 성향과 선사상은 특히 지방에서 나름대로 경제적인 부와 군사력을 키워온 호족들에게 큰 호응을 받았다. 선승들이 지방호족들과 깊은 연관을 맺고 중앙에서 멀리 떨어진 각 지방에 禪門을 개창했던 것도 바로 이런 이유에서였다. 이처럼 선종불교는 신라 하대부터 지방호족 세력을 그 사회 경제적 기반으로 하여 九山禪門을 형성하면서[32] 점차 사회에 대한 영향력을 확대시켜 온 것이다.

당시 불교계의 동향이 이와 같았다면 중앙집권체제의 강화를 시도하던 광종으로서는 아직도 대단한 잠재력을 갖고 있던 지방호족의 종교로서 성장해 온 선종불교를 그대로 방임할 수만은 없었을 것이다. 선·교종 불교의 통합을 포함하여 전 불교계를 국가의 일정한 관리제도 안에 포섭할 필요가 있었

31) 崔柄憲, 〈新羅下代 禪宗九山派의 成立—崔致遠의 四山碑銘을 中心으로—〉(《韓國史硏究》 7, 1972), 103~104쪽.

32) 新羅 下代부터 개창되기 시작한 각 지방의 禪門은 고려 태조 15년(932)에 왕건이 黃海道 海州에 廣照寺를 세워 利嚴을 주석케 함으로써 須彌山派가 이루어지고, 이어 태조 18년(935)에 兢讓에 의해 慶北 聞慶의 鳳巖寺가 중창되어 曦陽山派가 실질적으로 개창됨에 따라 비로소 九山禪門이 완성된 것이다. 그러므로 고려 초 禪門의 통칭인 九山禪派의 성립은 신라 때가 아니라 고려 초라고 말해야 한다(金煐泰, 〈五敎九山에 대하여—新羅代 成立說의 不當性 究明—〉, 《佛敎學報》 16, 1979, 74~76쪽).

을 것인데, 이것이 곧 승과제도 시행의 또 다른 의도였다고 이해되는 것이다. 과거제도를 도입함으로써 지방호족들을 관료기구에 흡수하여 왕권을 공고히 하고자 했던 것과 마찬가지로, 광종이 승과제도를 실시하여 선·교종 불교의 통합과 함께 불교계를 포섭하고자 한 것은 매우 현실적인 조치였다고 말할 수 있다. 특히 정치적으로나 신앙적으로 지방호족들과 강하게 밀착되어 있는 9산선문의 승려들을 승과를 통해 선발 대우하는 일은 그의 숭불열과 정치적 목적을 양면으로 충족시켜 줄 수 있는 가장 적절한 방안이었을 것이기 때문이다.

이상과 같이 승과제도가 광종의 숭불의지와 함께 일단의 정치적 고려에 의해 시행되었다고 추정하더라도 그 제도화 과정에 대해서는 의문이 남는다. 좀더 구체적으로 말해 승과제도 자체의 근거가 어디에 있는가 하는 것이다. 이 문제는 일찍이 건국 초부터 태조가 새로 사원을 세우고 고승을 초치하거나 승려를 선발하여 각 사원에 주지로 파견한 사실을 그 근거로 들 수 있지 않을까 한다. 즉 승과의 공식적인 실시 이전에도 이와 유사한 성격을 띤 승려선발이 행해졌던 것으로 여겨지는데, 海會와 談禪大會 등이 바로 그것이다. 다음은 태조 초에 해회가 설치되었음을 보여주는 기록이다.

> 龍德 원년(921) 海會를 설치하고 승려를 선발하였다. 制하기를 '莊義別和尙은 어찌 다시 居士가 될 것인가. 바야흐로 名僧을 만들라'고 하였다. 드디어 발탁되었으니, … (金廷彦, 〈普願寺法印國師寶乘塔碑〉, 《朝鮮金石總覽》 上, 225쪽).

장의별화상은 광종 때에 국사로 책봉된 화엄종 고승 坦文을 가리킨다. 태조 때에는 선종승의 활동이 컸음에도 불구하고 교종승인 탄문이 해회에서 선발된 사실은 태조의 불교시책이 종파를 초월하였음을 아울러 확인케 하지만[33] 해회는 곧 교종승을 대상으로 하는 선발제도였는지도 알 수 없다. 이렇게 가정했을 때 다시 선승들을 대상으로 담선대회가 열렸음을 李奎報가 쓴 다음의 叢林會 榜文을 통해 확인할 수 있다.

> 우리 태조께서 왕업을 열고 禪法을 독실히 숭상하여 이에 五百禪寺를 내외에 세우고 승려를 머물게 했으며 2년마다 京師에서 談禪大會를 열었으니 이는 北兵

33) 許興植, 앞의 책, 364쪽.

을 진압하기 위한 것이었다. 9산선문의 승려들은 이 대회가 있기 1년 전에 그 山門으로서 지방의 伽藍을 정하여 法會를 열고 겨울을 지냈는데 이것을 叢林이라 하였다(李奎報, 〈龍德寺叢林會牓〉, 《東國李相國集》 권 25).

고려 건국 이후 서울과 지방에 세워진 많은 사원에 고승을 초치하거나 승려를 선발하여 주지로 파견했음을 짐작케 하며, 이와 동시에 선문의 승려 등을 모아 禪理를 담론케 하던 담선대회가 거란을 진압하기 위한 호국적 목적을 띠고 개최되었음을 알게 하는 자료이다.

승과 실시 이전에 승려선발을 위한 해회와 선문 승려들의 통합에 기여했다고 생각되는 담선대회가 있었지만 이들이 제도화되어 있었던 것 같지는 않다. 해회는 태조대 이외에는 그 사례가 발견되지 않으며, 담선대회(혹은 총림)는 국초에 2년마다 개최되었다는 위 이규보의 기록 이외에는 중기 이후 특히 무신집권기에 가서야 자주 열리고 있는 것이다.[34] 따라서 이들이 승과로 직접 발전했다고 보기는 어렵다. 그러나 해회의 성격 및 선문의 승려들을 모아 선리를 담론케 한 담선대회의 내용 등으로 미루어 이를 곧 승과 제도화의 한 과정으로서 이해할 수는 있겠다. 승과는 그런 의미에서, 해회와 담선대회 같은 승려선발 방법의 전 단계를 거쳐 광종대에 이르러 또 다른 제도로서 성립된 것이라고 말해도 좋을 것이다.

제도화 이후의 승과도 그 실시방법 및 내용 등에 관한 정리된 기록이 없기는 마찬가지이다. 역시 금석문과 문집 등에 산재하는 부분적인 기록들을 종합해서 알 수 있을 뿐인데, 기본적으로 승과는 크게 두 단계로 나누어 실시되었다. 선·교 각 종파에서 자체적으로 실시하던 일종의 예비고시 혹은 자격고시라 할 宗選과 국가의 주관 하에 실시하던 본고시로서의 大選이 그것이다. 즉 종선에 합격한 자가 대선에 응시하도록 되어 있는 것이다. 종선은 종파의 선발시험이라는 뜻으로, 대선은 승과의 가장 중요한 시험이라는 의미로 각각 해석되지만, 이 두 단계에 걸친 시험의 명칭은 대으 다양한 편이다. 그 몇 가지 예를 금석문을 통해 살펴본다.

---

34) 李奎報, 《東國李相國集》 권 25에는 昌福寺談禪牓, 大安寺談禪牓, 西普通寺談禪牓 등이 실려 있다. 國初에 담선대회가 거란의 진압을 위해 열렸던 것처럼, 무신집권기에는 몽고의 침략을 저지하려는 護國行事로 자주 개최되고 있다.

① 문종 때의 왕사・국사였던 瑜伽宗 海麟의 탑비
이에 慈雲寺 唱薩之場에 나아가…21세에 王輪寺의 大選에 赴會하였다(鄭惟産, 〈法泉寺智光國師玄妙塔碑〉, 《朝鮮金石總覽》 上, 285쪽).
② 예종 때 瑜伽宗 證智首座 觀奧의 묘지
天慶 3년 癸巳 崇敎寺의 成福選에서 이름을 얻고 7年 丁酉에 奉恩寺의 대선에 합격하여 大德을 제수받았다(〈崔觀奧墓誌〉, 《韓國金石文追補》, 亞細亞文化社, 1968, 147쪽).
③ 명종 때 華嚴宗 靈通寺住持 通炤僧統 智偁의 묘지
戊午年에 一中宗選에 합격하고…丁未年에 僧統을 제수 받았다. 己酉年에 中選을 典領하였으며…辛亥年엔 內殿의 大藏道場에서 우두머리가 되어 成福選을 典領하고, 壬子年 4월에 또 宗選을 관장하였다(〈靈通寺住持智偁墓誌〉, 《朝鮮金石總覽》 上, 417쪽).
④ 명종 때 龍門寺를 重修한 大禪師 祖膺의 행적
大禪師 祖膺은 본래 海州人으로…14세 때 慧照國師의 門弟 英甫禪師에게 득도하여 머리를 깎고 乙巳年에 曹溪選에 합격하였다. 일곱 군데 절의 주지를 역임하였는데 모두 이름난 절들이었다(〈龍門寺重修碑〉, 위의 책, 410쪽).
⑤ 고종・원종 때 修禪社 第4世 眞明國師 混元의 비
총혜롭기가 보통사람보다 빼어났고 학문은 내외에 통달하였다. 崛山에서 蘂席의 우두머리가 되었고 禪選에서는 上上科에 합격하였다(〈臥龍山慈雲寺贈謚眞明國師碑〉, 《東文選》 권 117).

위 자료를 통해 宗選으로서 ① 唱薩之場, ② 成福選, ③ 中選,[35] ④ 曹溪選, ⑤ 蘂席 등의 명칭이 확인된다. 앞의 3종은 교종에서, 뒤의 2종은 선종에서 행해진 것임을 아울러 알 수 있다. 大選의 경우, 선종에서는 禪選으로도 불리웠지만 일반적으로 선교종 모두 대선이란 명칭이 많이 사용되었다. 그러나 이외에도 천태종의 예비고시의 台宗選과 본고시로서의 天台選을 비롯하여, 五敎大選・九山選 등 대선에 해당하는 명칭도 다양하게 나타난다. 또 대선에 합격하여 大德이 된 자를 다시 선발한 太選・끌師科가 천태종과 선종에서 각각 1회씩 실시된 사례도 찾아진다.[36] 이는 일반 과거의 重試에 비견

35) 中選은 靈通寺 住持 智偁의 墓誌에 나타나는 바와 같이 一中宗選・中選이 있고, 〈普覺國尊碑銘〉(《朝鮮金石總覽》 上, 470쪽)에 '九山四選'이라는 기사가 있는 것으로 미루어 敎・禪宗 모두 4종 宗選이 있었던 것이 아닐까 추측되지만 자세한 것은 알 수 없다.

36) 〈國淸寺妙應大禪師墓誌〉(《朝鮮金石總覽》 上), 559쪽.

할 수 있지만 승과에서는 특수한 경우에 속한다.

승과의 명칭이 이처럼 다양했음에도 불구하고 그 기본구성이 각 종파에서 주관하는 종선과 국가 주관의 대선 2단계 시험으로 되어 있던 것임에는 거의 틀림없는 것 같다. 종파의 시험을 거쳐 국가의 대선에 나아간다는 점에서, 승과는 불교 각 종단과 국가의 연계 하에 공동으로 운영 관리된 제도였다는 것도 아울러 짐작할 수 있다. 한편 이같은 승과의 시행은 곧 종파에 대한 국가의 공인을 의미하는 것이기도 하였다. 가령 大覺國師 義天에 의해 개창된 天台宗이 숙종 4년(1099)에 제 1회 僧選을 실시하고, 이어 6년에 대선을 행함으로써 비로소 공인된 하나의 종파가 된[37] 것과 같은 예가 이에 해당한다.

불교종단과 국가의 공동관리제로서의 승과의 성격은 그 실시과정에서도 잘 드러난다. 승과의 실시 장소는 종선의 경우 각 종파의 주요 사원이었을 것임은 물론이다. 대선은 다소 예외가 보이기는 하지만 주로 선종은 廣明寺, 교종은 王輪寺, 천태종은 國淸寺에서 각각 실시되었다. 이 때 승과의 주관자는 왕명에 의해 위촉된 각 소속 종파의 고승들이었다. 즉 국가가 임명한 고시관에 의해 시험이 실시된 것이다. 이들 고시관의 활동과도 관련하여 승과의 진행방법을 살펴보면, 그것은 선·교종 모두 필기방식이 아닌 문답식 혹은 토론식으로 진행되었던 것으로 보인다. 그 예가 문종 때 瑜伽宗 고승 海麟의 탑비에 보인다.

> 21세에 王輪寺의 大選에 나아갔다. 經을 談論함에 말이 가깝고 뜻은 심오하였다. 승려에게 명해진 같은 질문에 대해서도 대답이 달랐다(鄭惟産, 〈智光國師玄妙塔碑〉, 《朝鮮金石總覽》 上, 285쪽).

또 인종 때 왕사였던 선종 고승 學一의 비에서는 고시관이 응시자들의 토론에 대해 판별하고 있음을 다음과 같이 보여준다.

> 이 해에 選席을 주관했는데 당시 학자들이 2종의 自己에 대해서 盛談했다. 대사가 말하기를 '자기는 하나일 뿐이다. 어찌 둘일 수 있겠는가. 지금부터는 이전의 것을 마땅히 금지토록 해야겠다'라 하였다(〈雲門寺圓應國師碑〉, 《朝鮮

朴宜中, 앞의 글, 715쪽.

37) 金煐泰, 《韓國佛敎史槪說》(經書院, 1986), 139쪽.

金石總覽》 上, 350쪽).

교종의 시험내용으로는 문답을 통한 談經이 주가 되고, 선종은 禪에 관한 문답이나 토론을 통해 우수한 승려를 선발했음을 알 수 있다. 여기서 시험을 주관하는 고시관의 식견은 매우 중요한 것이었다고 생각되는데, 무신집권기에는 고승이 아닌 유학을 닦은 과거급제자가 고시관으로서 승과를 주관하는 일도 있었다.[38] 그러나 이상의 승과 실시장소와 시관으로서 고승의 임명과 시험의 진행내용 등을 감안하면 승과는 불교종단과 국가와의 연계 하에 공동관리된 제도였음이 분명하다.

고려 일대에 걸쳐 이와 같이 승과가 실시된 횟수와 그 합격자 수 등에 관해서도 정리된 기록이 없으므로 전체 윤곽이 파악되지는 않는다.

승과는 광종 9년(958)에 일반 과거제도와 함께 실시된 것으로 추정되고는 있지만, 그 확실한 실시 연대를 보여주는 최초의 기록은 성종 9년(990)에 대선에 합격한 圓融國師 決凝의 비문[39]에서이다. 광종 9년 이후 대략 30년이 지난 다음에야 승과가 실시된 정식 기록이 보이는 것이다. 자료의 미비함을 감안해야겠지만, 제도 초기에는 승과가 산발적으로 실시되었던 것이 아닌가 한다.

승과가 일반 과거의 예에 따라 3년에 1회씩 실시토록 제도화된 것은 선종 때부터로 보인다. 즉 선종 원년(1083)에 진사 이하 모든 과거시험을 '三年一選'으로 한다는 원칙이 정해지자,[40] 불교측에서도 이에 준하는 승과의 실시를 청해 그대로 허락되었던 것이다.[41] 그 동안 과거제도와 아울러 승과제도에 구체적인 세부지침이 마련되지 못했던 것을 선종대에 비로소 3년에 1회씩 선발하는 제도가 정해진 것으로 볼 수 있다. 그러나 일반 과거와 마찬가지로 승과 또한 반드시 이런 원칙이 지켜진 것은 아니다. 보다 시행 횟수가 잦았던 것이다. 어쨌든 현존 자료 가운데 그 연도가 분명하게 드러난 사례만

---

38) 許興植, 앞의 책, 372~373쪽.
39) 高 聽, 〈浮石寺圓融國師碑〉(《朝鮮金石總覽》 上), 269쪽.
40) 《增補文獻備考》 권 184, 選擧考 10.
41) 《高麗史》 권 9, 世家 9, 선종 원년 정월 기사.
그러나 이는 九山門의 禪宗僧들에게는 그 동안 승과가 시행되지 않고 있었던 것을, 普濟寺 僧 貞雙 등이 주청하여 선종 때부터 비로소 선종이 승과에 참여하게 되었다는 내용으로 해석할 수도 있다.

을 종합해 본다면 고려 일대에 실시된 승과는 41회에 합격자 수가 34명인 것으로 집계된다.[42] 이는 어디까지나 파악 가능한 자료 범위 내에서 적출한 것이다. 따라서 실제 실시횟수 및 합격자 수가 이보다 훨씬 더 많았을 것임은 더 말할 여지가 없다.[43]

한편 승과제도를 살핌에 있어서 반드시 함께 검토되어야 할 문제로 僧階제도를 들 수 있다. 승과와 승계는 서로 표리관계를 이루고 있기 때문이다. 승계란 일정한 자격을 갖춘 것으로 인정되는 승려에게 국가가 수여하는 法階로서 그것은 다음과 같은 순서로 되어 있다.

禪　宗 : 大德—大師—重大師—三重大師—禪師—大禪師
教　宗 : 大德—大師—重大師—三重大師—首座—僧　統

승계는 선종과 교종으로 나뉘어져 있으나 그 순서는 크게 다르지 않다. 즉 대덕으로부터 삼중대사까지는 선·교종이 동일하며, 그 이상의 승계에서 선종은 선사·대선사로, 교종은 수좌·승통으로 구성되어 있는 것이다. 이같은 순서가 처음부터 한꺼번에 갖추어진 것은 아니며, 그 성립시기도 확실하지는 않다. 태조 20년(937)에 세워진 〈菩提寺大鏡大師玄機塔碑〉와 경종 2년(977)에 세워진 〈高達寺元宗大師惠眞塔碑〉 陰記를 참고할 때[44] 대체로 광종대까지는 대덕으로부터 삼중대사까지의 승계가 성립된 것으로 볼 수 있으며, 그 이상의 승계는 경종 이후 현종대 사이에 모두 갖추어진 것으로 추정된다.[45]

승계제도가 승과와 밀접한 관계가 있는 것은 승과 즉 대선을 통해 초급 법계인 대덕이 수여되고 있기 때문인데, 이는 승과를 검토하는 가운데서 이미 살펴본 바와 같다. 대덕 법계를 받은 이후에는 천태종을 포함하여 선종승

---

42) 許興植, 앞의 책, 367~368쪽.

43) 예를 들어 〈靈通寺大覺國師碑〉(《朝鮮金石總覽》 上), 314~316쪽에 실려 있는 義天의 華嚴宗 門徒만 해도 僧統 6인, 首座 21인, 三重大師 21인, 重大師 96인, 大師 14인, 大德 10인으로 모두 168인이 列記되어 있다. 이들이 모두 승과를 거쳤을 것임은 물론이다.

44) 崔彦撝, 〈菩提寺大鏡大師玄機塔碑〉(《朝鮮金石總覽 上》), 134쪽.
金廷彦, 앞의 글, 213쪽.

45) 孫夢周, 〈淨土寺弘法國師實相塔碑〉(《朝鮮金石總覽 上》), 237쪽.
高　聽, 앞의 글, 269쪽.

은 대사~대선사 순으로, 교종승의 경우는 대사~승통의 순으로 법계가 승진하도록 되어 있다. 즉 일단 대덕이 된 이후에는 다시 승과를 거쳐 수여받는 것이 아니고, 대부분 왕으로부터 「授」, 「特授」, 「加」, 「勅加」로서 법계를 받았던 것이다. 이러한 승계의 수여는 곧 승려의 법계를 국가가 공인한다는 의미로 볼 수 있다.

한편 승계는 왕사·국사제도와도 서로 연결된다. 왕사와 국사는 선종의 최고 법계인 대선사나 교종의 최고 법계인 승통을 제수 받은 고승 가운데서 추대되었던 것이다. 광종 19년(968)에 왕사로 책봉된 탄문의 법계가 삼중대사였던 예가 있지만[46] 이는 아직 승계가 성립과정에 있었기 때문이라 하겠다. 이후 왕사·국사는 거의 대부분 승과를 거쳐 선·교종의 최고 법계에 이른 고승들인 것이다.

승계제도는 무신집권 이후 승과제도와 함께 침체·쇠퇴하는 양상을 보인다. 일반 과거급제자 출신인 修禪社의 慧諶과 冲止 등이 승과를 거치지 않고 승계를 제수 받거나 국사로 책봉된 사실을 비롯하여, 심지어는 뇌물을 써서 승계를 제수 받는 사례가 있어 羅禪師·綾首座로 불릴[47] 정도로 승과·승계제도가 문란해지고 있는 것이다. 이는 원의 압제 아래서 승과의 실시가 철저하지 못했고, 이와 함께 승계 제수의 절차도 예외와 변칙적으로 운영되었음을 말해 준다.

승과와 승계제도의 쇠퇴는 고려 후기의 僧政제도 변화와도 맥락을 함께 하는 것으로, 그것은 충선·충숙·공민왕대에 더욱 현저하다. 충선왕은 慈靜國尊 彌授에게 五敎都僧統이라는 非常僧階를 내리고 있으며, 충숙왕은 懺悔府라는 독립관부를 세우게 하여 미수로 하여금 승계의 제수와 주지파견 등 승정을 장악케 하였다. 또 공민왕은 그 5년(1356) 4월에 普愚를 왕사로 책봉한 데 이어, 역시 圓融府라는 관부를 설치하여 승정을 전담시키고 있다. 이 같은 승정의 변화로 고려 전기의 승계를 포함한 승과제도가 정상적으로 운영 관리될 수 없었음은 물론이다.

이런 상황 속에서 공민왕 19년(1370)에 懶翁和尙 慧勤이 주관하여 廣明寺

46) 金廷彦, 〈善願寺法印國師寶乘塔碑〉(《朝鮮金石總覽》上), 228쪽.
47) 《高麗史》권 29, 世家 29, 충렬왕 7년 6월 계미.

에서 功夫選을 열었다. 고려에서 실시된 최후의 승과로 보이는 이 공부선은 기존의 승과와는 형식을 달리 한다. 조계·천태 兩禪宗과 5敎의 모든 승려를 모아 대회를 열고 그들이 익힌 바를 시험하는 것이었다.[48] 이 새로운 형식의 승과를 통해 당시 불교계를 통합하려고 시도했던 것으로 이해되기는 하지만, 성황을 이루었던 전기의 승과제도에서 볼 때 그 제도 자체의 변화이자 쇠퇴임에는 틀림없는 일이다.

이상과 같이 고려의 불교계 통합정책과 체계적인 인사행정에 부응하고, 나아가 불교 각 종파의 교학 진흥 및 교단 발전에 실질적인 기능과 역할을 담당했던 승과제도는 고려 후기에 이르면서 점차 침체 쇠퇴하였다. 그러나 儒敎立國을 표방하는 조선에 들어와서도 그 전기까지는 여전히 승계와 함께 승과가 실시되다가 억불정책이 최고조에 달한 연산군 때에 드디어 폐지되고 만다. 조선 전기까지도 승과가 실시되었음은 그것이 지닌 국가제도로서의 성격이 결코 경시될 수 없었던 것임을 반영하는 것이라 하겠다.

〈李逢春〉

2. 대장경의 조판

1) 초조대장경의 조판

(1) 조판의 동기 및 착수시기

신라시대에 싹튼 목판인쇄술은, 고려시대에 불교가 나라의 종교로 격상되어 사찰이 도처에 늘어나고 국민의 신앙심이 날로 높아지자 사찰판 불서의 간행을 자못 성행케 하였다. 그 중 목종 10년(1007) 개경의 摠持寺에서 간행한 《一切如來心秘密全身舍利寶篋印陀羅尼經》(약칭서명 : 보협인다라니경)이 오늘날 2종 전래하고 있다. 그런데 이들은 앞서 개판된 중국의 吳越板에 비해 雕板術에 있어서 월등히 우아하며 정교하다.

48) 李 穡, 앞의 글, 499쪽.

고려 초기의 목판인쇄술은 불교 홍륭정책에 힘입어 크게 발전하였다. 때마침 북송에서 동양 최초로 새긴 開寶勅版의「印成大藏經」이 고려에 도입되었다. 이 개보칙판 대장경은 송나라 태조가 開寶 4년(971, 광종 22) 高品 張從信 등을 蜀의 益州에 보내 판각을 착수케 하여 12년 걸려 太平興國 8년(983 ,성종 2)에 완성을 본 것이다.[1]《高麗史》에 의하면 성종 10년(991)에 그 대장경이 도입되었다고 한다. 중국측 사료인《文獻通考》에는 그보다 2년 앞 8년(989)에 고려승 如可가 와서「釋氏大藏經」을 청하므로 내려주었다고 하였고,[2]《宋史》고려전에도 그와 같은 내용의 기록이 있다.[3] 그러나 그것이 印成인지 筆寫인지의 구분 표시가 없어「인성대장경」의 전래 여부는 알 수 없다. 또한 우리측 사료에는 그러한 기록이 전혀 나타나지 않는다.

양쪽의 정사에 다 같이 나타나는 것은 성종 10년의 도입이다.《송사》고려전을 보면 淳化 2년(991) 고려 사신 韓彦恭이 와서 조공하고 성종의 뜻을 진술하며「印成佛經」을 요청하므로 대장경과 함께《御製秘藏詮》·《逍遙詠》·《蓮華心輪》을 주었다고 한다.[4] 그리고《고려사》열전에서도 한언공이 대장경의 사급을 주청하여 481함 2,500권과《어제비장전》·《소요영》·《연화심륜》을 송에서 얻어 돌아오니,[5] 임금이 이를 내전으로 맞아들여 스님을 모아 독경하였다고 한다.[6]

동양에서 최초로 판각하여 인쇄한 개보판 대장경의 전래는, 불교문화가 고도로 발달한 고려에서의 대장경 조판을 자극하였다. 또한 거란의 고려침입은 대장경 조판의 중요한 계기가 되었다. 성종 12년(993)에 고려는 서북변에 쳐들어 온 蕭遜寧의 대군을 물리쳤지만, 거란은 이에 그치지 않고 현종 원년(1010) 11월에 재차 40만 대군을 일으켰고 이듬해 정월에는 개경을 침략해 대묘·궁궐·민옥을 모두 불태워 버렸다.[7] 전례없는 국란에 직면한 고려가 이를 타개하는 방법은, 李奎報가 지은〈大藏刻板君臣祈告文〉에 명시되어 있듯

1) 志　磐,《佛祖統紀》권 43, 開寶 4년·太平興國 8년.
2) 馬端臨,《文獻通考》권 325, 四裔 高麗.
3)《宋史》권 487, 列傳 246, 外國 3, 高麗 端拱 2년.
4)《宋史》권 487, 列傳 246, 外國 3, 高麗 淳化 2년.
5)《高麗史》권 93, 列傳 6, 韓彦恭.
6)《高麗史》권 3, 世家 3, 성종 10년 4월.
7)《高麗史》권 4, 世家 4, 현종 2년 정월.

이, 대장경을 간행하여 佛力으로 외침을 물리치는 일이 급선무라고 생각하여 이를 거국적 발원으로 승화시켰던 것이다. 그 당시의 사정을 전하는 〈대장각판군신기고문〉의 내용은 다음과 같다.

> 옛적 현종 2년(1011)에 거란의 임금이 크게 군사를 일으켜 침입해 오자 임금은 남쪽으로 피란하였는데, 거란 군사는 오히려 松岳城에 머물러 물러가지 않았다. 그리하여 임금이 여러 신하들과 함께 크게 발원하여 대장경 판본의 판각을 맹서하자 거란군사들이 스스로 물러났다. 그런데 그 대장경은 매한가지이고, 전후에 새겨낸 것도 같으며, 군신들이 함께 발원한 것도 또한 동일하니 어찌 그 때에만 거란군이 스스로 물러나고 이번의 달단(몽고군)은 그러하지 않겠는가. 오직 여러 부처와 天人들이 얼마나 보살펴 주느냐에 달려 있을 뿐이다(李奎報, 〈大藏刻板君臣祈告文〉, 《東國李相國集》 권 25).

위의 내용을 보면 초조대장경 판각의 동기가 거란의 침입을 물리치려는 데 있었음을 알 수 있다.

이와 같이 초조대장경 조판은 북송의 개보칙판 대장경이 도입됨에 따른 문화적 자극과 현종 2년 거란군이 침입하자 그 판각에 의한 佛力의 가호로 외침을 물리쳐야겠다는 대발원으로 승화작용하여 착수되었다고 여겨진다. 당시의 사정을 소개한 〈대장각판군신기고문〉이 현재 전해지고 있는 가장 앞선 기록이고, 이민족 외침의 긴박상이 너무나도 비슷한 몽고군의 내침전란에서 대장경 간행의 교훈을 그대로 본받아 적용했던 사정 등을 아울러 고려하면, 위에서 언급한 초조대장경 조판의 동기와 착수시기는 넉넉히 납득할 수 있으리라 여겨진다.

그런데 초조대장경 조판의 동기를 현종이 돌아간 부모의 명복을 빌기 위하여 현화사를 창건하고 불경을 간행한 것과[8] 결부시켜 언급한 연구가 있다.[9] 〈玄化寺碑〉 陰記에 의하면 현종은 돌아간 부모의 명복을 빌기 위하여 친히 조곡 2천여 석을 시주하는 한편, 여러 신하와 양반들에게서도 시주를 받아 현화사를 짓고 새로 종을 주성하여 몸소 이를 친 것은 물론 신료들에게도 치게 하였고 또 각기 衣物과 匹段을 희사하게 하였다. 그리고 이어 工

8) 《高麗史》 권 4, 世家 4, 현종 9년 6월.
9) 池內宏, 〈高麗朝の大藏經〉 上 (《東洋學報》 13-3, 1923), 18~20쪽.

人들에게 특별히 명하여《大般若經》600권,《三本華嚴經》·《金光明經》·《法華經》등을 판각하고「般若經寶」를 설치하여 사방에 찍어 펴내게 하였다.[10] 현화사의 창건작업이 현종 9년(1018) 6월에 시작되어 동왕 13년에 비석이 세워짐으로써 완성을 보게 되었으니, 이들 불경의 판각은 그 후기에 이루어졌음을 알 수 있다.

그런데 바로 이 때의 불경 간행을 초조대장경 조판의 시작이라고 보는 것은, 그 판각의 동기로 보아 과연 그러할까 의심스럽다. 이와 같이 초조대장경 조판의 동기를 한낱 돌아간 부모의 명복을 빌기 위한 것이었다고 풀이하고, 그 조판의 착수시기를 현화사의 낙성 무렵으로 주장하는 견해는 여러 가지 면에서 검토할 필요가 있다. 국난을 타개하려고 거국적으로 발원 착수하여 이룩한 國刊 초조대장경을 임금이 사사로이 부모의 명복을 빌기 위해 창사하고 간행한 사찰판으로 여기는 견해라든지, 오늘에 전래되고 있는 고려시대 간행의 불경이 입증해 주듯이 국간의 초조 및 재조 대장경만이 한 줄에 14자 배자의 대형 판본이고, 사찰 간행의 불경은 한 줄에 17자 또는 그 이상의 글자가 배자된 중형 판본들인데,[11] 이를 혼돈하는 견해를 아울러 고려하면 더욱 그러하다. 초조대장경의 조판을 국왕의 사적인 문제와 관련시켜 보는 견해는 전래본에 대한 실증적 분석 없이 오직 문헌 기록만을 가지고 우리 문화를 낮추어보던 식민지시대의 사관에서 말미암은 것임을 지적하지 않을 수 없다.

그럼에도 불구하고 그 설을 아직도 받아들여 초조대장경의 조판이 현화사에서 그 절 창건의 총책임자인 崔士威에 의해 추진되었고,[12]《초조대장경목록》또한 그에 의해 편찬되었다고 간주하는 견해가 없지 않다.[13] 다 아는 바와 같이《초조대장경목록》은《開元釋敎錄》에 근거한 북송 개보칙판 대장경의

---

10) 蔡忠順,〈玄化寺碑陰記〉(《朝鮮金石總覽》上, 朝鮮總督府, 1919), 249쪽.

11) 초조 및 재조 대장경 중, 다만 재조의《三本華嚴經》만이 14자의 초조본을 바탕으로 하지 않고 17자의 사찰본을 바탕으로 간행되었을 뿐이다. 그 밖에는 모두 한 줄에 14자인 점에서 17자 또는 그 이상의 글자가 배자된 사찰판본과 곧 식별된다. 그리고 위의 재조〈삼본화엄경〉이라 하더라도 函次 표시의 유무 여하에 따라 사찰판본과의 식별이 또한 용이하다.

12) 朴泳洙,〈高麗大藏經板의 硏究〉(《白性郁博士頌壽紀念 佛敎學論文集》, 1959), 243쪽.

13) 鄭駜謨,〈高麗初雕大藏經目錄의 復元〉(《書誌學硏究》2, 1987), 3~108쪽.

체제를 그대로 따른 것이고, 거기에 최사위 이후에 수입된 경전을 판각되는 대로 분류체계를 고려하지 않고 그대로 편입시킨 간행목록임을 특히 주목하여야 할 것이다. 문종 17년(1063)에 들어온 거란대장경은 북송 개보칙판에 없는 것과 누락된 것, 착사가 심한 것, 이역인 것 따위를 가려 새겨 새로 편입시키거나 교체 편입시킨 것이다. 그리고 문종 37년에 들어온 宋朝大藏經은 송대에 새로 번역된 경론을 비롯한《貞元續開元釋敎錄》·《貞元新定釋敎錄》·《續貞元釋敎錄》 수록의 경론을 간행되는 대로 편입시킨 목록이다. 따라서《초조대장경목록》이 최사위의 편찬이 될 수 없음은 너무나도 당연한 것이라 하겠다.

(2) 조판의 경위 및 규모

북송의 개보칙판에서 찍어낸「印成大藏經」이 성종 10년(991)에 도입된 이후에도 북송에서 불경 한 질이 도입된 기록이 보인다.《續資治通鑑長編》에 의하면, 현종 10년(1019) 11월 崔元信이 동·서여진의 수령을 거느리고 중국에 들어가 中布 2천을 주고 불경 한 벌을 요청하여 받아왔다.[14] 그러나 현종 13년(1022)에 건립된 〈현화사비〉의 음기에는 그 해 紙墨 값으로 彩色 2천여 냥을 보내 대장경을 구하자 값을 받지 않고,「金文一藏」을 보낸 것으로 되어 있다.[15] 이 금문일장을 학계에서는 인성이 아닌 金泥寫成의 장경 한 질로 보고 있다. 그런데 이를 차치한다 하더라도, 현종 13년 5월에 韓祚가 송나라에서 돌아올 때 황제가《聖惠方》·《陰陽二宅書》·《乾興曆》과 함께「釋典一藏」을 사급하여 이를 받아온 기록이 있다.[16] 이「석전일장」도 간행·필사의 구분이 확실치 않아「인성대장경」여부는 가늠할 수 없다. 만일 그것이 인성대장경이라면 위에서 든 바 있는 2,500권 이외의 부족을 채우기 위해 청구해 온 것이 아니었던가 여겨진다.

현종조의 대장경 조판사업은 착수 이후 꾸준히 계속되어 동왕 20년(1029)에는 상당한 양의 대장경이 판각되었으며, 이를 경축하는 藏經道場이 회경전에서 대대적으로 베풀어졌다.[17] 이와 같이 대장경 조판이 촉진되어 그가 재

---

14)《續資治通鑑長編》권 94, 현종 10년 11월.

15) 蔡忠順, 앞의 글, 249쪽.

16)《高麗史》권 4, 世家 4, 현종 13년 5월.

17)《高麗史》권 5, 世家 5, 현종 20년 하 4월.

위하였던 22년까지 근 20년간, 수사적 표현이긴 하지만 5천 축이라는 많은 수량의 대장경이 조판된 사실이 義天의 〈代宣王諸宗敎藏彫印疏〉에 밝혀져 있다.[18]

현종 다음에는 덕종이 4년 그리고 정종이 12년간 재위하였으나, 대장경의 조판에 관하여는 별로 이렇다 할 기록이 전해지고 있지 않다. 靖宗 7년(1041) 4월 장경도량을 회경전에 베풀었는데[19] 춘추 2회 씩, 봄 6일과 가을 7일에 베풀었다는 기록이 있다. 그러나 이것은 장경의 새로운 조판을 경축하기 위한 도량이 아니고 이미 조판된 장경의 수호와 봉안을 위해 전례에 따라 베풀었던 도량으로 여겨진다.

靖宗 때에는 조정이 과거용으로 經·史·子·集 서적을 간행하여 널리 펴내는 데 힘을 기울였다. 따라서 대장경의 조판사업은 문종 때에 와서야 재개되었다. 그것은 의천이 《대선왕제종교장조인소》에서, 문종은 천만 송의 契經을 새겼다고 밝힌 것에서도 능히 확인될 수 있다.

위에서 살펴본 바 있듯이, 현종 연간에 북송 개보칙판에 근거한 대장경의 조판이 상당히 진척된 것은 사실이지만, 완전한 조판에는 이르지 못했다는 것을 다음의 기록에서 짐작할 수 있다. 영주 부석사의 〈浮石寺圓融國師碑〉의 명문을 볼 때, 문종 7년(1053) 국사가 문도에게 대장경 한 질을 마련하여 安國寺에 소장케 하였는데, 그것이 인쇄본과 필사본으로 채워졌기[20]때문이다. 현종 때에 대장경이 완전하게 새겨지지 못했기 때문에, 문종 7년에 한 질을 마련하고자 하여 아직 조판되지 못한 것은 필사하여 보충했던 것으로 여겨진다. 대장경 조판사업은 그 이후에도 계속되었다. 守其가 엮은《高麗國新彫大藏校正別錄》과 초조대장경의 현존본을 볼 때, 초조의 국본이 거란본을 바탕으로 조판했음이 확인되므로 거란대장경이 수입된 이후에도 대장경 조판은 계속되었음을 알 수 있다.

거란대장경이 고려에 수입된 것은 淸寧 8년(1062, 문종 16) 고려의 조공에 대해 그해 12월 거란대장경 한 질을 문종에게 사급하였다는《遼史》고려전

18) 義　天,〈代宣王諸宗敎藏彫印疏〉(《大覺國師文集》권 15).
19)《高麗史》권 6, 世家 6, 정종 7년 하 4월 계사.
20) 高　聽,〈浮石寺圓融國師碑〉(《朝鮮金石總覽》上), 271쪽.

의 기록을 통해 알 수 있다.[21] 그리고 《고려사》 문종 17년(1063) 3월의 기록에 의하면 거란이 대장경 한 질을 보내주었으므로 법가를 갖추고 서쪽 교외에 나가 맞이하였다고[22] 기록되어 있다. 따라서 거란이 문종 16년 12월에 대장경을 보내주어 이듬해 3월에 받았음을 알 수 있다. 그런데 《요사》 道宗 본기에 의하면 咸雍 8년(1072, 문종 26) 12월에도 고려에 대장경을 사급한 기록이 있다.[23] 그러므로 9년 뒤인 문종 26년 12월에 다시 들어온 셈이 되는데, 그에 관한 기록이 《요사》 고려전이나, 《고려사》 문종 세가에는 보이지 않는다. 따라서 대부분의 학자들은 '청녕 8년 12월'을 '함옹 8년 12월'로 잘못 옮겨쓴 데서 빚어진 잘못이 아닌가 여기고 있다. 이와 같이 거란측 사료의 기록에 차질이 있기는 하나, 거란대장경이 우리 나라에 처음으로 들어온 것은 문종 17년임에 틀림이 없다 하겠다.

거란대장경은 그 뒤에도 숙종 4년(1099)과[24] 예종 2년(1107)에[25] 또 다시 들어온 기록이 있다. 초조대장경 조판의 바탕이 된 거란대장경은 《高麗國新雕大藏校正別錄》 권 27, 〈菩薩本緣經〉 상권의 교감기를 볼 때, 초조의 국전본과 북송본에 없는 문장이 거란본에만 26항 442자가 있다고 하였다.[26] 계산하여 보면 거란본은 한 줄에 17자씩 배자된 17자본 대장경임을 알 수 있으며, 이런 기록이 그 밖에도 또 나타나고 있어 그 사실을 뒷받침한다. 그리고 원종·충렬왕 때의 고승인 宓庵이 쓴 〈丹本大藏慶讚疏〉를 보면 그 뒤에도 거란대장경이 또 들어왔음을 알 수 있다. 그 글에 의하면, "천만 축이나 되는 海藏 가운데 비록 아주 적은 분량으로서 부질이 간결하여 2백함이 되지 못하고 또 종이가 얇고 글자가 빽빽하여 1천 책이 되지 못하지만 그 정교도는 사람의 손에 의한 것이 아니라 신의 기교의 도움으로 이루어진 것 같다"고 감탄하였다 한다.[27] 이 글로 미루어 보면 이 경찬의 거란대장경은 또 다른 아주 작은 소형본이며 초조대장경의 바탕이 된 대장경이 아님을 알 수

21) 《遼史》 권 115, 列傳 45, 二國外記 高麗 淸寧 8년 12월.
22) 《高麗史》 권 8, 世家 8, 문종 17년 3월 병오.
23) 《遼史》 권 23, 道宗本紀 23, 咸雍 8년 12월.
24) 《高麗史》 권 11, 世家 11, 숙종 4년 4월 정해.
25) 《高麗史》 권 12, 世家 12, 예종 2년 정월 경인.
26) 《菩薩本緣經》 권 上, 校勘記(《高麗國新雕大藏校正別錄》 권 27).
27) 宓 菴, 〈丹本大藏慶讚疏〉(《東文選》 권 112).

있다. 아마도 이용의 실용성과 경제적인 면을 고려하여 또 다시 판각해 낸 대장경인 듯하다.

거란대장경의 본문이 초조대장경에 편입되어 새겨진 것은,《고려국신조대장교정별록》의 내용과 재조대장경의 更函에 들어 있는 대장목록의 내용을 두루 조사해 볼 때, 일부 학자가 주장하였듯이 거란본이 모두 조판 편입된 것은 아니었다. 북송본과 국전본에 누락, 착사, 이역 등으로 본문에 큰 차이가 있는 것만을 가려서 새로 편입하거나 대체 편입하였던 것으로 나타난다.

그 밖에도 의천의 〈寄日本國諸法師求集敎藏疏〉에 의하면 초조대장경에는 송의 신역 경론이 추가되었다.[28] 그리고《고려사》세가 문종 37년 3월의 기록을 보면, 임금이 태자인 순종에게 명하여 송조대장경을 맞이해서 開國寺에 안치하고 도량을 베풀게 하였다고 한다.[29] 이 송조대장경은 위에서 든 송의 신역 경론 이외에도《정원속개원석교록》을 비롯한《정원신정석교록》·《속정원석교록》에 편입된 경론으로 송에서 개보칙판 이후에 간행된 것이 포함되어 있음을 주목하여야 할 것이다.

송나라에서는 태평흥국 2년(977)에 세운 太平興國寺에 譯經院을 마련하는 한편 개보칙판대장경이 완성된 동 8년(983)에 또 印經院을 설치하여 傳法院이라 총칭하고 대장경의 새로운 번역과 조판·인쇄 업무를 맡게 하였다. 이 때 신역 경론은 물론 정원 연간에 편입된 경론이 아울러 전법원에서 조판·인쇄되었다. 이러한 번역과 조판·인쇄사업은 그 뒤에도 계속되어 신역 경론을 담은 목록으로《大中祥符法寶錄》·《景祐新修法寶錄》이 엮어졌으며, 이들 목록에는 태평흥국 8년(983) 이후 景祐 3년(1036, 靖宗 2)까지 사이에 신역·조판된 경론이 987권이나 수록되어 있다. 그 뒤 신종의 煕寧 4년(1071)에 이르러서는 그 사원이 조칙으로 폐지되고 그 기능이 開封府 아래에 있는 崇化坊 顯聖寺의 聖壽禪院으로 이관되어 원주 智悟大師 懷謹이 관장하였다. 그런데 여기에서도 개보칙판의 인출은 물론 신역 경론과 정원 연간 및 그 이후 入藏된 경론의 조인이 11세기 말부터 12세기 초기까지 이루어졌다.[30] 그러므로 문종

28) 義　天,《大覺國師文集》권 15.
29)《高麗史》권 9, 世家 9, 문종 37년 3월 기축.
30) 志　磐,《佛祖統紀》권 43, 太平興國 2년·8년.
道　安,〈中國大藏經雕印史〉(《大藏經硏究彙編》上, 1977), 122~127쪽.

〈도판 1〉 신라 경덕왕 10년(751) 무렵 간행의《無垢淨光大陀羅尼經》

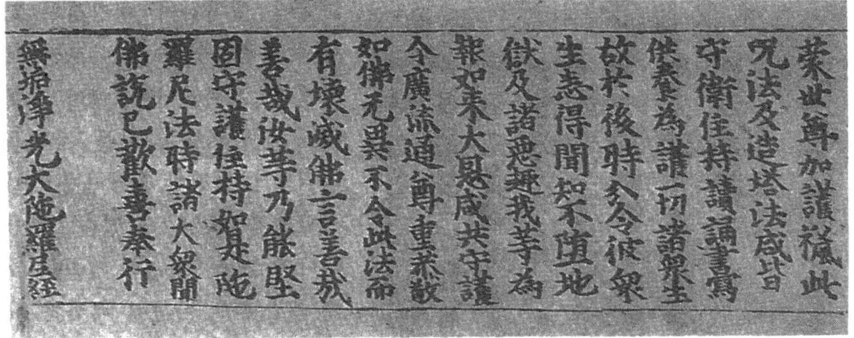
蒙世尊加護擁此
呪法及造塔法咸皆
守衛住持讀誦書寫
供養爲護一切諸衆生
故於後時令彼衆
生悉得聞知不墮地
獄及諸惡趣我等爲
報如來大恩咸共守護
令廣流通尊重恭敬
如佛无異不令此法而
有壞滅佛言善哉
善哉汝等乃能堅
固守護住持如是陁
羅尼法時諸大衆聞
佛說已歡喜奉行
無垢淨光大陁羅尼經

〈도판 2〉 고려 목종 10년(1007) 간행의《寶篋印陀羅尼經》

高麗國摠持寺主眞念
廣濟大師釋弘哲敬造
寶篋印經板印施普安
佛塔中供養時
統和二十五年丁未歲記
一切如來心秘密全身舍利

37년(1083) 3월 고려에 수입된 송조대장경이란 위에서 언급한 바와 같이 송에서 새로 번역한 경론과 정원 연간에 새로 편인된 경론을 일컬으며 이것들이 수입되어 조판되는 대로 추가 편입되었던 것이다.

그러면 그 조판작업이 과연 언제 마무리되었을까. 문종은 송조대장경이 수입된 지 4개월 후인 그 해 7월에 승하하였다. 따라서 이 조판사업을 그의 제2왕자인 선종이 즉위하여 계속 진행시켰는데, 동왕 4년(1087)의《고려사》기록을 살펴보면, 2월 갑오에 임금이 개국사에 행차하여 대장경의 조성을 경축하고,[31] 3월 기미에 임금이 홍국사에 행차하여 大藏殿의 낙성을 경축하였으

31)《高麗史》권 10, 世家 10, 선종 4년 2월 갑오.

〈도판 3〉　　초조대장경판
《大般若波羅蜜多經》 권 249

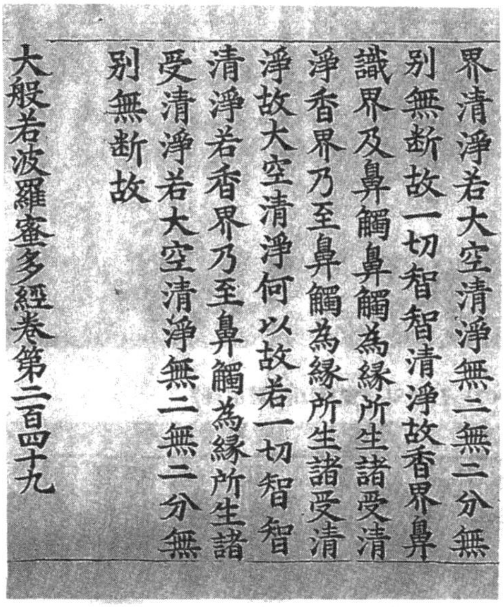

界清淨若大空清淨無二無二分無
別無斷故一切智智清淨故香界鼻
識界及鼻觸鼻觸爲緣所生諸受清
淨香界乃至鼻觸爲緣所生諸受清
淨故大空清淨何以故若一切智智
清淨若香界乃至鼻觸爲緣所生諸
受清淨若大空清淨無二無二分無
別無斷故
大般若波羅蜜多經卷第二百四十九

며,[32] 4월 경자에는 歸法寺에 행차하여 대장경의 조성을 경축하였다.[33] 이로써 대장경의 조판작업이 여러 사찰에서 이루어지고 이들 경판을 간직할 대장전이 흥왕사에서 낙성되었음을 알 수 있다. 뿐만 아니라 초조대장경의 경판은 그 뒤 符仁寺로 이관될 때까지 이 곳 흥왕사의 대장전에 간직되어 온 사실도 확인된다.

위에서 살펴본 선종 4년의 기록에 의거하여, 학계에서는 초조대장경의 조판을 여기서 일단락지었던 것으로 보고 있다. 그런데 재조대장경목록을 볼 때, 초조대장경의 간행목록인 《大藏目錄》이 편입된 갱함 뒤의 함차에 송나라 신역 장론이 추가 수록되어 있고, 또 전존본을 실사할 때도 초조본과 함께 12세기 무렵에 후인한 신역 경론으로서 갱함 뒤의 함차에 편입된 것이 나타나고 있다.[34] 이것은 초조대장경의 조판을 일단락지은 후 수입된 것이 조판되어 추가 수록되었던 것으로 여겨진다.

위에서 초조대장경의 조판 경위를 살펴보았거니와, 요컨대 초조대장경의 조판은 현종 2년(1011)의 거란 침입을 계기로 그 무렵에 착수하여 선종 4년(1087)까지 76년을 걸려 일단락을 보았다고 하겠다. 그러나 그간 계속해서 조판이 이루어진 것이 아니라 주로 현종과 문종 때에 이루어졌고, 문종 말년에 들어온 송조대장경의 조판작업은 선종 4년에 일단락되었으며, 그 뒤에 들어온 것은 추가 형식으로 조판 수록된 것으로 나타나고 있다.

32) 《高麗史》 권 10, 世家 10, 선종 4년 3월 기미.
33) 《高麗史》 권 10, 世家 10, 선종 4년 4월 경자.
34) 千惠鳳, 〈初雕大藏經의 現存本과 그 特性〉(《韓國書誌學硏究》, 三星出版社, 1991), 433~438쪽.

〈도판 4〉 《御製秘藏詮》 권 13 高麗 初雕板

《御製秘藏詮》 권 13 北宋 開寶勅板

그런데 현종과 문종 때에 대장경이 각각 한 벌씩 조판되었다는 견해가 있어[35] 논박이 뒤따르기도 했다.[36] 《高麗國新雕大藏校正別錄》의 교감기 중에서 「國前本」 및 「宋本」 중의 탈락문장을 「國後本」·「丹本」에 의해 보충하고, 「국전본」과 「송본」을 보는 이를 위해 그 본문을 아울러 수록하고 있음을 볼 수 있다.[37]

그러므로 여기서 말하는 국전본은 개보칙판과 초기에 들어온 송본을 바탕으로 새긴 초조본을, 국후본은 거란본이 수입된 이후 그것을 바탕으로 새긴

---

35) 小野玄妙, 〈高麗祐世僧統義天の大藏經板雕造の事蹟〉(《東洋哲學》 18-2, 1969).
36) 妻木直良, 〈三たび高麗大藏經雕造を論ず〉(《新佛敎》 12-4, 1969).
池內宏, 〈高麗朝の大藏經〉 上 (《東洋學報》 13-3, 1923).
金斗鍾, 〈初雕大藏經板의 雕造〉(《韓國古印刷技術史》, 探求堂, 1974).
37) 傾 函, 《根本說一切有部毘奈耶破僧事》 권 13.
守 其, 《高麗國新雕大藏校正別錄》 권 30.

〈도판 5〉　　《御製秘藏詮》高麗 初雕板

《御製秘藏詮》北宋 開寶勅板

초조본을 뜻하는 것임을 알 수 있다.

국전본과 국후본의 용어는 대장경의 服字函부터 楚字函까지 중, 뒤에 해당하는 更函에서 한 번 사용하고 주로「舊國本」또는 단지「國本」의 용어를 사용하고 있다. 그런데 그 가운데「舊宋本」을 바탕으로 한 것은「國前本」또는「舊國本」이라 했고, 契丹本을 바탕으로 한 것은「國後本」으로 일컬었음이 분명하다. 단지「國本」의 용어를 쓴 것은 바탕이 된 책에 따라「國前本」과「國後本」으로 가름됨은 물론이다. 그리고「國·丹 二本」또는「東·北 二本」으로 표시된 것은「國後本」·「契丹本」을 뜻하며,「宋本」에 대하여「二本」「他本」「諸本」으로 표시한 것은「舊宋本」에 대한「國後本」·「契丹本」등을 뜻하는 것도 곧 이해할 수 있다.

국전본과 국후본의 용어가 이렇듯이 쓰여졌다고 하여, 현종 때는 북송본을 바탕으로 하고 문종 때는 거란본을 바탕으로 각각 한 질씩 조판되었다고 주장하는 것은, 정확한 고증이 이루어지지 못한 데서 기인함을 지적하지 않을 수 없다. 守其의 《高麗國新雕大藏校正別錄》의 내용 분석과 전래되고 있는 초조본의 실증적 분석에 의하면, 현종 이후 거란본이 수입되기 이전에는 구송본을 바탕으로 국전본을 간행하고, 거란본 수입 이후에는 거란본을 바탕으로 국후본을 간행하였다고 할 수 있다. 다만 위에서 언급한 바 있듯이 국전본에 없는 것을 비롯하여 국전본·구송본과 본문에 차이가 크거나 착사가 심한 것 또는 이역으로서 내용 차이가 큰 것만을 가려 판각하여 새로 편입하거나 대체 편입하였던 것이다. 그리고 여기에, 그 뒤에 들어온 송조대장경 즉 송의 신역 경론을 비롯한 정원 연간 및 그 이후 入藏된 경론이 새겨지는 대로 추가 편입되어 비로소 한 질의 대장경이 갖추어졌던 것이다. 다시 말하면 초조대장경은 1차로 개보칙판대장경을 바탕으로 받아들였고, 2차로 거란대장경에서 가려 받아들였으며, 3차로 송조대장경에서 신역 경론과 정원 및 그 이후 입장된 경론을 받아들였다고 할 수 있다.

그러면 이렇게 하여 모아진 초조대장경의 규모는 과연 얼마나 되었을까. 위에서 인용한 바 있는 義天의 〈寄日本國諸法師求集敎藏疏〉에 의하면 《개원석교록》을 비롯한 《정원석교록》 등에 수록된 경·율·론 그리고 대송 신역 경론 6천 권을 조조했다고 하였다.[38] 개보칙판대장경이 근거한 《개원석교록》의 총 권질수는 위에서 언급한 바와 같이 480질 5,048권이다. 따라서 1천 권에 가까운 경론이란 거란대장경에서 가려 편입시킨 경론을 비롯하여 정원 연간 및 그 이후의 석교록에 입장된 경론과 송 신역 경론의 1부에 해당함은 물론이다. 그리고 그 중 약간에 지나지 않지만 국내 전본에 의해 조판된 것이 들어 있음도 잊어서는 안된다.[39] 재조대장경의 갱함에 들어 있는 대장목록에 의해 조판의 규모를 살펴보면 天函부터 楚函까지 570함이 되며, 그 중에서 재조대장경을 조판할 때 어느 정도의 취사가 이루어졌다. 따라서 그 목록에서 적절한 보탬과 삭제가 이루어져야 그 규모가 밝혀지는데, 현재까지 조사한 바에 의하면[40] 재조대장경의 조판에서 삭제 또는 대체된 것 중 보태

38) 義 天, 〈寄日本國諸法師求集敎藏疏〉(《大覺國師文集》 권 14).
39) 千惠鳳, 〈初雕大藏經의 現存本과 그 特性〉(앞의 책), 451~453쪽.
40) 千惠鳳, 위의 책, 425~427쪽.

야 할 것은 대략 다음의 4종 50권으로 알려지고 있다.

才函：六字神呪經 단권, 菩提流志 역 (중출된 것 중 1은 삭제).
孰函：佛說木樓經 단권, 不空 역.
回・漢函：佛名經 권 제1～18 (위경).
俊・乂・密函：一切經源品次錄 권 제1～30, 從梵 찬.

한편 초조대장경에 없었던 것이 재조대장경을 간행할 때 추가된 것으로서 삭제하여야 할 것은 대략 다음과 같이 10종 15권으로 알려지고 있다.

伐函：佛說般舟三昧經 단권, 支婁迦讖 역.
鞠函：月燈三昧經 단권, 先公 역.
養函：彌勒下生經 단권, 法護 역.
知函：東方最勝燈王陀羅尼經 단권, 闍那崛多 역.
悲函：五佛頂三昧陀羅尼經 권 제 1～4, 菩提流支 역.
詩函：蘇悉地供養法經 권 제 1～3, 善無畏 역.
命函：大乘法界無差別論 단권, 提雲般若 역.
容函：受歲經 단권, 法護 역.
若函：舍衛國十夢經 단권, 附 西晋錄.
竟函：佛說受新歲經 단권, 法護 역.

위에서 든 바의 보탬과 삭제는 守其의 《高麗國新雕大藏校正別錄》을 비롯한 당・송의 여러 석교록과 小野玄妙의 《北宋官板覆刻金版大藏經目錄(私案)》을 참고한 것이므로 그 밖에도 취사해야 할 것이 더 있을 것으로 여겨진다. 그리고 동일한 경전의 이름이면서도 구송본에 의한 초조본을 거란본에 의한 재조본으로 대체시킨 것과 전존본의 조사에 의해 삭제・대체・추가・재편 등의 가감이 폭넓게 이루어져야 함은 물론이다.

이와 같이 모든 것이 가감 정리되어야만 초조대장경의 규모가 올바르게 밝혀지겠지만, 그 종류 수는 그렇게 많지 않으리라 여겨진다. 그 전체의 규모는 대략 570함이 되고 총 권수는 거의 6천 권에 달한다. 그러므로 그 수록 범위로 보아 당시 동양에서 조판한 漢譯 대장경 중 가장 큰 규모임을 주목하여야 할 것이다.

(3) 초조본의 특성

初雕大藏經은 북송의 開寶勅版大藏經에 이어 두번째로 조판을 시작하였으나 마무리는 거란판대장경보다 늦어져 세번째로 이루어졌다. 그러나 주목하여야 할 것은 이미 위에서도 언급하였듯이 동양에서 그 당시까지 조판한 漢譯 대장경의 수록 범위에 있어서 우리 초조본이 가장 포괄적인 점이다. 초조대장경은 북송의 개보칙판, 거란판 및 송조대장경을 바탕으로 조판 수록된 것이다. 그런데 재조대장경의 更函에 들어 있는 초조의 대장목록에 의할 때 그 중 양적으로 가장 많은 것은 북송의 개보칙판대장경이다. 개보칙판대장경은 오늘날 전하는 것이 매우 적은데 그 중 일본 京都의 南禪寺에 비장되어 있는 開寶 7년(974)의 간행 기록이 있는 《佛本行集經》 권 19 영본, 미국 하버드대학 포그미술박물관에 소장되어 있는 大觀 2년(1108, 예종 3) 인출의 개보칙판 《御製秘藏詮》 권 13 잔본, 그리고 현존의 여러 초조본을 서로 비교해 보면 본문의 수용은 물론 판식에 있어서 많은 공통점이 발견된다. 책머리에 찬자와 한역자를 표시하고 그 아래에 함차를 표시한 것이라든지, 각 판의 머리 여백이나 끝 여백에 간략하게 서명·권차·함차 또는 각수 이름을 새기고 한 줄에 14자, 한 판에 23줄(첫 장에 해당하는 판에는 22줄)이 배자된 형식들이 서로 공통된다. 다른 점은 함차에 표시된 천자문의 매김과 권말에 표시된 간행기록의 생략이라 하겠다.[41)]

본문에 글 자체가 둥근 筆意의 신운을 다소 느끼게 하는 것이 있지만 대체로 모난 필의의 歐(陽詢)體 계통이 주류를 이루고 있는 점, 송나라 황제의 諱字와 兼避字가 缺劃되어 있는 점은 서로 공통된다. 여기에 차이가 있다면 초조본의 휘자와 겸피자는 모두 결획된 것이 아니고 완전하게 고쳐 새겨진 것이 오히려 많이 나타나는 점이라 하겠다.

그리고 판화에 있어서 《어제비장전》 권 13의 초조본(일본 京都 南禪寺 소장)과 북송본(미국 하버드대학 포그미술관 소장)을 서로 비교하여 보면, 판화 전반에 걸친 구도의 특징은 같으나, 본문에 따른 판화의 배치가 서로 다르게 나

---

41) 千惠鳳·朴相國, 《湖林博物館所藏 初雕大藏經 調査研究》(成保文化財團, 1988), 13~15쪽.

타나고 있음이 그 차이점이라 하겠다.

이러한 형태·본문·판화상의 여러 조건을 고려하면 초조본의 판각은, 종래 일본학자가 주장했듯이 개보칙판을 그대로 완전히 번각 수용한 것이 아니고,42) 달필의 판서자들이 바탕책에 준거하여 수정하면서 판서본을 마련하여 새겼음을 알 수 있다. 그러나 본문 내용과 판식에 있어서 개보칙판을 흡사하게 받아들인 것은 사실이라 하겠다. 이와 같이 고찰해 볼 때, 오늘날 좀처럼 구해 보기 힘든 개보칙판의 본문 원형과 형태상의 특징을 이 초조대장경 현존본에 의해 어느 정도까지 미루어 알 수 있음은 실로 다행한 일이라 하겠다.

그리고 《高麗國新雕大藏校正別錄》에 의할 때, 「國·丹二本」·「東·北二本」을 비롯하여 북송의 개보칙판에 대한 「二本」·「諸本」·「他本」 등의 표현이 거란본에 의한 교정 사례를 알 수 있게 한다. 또 그것을 바탕으로 간행한 초조본이 전래되고 있어 그 사실을 더욱 뒷받침해 주고 있다. 이 거란본은 북송의 개보칙판에 없는 것, 본문에 탈락과 착사가 심한 것, 이역인 것을 가려 새겨 새로 편입 또는 대체 편입시켰다는 점에서 본문의 학적 가치가 한층 높이 평가되고 있음은 크게 주목하여야 할 사실이라 하겠다.

이와 같이 거란본에는 본문의 학적 가치가 크게 평가되는 것이 적지 않은데, 오늘날 그 바탕이 된 거란본이 남아 있다는 말은 아직 듣지 못하였다. 오직 《校正別錄》에 의해, 초조본의 바탕이 된 거란본은 매 줄에 17자가 배자되고 본문이 우수했음을 알 수 있을 뿐이다. 초조본은 비록 북송 개보칙판의 판식에 준거, 새로 판서본을 마련하여 새겨냈기 때문에 형태상의 특징이 달라졌지만, 본문의 원형은 그대로 우리의 고려대장경에 의해 살펴볼 수 있으니, 이것 또한 자못 주목해야 할 사실이라 하겠다.

요컨대, 초조대장경은 그 당시까지 조판된 대장경 중 수록 범위가 가장 포괄적인 동시에 오늘날 아주 드물게 전래되고 있는 개보칙판과, 전혀 전래되고 있지 않는 거란판 대장경의 특징 및 원형이 담겨져 있다. 이것이 무엇보다도 먼저 손꼽아야 할 초조본의 특성이라 하겠다.

종래에는 초조본이 일본 京都의 南禪寺에만 현존하는 것으로 알려져 있었

---

42) 池內宏, 앞의 글, 23쪽.

다. 더구나 그것이 비장된 채 별로 공개되지 않아 그 일부만을 實査하고 글을 썼거나, 아니면 전적으로 문헌 중심의 글을 써왔다. 그리고 그 글들이 오늘에 이르기까지 끼친 영향은 매우 컸었다.

그런데 근래에 이르러 이 남선사의 초조본을 폭넓게 조사할 수 있게 되었고, 또 일본의 壹岐島 安國寺와 對馬島 長松寺에서 6백 권 《大般若波羅蜜多經》이 새로 발견된 데[43] 이어 우리 국내에서도 그간 200여 권의 초조본을 발굴해 내어 초조대장경에 대한 안목을 새로이 할 수 있게 되었다.

종래 발표된 글 중에서 크게 문제가 되는 것은 우리 초조본 전체가 북송 개보칙판을 완전히 번각 수용했다는 설인데, 이것은 우리 조판인쇄술과 인쇄문화를 아주 낮추어 본다는 점에서 큰 문제가 된다. 우리의 초조대장경이 북송의 개보칙판을 바탕으로 본문과 그 판식을 받아들인 것은 사실이나, 그렇다고 해서 그것을 그대로 번각 수용한 것이 아니고 우리 나름의 수정을 가한 판서본을 마련하였음은 이미 위에서 언급하였다. 또한 초조본에는 매 줄 17자본의 거란본을 새로 14자본으로 판서하여 정교하게 새겨낸 국후본도 전래되고 있으므로 그러한 주장이 옳지 않음을 알 수 있다. 이들 국후본은 당시의 우리 조판인쇄술이 송나라와 비교하여 결코 손색이 없을 만큼 고도로 발달했음을 여실히 입증해 준다. 또 초조본에서 우리 국내 전래본에 의거하여 독자적으로 새겨낸 판본을 여러 종 찾아낼 수 있으므로, 그 사실을 더욱 뒷받침한다고 하겠다. 국내 전래본을 바탕으로 판각한 독자적인 판본을 《교정별록》에서 가려내면 다음과 같다.

暎函 : 大樓炭經 권 제 1~6, 法立·法炬 공역.[44]
渭函 : 十八部論 단권, 眞諦 역.[45]
海函 : 辨正論 권 제 1~6, 法琳 찬.[46]
佐函 : 菩提場所說一字頂輪王經 권 제 1~5, 不空 역.[47]
寧晋楚函 : 佛名經 권 제 1~30, 失譯.[48]

---

43) 千惠鳳, 〈對馬·壹岐의 高麗初雕大藏經版 大般若波羅蜜多經〉(《佛敎와 諸科學》, 東國大, 1987), 783~812쪽.
44) 守 其, 《高麗國新雕大藏校正別錄》 권 17, 제 14장 乂.
45) 守 其, 위의 책, 권 27, 제 7장 密.
46) 守 其, 위의 책, 권 29, 제 5,6장 密.
47) 守 其, 위의 책, 권 29, 제 6,7장 密.
48) 守 其, 위의 책, 권 30, 제 10장 密.

이들 5종의 초조본 중, 일본 京都의 南禪寺에서《菩提場所說一字頂輪王經》권 1, 2, 4, 5의 잔존본을 조사해 보았다. 판식이 다른 송본·거란본계의 초조본과 같고 글자체도 주로 쓰이고 있는 歐體계인 점에서 공통된다. 판서본의 서법이 楷正하고 새김이 정교 세련되어 글자체가 고르고 바르며 글자획에 있어서도 힘있고 방정한 필력을 잘 보여주고 있다. 송본과 비교하여 조금도 손색이 없는 조판인쇄술의 정교성은 괄목할 만하다.

요컨대 초조본은 송본·거란본을 바탕으로 한 판각에 그치지 않고, 우리 자신의 국내 전래본에 의거하여 독자적으로 판각용 정서본을 마련하여 새겼는데, 그 수준이 송본의 판각술에 견주어 결코 손색이 없을 정도로 진전되었음을 현존 실물이 여실히 입증해 준다. 그 조판술 우수성의 일면이 또한 초조본이 지닌 특성 중 그 두번째가 될 것이다. 이것은 고려 전기의 인쇄술은 물론 불교 및 문화사 연구에서 종래에 낮추어 보거나 또는 소홀했던 초조본의 특성을 재조명하는 새로운 자료가 된다는 점에서 특히 주목된다.

초조대장경에서 그 밖에 또 주목하여야 할 것은 무수한 대형 판화가 정교하고 섬세하게 새겨진 점이다. 일본 경도의 남선사에 소장된 송 태종의 御製類를 보면,《秘藏詮》·《佛賦》·《詮源歌》에 각각 대형 판화가 아름답게 판각되어 있다. 이들 판화는 구도·규모·판각기법 그리고 수량상으로 볼 때 판화사상 초유의 것에 해당한다. 판화는《비장전》의 각 권에 5폭(권 11은 6폭),《불부》에 2폭,《전원가》에 1폭이 수록되어 있다. 그런데 그 가운데《비장전》의 판화는 권 1~10에 각각 새로운 수도 장면을 묘사한 것이 정교하게 새겨져 있으며, 권 11~20(권 17은 결본)에는 권 1~10에서 사용한 것이 대체로 그 차례에 따라 재배치되어 있다.[49] 이들 어제류 중《비장전》권 13의 초조본과 북송본의 판화를 서로 비교하여 보면, 이미 위에서 언급하였듯이 판화 전반에 걸친 구도의 특징은 같으나, 본문에 따른 판화의 배치는 반드시 동일하지 않고 서로 다르게 나타나고 있다.[50] 우리의 초조본은 보다 적절한 장면을 묘사한 판화를 가려 나름으로 배치한 듯하다. 이러한 판화의 배치를 통해서도 일본인 학자가 주장한 '정장 전체의 완전 번각수용설'은 옳지 않음

49) 千惠鳳, 〈初雕大藏經의 現存本과 그 特性〉(앞의 책), 430~433쪽.
50) 千惠鳳,《韓國典籍印刷史》(汎友社, 1990), 61쪽.

을 재확인할 수 있다.

장폭의 섬세 정교한 판화는 재조대장경에서는 완전히 삭제되고 오직 초조대장경에서만 볼 수 있으므로 그 판화미술사적 가치가 자못 부각된다 하겠다. 우리나라의 판본에 나타나는 고려 판화 중, 현재까지 알려진 것으로는 11세기 초기 개경의 摠持寺에서 간행한《寶篋印陀羅尼經》에 수록된 소형 變相圖가 최초의 것이고, 이 초조본의 판화가 두번째로 오래된 것에 해당하나, 판화의 구도·규모·판화기법 그리고 수량상으로 이것이 수위로 손꼽히는 정수작이다. 말하자면 대형판화가 이 초조대장경에만 섬세 정교하고 우아 미려하게 판각되어 있으므로, 그 판화미술의 우수하고 정교한 면은 초조본이 지닌 특성 중 그 세번째로 손꼽힐 수 있는 것이다.

〈千惠鳳〉

2) 속장의 조판

(1) 조판의 동기

현종 2년(1011) 무렵 조판에 착수한 초조대장경인 漢譯 正藏이, 북송의 개보칙판본과 국내 전래본 그리고 문종 17년(1063)에 도입된 거란판본에서 필요한 경론을 가려 수용하여 문종 27년(1073)에 거의 마무리 단계에 있었다. 당시에 僧統 義天(1055~1101)은 〈代世子集敎藏發願疏〉를 올렸다. 敎藏이란 한역 정장에 대한 동양 학승들의 연구저술과 疏鈔를 의미하며 흔히 章疏 또는 續藏이라 일컫는다. 이 상소는 의천이 출가한 지 8년밖에 되지 않은 19세 때 올린 것이다.

> 비록 經과 論은 갖추어질 수 있게 되었으나, 그에 대한 疏鈔는 결여되어 있으니, 옛 것이나 지금 것이나를 막론하고 요나라와 송나라에 있는 여러 학승들의 科敎(본문의 문구를 단락으로 分科한 해석과 교리판석)를 모아 하나의 藏典을 만들어 널리 펴고자 합니다. 이렇게 함으로써 부처님의 지혜의 태양이 빛을 더하여 사악한 속박에서 벗어나게 하고, 불법을 거듭 일으켜 나라를 두루 이롭게 하며, 이 수많은 세계의 중생들과 더불어 금강의 좋은 씨를 뿌리고, 모두 普賢의 길을 배우고 毘盧遮那의 세계에서 길이 놀도록 하소서 (義天, 〈代世子集敎藏發願疏〉, 《大覺國師文集》

권 14).

즉 한역 정장은 갖추어질 수 있게 되었으나 그 정장에 대한 章疏가 결여되어 있으므로, 자기가 세자를 대신해서 고금의 것을 막론하고 요나라와 송나라에서 수집한 科敎로써 한 벌의 속장을 갖추고, 이를 널리 펴냄으로써 불교를 중흥시켜 나라를 이롭게 하고 나아가 중생을 제도하겠다는 발원이라 하겠다. 그러나 부왕 문종은 나이 어린 왕자로서는 어려운 일이라 하여 허락하지 않았다.

부왕이 문종 37년(1083) 7월에 승하하고 맏형인 순종이 즉위하였으나 그 해 10월에 돌아감에 중형인 선종이 곧 그 왕위를 이어 받았다. 그러자 승통 의천은 이번에는 전보다 더 대담하게 교장을 새겨내겠다는 〈代宣王諸宗敎藏雕印疏〉를 올렸다.

> 가만히 생각해 보면 우리나라는 원효로부터 못난 이 몸에 이르기까지 온갖 善을 쌓아 나라를 보전하고 지극한 仁에 힘입어 일체 만물을 잘 기르려 했는바, 현종께서는 5천 축의 秘藏을 새기셨고 문종께서는 10만 송의 경전을 새기셨습니다. 경문 원본은 비록 두루 퍼졌지만 章疏는 거의 잃어버렸습니다. 그러므로 아직 남아 있는 것만이라도 널리 펴고 보호하려면 〔이하 결문〕 (義天, 〈代宣王諸宗敎藏雕印疏〉, 《大覺國師文集》 권 15).

말하자면 이 상소에서는 종래의 수집계획을 아예 바꾸어 조판계획을 강력하게 주청하고 있음을 알 수 있다. 형 선종 임금도 역시 허락하지 않았다. 그러나 의천의 初志는 좀처럼 꺾이지 않고 이번에는 「求法入宋」을 청원하는 상소를 올리고 망식읍소하면서 애원하였다.[1)]

이것은 당시 왕래가 빈번했던 송나라 상인을 통해 입수한 화엄승 淨源법사의 저서에 의해 크게 자극되었으며,[2)] 더욱이 그 전해 8월에 서한으로 사제지간의 인연을 맺은 적이 있었음에[3)] 연유하였다. 그러나 이번에도 또한 끝내 허락하지 않았다.

---

1) 義 天, 〈請入大宋求法表〉(《大覺國師文集》 권 5).
2) 義 天, 〈上淨源法師書四首〉 1 (위의 책, 권 10).
3) 위와 같음.

(2) 장소 수집 및 조판 경위

의천은 세번째로 올린 주청이 받아들여지지 않자 마침내 국법을 어기면서까지 선종 2년(1085) 4월 7일 밤 임금과 모후에게 서장을 남기고 제자 壽介 등을 대동, 미복으로 貞州로[4] 나아가 송나라 상인 林寧의 선편에 의탁하여 출국했다.[5] 그가 5월 2일 송나라 板橋鎭에 도착하여 입국한 까닭을 송나라 철종에게 표를 올려 알리니, 철종은 안내원 蘇注(廷)를 보내어[6] 도읍인 汴京의 啓聖寺에 머물게 하였다. 垂拱殿에서 며칠간 빈객의 예우,[7] 특히 황태후로부터 극진한 대접을 받았다.[8] 이어 별원에서 화엄법사 有誠과 賢首·天台의 교리 판석 및 兩宗의 깊은 뜻을 두루 토론하였다.[9] 또한 相國寺를 방문하여 雲門宗 圓炤禪師 宗本에게 법을 묻기도 하고, 興國寺에 가서 西天三藏 天吉祥에게 인도의 사정을 자세하게 듣기도 하였다.[10]

한 달여를 京師에서 보내다가 杭州의 淨源법사에 가서 수업할 것을 표로 올려[11] 허락을 받았다. 안내원 楊傑의 인도를 받으며 떠났는데, 도중에 金山을 지날 때는 佛印선사 了元을 방문하여[12] 章疏를 탐색하기도 했다. 항주에 이르러 화엄좌주인 정원법사를 大中祥符寺에서 처음으로 뵙고 수강한 데[13] 이어 항주지사 蒲宗孟의 요청으로 南山 慧因院에서 周譯 華嚴經(實叉難陀 역 80권본)을 강의하였다.[14] 의천은 은화를 희사하여 經論·疏鈔 7천여 권을 찍

---

4) 貞州는 昇天府의 古址이며, 지금의 京畿道 開豊(豊德) 근처의 海岸이다.
5) 《高麗史》 권 10, 世家 10, 선종 2년 하 4월 경오.
《高麗史》 권 90, 列傳 3, 宗室 1, 大覺國師 煦.
金富軾, 〈開城靈通寺大覺國師碑〉(《朝鮮金石總覽》 上, 朝鮮總督府, 1919), 307쪽.
林 存, 〈仁同僊鳳寺大覺國師碑〉(《朝鮮金石總覽》 上), 330쪽.
6) 義 天, 〈謝差引伴表〉(《大覺國師文集》 권 5).
7) 義 天, 〈謝朝見日賜物表〉·〈謝効迎表〉·〈謝撫問表〉(《大覺國師文集》 권 5).
8) 義 天, 《大覺國師文集》 권 5·6의 各種 謝皇太后同前表.
9) 金富軾, 앞의 글, 307~308쪽.
林 存, 앞의 글, 330~331쪽.
10) 林 存, 위의 글, 331쪽.
11) 義 天, 〈乞就杭州源闍梨處學法表〉(《大覺國師文集》, 권 5).
———, 〈謝依允所請表〉(위의 책, 권 6).
12) 林 存, 앞의 글, 331쪽.
13) 金富軾, 앞의 글, 307쪽.
14) 위와 같음.

어 절에 비치하게 하고[15] 그 가운데 우리나라에 없는 것은 물론 한 벌씩을 수집해 왔을 것이다. 그 후 의천은 여러 곳을 돌아다니며 고승들과 담론하였다.[16] 특히 그 중 慈辯대사 從諫과는 천태의 교리, 靈芝寺의 元炤율사와는 율학과 정토교학을 논의하기도 하였다.[17] 또한 본국에서 가지고 간 智儼·賢首·澄觀·宗密의 여러 장소에 대하여 많은 학문승들과 더불어 진지하게 토의하기도 하였다.[18] 특히 이들 장소 중에는 중국이 두 차례 법난을 겪는 사이에 없어진 것을 역수입한 것이 있어[19] 중국 화엄종 부흥의 계기를 제공하기도 하였다.[20] 이렇듯 장소에 대한 논의가 진지했음은 그만큼 의천의 장소 수집 범위가 넓혀지고 자못 활기를 띠어 협조가 잘 이루어졌다는 것으로서 주목해야 할 점이다.

의천은 귀국에 앞서 먼저 京師로 가서 송나라 철종에게 인사하고 항주로 다시 돌아오는 길에 秀州의 眞如寺를 방문하여 長水법사 子璿의 탑전에 참배하였다.[21] 그 후 귀국길에 오를 때에도 明州에 들러 育王廣利寺에서 雲門宗의 의천선사 懷璉을 뵙고,[22] 선종 3년(1086) 5월 20일 본국의 朝賀回使를 따라 귀국하였다.[23]

이렇듯 義天은 입송해서 1년 2개월 동안 각지를 순방하면서 고승 50여 인을 만나 각종 교리를 묻는 구법활동을 통해 각 종파의 찬술과 소초를 3천여

---

15) 《西湖志》 권 10, 寺觀 1, 惠因講寺.
金富軾, 앞의 글, 307쪽.

16) 朴 浩, 〈高麗國大聖日興王寺故國師詔諡大覺大和尙墓誌銘〉(《韓國金石全文》 中世 上, 亞細亞文化社, 1984), 531~533쪽.
金富軾, 앞의 글, 308쪽.

17) 林 存, 앞의 글, 331쪽.
金富軾, 위의 글.

18) 《慧因寺志》 권 8, 晋水法師傳.
趙明基, 《高麗大覺國師와 天台思想》(東國文化社, 1964), 14쪽.

19) 《佛祖歷代通載》 제 28, 정묘 무진.
趙明基, 위의 책, 14쪽.

20) 常盤大定, 〈宋代に於ける華嚴教學興隆の緣由〉(《支那佛教の研究》 第3, 春秋社, 1943).

21) 金富軾, 앞의 글, 308쪽.

22) 林 存, 앞의 글, 331~332쪽.

23) 《高麗史節要》 권 6, 선종 3년 6월.
義 天, 〈至本國境上乞罪表〉(《大覺國師文集》, 권 8).

권이나 수집하는 큰 성과를 거두었다.[24]

의천은 귀국 후에도 국내에서는 물론 요나라와 일본에서까지 두루 章疏를 모아 집대성하여《新編諸宗敎藏總錄》이라는 장소 목록을 선종 7년(1090) 8월에 엮어냈다.[25] 이 교장총록은 의천에 의해 엮어진 목록이므로《義天錄》이라 일컫기도 하고, 교장총록의 내제에《海東有本見行錄》이라 적혀 있으므로 이를 별칭으로 일컫는 이도 있다. 장소의 수록 범위는 경·율·론 삼장이 상·중·하의 3권에 차례로 분류 수록되어 있는데, 그 장소의 총수는 1,010부 4,857권으로 집계되는 방대한 양이다.

그런데 이 교장총록은 우리 국내에서는 일찍이 없어져 볼 수 없고, 오직 일본에 유출된 자료에 의해 그 전모와 서지 사항을 알 수 있을 뿐이다. 일본에서는 安元 2년(1176, 명종 6)에 필사한 옛 초본을 비롯하여 寬永 21년(1644, 조선 인조 22)에 필사한 초본, 그리고 元祿 6년(1693, 조선 숙종 19)에 간행한 목판본이 알려져 있는데, 1933년에는 이들 책을 바탕으로 대교하여 신연활자본을 찍어내서 널리 유통시켰다. 그 전본에 의해 찬술 및 소초자와 장소수를 조사해 보면 그 태반이 수·당시대를 전후한 중국 학승들의 것이고, 우리나라 학승들은 30명 117부로 집계되고 있다.[26] 신라학문승의 장소 중에 누락이 있고[27] 또 고려의 경우에는 諦觀의《天台四敎儀》만이 가려 수록되었으며, 일본 승려의 장소는 아예 하나도 채택되지 않았던 것은 의천의 안목에서 엄선한데 기인한 듯하다.

한편 교장총록을 엮을 때까지 미처 조사되지 못해 누락된 것도 없지 않음은 물론이다. 그러나 동양 학승들의 교장 찬술과 소초를 의천이 최초로 방대하게 모아 간행하려고 엮은 목록인 점에서 그 의의가 큰 것으로 평가된다.

---

24)《高麗史》권 90, 列傳 3, 宗室 1, 大覺國師 煦.
金富軾, 앞의 글, 307쪽.
李能知, 〈大覺求法始興台敎〉(《朝鮮佛敎通史》下, 新文館, 1918), 297~305쪽.

25) "時後高麗十三葉左宥之八年歲次庚午八月初八日 海東傳華嚴大敎沙門義天叙"(義天,《新編諸宗敎藏總錄》).

26) 閔泳珪, 〈新編諸宗敎藏總錄〉(《韓國의 古典百選》, 1969), 55~57쪽.

27) 閔泳珪, 〈新羅章疏錄長編 不分卷〉(《白性郁博士頌壽紀念 佛敎學論文集》, 1959), 347~402쪽.

佛即後偈聽法行中今此說法但無說示亦同寶積
讚佛偈云善能分別諸法相於第一義而不動故言
同佛也 疏次句悟理揀去隨文者不隨文故無間
悟理故無得
大方廣佛花嚴經隨疏演義鈔卷第八之上
壽昌元年乙亥歲高麗國大興王寺奉
宣雕造

도판 1 續藏 《大方廣佛花嚴經隨疏演義鈔》 권 8 上

이 목록에 담겨진 장소의 간행에 관한 것은 《高麗史節要》에서 살펴볼 수 있는데, 선종 3년(1086) 6월 의천이 송나라에서 돌아온 날짜에 그 간행 기사가 일괄 수록되어 있다.[28] 한편 〈靈通寺大覺國師碑銘〉에 의하면 《新編諸宗敎藏總錄》을 엮은 다음 해인 선종 8년(1091) 봄 남쪽지방에 내려가 장소를 더 조사하여 4천 권을 찾아냈다. 이것들은 해가 오래되어 먼지가 끼고 누렇게 바랬으며 좀이 먹고 훼손되어 있었으나, 모두 수습하여 돌아와 홍왕사에 교장사(도감)를 설치하고 뛰어난 사람들을 소집하여 본문의 오류와 결락을 바로잡은 다음 개판케 하니, 몇 해 안되어 文籍이 크게 갖추어졌다는 것이다.[29]

《고려사절요》 기사는 조선 초기에 편수할 때 관련기사를 해당 사항의 첫머리에 일괄 수록한 데서 말미암은 것임을 고려하면, 이 속장의 조판은 넓게 잡아 《신편제종교장총록》이 엮어진 선종 7년 8월 이후로 생각할 수 있다. 그리고 그것이 본격적으로 추진된 것은 그 다음해인 선종 8년 봄 남쪽지방으로 내려가 장소를 더 수집해 온 이후였던 것으로 여겨진다.

속장의 조판 경위와 마감 그리고 그 규모에 관해서도 문헌상의 기록이 보이지 않아 자세한 것은 알 수 없다. 현재까지 알려진 속장의 초간본, 중간본 또는 번각본, 그리고 근대에 본문의 원형을 그대로 찍어낸 대일본속장경에

28) 《高麗史節要》 권 6, 선종 3년 6월.
29) 金富軾, 앞의 글, 309쪽.

나타난 고려 교장도감 조판연대를 조사해 보면, 大安 8년 壬申 즉 선종 9년(1092)에 고려국 홍왕사에서 왕명으로 조판한 崔致遠 찬술의 〈法藏和尙傳〉 1권이 가장 앞선 것이다.[30] 〈법장화상전〉은 《교장총록》 권 1, 〈대화엄경〉 아래에 수록된 〈賢首傳〉 제1권에 해당한다.[31] 그 권머리에는 〈唐大薦福寺故寺主飜經大德法藏和尙傳〉의 정식 서명이 표시되어 있으나, 권말에는 〈華嚴宗主賢首國師傳〉과 같이 그의 字를 사용한 양식의 별서명이 표시되어 있다. 《교장총록》이 본시 약식서명으로 저록되어 있으니, 이 경우도 권말의 제목에 따라 약식 서명이 채택된 것으로 여겨진다.

九若通九會於理無違何必將斯要該九會又准前
例說法之後尚闕現瑞及證成等但案梵文足有終始
我佛昔於大劫海　脩行苦行為衆生
證此難思解脫門　何幸得聞能讚演
願此勝因皆上薦　寶祚長安帝道昌
四恩百辟及含生　同證玄門齊智海
貞元新譯花嚴經疏卷第十
壽昌元年乙亥歲高麗國大興王寺奉
宣雕造

〈도판 2〉 續藏《貞元新譯花嚴經疏》 권 10

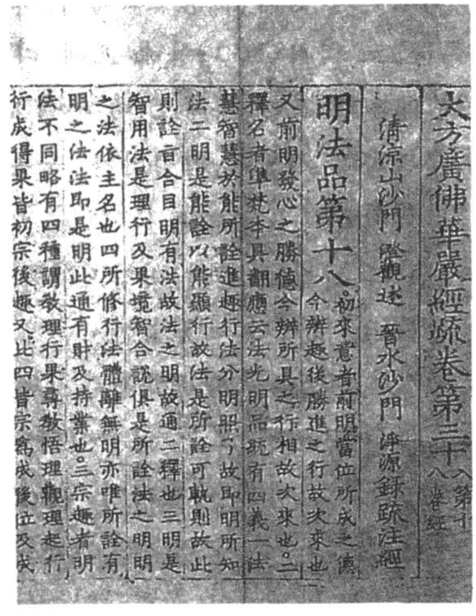
大方廣佛華嚴經疏卷第三十 八第十
清涼山沙門 澄觀述 晉水沙門 淨源錄疏注經
明法品第十八 初來意者前明當位所成之德 今辨趣後勝進之行故次來也
又前明發心之勝德今辨所具之行相故次來也二
釋名者準梵本具翻應云法光明品既有四義一法
慧智慧於能所詮進趣行法分明照了故即明所知
法二明是能詮以能顯行故法是所詮可軌則故此
則詮旨合目明有法故法之明故通二釋也三明是
智用法是理行及果境智合說俱是所詮法之明明
之法依主名也四所修行法體離無明亦唯所詮有
明之法法即是明此通有財及持業也二宗趣者明
法不同略有四種謂敎理行果尋敎悟理觀理起行
行成得果皆初宗後趣又此四皆宗為成後位及成

〈도판 3〉 宋刻板《大方廣佛華嚴經疏》 권 30에서 찍은 高麗印本

그리고 현재까지 알려진 고려 교장도감판 번각본에 실린 마지막 조판 연대는 吉藏이 찬술한 〈法華玄論〉 제 3·4권 영본의 '乾統 2년 壬午 고려 興王寺 開板'의 刊記에서[32] 볼 수 있는 숙종 7년(1102)이다. 그런데 의천은 그 전해인 숙종 6년 8월 뜻하지 않게 질병에 걸려 10월에 입

30) "大安 八年壬申歲(선종 9, 1092) 高麗國大興王寺 奉宣雕造"(崔致遠, 〈法藏和尙傳〉《大日本續藏經》).

31) "賢首傳一卷 浮石尊者傳一卷 已上崔致遠述"(《新編諸宗敎藏總錄》 권 1, 海東有本見行錄 上 大華嚴經, 16쪽).

32) "乾統二年壬午歲(肅宗 7, 1102) 高麗國大興王寺 奉宣雕造"(吉藏, 〈法華玄論〉 권 3·4, 《大日本續藏經》).

〈도판 4〉 宋刻板《大方廣佛華嚴經疏》에 고려 영통사가 새겨 넣은 도변상도

적하였다.[33] 그러므로 속장의 조판은 그의 생전에 착수하였으나, 喪으로 중지되었다가 그 다음해에 마무리되었음을 알 수 있다. 그리고 그의 쾌유를 기원하기 위해 교장도감에서 서둘러 간행하도록 한《藥師琉璃光如來本願功德經》도 역시 그 다음해 초에 마무리되었다.[34]

이러한 傳本의 조판 사례로 미루어 보면, 교장도감에서의 속장 조판은 그 업무를 주관하던 의천이 입적하자 숙종 7년(1102)에 마무리와 동시에 일단락되었던 듯하다.

이상과 같이 속장 조판의 마감시기를 고찰해 볼 때, 그 동안 개판된 장소의 규모는 과연 얼마나 되었을까.

《고려사》 권 90의 大覺國師傳과 〈靈通寺大覺國師碑銘〉에서는 의천이 수집한 章疏 4천여 권이 모두 흥왕사의 교장도감에서 조판된 것처럼 기록하고 있다.[35] 이를 그대로 따른다면《新編諸宗敎藏總錄》에 담겨진 4,857권이 모두 간행된 것으로 볼 수 있다. 그러나 그 전질의 조판문제에 대하여는 이 분야에 조예있는 학자들이 한결같이 신중론을 펴고 있다. 그 이유로서는 다음과

33) 《高麗史》 권 11, 世家 11, 숙종 6년 9월 갑신.
《高麗史節要》 권 6, 숙종 6년 9월.

34) "乾統二年壬午歲(숙종 7, 1102) 高麗國大興王寺 奉宣雕造"(玄奘 譯, 〈藥師琉璃光如來本願功德經〉 1권, 《大日本續藏經》).

35) 《高麗史》 권 90, 列傳 3, 宗室 1, 大覺國師 煦.
金富軾, 앞의 글.

같은 것을 들 수 있다.

첫째, 1천여 부 4천여 권이란 거질의 속장을 간행함에는 관리상 函 차례의 표시가 절대 필요했을 것이고, 《신편제종교장총록》의 서문에서도 "함 차례와 권의 차례로 엮는다"고 하였다.[36] 그런데 현재 전해지고 있는 간본에는 그 차례 표시가 전혀 없으므로, 속장은 전질이 아닌 부분적인 조판으로 그쳤던 것이 아닌가 여겨진다.

둘째, 교장총록에 수록된 장소로서 고려 고종 때 대장도감에서 개판한 智儼 찬술의 〈華嚴經搜玄記〉와 〈華嚴經探玄記〉 그리고 元曉 찬술의 〈金剛三昧經論〉의 3종을[37] 속장과 대조해 볼 때 그 판식 글자체 등이 전혀 다른 점을 들어 의문을 표하기도 하였다. 만일 속장이 모두 조판되었다면 오늘에 전래되고 있는 번각본의 경우와 같이 그 때의 판본을 번각했을 터인데, 그렇지 않으므로 의천의 속장 조판은 전질이 아니고 수의적이며 부분적인 것이 아니었던가 여겨진다.[38] 이것은 조선시대의 刊經都監에서 간행한 속장을 보더라도 의천이 흥왕사에서 조판한 것은 번각으로 중수하였으나, 원간본이 없는 것은 간경도감 본사 또는 그 분사에서 새로 판서본을 써서 조판했을 것으로 생각되기 때문이다. 물론 그 중에는 원간본이 전래되지 않아 새로 판서본을 마련한 것도 있겠지만, 본래 조판하지 않았던 것이 있었기 때문일 것으로 여겨진다.

그리고 金堤 金山寺의 韶顯대사는 廣敎院을 짓고, 속장을 간행하려는 의천의 큰 뜻을 돕고자 하였다. 즉 소현은 의천이 구법 및 장소 수집차 송으로 떠나던 전해인 순종 원년(1083)부터 시작해서 의천이 귀국하여 교장도감을 설치하고 본격적으로 속장의 간행을 추진시킨 이후에도 계속하여 장소 등을 간행하였다. 또한 의천이 죽은 다음해인 숙종 2년(1097)까지 15년 사이에 〈法華經玄贊〉·〈唯識論述記〉 등 장소 32부 353권을 간행했고[39] 선종 5년(1088)

---

36) "今以所得新舊製撰諸宗義章 不敢私秘 叙而出之 後有所獲 亦欲隨而錄之 脫或將來 編次函帙 與三藏正文垂之無窮 則吾願畢矣"(義天, 《新編諸宗敎藏總錄》).

37) 千惠鳳, 《韓國典籍印刷史》(汎友社, 1990), 76쪽.

38) 大屋德城, 〈朝鮮海印寺經板攷〉(《東洋學報》 15-3, 1926), 355~360쪽.
閔泳珪, 앞의 글, 57쪽.

39) 〈金堤金山寺慧德王師眞應塔碑〉(《朝鮮金石總覽》 上), 298쪽.

에 慈恩의 〈阿彌陀經通贊疏〉를 간행하였는데[40] 이러한 사례들도 속장이 부분적인 조판에 그쳤던 이유의 하나가 될 수 있을 것이다. 교장도감에서의 속장 전질의 조판은 대단히 벅찬 사업이었으므로 이렇듯 소현이 의천의 장소 간행의 넓은 뜻을 성의껏 도와주었던 것으로 해석된다.[41]

셋째, 속장은 초조 및 재조 대장경의 경우와 같이 이미 간행된 책을 참작 또는 바탕으로 하여 새긴 것이 아니고, 본문을 한 자 한 자 꼼꼼히 교감하고 보수한 다음, 깨끗이 판서본을 정서하여 새로 새겨낸 것이다. 말하자면 완전히 독자적으로 개판한 판본이기 때문에 4천여 권이란 방대한 양을 10년 여에 모두 조판한다는 것이 사실상 지극히 어려운 사업이었음을 또한 그 이유로 들 수 있을 것이다.

《교장총록》에 담겨진 장소의 조판이 義天의 궁극적인 소원이었음은 그의 총록 서문과 문집에 의해서도 알 수 있는데, 뜻밖의 질병으로 나이 47세, 법랍 36세의 아직 젊은 나이에 돌연 입적하였다. 따라서 이러한 점을 아울러 고려하면 속장의 조판사업은 도중에 그치고 말았던 것이 아닌가 여겨진다.

어떤 이는 15세기 중엽에 목활자를 만들어 불경 가운데 주로 장소류인 〈釋氏要覽〉·〈圓敎六即儀〉·〈釋迦如來行蹟頌〉·〈傳法正宗記〉·〈碧巖錄〉 등을 많이 찍어낸 것을 보고 고려 주자로 속장을 모두 인출했다고 주장하기도 하였다.[42] 이것은 고려본 특히 고려 불서에 대한 폭넓은 조사가 이루어지지 못한 데서 빚어진 잘못임을 첨언해 둔다.

---

40) "此 求得將到流通之本也 予助洪願 付於廣敎院 命工重刻"(金山寺 廣敎院 大安 4年(宣宗 5, 1088) 刊行의 慈恩 撰《阿彌陀經通贊疏》권 下, 刊記).

41) 趙明基, 앞의 책, 89쪽과 安啓賢, 〈大藏經의 雕板〉(《한국사》6, 국사편찬위원회, 1983), 30쪽에서는 의천의 목록 가운데 규기의 唯識 관계 찬술이 있는 것으로 미루어, 소현이 특히 유식관계를 맡아 開板했을 것으로 보고 있다. 한편 崔柄憲, 〈高麗 中期 玄化寺의 創建과 法相宗의 隆盛〉(《韓沽劤博士停年紀念史學論叢》, 知識産業社, 1981), 255~256쪽에서는 韶顯이 唯識學의 章疏 등을 간행하여 유통케 한 것은 신라 말기 이래 침체되어 있던 唯識學을 선양하는 데 커다란 의의를 가진 것으로서, 의천이 화엄종 입장에서 續藏을 간행했던 것과 비교된다는 견해를 피력하였다.

42) 尹炳泰, 〈高麗金屬活字本과 그 起源〉(《도협월보》14-8, 1973), 10~11쪽.

(3) 전래본

속장의 전래본 가운데 초간본은 오직 3종이 알려져 있을 뿐이며, 그 밖에는 중간본 또는 번각본이 아니면 근대에 分門의 원형을 그대로 찍어낸《大日本續藏經》이 있을 뿐이다. 속장 초간본 3종 중 완질이 그대로 전래되고 있는 것은 일본 奈良의 東大寺 도서관에 소장된 澄觀 찬술의〈大方廣佛華嚴經隨疏演義鈔〉제 1~20권 40축뿐이다. 각 권은 감색으로 짙게 물들인 원 표지를 그대로 보유하고 있다. 그리고 지폭 31.2cm의 양질 닥종이를 사용, 23cm의 높이로 그은 상하단변 안에 각 항 20자를 배자하고 있으며, 전장은 각 권마다 다르나 대체로 500cm에서 700cm 사이의 길이이다. 글자체는 중간 글자의 方筆(모난 필) 歐體系로서 매우 필력이 있고 단정하다. 새김과 인쇄가 섬세 정교하여 書品이 송판보다 월등하다는 평이다.

《교장총록》의 大華嚴經部에 들어 있는〈隨疏演義鈔〉40권은 징관 찬술에 해당하며[43] 권 제4의 下부터 권 제20의 下에는 다음과 같은 간행기록이 표시되어 있다.

권 제4의 下~권 제5의 下 3권
　大安 10년 갑술세(선종 11, 1094) 고려국 대흥왕사 봉선조조.
권 제6의 上~권 제10의 下, 권 제11의 下~권 제15의 下 19권.
　壽昌 원년 을해세(헌종 1, 1095) 고려국 대흥왕사 봉선조조.
권 제11의 上, 권 제16의 上~권 제20의 上 10권.
　壽昌 2년 병자세(숙종 1, 1096) 고려국 대흥왕사 봉선조조.
권 제20의 下 1권
　壽昌 2 [3] 년 정축세(숙종 2, 1097) 고려국 대흥왕사 봉선조조.

위의 권 제20의 下에 새겨진 '수창 2년 정축세'는 그 간지로 보아 '수창 3년 정축세'를 잘못 새긴 것으로 여겨진다. 또 권 제1의 上부터 권 제4의 上까지에는 간행기록이 표시되어 있지 않으나, 이〈수소연의초〉가 권 제11의 上을 제외하고는 권의 순차에 따라 조판 연대가 차례로 표시되어 있음을 감

43) 義 天,《新編諸宗敎藏總錄》권 1, 2쪽.

안하면 태안 10년보다 앞서 개판되었음을 알 수 있다.

이것이 언제 일본으로 유출되었는지 알 수 없으나, 이 〈수소연의초〉의 각 권을 두루 살펴보면 여러 곳에 이 절의 사문 宗性이 독경하고 적은 글이 있다. 그런데 그 글에 貞永 원년(1232), 嘉禎 4년(1238), 建長 원년(1249), 文永 6·8·9년(1269·1271·1272) 등의 연대 표시가 있고, 또 같은 절의 대법사 正算이 普門院으로 보내고 쓴 글에는 文明 12년(1480)의 연대 표시가 있다. 그리고 〈수소연의초연기〉 해설에서는 이 절의 東南院 覺樹가 保安 원년(1120) 7월 太宰府에서 쓴 將來記에 의거, 송의 상인 莊永 蘇景 등에게 의뢰하여 고려에서 수입해 온 100여 권 불경 가운데 있는 20권 40축인 것으로 설명하고 있다.[44] 위의 여러 기록으로 미루어 일찍이 고려 때 일본으로 유출된 것만은 틀림이 없는 듯하다.

다음으로 들 수 있는 속장 초간본은 일본 동경의 大東急文庫에 소장된 징관 찬술의 〈貞元新譯花嚴經疏〉 전 10권 중 권 10 영본 1축이다. 지폭 31.4cm의 양질 닥종이를 사용, 23.3cm의 높이로 그은 상하단변 안에 각 줄 20자를 배자하고 있으며 전장은 1,940cm이다. 글자체가 모난 필의의 힘있고 단정한 구체계인 점에서 〈화엄경수소연의초〉와 공통된다. 새김과 인쇄도 역시 섬세 정교하며, 권축장이 크고 늠름하여 書品이 한결 돋보인다.[45] 《교장총록》의 「대화엄경부」에 들어 있는 〈貞元疏〉 10권은 징관이 찬술한 것인데,[46] 이 권 10영본 권말에 "수창 원년 을해세(헌종 1, 1095) 고려국 대흥왕사 봉선조조"라는 간행기록이 있다.

권 10의 1축이 헌종 원년에 간행되었으므로, 그 앞의 권 제 1~9는 그 이전의 1~2년 사이에 개판되었을 것으로 여겨진다. 이 책의 일본 전래 경위는 밝혀져 있지 않으나, 위의 동대사 소장본과 비교하여 보면 형태와 조건이 서로 비슷하다. 비록 잔질 영본이지만 간행기록이 있는 속장의 초간본은 위의 〈수소연의초〉와 이것뿐이다.

---

44) 《東大寺圖書館新築紀念 東大寺藏國寶·重文善本聚英》(東大寺圖書館, 1968), 7~8쪽.

45) 千惠鳳, 〈新羅·高麗の書跡·典籍〉(《韓國美術》 2, 講談社, 1986), 114·272쪽. 《東國大學校八十周年紀念 貞元新譯花嚴經疏》 권 10, 影印本 및 解說.

46) 義 天, 《新編諸宗敎藏總錄》 권 1, 3쪽.

끝으로 또 하나 들 것은 권말이 결락되어 간행기록을 잃은 淨源(1011~1088) 찬집 〈注仁王護國般若經〉 권 1~4의 1책(故趙明基 소장)이다.[47] 의천의 《교장총록》 권 1에 수록된 〈仁王經〉 아래의 '法四卷' 다음에는 '科一卷'이 더 붙어 있으나[48] 여기서는 그 과문이 결락되어 간행기록을 잃었다. 그러나 판식·판각기법 등이 위에서 든 일본 동대사 소장의 〈화엄경수소연의초〉와 大東急文庫 소장의 〈정원신역화엄경소〉와 비교해 보면 서로 비슷하다. 특히 판각이 정교하여 글자체가 힘있는 모난 필의 구체계를 잘 나타내주고 있으며 인쇄가 깨끗하여 판본이 우아 미려하다. 그리고 '建'의 글자를 피휘 결획한 것이 여러 곳에 나타나고 있다.

이 책의 찬집자인 정원은 의천이 송나라에 들어가서 《화엄경》을 수강했던 스승이다. 의천은 그의 영향을 받은 바가 매우 컸으므로, 이 소초는 의천이 생존했던 12세기 초까지의 사이에 간행되었을 것으로 여겨진다.

속장을 번각한 것 가운데 현재까지 알려진 전래본으로는 대략 다음과 같은 것들이 손꼽힌다.

玄範, 〈大乘阿毘達磨雜集論疏〉 권 13·14 (松廣寺 소장)
　대안 9년 계유세(선종 10, 1093) 고려국 대흥왕사 봉선조조.
慧淨, 〈妙法蓮華經纘述〉 권 1·2 (송광사 소장)
　수창 원년 을해세(헌종 1, 1095) 고려국 대흥왕사 봉선조조.
道液, 〈淨名經集解關中疏〉 권 3·4 (閔泳珪 소장)
　수창 원년 을해세 고려국 대흥왕사 봉선조조.
宗密, 〈圓覺禮懺略本〉 권 2~4 (개인 소장)
　수창 3년 정축세(숙종 2, 1097) 고려국 대흥왕사 봉선조조.
公哲 찬술, 志薀 刪補, 〈金剛般若經開玄鈔〉 권 4·5·6 (송광사 소장)
　수창 4년 무인세(숙종 3, 1098) 고려국 대흥왕사 봉선조조.
法寶, 〈大般涅槃經疏〉 권 9·10 (송광사 소장)
　수창 5년 기묘세(숙종 4, 1099) 고려국 대흥왕사 봉선조조.

---

47) 趙明基, 〈大覺國師의 天台思想과 續藏의 業績〉(《白性郁博士頌壽紀念佛教學論文集》, 1959), 23쪽.
　文化財管理局, 《動産文化財指定調查報告書—1985. 10. 現在—》(1985), 13~14쪽.
48) 義 天, 《新編諸宗敎藏總錄》, 34쪽.

思孝 科定, 〈妙法蓮花經觀世音菩薩普門品三玄圓贊科文〉 권 1 (송광사 소장)
　수창 5년 기묘세(숙종 4, 1099) 고려국 대흥왕사 봉선조조.
吉藏, 〈法華玄論〉 권 3·4 (개인 소장)
　건통 2년 임오세(숙종 7, 1102) 고려국 대흥왕사 봉선조조.

이들 번각본의 바탕은 선종 10년(1093)부터 숙종 7년(1102) 사이에 간행된 것들이다. 대부분이 영본 또는 잔결본이므로 번각기록은 잃었으나, 天順 5년(세조 7, 1461)의 刊經都監 중수기록이 있는 〈金剛般若經疏開玄鈔〉 권 6과 대사하여 보면 판각의 솜씨와 지질 등이 서로 비슷하다. 따라서 세조 연간에 간경도감에서 번각해 낸 간본임을 알 수 있다.49)

속장의 번각본으로 발표된 것은 그 밖에도 子璿이 찬집한 〈首楞嚴義疏注經〉 권 4의 1·2, [illegible]空이 찬술한 〈大般涅槃經義記圓旨鈔〉 권 13·14,50) 靈辨이 찬술한 〈華嚴經論〉 권 50~56, 覺苑이 찬술한 〈大毘盧遮那成佛神變加持經義釋演密鈔〉 권 7 등이 있다.51) 이 잔질본들은 속장의 원조판기록이 표시된 권책을 잃었으나, 판식 글자체와 판각 솜씨가 역시 속장 원본과 같다. 그 중 〈대반열반경의기원지초〉에는 '천순 5년 신사세(세조 7, 1461) 조선국 간경도감 봉교중수', 〈대비로자나성불신변가지경의석연밀초〉에는 '천순 6년 임오세(세조 8, 1462) 조선국 간경도감 봉교중수'의 번각기록이 표시되어 있다. 모두 세조 때 간경도감에서 속장 원본을 번각해낸 것임을 알 수 있다.

그리고 현재 국내에 비교적 많이 전해지고 있는 澄觀 찬술, 淨源 집록의 〈大方廣佛華嚴經疏〉 후인본은 杭州 慧因院에서 의천에게 화엄경을 강경하던 정원이 엮은 120권본에 해당하며, 당지에서 은 3천냥을 주고 판각을 주문하여52) 이듬해인 선종 4년(1087) 3월 상인 徐戩 등이 가지고 와서 납품한 경판에서53) 찍어낸 것들이다. 당시 항주지사였던 東坡 蘇軾이 올린 주의에는

49) 韓國文化財保護協會編, 《文化財大觀 8—寶物 6, 書畵·典籍—》(1986), 74~79·170·221~224·256쪽.
千惠鳳, 《書藝·典籍—國寶 12—》(藝耕産業社, 1985), 171~173·284~285쪽.
50) 朴奉石, 〈義天續藏の現存本に就て〉(《朝鮮之圖書館》 3-6, 1934), 31~38쪽.
51) 趙明基, 앞의 글, 914~915쪽.
52) 蘇　軾, 〈乞禁商旅過外國狀〉(《蘇東坡奏議集》 15, 권 8).
53) 《高麗史》 권 10, 世家 10, 선종 4년 3월 갑술.

그 경판의 상거래가 부당함을 맹렬히 지적했는데,54) 그 경판수는 총 2천 9백여 편이였다. 《교장총록》 '大華嚴經' 아래의 '大疏注經 一百二十卷'에 해당하는 주소본이며,55) 고려 교장도감에서 다시 새기지 않고 이 송각판으로 충당하였다. 그리고 세종 6년(1424) 5월 일본 京都의 室町幕府에 사급되기까지56) 끊임없이 인출 보급되어 그 전래본이 비교적 많은 편이다. 그리고 그 전래본 가운데는 공민왕 21년(1372) 9월 영통사에서 李美沖·朴成亮·金師幸 등의 시주로 공인을 모집하여 도변상도의 판화를 정교롭게 새겨 권수를 한결 아름답게 장식한 것도 있어 보물로 지정되었다.57)

한편 일본 高野山에서는 우리의 속장에 의거 중간해내기도 하였다. 일본 高野山 대학도서관에는 志福이 찬술한 〈釋摩訶衍論通玄鈔〉 권 1(전 4권 중잔존 영본)과 法悟가 찬술한 〈釋摩訶衍論贊玄疏〉 권 5(전 5권 중 잔존 영본)의 간본이 소장되어 있는데,58) 여기에는 수창 5년 기묘 즉 숙종 4년(1099)에 고려국 대흥왕사가 봉선 조조한 본래의 간기가 그대로 표시되어 있다. 이것에 의해서도 우리의 속장이 일찍이 일본에 유출되어 이용되었음을 알 수 있다.

속장의 원 조판기록은 그 밖에도 우리의 장소를 바탕으로 하여 그대로 거듭 찍어낸 《대일본속장경》에서도 많이 볼 수 있다. 그 중 智儼이 찬술한 〈金剛般若經略疏〉 권 2에는 수창 원년(大安 10년) 갑술세(선종 11, 1094), 鮮演이 찬술한 〈華嚴經談玄決擇〉 권 6에는 수창 2년 병자세(숙종 1, 1096), 慧遠이 찬술한 〈地持論義記〉 권 10에는 수창 3년 정축세(숙종 2, 1097)의 표시가 있다. 더욱이 그 중 〈金剛般若經略疏〉와 〈地持論義記〉에는 조판연대에 이어 그 책을 새기기 위해 정서한 판서자와 교감자까지 그대로 식자되어 있다. 앞의 것은 魯榮이 판서하고 則瑜 등이 교감하였으며, 뒤의 것은 蔣髦가 판서하고 玄湛·會凡·覺樞 등이 교감하였다.

---

54) 蘇 軾, 〈論高麗進狀〉 (앞의 책, 권 6).
———, 〈乞禁商旅過外國狀〉(앞의 책, 권 8).
55) 義 天, 《新編諸宗敎藏總錄》 권 1, 3쪽.
56) 《世宗實錄》 권 26, 세종 6년 12월 무오.
57) 千惠鳳, 〈義天의 入宋求法과 宋刻注華嚴經板〉(《東方學志》 54·55·56, 1987), 914~915쪽.
58) 千惠鳳, 앞의 책 (1990), 72쪽.

(4) 속장의 특성

漢譯 正藏에 대한 동양 학승들의 신구찬술과 소초를 국내는 물론 송나라, 요나라, 일본 등에서 두루 수집하여 이를 최초로 간행 유통시키려는 것이 義天의 궁극적인 목표였다. 그러나 의천이 일찍 입적하여 비록 전질의 간행은 어려웠다 하더라도, 이것이 동양에서 최초로 수집되어 정장과 쌍벽을 이루게 하였다. 그 속장의 간행목록인 《교장총록》은 오늘날에 이르기까지 한역 정장에 대한 동양 학승들의 신구 찬술과 소초의 전래 여부를 알고자 할 때 누구나를 막론하고 한 번은 으레 살펴보아야 하는 주요한 서지자료로 구실하고 있다. 이 점이 의천의 속장이 지니는 첫번째 특성이라 하겠다.

속장을 인쇄기술사적인 시각에서 초조대장경 및 재조대장경의 한역 정장과 비교해 볼 때 조판술에서 현격한 차이가 드러난다. 초조 및 재조 대장경은 본문을 비롯하여 매 줄 14자 형식의 항자수 그리고 판식 등을 이미 간행된 책에 준거하거나 또는 번각형식으로 새겨낸 것이라면, 속장은 국내와 외국에서 수집한 장소의 본문을 일일이 교감하고 脫誤를 바로잡은 다음 매 줄 20~22자 형식의 중간 글자로 판서본을 정성껏 써서 새겨냈다. 글자체는 모난 필의의 힘있고 단정한 구체계인 점에서 정장과 공통되나, 속장은 정장보다 작은 중간글자로 판서본을 마련하면서도 명필가 또는 달필가가 정성껏 써서 정각해냈기 때문에 글자획의 필력이 사뭇 예리하고 판본이 보다 우아하며 정교하다. 말하자면 속장은 본문의 교감, 판서본의 정서, 판각의 과정이 완전한 독자적 개판과정을 거친 간본인 점에서 초조 및 제조대장경을 훨씬 능가하는 조판술의 우수성을 지니고 있다. 이렇듯 속장본은 초조본 및 재조본의 조판술과는 천양의 차이가 있는 바, 고려 조판술을 대표하는 정수작이라 일컬어 마땅하다. 이것이 義天의 속장에서 두번째로 손꼽히는 특성이라 하겠다.

〈千惠鳳〉

3. 불교행사의 성행

1) 불교행사의 유형과 전개

(1) 불교행사 성행의 시대적 배경

고려시대에는 태조 이래로 국가나 왕실의 융성과 번영을 기원하는 뜻에서 국가가 주관하는 각종의 불교행사가 수없이 베풀어졌으며, 각 개인에 있어서도 복을 빌기 위한 갖가지 불교 신앙행사가 빈번하였다. 위로는 국왕과 귀족들로부터 아래로는 일반 서민에 이르기까지 다 같이 국가나 개인의 현세에 있어서의 행복과 번영을 좌우하는 현세이익의 종교로서 불교를 더욱 절실하게 신앙하였기 때문이다.《高麗史》世家에 보이는 수많은 불교행사에 대한 기록은 마치 고려 불교가 행사불교로 일관되고 있는 느낌마저 들게 한다.

고려가 왕권을 중심으로 한 집권사회였고, 또한 그러한 사회에서 왕실의 불교 신앙이 끼친 사회적 영향이 지대한 것이었음을 가히 짐작할 수 있다. 고려사회의 불교신앙과 그 행사를 서술하기 위하여 우선 왕실불교에 대한 사회적 영향과 그 전개 과정이 어떠하였는지에 대하여 살펴보기로 한다.

고려의 창업주 태조 왕건은, 그 출생부터가 불교의 인연에 의한 것이며, 왕위에 오르고 나라를 세우게 된 것이 오로지 불법의 가호 때문이라고 믿어 일찍이 불교에 귀의하였다. 그리하여 국운의 발전을 위하여 불교의 옹호에 더욱 힘을 기울여 많은 절을 세우고 佛事를 크게 이룩하였다. 이러한 정신은 태조의 訓要十條에 의하여 길이 후손들에게 귀감이 되어, 왕실과 불교는 불가분의 관계에 있게 되었다. 이처럼 불교의 신앙과 보호에 의하여 국가가 발전된다고 믿은 왕실은, 불교를 정치적 입장에서 활용하게 되었는데, 거기에 따른 고려 불교의 몇 가지 특성을 다음과 같이 정리할 수 있다.[1)]

---

1) 洪潤植, 〈『高麗史』 世家篇 佛敎記事의 歷史的 意味〉(《韓國史硏究》 60, 1988), 8~9 쪽.

첫째, 왕실을 중심으로 한 집권층은 불교 교리를 중앙집권적인 입장에서 선택하고 해석하여, 불교와 국가 관념과의 합리화를 행하였다. 그것은《仁王經》,《金光明經》과 관련된 도량이 대단히 큰 비중을 차지하여 자주 설치되고 있음에서 알 수 있다.

둘째, 국가의 입장에서 불교 사원과 교단이 형성되었고, 그 육성책이 마련되었다. 즉 태조는 즉위 2년(919)에 松岳으로 도읍을 옮기고 성내에 法王寺·王輪寺 등 10대사원을 세웠는가 하면, 光明寺·日月寺·外帝釋院·九曜堂·神衆院 등을 창건하여 국가적 사찰로 삼고 지원을 아끼지 않았다.

셋째, 승려 신분에 대한 국가적 제도와 질서가 확립되었다. 즉 집권적 봉건체제가 정비되어감에 따라 국사·왕사제도, 승려에 대한 尊號, 法階 및 僧科의 제도가 마련되었고, 度牒制의 실시와 불교 교단의 국가적 통제를 위하여 僧官制를 두었다.

그러면 이상과 같은 고려의 국가불교는 어떻게 그들의 사명을 다하며 전개되었을까. 여기에는 다음과 같은 조건을 생각할 수 있다. 첫째는 불교를 수용하는 쪽의 욕구에 대응하는 조건을 갖추어야 하며, 둘째는 정치적 관계에서 변질될 수 있는 현상을 理想態에 전향시키는 문제 등이 있으나 이는 불교 교의와 재래 토속신앙과의 관계에서 문화 변동의 문제로서 생각할 수 있다. 한편 이와 같은 조건에 부응하는 일반적 신앙구조를 사회의 존속과 인간 영혼의 영원한 운명을 보장하기 위한 필연성, 그리고 불교 신자의 직접적인 행복에 관계하고 일상 생활의 위기와 개인의 상담에 응하여 가족이나 개인의 불행을 제거하고 현실적 곤란을 해결하는 필연성에서의 기능을 생각하지 않을 수 없다. 왜냐하면 이와 같은 기능은 왕실을 중심으로 한 집권층의 정치적 지위를 옹호하기 위해서도 필요한 것이기 때문이다.

요컨대 고려시대의 불교가 왕실을 중심으로 한 집권층과 깊은 관계를 갖고, 국가 사회의 필요성에 의하여 국교적 기반을 마련함에 있어 불교 경론을 국가 관념과 합치하여 해석하려는 경향이 있었다. 이것은 다시 일상적인 실생활에 부응해야 한다는 현실적인 요청에 따라 재래신앙을 불교적으로 해석함과 더불어 그를 수용하는 과정에서 고려 불교의 의례가 발전하게 된 것이다. 다시 말하면 관념상으로 국가 관념과 밀접해진 불교가 그 실천에 있어서는 三寶에 공양하고 福과 善을 행하는 불교행사의 儀禮行爲를 통하여 실생활과 합일시키려는 경향을 보이고 있는 것이다.

고려시대 불교행사의 성격으로 우선 쉽게 파악될 수 있는 것은 호국적 성격과 현세 이익신앙의 경향성이라고 말할 수 있다. 그런데 이와 같은 불교의례의 호국적 성격과 현세 이익신앙의 경향은 생활 환경에 의하여 그 문화적·사회적 배경을 반영하여 미묘하게 변화하는 것이다.

호국적 성격이라는 것도 결국은 현세 이익신앙의 일단이라 할 수 있을 것이며, 현세 이익이란 말할 것도 없이 내세의 이익에 상대되는 것이다. 《法華經》에서 "衆生이 이 법을 들으므로 인하여 현세에 안온하게 되고, 뒤에 善處에 태어나 道로써 즐거움을 얻는다"[2]라고 한 바와 같이, 佛法을 들음으로 인해 직접 이 몸이 얻는 이익을 가리키는 것이다. 석가로부터 직접 불법을 들을 수 없는 후세에는 석가가 남긴 경전을 믿고 이를 독송하며, 또는 경전의 요체를 집약한 眞言을 외움으로써 얻게 된다고 믿는 것이다.

그러나 다른 한편 현실적으로 현세에서 이익을 얻게 하는 것은 佛·法·僧 3寶의 상호작용이다. 그 중에서도 매개적 역할을 담당하는 승려는 영험을 나타내는 사람이라 믿었고 消病·延命을 위해 출가하는 예도 허다하였다. 그리고 이와 같은 관념은 형상화됨으로써 현실적 존재가 될 수 있으며, 고려시대 불교신앙이 의례화됨에 따라서 同信仰樣相의 보급에 크게 기여할 수 있었던 것이다. 그러나 이와 같이 불교의 토착화에 유효한 작용을 하였던 신앙의 형상화도 지나치면 세속화, 탈종교화하는 경향으로도 나타나게 된다.

(2) 불교행사의 유형

고려시대에 개설되었던 불교행사는 그 의례의 양상이 매우 다양하게 나타나고 있다. 《고려사》 세가편에 기록된 불교행사만도 그 종류가 80여 종이 되며 개설된 총 횟수는 1,000회가 넘는다.[3] 이들 불교행사의 유형을 어떻게 분

---

2) 《法華經》 藥草喩品 5.

3) 徐閏吉, 〈佛敎의 護國法會와 道場〉(《佛敎學報》 14, 1977), 91쪽.
金炯佑, 〈高麗前期 國家的 佛敎行事의 展開樣相〉(《伽山李智冠스님華甲紀念論叢 韓國佛敎文化思想史》 상, 1992), 871쪽.

류하느냐의 문제는 간단하지 않으나, 다음과 같은 몇 가지 기준을 세워 볼 수 있다. 즉 정기적인 불교행사와 비정기적인 불교행사에 의한 분류, 敎義思想에 의한 분류, 순수한 불교행사인가 아니면 전통적인 습속의례에 바탕을 둔 불교행사인가에 의한 분류, 개설 목적에 의한 분류 등으로 나눌 수 있다.

먼저 고려시대의 불교행사는 정기적인 불교행사와 비정기적인 불교행사로 나눌 수 있다. 정기적인 불교행사에는 燃燈會와 八關會를 비롯하여 仁王百高座道場·藏經道場·談禪法會, 佛誕日行事·菩薩戒道場·祝壽道場 및 追福忌辰道場 등이 이에 속하는데, 이들은 어떤 구체적인 상황에 대응하여 개설되기보다는 축제적인 성격을 지니거나 전통적 습속에 의한 것이었고 아울러 예방적 의미를 갖는 불교행사였다. 이에 비하여 비정기적인 불교행사는 개설 목적이 뚜렷한 경우로, 천재지변이나 외적의 침입, 질병 등의 재앙에 대응하기 위한 목적으로 개설되었다. 왕권을 중심으로 한 귀족사회 또는 농경사회의 유지·발전을 저해하는 요인에 대응하기 위해 불교의 힘에 의지하는 수많은 불교행사를 열었던 것이다.

둘째, 교의사상에 의한 분류이다. 종교관념인 교의사상과 종교의례와의 관계에 대하여는 두 가지의 학설이 있는데, 종교의례란 아무런 선행적 관념을 필요로 하지 않는다는 儀禮先行論과, 의례란 실리적 목적을 기반으로 발생한다는 의례의 意志說이다. 확실하게 무엇이 옳다고 단언하기는 어려우나 의례선행론에 있어서의 교의는 성립된 의례를 반영하는 입장에서 부여되고 있으며, 또한 교의적 뒷받침이 없는 의례행위는 단순한 육체적·생리적 동작에 지나지 않는 것이다.

한편 의례를 수반하지 않는 순수 교의사상도 비실재적인 것으로 현실·구체적인 것이 되지 못하는 것이므로, 모든 의례행위는 일정한 교의사상적 배경을 지니고 있다고 생각할 수 있다.

그러면 고려시대 불교행사의 의례는 어떤 교의사상의 배경을 지니고 있었을까. 《고려사》 세가의 불교행사 기록에서 보면, 대체로 《인왕경》, 《금광명경》, 《화엄경》 및 기타의 밀교 경전이 큰 비중을 차지하고 있었음을 알 수 있다. 《인왕경》에 대해서는 그것의 내용을 바탕으로 한 仁王道場이 고려 전시대에 걸쳐 가장 성대하게 열리고 있었으므로, 인왕경의 교의사상이 고려시대에 큰 사회적 영향력을 행사하고 있었음을 짐작할 수 있다.[4] 《금광명경》을 바탕으로 한 의식도량의 개설은 인왕경도량에는 미치지 못하지만 그것에 버금가는 의식행사로 열리고 있었다.

화엄경사상에 의거한 불교행사로서 고려 초기부터 화엄법회가 열렸는데 특히 고려 후기에 가서는 각종 神衆道場으로 왕성히 개설되었다. 한국 불교에 있어 신중사상은 《화엄경》에 바탕을 두고 있고, 또 실제로 華嚴神衆道場을 자처하고 있었다.

다음으로 密敎經典에 의거한 각종의 消災道場과 祈禳道場도 고려 불교행사에 있어서 큰 비중을 차지한다.[5] 여기서 밀교경전이라 말하였지만 실제로 어떤 경전에 근거하였다거나 어느 한 경전이 중시되었다고는 말하기 어렵고, 다만 여러 가지 밀교의례 관계된 경전이 밀교도량의 발전에 영향을 미치고 있었던 것으로 볼 수 있다. 그 밖에 《盂蘭盆經》·《法華經》·《金剛經》 등도 고려시대의 불교의례를 지탱하는 중요한 교의사상이었다. 이상에서 고려시대의 불교행사를 그 교의사상적 배경에서 분류하면 仁王經思想儀禮·金光明經思想儀禮·華嚴經思想儀禮·密敎思想儀禮·기타 盂蘭盆經思想儀禮 등으로 나누어 생각할 수 있다.

셋째는, 순수 불교행사와 전통적 습속에 바탕을 둔 불교행사로 나누어 생각할 수 있다. 전자는 앞에서 살핀 바와 같은 불교경전에 의한 교의사상에 근거하여 행하는 행사를 말하고, 후자는 행사의 근원은 전통적인 습속이었으나 이를 불교의례화해 나간 습속의례적인 것을 지칭하는 것이다. 이같은 구분은 의례 형태적인 면의 구분과 목적에 의한 구분이 있을 수 있고, 또한 전자의 경우에도 습합적인 요소가 전연 없는 것이라고 할 수 없으므로 그 엄격한 구분이 어렵게 된다. 그러나 전자의 경우 교의사상의 뒷받침이 의례의 형태적인 면에서 뚜렷하게 나타나고 있으나, 후자의 경우에는 그것이 뚜렷하지 않다는 점에서 그 구분이 가능하다. 예를 들면 고려시대 전 시기에 걸쳐 성행하였던 연등회나 팔관회가 후자에 속하는 것이다.

---

4) 李箕永, 〈仁王般若經과 護國佛敎〉(《東洋學》 5, 1975).
5) 徐閏吉, 〈高麗密敎信仰의 展開와 그 特性〉(《佛敎學報》 19, 1982).

전통습속에 의한 행사는 비록 그 의례가 불교적 내용을 갖고 있다고 할지라도 재래의 토속신앙적 기반이 현저하게 강하고 또한 그 의식의 절차도 불교의식의 儀軌를 바탕으로 한 것이 아니라 오히려 토속신앙의례의 바탕 위에 불교의례의 요소를 가미하고 있는 것이다. 고려시대의 불교행사가 다른 한편에서 보면 대부분이 토속신앙과 습합된 기도적 성격의 것이라 할 수 있는데, 불교의 하향적 방편에 의한 토속화 과정에서 이루어진 것과 토속신앙의례의 불교로의 상향적 방향의 의례라는 것으로 구분하여 볼 수도 있다. 고려 태조가 훈요10조에서 연등회와 팔관회를 지킬 것을 강조하며, 팔관회는 天靈과 五岳·名山·大川·龍神을 섬기는 행사라 하고, 연등회는 '所以事佛'이라 하여 하나의 불교적 독립 의례로 거행할 것을 당부하고 있지만 연등회의 연중행사적 성격의 내용은 불교적 의미를 찾아보기 힘들다.

넷째로, 행사를 개설한 목적에 의한 분류이다. 대부분의 불교행사 기록은 '仁王經道場을 明仁殿에서 열어 天災를 물리쳤다'는 양식으로 불교행사명, 개최장소, 개최목적 등을 밝히고 있어 개설의 취지를 알 수 있다. 그런데 목적에 따른 불교행사의 구분은 쉽지가 않다. 예컨대 仁王經道場은 천재를 면하기 위해서만 열리는 것이 아니라 때로는 治病을 위해서도 열리고, 또 외적을 물리치기 위해서도 열리기 때문이다.

《고려사》 세가에 기재된 불교행사의 개설 목적을 열거해 보면 대체로 祈雨, 禳戎兵, 禳天災, 禳災變, 治公主病, 祈風雨順調, 薦死亡者, 禱兵捷, 消災, 禳丹兵, 祈滅賊, 禳松蟲, 禱嗣, 祈福, 禳邊寇, 鎭兵祈福, 禳地震, 禳星變 등이다. 개설 목적을 기록하지 않은 불교행사도 간혹 있으나 대체로 앞에 열거한 목적으로 행해졌으리라 짐작된다. 이와 같이 불교행사를 개설한 목적은 매우 다양하게 나타나지만, 이를 한마디로 말하면 사회적·자연적으로 발생하는 여러 가지 재앙을 물리치거나 막고자 하는 데 그 목적이 있었음을 알 수 있다. 이를 다시 정리해 보면 다음과 같다.

① 자연에 대한 문제
祈雨, 禳天災, 祈風雨順調, 祈星變, 禳地震, 禳松蟲
② 사회적인 문제
禳戎兵, 禱兵捷, 禳丹兵, 祈滅賊, 禳兵寇, 鎭兵祈福, 禳蕃兵

③ 기 타

治公主病, 薦死亡者, 消災, 禱嗣, 祈福祝壽

이상에서 보면 고려사회의 유지·발전에 저해가 되는 요인은 농경에 관계되는 자연 현상과 외적의 침입, 왕실의 번영을 저해하는 각종 질병과 後嗣가 없는 것, 그리고 수시로 일어나는 각종 재앙들이었다고 할 수 있다. 이를 다시 말하면 왕권을 중심으로 한 귀족사회 또는 농경사회가 유지되는 데 장애가 되었던 요인들이라고 하겠는데, 이같은 저해 요인들에 대응하는 방법으로 불교의 힘을 빌리려고 고려 일대에 걸쳐 수많은 불교행사가 개설되었다고 말할 수 있다.

그런데 고려시대에는 불교계가 자연 재해와 사회 문제에 대해 보다 적극적인 대응 방법을 모색하고 있었다는 데서 고려 불교가 행사불교로서 발전할 수 있었음을 알 수 있다. 예컨대 가뭄에 대응하여 기우의례를 행할 경우, 왕이 왕사에게 시켜 거행하게 하는 경우와 사원에 명령하여 기우도량을 설치케 하는 방법이 있었으나, 문무백관을 시켜 기우도량을 개설하게 한 일도 있었다. 또한 기우도량의 장소는 어떤 특정한 사찰이나 왕궁이 되는 경우도 있지만 특히 가뭄이 심할 때에는 전국의 모든 사원에서 기우제를 지내도록 하였던 것 등이 그것이다. 한편 기우제는 仁王道場·龍王道場·般若道場·羅漢齋 등의 여러 형태로 행해졌는데 이는 영험이 있는 방법을 택하려는 데서 연유한 것이었다.

고려시대의 불교행사는 모두 재앙에 대응한다는 목적에서만 행하여진 것은 아니었다. 즉 불탄일이나 국왕의 생일 등에 축하의 뜻에서 행해지기도 하였다. 불탄일의 축하행사는 특설연등에서 살필 수 있으며, 국왕생일의 축하행사는 전국적으로 매년 시행되었는데 이 때에는 국왕의 만수무강을 빌면서 나라를 위해 부처의 가호가 있기를 빌었을 것이다.

(3) 불교행사의 전개와 의례적 구조

고려시대에 개설된 불교행사를 살펴보면, 태조에서 덕종대까지는 팔관회와 연등회의 양대법회와 화엄법회 등이 개설되다가 靖宗 이후에 이르러서 인왕경·금광명경도량 등이 개설되기 시작하였다. 그리고 문종대에 이르러 위의 여러 도량과 더불어 文豆婁道場·摩利支天道場 등의 밀교적 의식 도량이 개설되기 시작하여 이후에는 계속 밀교적 도량이 많이 개설되었다. 그리고 몽고의 외침이 잦았던 고종대에 특히 많은 불교행사가 개설되었는데 그 중 인왕도량·반야도량·화엄신중도량 등이 자주 개설되었음이 주목된다.

즉 고려 초기에 연등회·팔관회와 화엄법회 등만이 열리고 있었던 것은 초기의 불교의례가 아직 신라의 옛 풍습을 전승하는 단계에 머물고 있었음을 의미하며, 다만 장차 밀교의례를 수용하여 발전시킬 수 있는 터전을 화엄법회를 통하여 마련하고 있었음을 알 수 있다. 태조가 開泰寺에서 개설한 화엄법회의 疏文에서, "弟子는 머리를 조아려 허공의 法界에 두루 계시는 十方의 三世一切諸佛과 諸會菩薩·羅漢聖象·梵釋四王·日月星辰·天龍八部·岳鎭海瀆·名山大川 등 일체 靈祇에 귀의합니다"라고 하였다. 여기에서 살펴볼 수 있는 것은 화엄세계의 법계관인데, 이는 동시에 태조를 위시한 당시 사람들의 우주관과 세계관이라고 말할 수 있다. 이를 화엄사상의 원리에서 보면, 재래의 신앙요소들을 수용하는 체계이다.

이렇게 수용된 범석 4왕 이하의 모든 재래의 신들을 華嚴聖衆이라 하고, 한편 이들에 의한 신앙체계를 華嚴密敎라 한다. 그리하여 이와 같은 의미를 지니는 화엄법회의 개설이 장차 본격적인 밀교의례를 전개시킬 수 있는 터전이 되었다. 이 화엄사상의 우주관에 의한 사고양상이 사회적 의미를 갖게 되면 다양한 문화 사이의 융합 양상이 나타나게 되고 또 사회 계층간의 융합도 기대할 수 있었던 것이다.

다음 단계의 고려 불교행사가 인왕경·금광명경도량을 중심으로 발전한 것은 초기의 화엄법회 등에서 밀교적 법회의 기반이 마련되고 그러한 법회가 국가적 입장에서 국가불교로 개설되었기 때문에 호국경전에 의한 법회로 전개·발전된 것이라 할 수 있다. 그리고 문종대에 이르러 본격적인 밀교의례가 성행하게 된다는 사실은 이 때가 되면 천태·화엄 등의 교학사상이 크게 융성하였음은 물론 다른 밀교 경전도 더욱 깊이 이해되었던 데서 연유한다.

한편 몽고의 외침으로 어려움을 겪게 되었던 고종대에는 어느 왕대보다도 더욱 많은 祈禳的 불교행사가 시행되었는데, 天兵華嚴神衆道場이 자주 개설된 것은 국토가 어지럽게 된 것이 화엄신중의 옹호가 없기 때문이라고 생각한 결과이다. 즉 화엄신중은 불국토 옹호의 기능을 가진 聖象으로서 이들 신중을 위하고 섬겨야 국토의 고난을 면하게 된다고 믿었던 것이다.

이상에서 보면, 고려시대에 국가불교의 입장에서 거행된 불교행사는 연등회와 팔관회 등과 같이 전통적인 풍습을 전승하는 것에서 비롯되었다. 이는 전통문화의 계승이라는 입장을 지니며, 다른 한편 신구의 사회계층을 융합한다는 사회적 분위기 조성에도 이바지하였다. 이들 행사는 전통문화 계승을 위해 전국적으로 행하는 축제적 행사였기 때문이다. 한편 이와 같은 재래문화 요소들을 불교적으로 수용하는 의미를 지닌 법회가 화엄법회였고, 나아가 이같은 화엄법회의 기반은 보다 다양한 祈福·祈禳을 목적으로 한 밀교의례를 전개시키게 되었다. 즉 이는《화엄경》에서 설하는 毘盧遮那如來를「能統一」의 객체로 하고 諸佛菩薩·諸天神·名山大川·龍神 등을「所統一」의 객체로 하는 統一神的 多神教의 형태를 지니는 것이다. 예컨대 여기「所統一」의 객체란 천재지변·가뭄·질병 등을 예방하거나 극복하기 위한 중생의 요청을 통찰하여 그에 應同할 수 있는 尊身을 말하고,「能統一」의 객체는 普門의 존신이라 말할 수 있는 것으로 이는 自性身에 의한 중생구제의 大悲本誓에 바탕을 두는 것이다. 말하자면 흔히 화엄사상에서 말하는 '一卽多 多卽一'에서,「一」은 능통일의 객체이며「多」는 소통일의 객체가 되는 셈이다. 이상과 같은 신앙체계를 화엄밀교라 할 수 있는데, 고려시대의 밀교적 불교행사는 화엄밀교의 신앙체계를 바탕으로 하여 여기에 각종 밀교의례의 의궤가 혼합되어 성행하였다.

고려사회에서 불교적 분위기가 조성되었던 큰 계기는 태조의 훈요 10조에서 찾을 수 있다. 그 가르침에 의해 후대의 왕들은 더욱 불교를 존숭하였고, 국가적으로 불교행사를 시행하여 사회 발전의 장애 요인을 제거하였던 것이다. 고려사회가 불교로서 장애 요인에 대응해 나가는 불교사회가 되었다고 함은 앞에서 말한 바이며, 여기에는 고려시대에 크게 유행하였던 천태사상·화엄사상·선사상이 크게 영향을 주었으나 특히 감성을 통한 불교적 분위기 조성은 밀교에 의한 것이었다.

즉 裨補思想에 의한 堂塔伽藍이 여기저기 조성되었고, 그 낙성법회가 성대히 거행되었을 뿐 아니라 사회적인 크고 작은 공적·사적의 요구에 의하여 궁중에서 혹은 전국의 사원에서 정기적으로 혹은 비정기적으로 각종의 밀교적 불교행사가 성대히 행해지고 있었다. 고려시대의 불교행사를 이같은 측면에서 이해할 때, 그 사회적 의미를 충분히 파악할 수 있게 된다.

그런데 고려시대의 불교는 기도불교·법회불교·의례불교로 시종 일관하고 있는 것처럼 보인다. 이와 같은 기도불교·의례불교는 그 속에 정신이 충만해 있을 때에는 사회적으로 불교적 분위기를 조성할 뿐만 아니라 그에 의하여 모든 사람들에게 위안을 주고 불안을 제거하는 기능을 한다. 또한 이를 통하여 불교 본래의 안심법에 다가갈 수 있게 되지만, 그것이 형식화·고정화하게 되면 실생활에서 유리되고 나아가 안심을 얻을 수 없게 된다. 고려 후기에 知訥에 의한 선사상의 고취나 신흥사대부들에 의한 성리학의 수용 등은 이러한 고려 의례불교의 形骸化가 낳은 산물이다.

지금까지 살펴본 바에서 고려시대의 불교행사가 역사발전에 어떻게 대응하였으며, 그 사회적 성격은 어떠하였는지를 정리해 보면 다음과 같다. 첫째, 고려시대의 불교는 국가 발전을 도모한다는 분위기 조성이 필요하였는데 여기에 각종 불교의례 행사가 크게 기여하였다. 둘째, 불교로 국가 발전에 기여한다는 사회적 인식은 화엄사상이 재래의 전통사상과 각 계층의 다양한 문화 양상을 모두 수용할 수 있는 체계를 지니고 있었기 때문에 가능하였다. 셋째, 불교의례 행사는 다양한 국민의 요청에 감응한다는 성격을 지님으로써 사회의 구체적 관심사와 결합할 수 있었다.

이상을 다시 종합하여 말하면, 국가적 입장에서 행한 고려의 불교행사는 사회적 안심을 가져오게 한다는 데 목적을 두고 있었다고 하겠다. 불교가 목적으로 하는 바는 최종적으로 안심의 문제이다. 그리하여 고려시대의 고승들은 모두가 다 안심의 문제를 해결하기 위하여 노력하였으며, 고려시대에 크게 성행하였던 천태·염불·선사상도 안심의 문제가 그 주제였음은 두말할 나위가 없다. 고려시대의 불교 사상가들이 이 안심의 문제를 본질로 추구하고 있었던 것이라면, 결국 불교행사는 안심을 느끼게 하는 사회적 분위기를 조성하는 방법이었다.

그리하여 고려의 불교행사는 사회적인 구체적 관심사와 잘 결합하여 문화화하는 작용을 하게 된다. 이와 같은 불교행사의 사회적 분위기 조성이 갖는 의미로는 大世界와 小世界의 상관관계를 인식하게 함으로써 계층구조에 대한 사회질서의 유지에 공헌하였음을 들 수 있다. 한편 종교적 의미를 찾는다면 농경사회의 고민을 자연과의 합일을 통해 극복할 수 있게 하였던 것이다. 그리고 이상과 같은 불교의례 행사가 갖는 정치적 의미는 행사의 축제적 성격과 더불어 그에 곁들여 特赦가 행해지고 있었다는 점에서 찾을 수 있다.

고려시대의 불교의례 행사는 후기가 되면 지나치게 형해화되고, 또한 유교적 기준에 의하여 비판의 대상이 되기도 하였지만, 건국 이래 줄곧 고려인의 생활 속에서 구체적 관심사와 관련되어 종교·사회·정치적인 여러 방면에서 큰 비중을 차지하였다.

〈洪潤植〉

2) 항례적인 불교행사

(1) 연 등 회

연등은 佛·菩薩에 대한 공양의 한 방법으로, 등을 달고 밝게 불을 켜 놓음으로써 번뇌와 무지로 가득한 어두운 세계를 밝게 비추어 주는 부처의 공덕을 기리는 의식이다.《法華經》藥王菩薩本師品에 의하면 燈供養의 공덕이 무량한 것으로 가르치고 있고, 또한《佛說施燈功德經》에서도 등공양을 권하고 있다.

그런데 이와 같은 연등은 연등회라는 별도의 의식과 양식을 갖춘 행사라기보다는 어떤 의식행사에나 반드시 수반되는 공양의 한 방법이다. 연등은 고대 인도에서부터 존재하였던 불교의식의 하나로 4월 초파일의 불탄일에 寺塔을 건립하고 불상을 조성하여 경축하는 등의 여러 가지 목적으로 마련되었으므로 그 성격은 다양하다.

이러한 연등회는 삼국시대 불교의 수용과 더불어 시작되었겠지만 그 시말을 알 수 있는 자료는 남아 있지 않고 문헌상으로 보이는 기록은 신라 경문왕 6년(866)과 진성왕 4년(890)의 "幸皇龍寺看燈"[1]이라는 단절적 기사뿐이다. 신라 때의 看燈이 정월 15일에 있었던 것으로 보아 연등회가 국가적으로 정례화되어 있었음을 짐작할 수 있다.[2] 그러나 너무나 단순한 기록이어서 신라시대 연등회의 내용을 자세히 알 수가 없다. 다만 연등은 司農과 護國·護法으로서의 용신에 대한 제사, 그리고 太一星祭와 기타 민속적 행사가 불교의 등공양과 습합된 종합적 歌舞祭였고, 특히 호국신앙의 대본산인 황룡사에서 열렸다.[3]

고려시대에 와서는 태조가 훈요10조를 통해 팔관회와 함께 연등회를 매년 반드시 개최할 것을 당부하여,[4] 고려의 국가적인 연중행사로 크게 행하여지는 계기가 되었다. 성종 6년(987)부터는 崔承老의 건의에 따라 팔관회가 폐지될 때 연등회도 함께, 그 행사가 너무나 번거롭고 요란스러울 뿐만 아니라 막대한 국고금이 지출된다는 이유로 22년간 줄곧 중단되었다.[5] 그러나 현종이 즉위하자 다시 열리게 되어 그 후 고려가 멸망할 때까지 국가적인 행사로서 성대히 행해졌다.

고려시대의 연등회는 크게 보아 정기적 연등회와 비정기적 연등회로 나뉜다. 정기적 연등회라 함은 태조의 10훈요에 의한 정월 연등, 2월 연등, 그리고 불탄일을 기념하기 위한 4월 연등을 말하고, 비정기적인 연등회는 국가적으로 경찬하거나 기원할 일이 있을 때 특별히 마련되었다.

가. 정기적 연등회

고려 초기의 연등회는 매년 정월 15일에 열렸으므로 이를 上元燃燈이라 하였는데, 성종 때에 폐지되었다가 23년만인 현종 원년(1010)에 다시 열렸다. 즉 그 해 11월 거란의 대거 침입으로 부득이 난을 피하여 개경을 떠난 현종은 이듬해 2월 羅州까지 내려갔다가 다시 돌아오는 도중 2월 15일에 淸州의 별궁에서 연등회를 열었다.[6] 이리하여 현종 때부터 인종 말년에 이르기까지

---

1) 《三國史記》 권 11, 新羅本紀 11, 경문왕 6년 정월 15일·진성왕 4년 정월 15일.
2) 李恩奉, 〈燃燈會와 土着信仰의 關係〉(《韓國哲學宗敎思想史》, 1991) 398~491쪽.
3) 安啓賢, 《韓國佛敎史硏究》(同和出版社, 1982), 220~230쪽.
4) 《高麗史》 권 2, 世家 2, 태조 26년 4월.
5) 二宮啓任, 〈高麗朝の上元燃燈〉(《朝鮮學報》 12, 1958).
6) 《高麗史》 권 4, 世家 4, 현종 2년 2월 기미.

130년간 변함없이 2월 15일에 연등회가 열리게 되니 이를 2월 연등이라고 하였다.

그러나 인종의 뒤를 이은 의종은 부왕 인종의 忌日이 바로 2월에 있으므로 2월을 피하여 정월 15일로 다시 바꾸었다. 그후 명종 2년(1172)에는 同知樞密院事 崔忠烈의 건의에 따라 현종 때부터 인종 말년에 이르기까지 오랫동안 지켜 내려온 2월 15일로 되돌아갔으나,[7] 이듬해부터는 다시 정월 15일에 열렸다. 또 희종 5년(1209)에는 부왕 신종의 기일이 끼어 있는 정월을 피하여 또 다시 2월 15일에 열리어 고려가 멸망할 때까지 계속해서 대개는 2월 15일을 준수하였다. 이처럼 연등회는 정월 15일의 上元日 또는 2월 15일에 열렸는데, 다 같이 정월 15일이나 2월 15일은 공휴일로 되어 있었다.

연등회는 1월 또는 2월 15일에 여는 것을 원칙으로 하였으나 혹 그 날이 寒食과 겹치게 될 때에는 문종 2년(1048) 2월에 있었던 경우처럼 늦추어 2월 16일에 열기도 하였으며 또는 문종 32년이나 원종 9년(1268) 때처럼 앞당겨 2월 12일에 개최하기도 하였다. 다시 명종 14년(1184)에는 정월 15일에 열었어야 했을 연등회가 3개월이나 늦추어져 4일 15일에 열렸다. 그것은 바로 전년 명종 13년 11월에 왕태후 임씨가 별세하여 국사가 다난하였기 때문이었다.

이상과 같은 정월과 2월의 연등회는 각각 어떠한 성격의 것이며 또한 이들 상호간의 연관 관계는 어떠한 것인가를 살펴보자. 우선 정월 연등이 행해지던 정월 15일은 재래의 민속적 근거를 강하게 지니고 있는 날이다. 《東國歲時記》에 의하면 정월 15일인 상원을 燈節이라 하여 여러 건물에 밤새도록 등불을 밝혔다고 했으며, 또한 이 날에는 달맞이 행사가 있어 횃불을 가지고 높은 곳에 올라가 달을 보며 흉년과 풍년의 기운을 점쳐왔다.[8] 이러한 풍속은 고대로부터 있었을 것이며 아울러 새해의 풍년기원제 같은 행사가 정월 15일에 있었을 것이니, 이것은 10월 祭天의 재래적 행사와 같은 계통이라 할 수 있겠다. 즉 불을 켜고 제사를 지내어 풍년을 기원하는 행사는

7) 《高麗史》 권 100, 列傳 13, 崔忠烈.
8) 《東國歲時記》 正月 上元 迎月.

연등을 공양한다는 불교적 연등이 아닌 민간신앙의 재래적인 행사일 수 있다는 것이다.

《동국세시기》에 의하면 "제주의 풍속에는 木竿 열두 개를 세우고 신을 맞이하여 제사지냈다"고 하였는데, 목간은 멀리는 단군의 신단수와 연결되고 무속에서 오늘날까지도 전수되고 있는 신내림의 장대로서 필수적이다. 발음상으로 연등이 용등·용당과 유사하여 이는 龍神信仰의 한 형태로 볼 수 있다. 용신신앙은 농경사회에서 농작의 풍흉이 용신 내지는 風神에 의하여 좌우되는 것이라 믿고 여기에 대한 지대한 관심을 가졌던 데서 연유한다. 풍신은 제주지방 이외에도 오늘날까지도 신앙되는데, 영남지방에서는 2월을 영등달이라 하여 靈登神을 풍신으로 신앙하여 불을 켜고 영등신을 위하는 농경의례가 행해지고 있다.

이상에서 볼 때 정월과 2월의 연등은 재래의 농경의례에 의한 민속적 연중행사의 기반이 보다 강력하게 뒷받침되고 있음을 알 수 있으며, 이는 전통습속에 따른 농경의례의 성격을 지니고 있다고 하겠다.

《고려사》 예지 중의 上元燃燈會儀條는 연등회의 의식절차에 대해 밝히고 있다. 그에 의하면 연등회는 小會日과 大會日로 나누어 진행되었고, 그 절차는 行香·受賀百戲·宴群臣 등으로 이루어진다.[9] 그런데 이들 의식절차에서는 불교의례적인 내용을 하나도 찾아볼 수 없다. 즉 行香酌獻의 절차는 팔관회나 先王諱辰眞殿酌獻儀에서 찾아볼 수 있으며,[10] 受賀와 宴群臣은 元正冬至節日朝賀儀와 大觀殿宴群臣儀같은 조정의 일상적 의례에서도 볼 수 있다.[11] 한편 百戲는《고려사》 예지 중 팔관회와 연등회에만 있는 것이며, 연등회 때 백희잡기를 연출하는 사람들을 山台人이라 칭하고 특히 이들 庭殿山台邑을 燃燈都監에 편입시키기도 하였다.

정월과 2월 연등의 성격은 다음과 같이 정리할 수 있다. 첫째, 정월 15일과 2월 15일 연등회의 행사적 의미는 재래의 제천신앙 및 농경의례에 의한 재래의 습속이었다는 점이다. 둘째는 의례행사의 절차가 불교의식을 따르지

---

9)《高麗史》 권 69, 志 23, 禮 11, 嘉禮雜儀 上元燃燈會儀.

10)《高麗史》 권 64, 志 18, 禮 6, 先王諱辰眞殿酌獻儀.

11)《高麗史》 권 67, 志 21, 禮 9, 元正冬至節日朝賀儀 및 권 68, 志 22, 禮 10, 大觀殿宴群臣儀.

않고 一般常儀의 의식절차를 따르고 있고 執禮官도 승려가 아니라는 점이다. 셋째는 일반적인 다른 불교의례에서는 찾아볼 수 없는 백희잡기를 연등회에서 찾아볼 수 있다는 점이다. 이상과 같이 살필 때 훈요에 의한 정월, 2월의 연등회는 불교의례의 소산이 아니라 오히려《魏志》東夷傳에 전하는 "항상 5월에 씨를 뿌리고 나서 귀신에 제사지냈으며 여럿이 한데 어울려 춤을 추고 음주를 즐기기를 밤낮으로 그치지 않았다"는 것과 관련이 깊다. 즉 迎鼓·東盟 등의 제천 내지는 祭鬼神에 의한 祈農祭의 성격이 강하였다.

그러나 이상의 고려 연등회는 민속적 전승의례로서의 측면만이 아니라 불교의례적 측면도 있었다. 즉 태조가 일찍이 훈요에서 연등을 事佛行事로 규정지어 불교적 해석을 하고 있음을 통해 이미 연등회가 고려 초부터 불교의례화하고 있었음을 알 수 있다. 그러나 그것이 보다 실제적·구체적으로 불교의례와 상호 교섭을 시작한 것은 특설 연등회가 행해지면서부터이다.

나. 특설 연등회

정월과 2월의 정기적인 연중행사로서의 연등회 이외에도 수시로 대소 규모의 특설 연등회가 있었다. 문종 때 4회, 선종 때 1회, 예종 때 2회, 충렬왕 때 2회 등 모두 9회로 나타나는데, 사찰의 낙성과 경찬의 법회가 있을 때나 불상을 새로이 조성하였음을 경축할 때 열렸다.

문종 21년(1067) 정월에는 興王寺의 낙성을 기념하기 위한 연등회가 열려 대궐의 뜰에서 홍왕사의 문에 이르는 먼 길에 등을 즐비하게 5일간이나 달아 두고 밤마다 불을 밝히니 전례 없는 장관을 이루었다. 또 6년 후인 문종 27년 2월에 정기적인 연등회를 마치고 다시 23일에는 다시 重光殿에서 연등회를 열었는데 이 때 시내에 3만 개의 등을 훤히 밝혀 불덕을 기리었다고 한다. 예종 10년(1115) 2월 18일과 그 이듬해 11년 2월 20일에 열렸던 연등도 정기적인 연등회와는 별개의 특설 연등회였다. 특설 연등회는 불교 의례에 연등의례를 병설하는 형식을 취하여 불교의례와 상호 교섭하게 함으로써 습합현상을 나타내고 있었다. 그리고 낙성, 경찬 등의 불교의례는 축제적 성격을 지니고 있으므로 전승의례의 축제적 요소와 쉽게 동화될 수 있었다. 연등회의 불교의례적 지향은 여기서 그치지 않고 4월 8일 석가의 탄일을 축하하는 본격적인 불교의례로 발전하게 되었다.

다. 4·8 연등회

《고려사》에서 "우리 나라의 풍속에 4월 8일에는 연등을 보게 된다"고 기록하고 있어 불탄일의 연등이 일찍부터 이루어져 왔음을 알 수 있다. 그러나 고려 초기에는 전승습속에 의한 연등에 눌려 일찍이 빛을 보지 못하다가 앞에서 말한 연등회의 불교의례화 과정에서 가장 뒤늦게 발전하였다. 그렇지만 4월 8일 연등회는 다른 연등회 못지 않게 성행하였고 이 날에는 집집마다 예외 없이 등을 다는 대중적 성격을 띠었다.

의종(1147~1170) 때 白善淵이라는 內侍가 4월 8일에 觀世音菩薩의 화상을 40폭 만들어 모시는 한편, 밤에 수많은 등을 달고 밝히어 부처의 덕을 찬양한 일이 있었다. 또 몽고의 침입으로 정부가 강화도로 피난하고 있었던 고종 32년(1245) 당시의 집권자였던 崔怡가 불탄일을 경축하기 위하여 휘황찬란하게 등불을 밝히며 풍악과 춤을 비롯한 갖가지 놀이를 베풀었을 때 성안의 모든 사람들이 밀물처럼 모여들어 밤새워 즐겼던 일은 그 한 예이다.

일찍부터 4월 8일 행사로는 전국 사원마다 초저녁부터 밤새도록 수많은 등을 밝혀 찬불 예배를 하였음은 물론, 집집마다 등을 달고 경축하였다. 이 날에는 특히 대중들의 즐거운 놀이가 베풀어지기도 하였으므로 4월 8일은 민족적인 명절의 하나와 다름이 없었다. 고려 말기의 공민왕 때부터는 4·8 연등이 비단 대중적인 민간의 연중행사로 그치지 않고 궁중에서도 공적으로 등불을 밝히게 되었다. 공민왕 13년(1264) 궁중에서 4·8연등이 있을 때에는 어린아이들을 궁중으로 불러들여 민간에서 성행하여 오는 呼旗놀이를 궁중에서 연출하기도 하였다.

이상과 같은 세 가지 유형을 그 구조적 의미로 파악하여 연등회의 불교의례로서의 성격을 규명해 보면 다음과 같다. 훈요에 의한 연등은 迎月, 燈油 등에 대한 불교적인 해석으로 불교의례의 등공양과 습합되었으나 아직 의식 절차 등에 의한 의례자체의 습합에는 미치지 못하고 있다가 특설연등에 이르러 비로소 불교의례의 하나가 되고 4·8연등에서 불교의례로서의 자리를 굳히게 되었다.

라. 연등회의 의식절차

본시 연등회라 하면 부처를 공양하는 방법의 하나로 등을 달고 불을 켜 놓음으로써 번뇌와 무지로 가득 찬 어두운 세계를 밝게 비추어 주는 부처의 공덕을 기리어 칭송하는 것이다. 특히 한번에 2천 개의 등을 달고 5일간에 걸쳐 불덕을 기리는 법회를 萬燈會라 하여 고려에서도 충숙왕이 즉위하던 1313년 10월에 延慶宮에서 개최한 일이 있었다. 매년 정월 15일이나 2월 15일에 열기로 되어 있었던 연등회도 부처의 공덕을 기리어 칭송하기 위하여 많은 등을 밝히는 의식이었으나, 이에 그치지 않고 보다 더 넓은 종합적인 文化祭의 성격을 띠고 있었음은 팔관회의 경우와 거의 같았다.

연등회의 의식은 小會日과 大會日로 나뉘어 실시되었는데 소회일 다음날 밤에는 대궐에서 대회가 열렸다. 대궐 안에 많은 등을 벌여 놓고 밝히어 찬란히 하고 술과 다과를 베풀어 음악과 춤과 연극이 진행되는 가운데 왕과 신하들이 하나가 되어 즐겼다. 한편 부처와 천지신명을 아울러 즐겁게 하고 국가의 태평과 왕실의 안태를 기원하였으니 그 의식의 성행이 팔관회 때와 구별하기 어려울 정도였다. 문종 27년(1073)에 있었던 연등회에서는 敎坊 소속의 眞卿 등 13명이 새로 전래된 踏沙行歌舞를 대회 때 처음으로 공개하여 대회의 흥을 더욱 돋구었다. 이 때 교방의 楚英이 지휘하는 가운데 55명이 한 조가 되어 王母隊歌舞를 연출하니 「君王萬歲」 혹은 「天下太平」이라는 글자모양을 만들며 춤을 추었다.12)

靖宗 4년(1038) 2월 연등회 때 왕이 奉恩寺로 가서 예불하고 그 곳에 모셔 있는 태조의 사당에 참배하였다. 그 후로는 역대의 왕들이 모두 대회일 전날의 소회일 저녁에 봉은사로 가서 태조의 사당에 참배하는 것이 중요한 행사의 하나로 수반되었다. 봉은사는 일찍이 광종 2년(951)에 태조의 願堂으로서 세워진 사원이었다. 이리하여 부처에 대한 공양이라는 연등회의 본래적인 성격은 건국자 태조에 대한 예배라는 국가적이며 정치적인 의의를 아울러 지니게 되었다.

---

12) 《高麗史》 권 71, 志 25, 樂 2, 用俗樂節度.

몽고의 침입으로 정부가 강화도로 피난하자 곧 이어서 고종 21년(1234)에는 車倜의 집을 사원으로 만들어 봉은사로 이름하고 연등회를 종전과 다름없는 격식으로 의식을 갖추었는데, 이는 봉은사 연등회를 얼마나 중히 여겼던가를 알게 한다. 안팎으로 국사가 다난하였던 원종 14년(1273) 2월 연등회의 모든 행사가 중지되었어도 봉은사 行香만은 이행되었으며 이곳에만은 등을 달았다. 이에 앞서 원종 12년 2월에는 때마침 楮市橋 부근의 민가 3백 호가 불이 나서 그 수습에 경황이 없었으므로 연등회의 모든 행사가 중지되었었는데 이 때에도 봉은사 행향만은 있었을 정도였다.[13]

고려시대에는 '春燃燈 冬八關'이라 하여 국초부터 성대하게 연등행사가 시행되어 왔으나 유교를 숭상하였던 성종대에는 연등회와 팔관회가 중지되기도 하였고, 두 행사에 동원되는 백성의 노역과 재물의 탕진이 심해 이에 대한 시정건의가 있기도 하였다.[14] 연등회는 이러한 이유로 일시 중지되기는 하였으나 고려 일대를 통하여 연중행사로서 지속적으로 시행되었다. 연등회의 개설은 비록 조정에 의하여 행해졌다 하더라도 그 행사의 주체는 어디까지나 일반 민중이었다. 즉 《고려사》에 전하는 연등회에 관한 기사는 왕실 귀족에 한정한 행사가 아니라 공사에 의하여 경향 각지에서 행하여진 일반화된 풍속이었다. 결국 4·8연등은 불탄일에 대한 축제이고, 정월 연등과 2월 연등은 풍년을 기원하는 온 백성의 민속적·국가적 축제였다.

(2) 팔관회

태조 왕건은 신라의 풍습을 이어 받은 泰封의 연중행사를 그대로 계승하여 건국한 해(918) 11월 궁중의 儀鳳樓에서 팔관회를 열었는데, 그 후에도 계속 매년 11월마다 정기적으로 개최하였다. 더욱이 태조가 그 말년에 10훈요를 제정하여 장차 그의 뒤를 이어갈 후손들에게 내내 명심하도록 가르쳐 놓은 조항 가운데서 팔관회를 매년 개최할 것을 당부한 일은[15] 그 후 팔관회가 고려의 국가적인 연중행사로 성대하게 베풀어지게 되는 계기가 되었다.

---

13) 《高麗史》 권 27, 世家 27, 원종 12년 2월 무신.
14) 《高麗史》 권 93, 列傳 6, 崔承老.
15) 《高麗史》 권 2, 世家 2, 태조 26년 4월.

팔관회는 본래 불교의식의 하나로서, 살생하지 말고, 도둑질하지 말며, 간음하지 말며, 헛된 말 하지 말며, 음주하지 말라는 불교의 五大戒에, 사치하지 말고, 높은 곳에 앉지 말며, 오후에는 금식해야 한다는 세 가지를 덧붙인 계율을 지키는 의식이다. 이 여덟 가지의 계율을 하루 낮 하루 밤에 한하여 엄격히 지키게 함으로써 불교에 입문하는 것을 의미한다. 이 8계를 수여하는 의식을 八齋會, 八關齋會 또는 八關會라고 불렀는데 지극히 종교적인 금욕과 수행을 목적으로 한다.

경전상으로 보면 8계를 수행하는 풍속은 불교 이전에 이미 바라문가에 있었는데 불교에서 이를 이어받아 출가자만이 아니라 재가신도들도 승려들처럼 하루에 한 끼의 식사만을 하고 승려들의 생활을 따라 하도록 했다. 팔관회가 지닌 원래의 의의는 이처럼 불교의 포교가 목적이 아니라 재가신도들로 하여금 자기의 처지에서 항상 지킬 수 없는 승려들의 계율생활을 모방하여 하루 동안이라도 지켜보고 수행을 하여 공덕을 거두라는 뜻이었다.

중국은 남북조시대 이전에 이미 개인의 집에서 팔관회가 열렸고 남북조 이후에는 국가의 차원에서 팔관회가 개최되었다. 그러나 고유의 팔관회 성격과는 거리가 멀어져 금욕, 수행의 의례보다는 국가와 결합된 불교의 의식으로서 기복을 목적으로 하는 法儀로 화하고 엄격한 절차가 아니라 행락의 행사로 변질되었다.

우리나라의 경우 불교를 처음 수용한 고구려에서 팔관회를 개최하였다는 기록은 없으나 신라에 귀순하여 百座講會와 함께 八關之法을 전해온 惠亮法師[16]가 고구려 승려이었으므로 고구려에 이미 팔관회가 존재했었음을 알 수 있다.

신라의 팔관회를 알 수 있는 기록은 단 두 가지뿐이다. 즉 진흥왕 33년(572) 10월 20일에 전쟁에서 목숨을 잃은 병사들을 위해 外寺에서 7일간 팔관회를 개설했고,[17] 선덕왕 5년(636) 皇龍寺의 구층탑을 건립한 후 팔관회를 개최하였다고 한다.[18] 이를 통해 보면 신라의 팔관회는 개인의 차원이 아니

16) 《三國史記》 권 44, 列傳 4, 居柒夫.
17) 《三國史記》 권 4, 新羅本紀 4, 진흥왕 33년 10월.
18) 《三國遺事》 권 3, 塔像 4, 皇龍寺九層塔.

라 국가에 의해 주도되었고, 재가자의 일시적 출가수행이라는 본래의 의미와는 달리 죽은 자를 위한 祈福과 追福을 위해 이루어졌으며, 나아가서는 호국불교로서의 성격으로 개최되었다.

가. 팔관회의 시행

고려시대의 팔관회는 건국 초부터 멸망할 때까지 성대한 국가적 행사로 이루어졌으나 팔관회 본래의 성격과는 차이가 있었다. 즉 태조는 10훈요에서 팔관은 천령과 5악·명산·대천·용신을 섬기는 것[19]이라 규정지었다. 또한 태조 원년 11월의 기사에서는 "팔관회를 열어 복을 빌던 그 제도를 지키는 것을 왕이 허락하였다"[20]라 하고 있어 팔관회가 기복적 성격을 갖는 종교의례임을 알 수 있다. 팔관회의 기복적 성격은 중국에서도 있었는데 심지어는 병의 치유를 위해 개최하기도 하였다.[21]

팔관회가 국가적으로 성대하게 시행되자, 성종 6년(987)부터는 최승로의 건의에 따라 그 행사가 너무나 번거롭고 요란스러울 뿐만 아니라 국고가 낭비된다는 이유로 22년간 계속 중지된 일이 있었다. 그러나 현종 원년(1010) 11월에 崔沆의 의견을 좇아 다시 팔관회가 열리게 되었고,[22] 고려가 망할 때까지 행사의 규모에 약간의 차이는 있었으나 연중행사로서 매년 11월 15일에 행해졌으니 이를 「仲冬팔관회」라 하였다. 태조 왕건의 유훈대로 역대왕은 매년 팔관회를 개최하였을 것인데 예외로 정지된 때도 있었다. 충선왕 즉위년과 3년, 충숙왕 6년, 우왕 3년의 경우는 그 해에만 정회되었고, 성종 때에는 위에서 말한 바와 같이 장기간 정회되었다. 22년 동안이나 국가적 차원의 팔관회가 중지되었지만, 이 때의 연등행사의 경우 소규모나마 현종 이전 목종 때에 궁중에서 비공식적으로 연등행사가 있었던 것으로 미루어 팔관회 역시 비공식적으로 목종대에 궁중에서 행해졌을 것으로 짐작할 수 있다. 이와 같이 중지되었던 이유는 팔관회의 의식이 불경하고 또 번잡한 데 있었으며 충선왕 때는 순전히 국사의 태만에서 비롯된 것이었다. 성종 때의

---

19) 《高麗史》 권 2, 世家 2, 태조 26년 4월.
20) 《高麗史》 권 69, 志 23, 禮 11, 태조 원년 11월.
21) 顔眞卿, 〈八關齋會報德記〉(《金石華編》 98).
22) 《高麗史》 권 4, 世家 4, 현종 원년 11월.

팔관회 정회는, 이 행사가 최승로의 말처럼 의식이 복잡하고 비경제적이라는 까닭도 있었지만 사실은 성종 자신이 불교보다는 유교에 치중해 있었기 때문이었다.

현재 기록에 나타나는 팔관회는 116회이나 실제로는 이 외에 더 많이 실시되었을 것이다. 즉 기록상으로는 특수한 경우, 왕이 친행을 하든지 대리로 신하를 파견했을 때만을 기재하였기 때문에 실제상의 모든 팔관회가 기록되지는 않았으므로 정확한 개최 횟수는 이보다 훨씬 많을 것이다.

팔관회가 개최되는 11월 15일을 전후하여 3일간은 공휴일로 되어 있었고 開京의 궁중에서만이 아니라 꼭 1개월 앞선 10월 15일에는 지방의 西京에서도 열렸다. 서경의 팔관회가 정확히 언제부터 시작되었는 지는 분명하지 않지만 성종 6년(987) 10월에 양경의 팔관회를 정지하도록 명했다는 기록[23]이 있음을 볼 때, 성종대 이전부터 거행되어 왔음을 알 수 있다. 더욱이 태조의 관심과 풍수지리설 그리고 북방 방비상의 중요성에 따라 서경은 대단히 중요한 위치에 놓여 있었고, 국가의 운명이 그 지세로 입증된 곳이어서 어느 지방보다 먼저 비보사찰이 세워졌다. 서경의 연등회는 이미 태조 당시에 실시되고, 태조가 10훈요에서 팔관회를 천령과 5악・명산・대천 그리고 용신을 섬기는 것이라 규정한 것은 서경의 지리적 위치와 밀접한 관련이 있었다.[24] 서경의 팔관회에 왕이 직접 행차하는 경우도 있었지만 대부분은 왕을 대신하여 반드시 조정에서 내려간 관원이 그 행사를 집행하기로 되어 있었다.

개경에서의 팔관회는 매년 11월 15일에 여는 것을 원칙으로 하였다. 그러나 문종 5년(1051)에는 그 날 月食이 있게 되는 날이라 앞당겨 11월 13일에 개최하였으며, 또 공민왕 7년(1358)에는 11월 15일이 동지였기 때문에 역시 앞당겨 11월 13일에 열었다. 또 선종 즉위년(1083)에는 그 해 11월에 왕실의 초상이 있었으므로 12월로 연기하기도 하였다. 이같이 11월 15일을 변경하는 일은 어디까지나 변칙이었던 것이어서 명종 14년(1184) 禮官에서 '11월은 왕태후 임씨의 기일이 끼어 있는 날'이라 하여 11월을 피할 것을 왕께 아뢰었으나 文克謙의 의견대로 11월을 지켰다.

23) 《高麗史》 권 3, 世家 3, 성종 즉위년 11월.

24) 呂東贊, 〈高麗時代 護國法會에 對한 硏究〉(東國大 碩士學位論文, 1971), 18쪽.

정종 즉위년(1034) 11월에 있은 팔관회 때 왕이 法王寺로 가서 예불하였으며, 이어서 다음날에는 궁중에서 대회가 열렸다. 이 때 각 지방의 장관들이 글월을 올려 賀禮를 하였을 뿐만 아니라 송나라 상인, 북쪽 동여진과 남여진, 그리고 남쪽 탐라로부터 사절단이 와서 축하의 선물을 왕께 바쳤다.[25] 이처럼 외국 상인들에게는 중동팔관회가 서로의 물자를 교환하는 무역의 장이 되기도 하였다.

팔관회 때에는 선종 3년(1086) 이후 신하들이 왕에게 축하의 글을 봉정하는 것이 상례화되었는데, 權近의 〈八關賀箋〉,[26] 郭東珣의 〈八關會仙郎賀表〉, 金富軾의 〈賀八關會表〉, 李崇仁의 〈賀八關會表〉를 찾을 수 있다.[27] 이 八關箋의 봉정은 원칙적인 예로서 이를 결례하면 탄핵의 대상이 되기도 하였으나, 왕이 하표를 받지 않았던 일도 있었다. 賀八關表와는 성질이 다르지만 李奎報는 〈法王寺 八關設文〉을 지었고, 金富佾은 〈八關致語口號〉를 지었는데 그 문장의 우수함이 송나라까지 알려졌다고 한다.[28]

나. 팔관회의 의식절차

팔관회가 진행되는 의식은 연등회의 그것과 유사하다. 의식이 이루어지는 곳은 사방에 香燈을 달고 2개의 綵棚을 세워 장엄하게 장식하고 불교와 민속적 요소가 합치된 百戱歌舞가 행해진다. 먼저 백관들이 왕에게 예를 올리고 이 때 왕은 儀鳳樓에 앉아 朝賀를 받는다. 성종 원년(982)에 최승로가 연등회와 팔관회의 폐단을 시정할 것을 상소한 내용 중에 행사를 준비할 당시 백성을 동원하여 각종의 偶人을 만들었다고도 하였다. 이로 보아 팔관회와 연등회의 의식절차는 대동소이하였고 지나친 허례로 변하여 막대한 경비가 지출되자 의식을 간소화하게 되었다. 그러나 문종 때에 다시 활성화되면서 그 형식이 크게 증대되었다.

팔관회의 의식은 대회일과 소회일 2일간의 행사로 진행되었다. 왕은 팔관회 때에 의봉루에 나와 앉아 군신의 축하인사와 獻壽, 그리고 지방관의 賀表

---

25) 《高麗史》 권 6, 世家 6, 정종 즉위년 11월.
26) 權 近, 《陽村集》 권 24.
27) 《東文選》 권 31·32.
28) 《高麗史》 권 97, 列傳 10, 金富佾.

를 받는다. 소회일이 다가오면 준비 작업부터 큰 일이거나 작은 일이거나를 가리지 않고 모두를 기록하는 것을 원칙으로 하였다. 都校署에서는 康安殿 계단 앞에 浮階를 설치하고 尙舍局에서는 궁전 앞에 왕이 자리할 王幄을 마련한다. 또한 왕악의 동쪽에 便次를 설치하고, 二獸爐가 前楹의 바깥쪽에 설치된다. 왕이 앉는 자리의 좌우 楹前에 尙衣局에서 花案을 장만하며 殿中省이 맡은 바 일을 진행한다. 부계의 상하 좌우에는 燃籠을 달아 궁전의 곳곳을 화려하게 단장한다.

이윽고 소회일에는 朝禮官의 지휘에 따라 왕이 제일 먼저 편찬에 입장한다. 다음에는 承制官과 近侍官의 再拜가 있고 이들은 계단 위 서쪽에서 東向하여 선다. 이어서 閣門員・上將軍 이하 숙위들이 대궐의 마당에 들어와 재배한다. 이러한 의식이 진행되는 과정에서 백희잡기가 진행되고 교방의 음악연주가 뒤따르기 마련이다. 소회일의 행사 다음날에 이루어지는 대회일의 행사도 소회일과 마찬가지의 절차로 진행되지만 보다 성대하게 이루어진다. 소회일에는 왕이 梔黃衣를 입고 대회일에는 赭黃袍를 입는다. 대회일에는 便殿禮가 끝난 다음 茶房에서 과일을 준비하여 왕의 자리 앞에 차려 놓는다. 그리고 승제원・근시관・각문원들은 공복을 입고, 千牛上・大將軍 및 備身將軍 등은 예복을 입고 樞密 이하 諸官이 왕의 행차를 기다린다.

왕이 등장하면 재배를 하고 나서 聖躬萬福을 아뢴다. 이어 太子・公・候・伯이 재배하고 왕의 천수를 기원하는 하례를 올린다. 이와 같이 여러 신하들의 의식이 끝나면 모두가 음주와 식사를 함께 한다. 왕에게 꽃을 올리고 주악이 울리는 가운데 왕은 반드시 樞密 이상의 신하에게 酒花封藥을 하사하여 충성에 대한 감사를 표한다.29)

팔관회 때에는 대회가 열리는 밤에 궁중의 넓은 광장 중앙에 커다란 등을 하나 밝히고 그 사방에 다시 많은 등을 달아 찬란히 하고, 술과 다과를 베풀어 음악과 춤이 진행되는 가운데 왕과 신하들이 함께 즐기고 부처와 천지신명을 즐겁게 하여 나라와 왕실의 편안함과 태평을 빌었다.

---

29) 《高麗史》 권 69, 志 23, 禮 11.

다. 팔관회의 성격과 의미

고려시대의 팔관회는 궁궐과 사찰에서 시행되었는테 그 사찰은 예외없이 法王寺였다. 고려 전시대에 걸쳐 팔관회가 법왕사에서만 행해졌다는 것은 팔관회와 법왕사가 밀접한 연관을 맺고 있음을 알게 한다. 법왕사는 태조 왕건이 즉위한 다음해에 국가의 비호를 불법의 힘에 의지하기 위하여 도내에 세운 10刹 중에서 으뜸가는 사찰이었다. 이러한 호국정신의 구현인 법왕사에서만 팔관회가 열렸다는 것은 신라시대의 팔관회가 대표적인 호국사찰이었던 황룡사에서 개최되었다는 의미와 상통한다. 성종 때 지나친 허례와 막대한 경비의 지출로 말미암아 일시적으로 중지되었던 팔관회에 대해서 徐熙는 연등과 팔관 등의 행사는 국가를 보호하고 태평하게 다스리는 길[30]이라 하여 다시 열 것을 주장하였다. 이는 당시에 팔관회가 호국적 신앙의례로서 작용하였음을 보여준다.

태조의 10훈요에 의하면 팔관회는 천령·오악·명산·대천·용신에 대한 제사라고 하였는데 이러한 제사는 팔관회 때만 있었던 것이 아니라 고려 일대를 통하여 빈번히 거행되었다. 즉 나라에 가뭄이 들면 민간에서 용의 그림을 걸어 놓고 비 내리기를 기원하는 풍속이 있어 이를 왕이 들고 국가적으로 巫人을 취합하여 기우제를 행하거나 산천에 대한 제사를 올리는 경우가 적지 않았다. 따라서 이와 같이 빈번하게 열렸던 산천·용신·천령 등의 제사를 종합적으로 合祀하여 매년 11월에 1회씩 국가의 典禮로서 행한 것이 10훈요에 팔관회로 규정한 것이다.

팔관회는 본시 속인이 하루 동안이나마 엄숙히 八關齋戒를 지키기 위하여 여는 불교의 법회이다. 그러나 고려에서 열린 팔관회는 격식 그대로의 팔관회 의식에 그치지 않고 보다 널리 천신·산신·수신·지신 등 여러 토속신에 대한 제사도 아울러 겸하고 있었다는 데 그 의의가 있다. 국가를 위하여 전사한 장병들의 명복을 비는 의미에서 지신과 수신을 즐겁게 하였을 뿐만 아니라 가을의 풍성한 추수에 대해 천신에게 감사하기도 하였으니, 팔관회는 종합적인 종교행사였으며 문화제였던 것이다.

---

30) 《高麗史》 권 94, 列傳 7, 徐熙.

종교행사에는 으레 가무가 수반되는 것이 통례이지만 고려 팔관회는 그 가무적 성격을 더욱 발전시켜 국가적 행사를 성대히 하였다. 팔관대회 때 베풀어진 歌樂은 군왕만세와 천하태평을 위한 기원에서 행해졌다. 문종 27년(1073)의 팔관회 때에 神鳳樓에서 校坊弟子 楚英이 抛毬樂·九張權別伎를 연주하였고, 동왕 31년(1077) 2월에는 王母隊歌舞를 연주하여 55인이 군왕만세와 천하태평의 글자를 춤추며 만들기도 하였다.[31] 특히 의종 22년(1168)에는 신라 이래의 고풍이 날로 사라져 가는 것을 염려하였던 왕의 遺示에 따라 국가 전속의 성가대 내지 성극단으로서 4명을 1조로 하는 四仙樂部를 편성하여 이후 매년 팔관회의 대회 때마다 신라의 고풍대로 격식에 맞추어 노래를 부르고 춤을 추게 하였다. 이 일은 전통적인 신라 화랑의 노래와 춤이 종교의식의 일부로서 팔관회를 중심으로 전승되는 계기가 되기도 하였다. 한편 山臺戲라는 가무가 연출되기도 하였는데 팔관회는 이처럼 다양한 민속놀이적 성격을 지니고 온 국민의 기쁨에 어우러진 축제의 마당이었다.

고려의 시대적 성격, 즉 불교의 민중화, 풍수지리도참사상의 유행과 정부의 사상적 뒷받침이 고려인에게 팔관회를 발전시키게 한 요인이었다. 한편 위정자의 관심사였던 지리도참사상은 이 팔관회를 더욱 성대히 지속하게 하였다.

원래 풍수지리도참사상 내지 오행사상은 중국에서 기원하여 고려 이전에 이미 동방에 유행하기 시작하였으며 고려에 와서는 그 기세가 극에 달하여 여러 방면에 영향을 주었다. 특히 동방은 木位요, 목위의 색은 靑이며 이것을 수로 말하면 8이 된다는 사상은 자연 八數를 중요시 하게 되어 팔관회의 8이라는 수에 관심을 크게 가지게 하였다. 이러한 「八關思想」은 인종 때의 妙淸이 八聖堂을 설치한 것으로도 알 수 있다. 팔성당은 8聖의 신령을 한 곳에 모아 제사함으로써 국가의 복리를 구하려는 데 목적이 있었고, 8성이란 것은 국내 명산을 택하여 그 8산에 각기 거주하는 신선과 부처 8위를 말하는 것이다.[32] 각지의 명산 8개소의 8성에 제사지내고 산악에 대한 경배심을 지니고 있었던 것은 고려 팔관회가 지니는 풍수지리도참사상 내지 5행사상

31) 《高麗史》 권 71, 志 25, 樂 2, 用俗樂節度.
32) 李丙燾, 《高麗時代의 研究》(乙酉文化社, 1948), 190쪽.

에 바탕한 것이다.

예종 원년(1105)에는 왕이 법왕사의 神衆院에 나아가 팔관회를 베풀고 궁궐에 돌아와 百神에게 절하였다고 한다.[33] 신중원이란 여러 신중을 안치한 불전인데, 신중은 불교의 外護神으로 다신교적 성격을 지닌다.[34] 그런데 이와 같이 신중원에서 팔관회를 개최하고 돌아와서는 백신에게 절하였다는 것은, 팔관회 행사의 의미를 "天靈과 五嶽·名山·大川·龍神을 섬긴다"라고 한 바와 같이 재래의 다신교적, 혹은 무교적 의례를 신중신앙적인 불교의례로 지향시켰음을 의미한다.

팔관회가 지니는 다신교적, 무교적 요소는 그 의식절차에서도 찾아볼 수 있는데 즉 의식의 진행중에 仙郎·國仙인 四仙樂部가 백희가무를 연출하였다고 한다.[35] 선랑·국선은 신라 이래로 명산·대찰을 순례하면서 가무로서 도의를 연마하던 수행단체였으므로 팔관회를 규정하는 "천령과 오악, 명산, 대천, 용신을 섬긴다"는 의미와 상통한다. 여기서 팔관회의 불교적 수행방법과 선가의 수행방법이 습합되는 과정을 살필 수 있다.

고려시대의 팔관회는 불교의례만으로 행하지는 않았다. 그러나 팔관회의 仙家的 성격이 갖는 수행회라는 의미가 불교의 팔관재계가 갖는 수행적인 요소를 받아들임으로 인하여 불교화하고 있었다. 또한 팔관회에서 선가가 갖는 다신교적 신앙이 불교의 신중신앙과도 습합되고 나아가서는 밀교적 성격까지 지니게 되었다. 이를 연등회와 비교하여 말한다면 연등회는 의례적인 면에서 불교와 연결되었고, 팔관회는 수행방법의 면에서 불교와 습합되었다고 하겠다.

이러한 불교와 다신교, 그리고 무교의 종합적 종교의식이며 가무행사였던 팔관회는 조선시대에 들어서자 유교정책으로 그 존재기반을 잃게 되었고, 결국 조선 태조 8년 都堂의 청에 의하여 폐지되었다.

---

33) 《高麗史》 권 12, 世家 12, 예종 원년.

34) 神衆이란 神의 무리란 뜻으로 在來神을 모두 불교의 수호신으로 수용한 것이며, 신중이라 할 때는 '神들'이라는 복수적 의미를 나타낸다.

35) 《高麗史》 권 69, 志 23, 禮 11.

(3) 인왕백고좌도량

가. 인왕백고좌도량의 사상적 배경

고려시대의 仁王百高座道場은 국가 관념과 관련하여 가장 비중이 큰 행사로 전국적인 飯僧이 수반되기도 하였다. 이 인왕백고좌도량은《仁王護國般若羅蜜多心經》즉《仁王般若經》을 외워 읽으며 국가의 안녕과 번영을 기원하는 법회이다.《인왕반야경》은 호국경전으로서 가장 대표적인 경전으로, 이 가운데 護國品에서는 갖가지 재난과 외적의 침입을 막기 위해서는 국왕이 이 경을 하루에 두 번씩 외어야 할 것을 설하고 있다.

인왕경은 두 종류가 있는데 鳩摩羅什의《佛說仁王般若波羅蜜經》과 不空이 번역한《仁王護國般若波羅蜜多經》으로 각각 두 권으로 이루어져 있다. 우리나라에서는 이 두 경전이 모두 유포되었지만 처음 인왕백고좌도량이 열렸던 신라 진흥왕 12년(551) 당시에는 구마라집의 번역본을 토대로 하였고, 불공의 인왕경은 765년에야 도입되었다. 인왕경의 내용은 일관되게 호국신앙을 설하고 있으나 그 체제는 둘로 구분된다. 첫째 부분은 철저하게 대승사상과 보살사상을 설하여 호국사상의 근본 태도에 대하여 가르쳐 주고 있다. 호국 신앙은 불국토의 건설에 그 최고의 목적이 있으므로 국가를 평안케 하는 것에 부단한 노력을 기울일 것이며, 국왕도 국가와 민족을 위하여 노력할 때에 반드시 보살정신에 의거해야 한다고 한다. 그리고 둘째 부분은 호국품으로서 인왕경의 성격을 가장 잘 나타내 준다. 즉 부처가 대왕들에게 법을 설하면서 일체국토가 문란해지려 하고, 갖가지 재난과 외적이 침입할 때 이 법을 시행하라고 한다.

> 대왕들이여 국토가 혼란할 때에는 먼저 귀신이 亂하느니라. 귀신이 亂하므로 만인이 亂하고 적이 와서 나라를 겁탈하고, 백성이 망하고 목숨을 잃는다. 왕의 아들들, 그 밖의 백관이 서로 시비를 하고, 천지에 괴변이 생기며 28宿의 별들과 해와 달이 때를 잃고 그 절도를 잃는다. 큰 불과 홍수와 대풍 등의 갖가지 難이 생긴다. 이러할 때는 이 경을 강독해야 한다.

여기에 열거된 여러 가지 難을 경에서는 7難이라고 하였다. 첫째 日月이 그 도를 잃는 일이고, 둘째는 28宿가 그 도를 잃는 것이며, 셋째는 大火, 넷째는 大水, 다섯째는 大風, 여섯째는 旱魃, 일곱째는 사방의 적이 침입해 오는 것이다.

고대사회에 있어서 예측할 수 없는 자연 재해는 국가적인 재난으로 국왕뿐만 아니라 온 나라의 걱정거리였다. 사람의 힘으로 어찌할 수 없는 재난이나 괴리현상에 대처하려는 인간의 노력이 역사상으로 이러한 인왕경의 의궤를 토대로 百高座講會나 百座仁王道場이라는 의식을 낳는 근거가 되었고, 또「飯僧」이라는 고려왕실의 빈번한 행사의 전거가 되기도 하였다.

나. 인왕백고좌도량의 시행

기록에 전하는 신라 최초의 인왕경도량은 진평왕 35년(613) 7월에 皇龍寺에서 개설한 백고좌이다. 이 법회는 우리나라에서 이루어진 인왕경신앙의 최초의 집회이기도 한데 隋의 사신 王世儀가 참석한 가운데 圓光法師를 초빙하여 인왕경을 강설하였다고 한다.[36] 이 때부터 신라 말까지 총 8회에 걸친 개설 기록이 보이는데, 단편적인 내용이라 그 의식의 형태나 성격을 자세히 알 수는 없으나 대체로 다음과 같은 점에 주의하게 된다.

신라시대의 인왕경도량 8회 중에서 1회는 장소가 미상이지만 나머지 7회는 모두 호국사찰로 유명한 황룡사였다. 따라서 設會의 직접적 이유는 어떠했든 호국적 의미가 있었다.[37] 설회의 명칭을「百座」「百高座」라 하고 100인의 승려를 초빙하였다는 점에서 보아 인왕경의 의궤를 충실히 따랐고, 행사 때마다 반드시 경을 설하였을 것이다. 신라의 인왕도량은 국가의 재난시에 주로 7난을 물리치기 위해 개설되었고 왕이 참석하여 佛力에 의해 국가를 보호하려는 의도에서 이루어졌다.

고려에서는 인왕백고좌도량이 국가적인 차원에서 일찍부터 있어 왔다. 고려인의 눈에 비친《인왕반야경》의 교훈과 이 경에 대한 고마움은 각별한 것이었다고 생각된다. 고려 현종 3년(1012) 5월에 처음 개설되어 공민왕 22년(1373) 4월의 마지막 행사에 이르기까지 역대 왕들이 각각 인왕경도량을 설

36)《三國史記》권 4, 新羅本紀 4, 진평왕 35년.
37) 呂東贇, 앞의 글.

행하였다.[38]

현종 11년(1023) 5월에는 궁중에 1백 개의 獅子座를 갖추고 1백 명의 법사를 청해서《인왕반야경》을 외는 인왕백고좌도량을 열었다.[39] 그 후 현종 18년(1027) 10월에도 인왕반야경을 외어 읽는 의식을 가졌는데, 거란의 침입이라는 고역을 치른 당시에 인왕백고좌도량에 관한 관심은 무척 깊은 것이었다. 인왕백고좌도량은 점차 격년제로 10월에 3일간에 걸쳐 열리게 되는 정기적인 행사가 되었고,[40] 이 때 도합 3만 명에 이르는 승려들을 공양하는 飯僧佛事를 아울러 하기로 하여 대궐에서 1만 명을, 전국의 각 지방 사찰에서 2만 명을 대접하였다. 선종 2, 4, 6년, 예종 6, 8, 10, 12, 14, 16년, 인종 9, 11, 13, 15, 17, 19, 21, 23년의 각 10월에 있었던 것은 그 예라 하겠다. 그러나 때로는 문종 2년(1048)과 4년의 경우처럼 한 달 앞당겨 9월에 열기도 하였으며, 또는 한 달을 늦추어 열기도 하였다.[41]

의종 때에도 초기에는 격년제로 열리어 동왕 원년(1147)과 3년 및 5년에는 각 10월에 있었으나, 11년 10월에 열린 후로는 종전과 달리 1년을 늦추어 3년마다 열리게 되어 14년과 17년 및 20년의 각 10월에 인왕백고좌도량이 열렸다. 이에 따라 다음 명종 때에도 원년 10월에 이어서 4년 10월에 열렸는데 어떤 까닭인지 알 수 없으나 다음 3년 후인 7년 10월에는 열리지 않고 그 이듬해 8년 10월에 열렸다.

인왕도량은 보통 3년마다 정기적으로 열렸으나, 이외에 별도로 행해지기도 하였다. 명종 9년(1179) 11월의 기록에 "과거의 제도에는 3년에 한 번씩 高座會를 설하였는데 작년 10월에 비록 개설하였으나 지금 따로 시행하여 재난을 물리친다"[42]고 하였다. 이처럼 정기적인 행사 외에 비정기적으로 이루어진 것까지 포함한다면 실제 횟수는 기록에 전하는 것보다 많아진다.

---

38) 기록에 따르면 현종 4회, 정종 1회, 문종 6회, 선종 4회, 숙종 8회, 예종 14회, 인종 13회, 의종 7회, 명종 13회, 신종 1회, 희종 2회, 고종 19회, 원종 8회, 충렬왕 4회, 충선왕 1회, 충목왕 1회, 공민왕 9회로 나타나 있지만 이것이 실제 횟수를 말하는 것은 아니다.

39)《高麗史》권 4, 世家 4, 현종 11년 5월.

40) 인왕도량은 일반적으로는 3일간 진행되었으나, 명종 8년(1178) 12월의 경우 5일간 이루어졌고 9년(1179) 7월에는 10여 일씩이나 계속되었다.

41)《高麗史》권 17, 世家 17, 인종 21년 11월.

42)《高麗史》권 20, 世家 20, 명종 9년 11월.

몽고의 침입으로 강화에 도읍하고 있었던 고종과 원종 때에도 3년제의 인왕백고좌도량은 계속 준수되어 국난을 극복하려는 고려인의 信心은 더욱 깊어졌다. 시대와 장소에 따라 《仁王般若經》에서 설하는 가르침의 내용을 이해하고 받드는 데 있어서 깊고 낮은 차이는 물론 있었겠으나 몽고의 침입을 당하여 국토가 유린되었던 고려인에게는 《인왕반야경》에 대한 관심이 각별하였으리라고 믿는다. 그러나 경황없이 황망하게 천도하였던 것인 만큼, 전에 사용하여 왔던 1백 개의 사자좌를 비롯하여 의식 때 사용하여야 할 그 밖의 여러 儀具를 함께 가지고 오지 못하였으므로 자연히 행사가 제대로의 격식을 갖추지 못하였음은 어찌할 수 없는 일이었다.

인왕도량은 佛說에 따라 각종의 재난시에 수시로 설하였고 고종 때에는 지나칠 정도로 빈번하게 개최되어 39년(1252)에는 3, 4, 7, 8, 10월의 다섯 차례, 이듬해 3, 4, 7, 8, 11월에 역시 다섯 차례를 행하여 2년간에 10회나 열었다.

다. 인왕백고좌도량의 의식과 성격

현재 기록에 전하는 고려의 인왕백고좌회에 관한 의식은 이 법회가 인왕경에 기반을 둔 것이므로 경전에서 설하고 있는 다음과 같은 의식 절차를 따랐을 것으로 생각할 수 있다.

> 그대들 제왕은 마땅히 이 般若波羅蜜多를 受持 讀誦하라. 도량을 잘 꾸미고, 백 개의 불상과 백 개의 보살상과 백 개의 사자좌를 놓고서 백 명의 법사를 초청하여 이 경을 해설하라. 그 자리 앞에는 갖가지 등을 밝히고, 갖가지 향을 태우며, 갖가지 꽃을 뿌려라. 널리 의복과 臥具, 음식과 탕약, 房舍와 床座 등 일체의 공양에 필요한 것을 가지고 공양하고 매일 두 번씩 이 경을 독송하라. 만약 왕과 대신과 비구, 비구니, 優婆塞, 優婆夷가 그것을 듣고 간직하여 독송하며 법대로 수행하면 재난이 곧 사라지리라. 대왕들의 諸國土 안에는 수없이 많은 귀신이 있고, 그 귀신들에게는 또 많은 권속이 있다. 만약 그들이 이 경을 듣는다면 이 국토를 지켜 주게 되리라.

원종 5년(1264) 7월에 왕이 인왕도량을 설하고자 하여 인왕경의 신구 역본 각 102부를 인쇄하게 하고 사자좌 1백 개를 만들어 장식하고 각종의 공구와 儀物을 만들었다는 기록이 전한다. 이처럼 경전의 규정대로 법회도량을 갖추었다는 것인데 반드시 100명의 법사를 불러 강경하되 백고좌를 규격대로 하고 의복과 불구를 마련했다. 이후 인왕백고좌도량은 그 의식의 절차와 규모를 제대로 갖추기에 이르렀다.

고려시대의 인왕도량에 관해서는 일반적으로 단순한 기록이 많고 일자와 장소만이 명시된 것이 많다. 장소는 보통 內殿·會慶殿·文德殿·宣慶殿 등의 왕궁이었다. 이처럼 왕궁에서 시행된 이유는 이《인왕경》이 승려들에게 맡겨진 것이 아니라 왕 자신에게 부촉된 것이기 때문이다. 그러나 몇 차례의 예외가 있어 法雲寺 또는 法王寺에 설치된 일이 있었는데 이런 경우는 왕이 직접 행차하였다.

인왕도량은 호국을 위한 행사로 설치되었음은 두말할 나위 없다. 3년제에 따르는 설회이든지 왕의 즉위시에 설치하는 도량들은 이러한 성격을 잘 나타내 주고 제왕들은 왕위를 계승하면서 佛과 諸神에게 먼저 아뢰는 것을 잊지 않았다. 정종이 12년(1046) 5월에 죽자 같은 해 9월에 문종은 백좌인왕경도량을 3일간 베풀었고, 예종이 17년(1122) 4월에 죽자 뒤이어 즉위한 인종은 전년에 정기적 인왕도량이 있었음에도 불구하고 10월에 백좌도량을 회경전에서 베풀었다. 고려시대에 인왕도량을 처음으로 개설한 현종이나 재난이 많았던 시대의 고종같은 왕들은 인왕도량을 개설하여 국가와 민족을 구제하려 했던 것이다.

뿐만 아니라 인왕도량은 祈禳의 뜻으로 설치되기도 하였다. 인왕경에서도 滅罪·祈福·祈禳의 효력을 말하고 있지만 고려의 인왕도량은 너무나 이에 치우치기도 하였다. 숙종 6년(1101) 4월에는 문덕전에서 비를 기원하는 인왕도량을 열기도 하였고,[43] 명종 9년 7월과 의종 4년(1150) 10월의 행사는 천재를 소멸하기 위해서 열었다. 고종 15년(1128) 6월에는 보다 직접적으로 적병을 물리치기 위해 인왕도량을 열었는데 이러한 기복적 경향은 고려 말에 이를수록 더욱 짙어 갔다. 실제로 공민왕대에 이루어진 9회의 인왕백좌회 중에서 4회는 몽고군을 진압하고 災異와 天變 그리고 각종의 변을 물리치기 위해서 행한 것이었다. 이는 신앙면으로 보아 순수한 불교신앙이라고 말할 수 없고, 밀교·토속신앙·도참설 등의 성격이 습합된 고려 말기의 사상계의 흐

43)《高麗史》권 11, 世家 11, 숙종 6년 4월.

름이었다.

고려의 인왕백고좌도량은 한편으로는 순수한 불교 신앙이라기보다는 무속적 신비성과 민속적 경향을 띠었던 것도 사실이다. 내우외환이 심해서 가능한 모든 방편을 써야할 만큼 절박한 사정이 있었고, 이를 극복하려는 고려 국왕들의 책임감과 신앙심이 일치했기 때문에 가능하였다.

(4) 장경도량

불경을 신앙의 대상으로 삼아 공양하고 예배하는 신앙의례에는 藏經道場을 비롯하여 大藏會·輪經會·轉經 등이 있는데, 특히 장경도량은 고려시대에 궁궐에서 정기적으로 성대히 설행되었다. 이 신앙의례는 佛·法·僧의 3보 가운데 법보를 찬탄하고 이에 귀의하여 보호를 받으려는 것이다. 사찰의 불단에 경책이 봉안되어 있는 것은 경전이 신앙의 대상이 되고 있음을 일러준다.

고려시대의 장경도량은 현종 20년(1029)에 처음으로 열렸다.[44] 현종은 일찍이 세상을 떠난 부모를 위하여 玄化寺를 창건하고 그 절에 대장경을 만들어 모시고자 하였는데, 현종 20년에 그 때까지 이루어진 대장경의 일부를 공양하였던 것이다. 그로부터 얼마 후인 정종 7년(1041)에는 이 장경도량이 연중행사로 되어 해마다 봄과 가을에 열렸는데, 봄에는 2월이나 3월에 6일 동안, 가을에는 9월이나 10월에 7일 동안 열렸다.[45] 장경도량이 행하여질 때에는 국왕이 직접 그 장소에 나아가 行香하였으며, 더러는 3보를 찬탄하는 경찬시를 지어 불교에 귀의하는 국왕의 뜻을 내보이기도 하였다.[46] 또한 공덕을 바라는 마음에서 많은 승려들을 초대하여 음식을 대접하는 반승도 아울러 행하여졌다.

靖宗 때에 정례화되었던 장경도량은 점차 성대히 베풀어져 충선왕 3년(1311)부터는 행사의 일수를 늘려 봄과 가을에 모두 10일씩 열리게 되었다.[47] 이것은 몽고의 침입으로 강화에 피난하고 있던 중에 그 국난을 극복하고자

44) 《高麗史》 권 5, 世家 5, 현종 20년 4월.
45) 《高麗史》 권 6, 世家 6, 정종 7년 4월.
46) 《高麗史》 권 10, 世家 10, 선종 8년 8월.
47) 《高麗史》 권 33, 世家 33, 충선왕 3년 3월.

대장경을 새로이 이루어 놓았기 때문에 대장경에 대한 국가적 의의가 증대되었음을 의미한다.[48)]

(5) 보살계도량

菩薩戒道場은 국왕이 궁중에서 국사나 왕사로부터 보살계를 받는 의식이다. 국왕이 보살계를 받는다는 것은 스스로 불제자임을 다짐하고 널리 선언하는 것이며,[49)] 또한 국왕이 보살의 자격을 새로 얻거나 다시 확인하는 것을 의미한다.[50)] 보살계는 대승의 보살 즉 승려나 속인을 가릴 것 없이 불도 수행에 뜻을 두고 실천하는 사람이 다 같이 지켜야 할 계율을 말하는데, 《梵網經》에서 설하고 있는 10重戒[51)]와 《智度論》에서 설하고 있는 10善戒[52)]가 그 대표적인 것이다.

고려시대에 국왕이 보살계를 받던 이 행사는 덕종 원년(1032) 6월에 처음으로 열렸는데, 이후의 역대 왕들이 거의 한 차례 이상 보살계를 받아 《고려사》에는 60여 회의 보살계도량 설행기사를 남기고 있다. 정종은 재위 13년 동안에 한 차례 보살계를 받았으나, 문종은 재위 37년 동안에 모두 5회, 예종은 재위 18년 동안에 모두 7회 보살계를 받고 있다. 특히 인종은 재위 25년 동안에 모두 16회에 걸쳐 보살계를 받았으며,[53)] 의종은 8회, 명종은 6회

48) 安啓賢, 〈佛敎行事의 盛行〉(《한국사》 6, 국사편찬위원회, 1975).

49) 위와 같음.

50) 二宮啓任, 〈高麗朝の恒例法會〉(《朝鮮學報》 15, 1960).

51) 不殺戒(살생을 하지 않는다), 不盜戒(남의 것을 훔치지 않는다), 不淫戒(음란한 행실을 하지 않는다), 不妄語戒(거짓말을 하지 않는다), 不酤酒戒(술을 팔지 않는다), 不說四衆過戒(대중들의 허물을 들추어 내지 않는다), 不自讚毁他戒(자신을 높이거나 남을 헐뜯지 않는다), 慳惜加毁戒(물심양면으로 인색한 일이 없도록 한다), 不瞋心不受悔戒(이전의 잘못을 뉘우치고 용서를 빌며 성내지 않고 관대한 마음으로 받아들인다), 不謗三寶戒(삼보를 비방하지 않는다) 등이 10重戒이다.

52) 不殺生(살생을 하지 않는다), 不偸盜(남의 것을 훔치지 않는다), 不邪淫(음란한 행실을 하지 않는다), 不妄語(거짓말을 하지 않는다), 不兩舌(양쪽을 다니며 이간질 하지 않는다), 不惡口(남의 흉을 들춰내어 말하거나 욕하지 않는다), 不綺語(교묘하게 꾸며대는 간사한 말을 하지 않는다), 不貪欲(탐내는 마음을 내지 않는다), 不瞋恚(성내는 마음을 버린다), 不愚癡(어리석고 못난 마음을 버리고 판단을 흐리게 하는 일이 없도록 한다) 등이 10善戒이다.

53) 즉위년을 위시하여 6~12, 15, 17~23년의 각 6월에 있었다.

보살계를 받았고, 공민왕 원년 6월의 보살계도량을 마지막으로 하여 그 이후에는 보이지 않는다.

보살계도량은 6월 15일에 열리는 것을 원칙으로 하였다. 때때로 며칠을 앞당기거나 늦추기는 하였으나 대체로 그 원칙은 지켜졌다. 그런데 6월 15일에 열리게 된 이유에 대해서는 잘 알 수가 없다. 일찍부터 우리나라에서는 6월 15일을 流頭라 하여 모두들 제각기 동쪽 냇물에 가서 머리와 몸을 씻고 더러움을 떨어내어 깨끗한 마음으로 잔치하며 즐기는 풍습이 있었는데, 아마도 이런 뜻이 있는 유두일을 택하여 보살계를 받음으로써 몸과 마음을 깨끗이 가다듬을 것을 다짐하였는지도 모른다.54)

(6) 축수도량 및 기신도량

祝壽道場은 국왕의 생일날에 복을 비는 행사로 일찍부터 매우 성대히 열렸는데, 중앙의 관원은 물론 전국 각지에서 상경한 지방의 관원들까지도 하례를 올렸다. 제8대 현종은 어릴 때 부모를 잃은 슬픈 마음에 兩京과 여러 道의 하례를 일체 금하고 다만 축수도량만을 간소하게 열도록 하였다. 그러므로 이전에 축수도량이 이미 성대한 행사로 치러졌음을 알 수 있다. 이 도량은 문종 때에 와서 국왕의 생일을 成平節로 제정하여 경축하는 데에 이르렀다. 문종은 즉위년 12월의 생일날에 乾德殿에 나아가 백관의 하례를 받은 다음 宣文殿에서 연회를 베풀었고, 국가에서는 이 날로부터 7일 동안 外帝釋院에서 祈祥迎福道場을 열었다. 또한 문무백관들은 興國寺에서, 지방의 4도호부·8목에서는 각각 그 지역에 있는 사찰에서 도량을 베풀었고 이것을 연례행사로 삼았다.55)

국왕의 생일날에는 문무백관의 하례식과 축수도량이 열릴 뿐만 아니라 반승행사도 아울러 베풀어졌다. 고려가 멸망하기 바로 전해인 공양왕 3년(1391) 2월의 생일날에도 왕이 檜巖寺에 행차하여 1천여 명의 승려에게 반승하였는데, 주악이 울리는 가운데 왕이 직접 향로를 받들고 각 승방을 돌면서 일일

54) 安啓賢, 앞의 글(1975), 112쪽.
55) 《高麗史》 권 7, 世家 7, 문종 즉위년 12월.

이 승려에게 음식을 대접하였다. 동행하였던 왕비와 세자들도 함께 철야하면서 예불하였고 다음날에는 왕이 또 승려들에게 베 1,200필을 희사하였다.[56] 이에 앞서 공민왕 17년의 왕 생일에도 3천여 명의 승려에게 반승을 베풀었다. 이미 국운이 기울어진 말기에도 국왕 생일의 의식절차가 이처럼 성대하였으니 초기나 중기의 상황도 짐작할 수 있는 것이다.

고려 왕실에서는 忌辰道場·諱辰道場·忌日道場 등이라는 선왕 또는 선왕비의 忌日행사를 불교식으로 열어 엄격히 지켰다. 왕실의 조상숭배 행사는 중국의 유교식 예제에 바탕을 둔 太廟에서의 행사 등도 있었지만, 불교가 국교로 숭상되었기 때문에 불교식 조상숭배 시설인 眞殿寺院에서의 기신도량이 가장 중요시되었다. 진전사원은 왕과 왕비의 초상화인 眞影을 모셔 놓은 사찰을 말하며, 그 곳에서 매년 기일마다 불교식 齋를 올려서 薦福하는 행사가 기신도량이다.

선왕의 추모행사가 불교식으로 정례화된 것은 성종 때이다. 성종은 당 태종이 그 부모의 명복을 빌기 위하여 사원에서 5일간 불공을 올린 것을 본따서, 왕조의 개창자인 태조와 父君 戴宗의 기일에는 5일간, 모후 宣義王后의 기일에는 3일간 불공을 올리도록 하였고 그 忌月에는 1개월 동안 도살을 금하였다.[57] 태조의 기신도량은 그 이후 주로 봉은사에서 열렸는데, 봉은사는 광종이 태조의 원당으로 세운 사찰이었다.[58] 다음 목종 때에도 교를 내려, 태조와 부왕 경종을 위한 忌齋를 각각 5일간 열도록 하였으며 혜종, 정종, 광종, 경종, 성종의 기재도 각각 1일 동안씩 열도록 하였다.[59] 덕종과 문종 때에는 부군 현종을 위한 기선도량을 해마다 5월에 현화사에서 열었는데, 현화사는 현종이 왕권의 확립과 문화의 전통을 널리 과시하는 한편 부모의 명복을 빌기 위하여 국력을 기울여 세웠던 사원이었다. 숙종 때에는 매년 7월에 부군 문종의 기신도량을 홍왕사에서 열었으며, 9월에는 모후 仁睿太后의 기신도량을 國淸寺에서 열었는데, 홍왕사와 국청사는 각각 문종과 인예태후의 원찰이었다. 그 후 예종은 매년 10월에 숙종을 위한 기신도량을 열었으

56) 《高麗史》 권 46, 世家 46, 공양왕 3년 2월.
57) 《高麗史》 권 3, 世家 3, 성종 8년 12월.
58) 《高麗史》 권 2, 世家 2, 광종 2년.
59) 《高麗史》 권 3, 世家 3, 목종 원년 5월.

며, 인종은 또한 4월에 예종의 기신도량을 여는 등 이후에도 끊이지 않고 선왕들의 진전사원에서 계속되었는데, 기신도량 때에는 반승이 아울러 베풀어지기도 하였다.

선왕의 기일에 지내는 추모제의 성격을 지니는 기선도량 외에 매년 7월 15일에 《目蓮經》과 《盂蘭盆經》을 외며 돌아가신 분의 극락왕생을 비는 盂蘭盆齋도 여러 차례 베풀어졌다. 이는 예종대에 처음으로 기록에 보이는데 예종 원년과 4년의 7월 15일에 승려들을 궁궐로 초청하여 長齡殿에서 《목련경》을 외며 조상의 명복을 빌었다고 한다.

(7) 담선법회

談禪法會는 禪에 대한 이치를 서로 공부하는 한편 참선도 아울러 실천함으로써 선풍을 크게 떨치는데 주목적을 둔 선사들의 모임인데, 고려 초기부터 3년에 한 번씩 普濟寺에서 국가의 주재로 열렸다. 태조 왕건이 건국 직후에 五百禪宇를 개경과 지방에 창건하고 선승들을 중앙으로 초치하여 담선회를 열었는데, 이것은 선법을 선양하고 아울러 北兵을 진압하고자 한 것이었다.[60] 의종 9년에 보제사에서 열렸던 담선법회가 '普濟國談禪齋'라고 불리웠던 것을 보면,[61] 이것이 국가에서 주관하였음을 알 수 있다.

李圭報가 書房을 출입하던 당시에는 보제사와 나란히 西普通寺와 廣明寺에서도 열리게 되었다.[62] 담선법회를 여는 데 꼭 3년을 기다려야 할 아무런 이유가 없었고 또한 迦智山門의 보제사에서만 해야 하는 것도 아니었다. 이외에도 昌福寺와 大安寺에서도 있었는데, 대안사는 崔忠獻에 의해서 크게 중창된 사찰이며 창복사는 희종 7년에 중창된 바 최충헌이 왕의 윤허를 얻어 담선법회를 해마다 열었던 곳이다.[63] 이들 사찰의 담선법회는 보제사 및 서보통사, 광명사의 경우보다는 국가적 비중이 좀 떨어졌지만 규모는 작지 않았다.

국가에서 주관했던 담선법회와는 달리 따로 須彌山 廣照寺와 迦智山 寶林

60) 李奎報, 〈龍潭寺叢林會牓〉(《東國李相國集》 권 25).
61) 〈龍門寺重修碑〉(《朝鮮金石總覽》 上, 朝鮮總督府, 1919), 403쪽.
62) 李奎報, 〈西普通寺行同前牓〉(《東國李相國集》 권 25).
63) 李奎報, 〈昌福寺談禪寺〉·〈大安寺同前牓〉(위의 책, 권 25).

寺 등 구산선문의 각 본산을 위시하여, 가지산 龍潭寺의 경우처럼 말사에서도 담선법회가 열렸는데 대개 매년 겨울철에 열렸다.64) 그리고 이들 9산에서 열렸던 담선법회는 일명 叢林이라고 불리웠다.

담선법회의 개최시기 및 기간, 규모는 각 사찰마다 서로 달랐다. 서보통사의 경우는 매년 4월 22일부터 7월 하순에 이르기까지 88일간에 걸쳐 1천여 명이 참석한 가운데 열렸으며, 대안사에서는 매년 4월 15일부터 열렸고 창복사에서는 28일간 해마다 열렸다.65)

창복사의 담선법회에서는 普照 知訥이 항상《六祖壇經》과《大慧語錄》을 주로 강설하고 토론하였는데 이러한 경향은 다른 곳의 담선법회에서도 비슷하였을 것이다.《대혜어록》은《육조단경》과 아울러 보조 지눌 이후 고려 불교계에서 비로소 높이 받들어지는 바가 되었는데, 그 후 오늘에 이르기까지 한국 불교계에서 중요시되고 있다. 또한 이규보의《東國李相國集》에 실려 있는 禪會請說禪文, 同前願請說禪文, 同前禪會請說禪文 등에서 이야기하고 있는 바가 모두 頓悟漸修를 골자로 하는 지눌의 선사상이어서 普照 禪이 담선법회를 통하여 널리 퍼져가게 되었음을 알 수 있다.

담선법회는 고종·원종 때에 더욱 성황을 이루게 되는데 이것은 몽고병의 격퇴를 위한 기도가 수반되었기 때문이다.66) 국가의 발전과 국민의 만복을 아울러 기원하는 것을 목적과 취지로 하였던 담선법회가 몽고의 침입을 당하여 몽고군의 격퇴와 국가의 안태를 더욱 절실하게 기원하였음은 당연한 일이었다.

그것이 문제가 되어 충렬왕 4년(1278)부터 그 후 3년 동안 담선법회는 중지되었다. 韋得儒와 盧進義가 고려에 와 있던 몽고인 洪茶丘에게 "국가에서 담선법회를 설행하는 것은 上國 즉 元을 저주하기 위한 것"이라고 말한 것이 발단이 되어 원이 금지케 하였던 것이다. 그리하여 고려 조정은 그 해 3월 장군 盧英을 원에 보내어 해명하였고,67) 6월에는 왕이 이 문제로 또 직접

64) 李奎報, 〈龍潭寺叢林會牓〉(위의 책, 권 25).

65) 위와 같음.

66) 李奎報는 〈甲午年談禪日齋疏〉에서 "나라의 판도가 공고하고 나라의 업이 강령하기를(皇圖鞏固 國業寧康)" 기원하였다(위의 책, 권 41).

67)《高麗史》권 28, 世家 28, 충렬왕 4년 3월 및 권 104, 列傳 17, 金方慶.

원나라에 가기도 하였다.[68] 충렬왕 6년 3월에 曺允通이 원에서 귀국하여 복설의 허가를 전할 때까지 약 3년 동안 담선법회는 중지되었다가 다시 열리게 되었지만,[69] 충숙왕 원년(1314)에도 담선법회에 대한 오해가 없기를 일삼아 밝히기도 하였다.[70]

담선법회는 그 후에도 계속되어 공민왕 때에도 演福寺에서 두 차례 열렸으며, 조선 태종 때에도 司諫院이 담선법회의 폐지를 청하였지만 왕은 이를 허락하지 않았다.

〈洪潤植〉

3) 각종의 도량

(1) 화엄경도량

華嚴經道場은《화엄경》을 외며 강독하고 普賢菩薩이 세운 10大願을 마음에 되새기어 참회하는 한편, 죽은 사람의 명복을 빌거나 또는 재난을 없애기 위하여 기원하는 법회를 말한다.《화엄경》은 우주의 질서를 미적으로 표현한 대승경전 중에 으뜸을 차지하는 경전으로서, 그 속에 담겨있는 가르침도 훌륭하지만 경전 자체가 신앙의 대상이 된 경우도 많았다.

국론통일의 사상으로서 지대한 역할을 담당한 화엄사상은, 중국의 則天武后가 국론통일의 사상에 毘盧遮那佛을 이용한 것이라든지 일본 奈良朝의 聖武天皇이 東大寺에 盧舍那佛을 만들어 전국에 國分寺를 설치할 때 그 이론적 근거로 이용하였던 것에서 보이는 바와 같이, 나라를 달리하여 널리 채용된 국가경영의 근본사상이었다.

신라시대부터 각 경전의 효력을 믿었지만 특히 화엄경은 부처의 화려한 세계를 보여주는 경전이었던 만큼 최고 경전으로 여겨졌는데 이런 경향은 고려 시대에도 어김없이 이어졌다. 화엄경도량이 설행된 가장 주된 이유는

68)《高麗史》권 28, 世家 28, 충렬왕 4년 6월.
69)《高麗史》권 29, 世家 29, 충렬왕 6년 3월.
70)《高麗史》권 34, 世家 34, 충숙왕 원년 정월.

국토를 불교 수행의 도량으로 본《화엄경》에 근거를 둔 오랜 신앙의 결과였다. 몽고의 침입으로 국난이 극심하였던 고종대에 왕의 親設로 17회나 설회되었던 華嚴神衆道場과 고려의 講經法會 중 가장 많은 설행 횟수를 가진《仁王經》,《金光明經》등의 호국경전의 강경의식도 그 경전들이 갖는 호국적인 의미와 더불어 화엄사상이 그 배후에 크게 작용하고 있음을 볼 때, 화엄도량의 설행 목적도 이것들과 큰 연관을 갖고 있다 할 것이다.

화엄경도량은 또한 찬불의 의미로도 설행되었다. 태조가 백제를 항복시킨 기념으로 開泰寺를 짓고 화엄법회를 연 것과 문종 즉위시 永興 지방의 적을 물리치고 화엄도량을 실행한 것 등은 모두 여기에 해당된다고 하겠다. 한편 문종 37년(1083) 7월 興國寺에서 5일간에 걸쳐 열렸던 화엄도량에서는 날씨가 고르기를 기원했으며, 숙종 7년(1102) 4월에는 송충이의 해를 막기 위해 화엄경을 외는 의식이 있었다.

(2) 반야경도량

般若經道場은《般若波羅蜜多經》을 강설하는 행사인데, 이 경은 대승불교 초기에 성립된 대표적인 경전으로 석가모니의 근본 사상인 緣起說을 空의 입장에서 해명하여 지혜롭게 사는 법을 철학적으로 제시하고 있다. 고려시대의 반야도량은 이러한 반야경에 대한 신앙 및 수행법으로 행해지는 한편, 그 공덕으로 천변이나 질병을 물리치고, 비가 오기를 비는 등의 현세이익적 목적으로도 널리 행하여졌다. 고려시대를 통틀어 총 21회 열렸던 이 도량은 숙종 7년(1102) 6월에 송충이의 해를 막기 위해 2천 명의 승려들이 네 패로 나뉘어《반야경》을 읽으면서 개경 주변의 산을 두루 돈 것이라든지, 예종 원년(1106) 왕사 德昌을 초빙해 會慶殿에서《반야경》을 외며 비오기를 기원한 것 등이 이에 해당한다. 또한 전염병을 막기 위한 기원으로서 예종 4년 4월과 15년 8월에 각각 반야경도량이 열리기도 했다.

이처럼 고려시대의 반야경도량은 재난과 질병 및 외적들을 물리치기 위한 목적으로 베풀어지기도 하였고 또한 祈雨와 祈農의 도량으로 설치되기도 하였다.

(3) 법화도량

法華道場은《妙法蓮華經》을 외며 참회하는 의식을 말한다. 선종 9년(1092) 6월 仁睿王后가 白州 見佛寺에서 1만 일을 기약하고 천태종예참법을 열어 法華禮懺을 닦았고,[1] 명종 10년(1180) 6월에 왕이 崇敎寺에서 법화회를 열었다.[2] 그리고 충렬왕 8년(1282) 7월에 공주가 병이 나서 법화도량을 열었으며,[3] 충숙왕 2년(1315)에 국청사 금당이 중수되어 이를 경찬하는 법회가 열렸을 때에도 법화예참이 있었다.

법화경신앙이 왕실을 중심으로 크게 일어남에 따라 자연히 일반 대중에 이르기까지 파급되었다. 화엄이 佛에서 중생에로의 하향성을 갖고 국가적인 신앙으로 자리잡은 데 반하여 법화는 중생에서 불에게로, 그리고 서민적인 신앙의 경향을 강하게 띠었다. 이리하여 개경에서만도 여러 곳에 法華結社가 이루어졌으니 蓮華院과 寶岩社는 그 대표적인 것이었다. 개경의 남쪽 주민들이 모인 연화원에서는 六齋日마다 법화경을 서로 돌아가며 읽고 토론하였으며, 매월 15일에는 다 같이 밤을 세워가면서 극락왕생을 염불하였다. 주로 퇴직한 관리들이 모여 구성하였던 보암사의 경우도 연화원과 비슷하였다.

(4) 금광명경도량

《金光明經》은 고려에서 뿐만 아니라 예로부터 모든 불교국에서《仁王般若經》과 더불어 호국신앙의 중요한 경전으로 받들어져 왔다.[4]

《금광명경》이 호국경으로 신봉되고 있었던 것은 외호의 法用으로서의 사천왕 사상이 언급된 四天王護國品이 그 안에 있기 때문이다. 사천왕이란 毘沙門天王·提頭賴吒天王·毘留勒叉天王·毘留博叉天王을 말하며, 이들은 모두 제석궁의 동서남북의 사방을 수호하는 천왕들로서 각각 많은 善神들을

---

1)《高麗史》권 10, 世家 10, 선종 9년 6월.
2)《高麗史》권 20, 世家 20, 명종 10년 6월.
3)《高麗史》권 29, 世家 29, 충렬왕 8년 7월.
4) 金相鉉,〈고려시대의 호국불교 연구—金光明經 신앙을 중심으로—〉(《학술논총》1, 단국대, 1976).

거느리고 불법을 수호하며 국토를 지켜주고 있다. 그리하여 정법으로 다스려지는 나라나 국왕에게는 사천왕과 그 권속들이 국토의 쇠락, 외적의 침략, 기근과 질병 등 각종 재난으로부터 보호해 주지만 그렇지 않을 경우에는 여러 재앙이 계속된다는 것이다.

따라서 고려 전 기간에 걸쳐 22회 열렸던 金光明經道場은 근본적으로 그 성격상 호국사상의 기반 위에 설치된 도량이었던 것이다. 한편 금광명경도량은 비오기를 빌기 위해 열기도 하였는데 문종 2년 8월, 선종 즉위년 10월, 정종 7년 5월 등의 도량은 그 예이고, 특히 선종 2년 5월의 금광명경도량 때에는 궁전 안의 건덕전에서 7일간이나 계속되었다.

(5) 약사도량

藥師道場은 약사불을 모시거나 또는《藥師經》을 읽으며 각종의 재액을 없애고 그 소원대로 성취되기를 기원하는 법회나 의식을 말한다. 특히《약사경》에는 이 경을 받들어 모시고 정성껏 읽으면 국내의 병란이 일어나지 않으리라는 것을 강설해 놓았기 때문에, 치병의 목적뿐 아니라 외적을 물리치기 위한 목적으로도 열렸다. 예종 3년(1108) 5월과 8월에 여진을 물리치기 위하여《약사경》을 강독하는 도량이 베풀어졌으며,[5] 고종 41년(1254) 6월의 약사도량은 몽고병을 물리치기 위한 목적으로 열렸다.[6]

(6) 제석도량

帝釋道場은 국내에 천재지변이 있거나 또는 외적의 침범이 있을 때에 帝釋天을 모셔 놓고 베푼 도량이다. 그것은 제석이 본래 고대 인도의 善神으로 능히 적군을 항복시킬 뿐만 아니라 아군의 용기를 북돋워 주는 신통력을 발휘한다는 불법의 수호신이며 전투신이기 때문이다.[7]

태조 2년의 內帝釋寺 창건과 동 7년의 外帝釋院 창건은 삼국시대 이래 뿌

---

5)《高麗史》권 12, 世家 12, 예종 3년 5월·8월.
6)《高麗史》권 24, 世家 24, 고종 41년 6월.
7) 徐閏吉, 〈고려의 帝釋信仰〉(《佛敎學報》15, 1978).

리깊은 제석신앙의 구체적인 수용이었고, 그 후 문종 14년(1060) 정월 처음으로 제석도량이 열린 이래 명종 3년(1173) 정월, 6년 5월, 7년 2월, 8년 정월, 11년 2월 등 총 23회나 개설된 것으로 보아 상당히 비중있는 도량이었음에 틀림없다.

한편 이 제석도량은 거의 정월 또는 2월에 열리고 있어 연중행사적인 성격을 짙게 띠고 있을 뿐 아니라 전통의 제천의식과도 관련이 있다.[8] 즉 天帝라고 하는 천신의 관념이 우리 민족 전통의 제천사상과 쉽게 습합하여 막연한 하늘이 아닌 帝釋天이 계신 하늘이라는 민중신앙으로 뿌리를 내릴 수 있었고, 이것이 제석도량으로 정착되었던 것이다. 하늘(天, 帝釋)에 대한 불교신앙행사는 제석도량을 비롯하여 四天王道場·功德天道場·摩利支天道場·北帝天兵護國道場 등이 있으니 전통의 제천사상과 조화되어 대단히 성행하였음을 알 수 있다.

(7) 신중도량

神衆道場은 불법의 수호신인 神將들을 한 곳에 모시고 각종의 재액을 없애기를 기원하는 의식을 가리키는데 여기에는 華嚴神衆道場과 天兵神衆道場이 해당한다.

신중도량이라는 정식 명칭을 가진 도량이 열린 것은 고종 때(1217)였지만, 국가적 의식이 아닌 개별 사찰에서 신중도량이 행해진 것은 아마 그 이전이었을 것이다. 고종 36년(1249)에 신중도량이 화엄신중도량의 명칭으로 열린 이래 고종 때의 신중도량은 그 대부분이 화엄신중도량과 천병신중도량의 명칭으로 나타나고 있는 점이 주목된다.

고종대는 몽고의 병난으로 국토가 어지러운 때였으므로, 佛道修行의 도량인 국토가 어지럽게 됨은 화엄신중의 옹호가 없기 때문이라고 믿어 이를 종교적으로 극복하기 위해 강화도읍기에 집중적으로 화엄신중도량이 열렸던 것이다.[9] 이 시기는 국가 존망의 위기를 맞이하여 어느 때보다도 호국과 국

---

8) 金炯佑, 《高麗時代 國家的 佛敎行事에 대한 硏究》(동국대 박사학위논문, 1993), 140쪽.

9) 洪潤植, 〈高麗史 世家篇 佛敎記事의 歷史的 意味〉(《韓國史硏究》 60, 1988).

가적 안녕이 절실히 요구되었기 때문에 국가는 각종 불교 행사의 설행에 온 힘을 기울였던 것이다. 이는 고려정부가 지향하였던 항몽정책을 신앙적으로 뒷받침하여 항쟁을 장기화하는 데 기여하였다.[10] 이러한 국가적 위기에 종교적으로 대응하기 위하여 집중적으로 개설되었던 불교행사는 신중도량 외에 消災道場과 功德天道場이 있다.

(8) 공덕천도량

功德天道場은 《金光明經》의 功德天品에 근거한 도량으로서 그 근본 성격은 신중도량과 같은 것이었다. 공덕천을 공양하고 염송하면 복을 받는다는 경전의 설에 따라 이 공덕천도량은 고려시대에 13회에 걸쳐 설행되었는데, 그 중 8회는 강화 천도의 시기에 열렸기 때문에 국난 극복의 호국신앙과 깊은 관련이 있었음을 알 수 있다.

또한 공덕천도량은 祈雨의 의미로도 열렸으며, 여러 재난을 물리치는 것이었기 때문에 약사도량과 같이 설행되기도 하였다.

(9) 소재도량

天變의 불길한 징후를 소멸시켜 앞으로 다가올 어려움을 미리 예방하려는 대표적 도량으로 消災道場을 들 수 있다.

소재도량은 《消災一切閃電障難隨求如意陀羅尼經》 혹은 《大威德金輪佛頂熾聖光如來消除一切災難陀羅尼經》 등을 외면서 질병과 천재지변을 없애고 복을 비는 의식으로서 고려 때 열린 도량 가운데 그 횟수가 가장 많았던 것이며, 여러 불교행사 중에 밀교적 성향이 가장 두드러진 의식 가운데 하나였다.

일월성변 등의 천변이 일어나는 중요한 원인은 국왕을 비롯한 통치자에 대한 하늘의 견책으로 나타난다고 생각하였으며, 또 이러한 일들은 국가나 왕실에 대한 반역, 왕이나 왕족의 사망, 질병 등을 예시하는 것으로 해석되

---

10) 尹龍爀, 〈대몽항쟁기의 불교의례〉(《歷史敎育論叢》 13·14, 1990).

었다. 고려시대에서는 이러한 천재지변을 소멸시키기 위한 각종의 방법이 강구되었는데, 유교나 도교행사보다도 불교의 소재도량이 가장 많이 베풀어졌다. 고려시대의 소재도량은 문종 즉위년(1046) 10월에 회경전에서 열린 것을 시작으로 하여 150여 회에 걸쳐 고려가 멸망할 때까지 별다른 기복 없이 열렸는데, 특히 대몽항쟁기에는 그 설행 횟수가 다른 시기에 비하여 많았다.

인종 21년(1143) 6월 大觀殿에서 5일간에 걸쳐 행해진 소재도량은 왕비 任氏의 병을 고치기 위해서 열렸지만, 그것도 원인은 천변에 있다고 보았기 때문이며, 그 밖의 거의 모든 소재도량은 모두 천변의 징후를 밀교적 消災法에 의해 물리치고 예방하려 한 것이었다.

(10) 문두루도량

文豆婁道場은《佛說觀頂伏魔對印大神呪經》의 가르침에 따라 五方神을 모시고 주문을 외면서 각종의 재액을 없애려고 기원하는 의식이다. 문두루도량은 종교적 수행이나 인간완성의 의미는 거의 부여되지 않았으며, 주로 외적의 침입을 막고 국가의 안태를 빌기 위한 목적으로 열렸다.

문종 28년(1074) 7월에는 蕃兵을 물리치기 위하여 東京의 四天王寺에서 27일 동안 문두루도량이 열렸다.[11] 동경의 사천왕사는 통일신라 초기에 明朗法師가 문두루도량을 열어 당나라 군사를 물리쳤던 바로 그 자리에 세워진 사찰이었는데, 고려시대에 와서도 밀교 사찰로서의 기능이 계속 유지되었음을 알 수 있다. 예종 3년(1108) 7월에 東界의 鎭靜寺에서 열렸던 문두루도량은 당시의 邊寇 즉 여진을 물리치기 위한 것이었으며,[12] 이듬해 4월에도 같은 목적으로 西京의 興福寺·永明寺·長慶寺·金剛寺 등의 사원에서 문두루도량이 설행되었다.[13] 또 고종 4년(1217) 4월과 12월에도 거란군을 물리치기 위하여 賢聖寺에서 문두루도량이 베풀어졌다.[14] 다른 밀교도량이 대부분 궁

11)《高麗史》권 9, 世家 9, 문종 28년 7월.
12)《高麗史》권 13, 世家 13, 예종 3년 7월.
13)《高麗史》권 13, 世家 13, 예종 4년 4월.
14)《高麗史》권 22, 世家 22, 고종 4년 4월·12월.

궐 안에서 열렸지만 이 문두루도량은 궁궐 밖의 사원에서 열렸다.

(11) 불정도량

佛頂道場은《佛頂尊勝陀羅尼經》을 외면서 재액을 없애고 복을 비는 의식이다. 이 불정도량은《고려사》에 40회나 되는 기록이 남아 있어 당시에 매우 중요시되었음을 알 수 있다. 선종 2년(1085) 3월에 궁궐의 文德殿에서 설행되기 시작하여 숙종 때에는 7년(1102) 3월, 9년 3월, 10년 8월에 열렸고, 예종 때도 2년(1107) 3월, 4년 2월, 5년 10월, 9년 4월, 15년 8월 등 여러 차례에 걸쳐 있었는데, 인종 즉위년 7월에 會慶殿에서 7일 동안 열렸던 불정도량은 당시 개경 주변의 산에 송충이를 물리치기 위해서 열렸다.[15] 또 명종 10년(1180) 3월에 내전에서 베풀어진 불정도량은 乾方의 赤氣를 물리치기 위한 목적으로 열렸다.

이 불정도량은 대개 5일에서 7일 동안 궁궐 내에서 열리는 것이 보통이었으나, 강화에 도읍하고 있던 원종 5년(1264)에는 三郎城 神泥洞 假闕에서 4개월간이나 「大佛頂五星道場」이라는 이름으로 설행되었고,[16] 고종 42년(1255)에는 佛頂心道場을 왕이 친히 설행하였다.

한편 명종과 원종대에 열린 불정도량의 경우에서와 같이 후대로 갈수록 밀교적 의례에 치중하여, 승려들의 지나친 행동과 미혹한 왕실의 태도가 두드러지게 나타났다. 불정은 석가모니불 정수리의 공덕을 인격화하여 숭배의 대상으로 삼는 것인데, 佛頂陀羅尼를 새긴 佛頂陀羅尼幢이 평양과 개성, 해주에 남아 있으며,[17] 이들은 모두 고려시대에 조성된 것으로 생각되고 있다.

이 불정도량은 숙종·예종·인종대에 크게 성행하였고, 무신집권기에도 자주 열렸는데, 강화에서 개경으로 환도한 원의 간섭기 이후에는 열리지 않았다.

---

15)《高麗史》권 54, 志 8, 五行 2, 인종 즉위년 7월.
16)《高麗史》권 26, 世家 26, 원종 5년 5월·6월.
17)〈大佛頂陀羅尼幢〉(《朝鮮金石總覽》上, 朝鮮總督府, 1919), 547~550쪽.

(12) 마리지천도량

인도의 서민층에서 신앙되었던 日光의 신 摩利支天(Marici)은 얼굴이 셋이며 팔이 넷인 천신으로서 재난을 소멸하여 중생들에게 항상 만복을 주며, 또한 승리의 신이며 군인의 수호신이기도 하다. 이 마리지천을 본존으로 모셔놓고 《摩利支經》을 외우면서 각종의 재난이 없어지기를 기원하는 도량이 바로 摩利支天道場이다.

마리지천도량은 문종 20년 9월, 숙종 6년 4월, 명종 3년 2월과 6년 4월, 7년 3월, 희종 5년 10월과 6년 4월, 고종 4년 5월 등 총 9회 열렸으며, 매 도량마다 왕의 親幸이 있었다. 그런데 이 마리지천도량은 언제나 妙通寺에서만 개최되고 있어 주목된다. 묘통사는 본래 개경에 있었으나, 강화 천도 후에 마니산에 복원되었던 밀교사찰이다.[18] 고종 4년(1217) 5월에 개최되었던 마리지천도량은 거란병을 물리치기 위한 목적으로 열렸다.

(13) 관정도량

灌頂道場은 《佛說灌頂經》과 그 陀羅尼를 외며 재난을 없애려고 기원하는 의식이다. 본래 灌頂은 인도의 풍속인데 국왕이 즉위할 때에 사해의 물로 이마를 씻는 의식을 말하며, 밀교에서는 비법을 수여할 때 이 의식을 행하였다.

관정도량이 처음 기록에 보이는 것은 숙종 6년(1101) 4월의 일로, 송충이의 해를 없애기 위해 문두루도량 등에 앞서 열렸으며,[19] 인종 5년(1127) 3월에 妙淸과 白壽翰의 말에 따라 궁궐의 常安殿에서 베풀어지면서 본격화되었다. 그 후 강종 원년(1212) 정월과, 원종 원년(1260) 4월, 10년 12월, 15년 9월 그리고 충선왕 즉위년 8월에 각각 관정도량이 열렸다. 강종과 원종, 충선왕 때에는 즉위년이나 원년에 열렸으며, 특히 원종 원년의 경우 4월에 왕이 강안전에서 즉위식을 가진 후 바로 뒤이어 慶寧殿에서 관정하고 보살계를 받았다.

---

18) 尹龍爀, 앞의 글, 440쪽.

19) 《高麗史》 권 54, 志 8, 五行 2, 숙종 6년 4월.

이상에서 볼 때, 고려시대의 관정도량도 傳法受戒의 뜻과 戴冠式의 의의를 갖는 것으로 여겨지며 아마도 왕들은 이 의식을 행함으로써 불교에 귀의하는 신앙을 표시하는 한편, 재위기간 동안을 평화롭게 해달라고 부처에 호소하였던 것이라 하겠다.

(14) 기우도량

祈雨道場은《大雲輪請雨經》과《龍王雲雨經》등을 외우면서 가뭄 때 비오기를 기원하는 의식인데, 龍王道場 혹은 雲雨道場이라고도 하였다. 비를 비는 행사는 이 용왕도량과 운우도량 뿐 아니라《인왕경》등의 호국경전도량과 반야도량, 나한재 등 여러 형태에 의하여 행해졌고, 또 불교의식이 아닌 도교의식과 무속신앙의식도 아울러 행해졌다. 당시 농경사회에 있어서 가뭄, 홍수, 태풍 등의 자연 현상은 대단히 중요한 문제이므로 이러한 문제를 해결하기 위하여 위의 갖가지 행사와 더불어 국왕은 正殿을 피하고 음식을 줄였으며 죄수를 풀어 주기도 하였다.

기우도량을 행할 경우 왕이 왕사에게 거행토록 하는 경우와 사원에 명령하여 기우도량을 설치케 하는 방법이 있었으나 문무백관을 시켜 기우도량을 설하게 하는 일도 있었다. 또한 기우도량의 장소도 어떤 특정한 사찰이나 왕궁이 되는 경우도 있지만 가뭄이 심할 때에는 전국의 모든 사찰에 기우제를 지내도록 하는 일도 있었다.

〈洪潤植〉

4) 반승과 재회

고려시대에 국가에서 설행하였던 불교행사에는 飯僧과 齋會도 있었다. 반승은 일명 齋僧이라고도 하여, 신도들이 승려에게 음식이나 물건을 베푸는 것을 말한다. 본래 불교는 보시를 중요한 수행덕목으로 생각하여 왔고, 보시로 인하여 탐욕심이 소멸되고 자비심이 길러진다고 보았다. 석가의 생존시에는 국왕이나 부유한 사람들이 석가와 수도자들을 초대하여 공양을 올렸다는 기록들이 있는데,《楞嚴經》의 설법은 부처와 제자들이 반승의 공양을 받은 날에 있었다고 전해지고 있다.

《고려사》의 기록에는 '一萬飯僧'·'三萬飯僧' 등이라 하여 매우 성대하게 열렸음을 알 수 있다. 처음에는 단순히 승려에게 식사를 제공하는 것만으로 그 공덕이 인정된다고 믿었으나, 나중에는 승려에게 법을 베풀어 받았으므로 식사를 제공해야 된다는 상관관계에서 행하여지게 되었다. 고려시대의 반승은 주로 인왕백고좌도량 등의 호국법회와 불탄일, 국왕 생일 등의 경축행사, 그리고 기신도량·우란분재 등의 추모행사 후에 행하여졌다. 이 반승행사는 점차 그 규모가 커짐에 따라 사회 경제적인 문제가 야기되기도 하였다.

고려시대에 가장 빈번히 보이는 반승은 인왕백고좌도량 등의 법회가 있고 난 후에 행하여졌던 法會飯僧이다.《고려사》세가편의 반승 설행기사 중에, 그 동기를 알 수 있는 것의 대부분이 仁王百高座道場 때의 반승이며, 그 밖에 藏經道場 때에도 열렸다. 예를 들면, 현종 20년(1029) 4월에 會慶殿에서 장경도량을 설하고 나서 毬庭에서 1만 인에게 반승을 베풀었고, 문종 2년(1048) 9월에는 3일간 회경전에서 백좌인왕도량을 열어 구정에서 1만 명에게, 각 지방의 사원에서 2만 명에게 반승을 베풀었다.

이처럼 인왕도량 때의 반승은 거의가 개경의 구정에서 1만, 지방 州府의 여러 사원에서 2만명을 반승한 대규모의 행사였다. 고려 초기부터 전국적인 대규모로 열렸던 반승은 몽고와 항쟁하기 위하여 강화에 도읍을 옮기기 전까지는 유지되었으나, 江都시절에는 한 차례도 베풀어지지 못하였다. 전쟁의 와중에 상당한 지출이 요구되는 반승이 설행되기란 불가능한 일이었던 것이다.

이후 원의 간섭기에 들어와서는 이따금 반승이 시행되기는 하였으나, 그 설행 횟수와 규모가 크게 감소하여 그 양상이 달라졌다. 인왕도량 때 열린 1만 혹은 3만의 대규모 반승은 완전히 자취를 감추었고, 대신 국왕 개인이나 왕실 불교신앙의 차원에서 수백 명 혹은 천여 명의 소규모로, 그것도 전국적인 반승이 아닌 궁궐이나 특정 사원에서만 행하여졌다.

선왕이나 왕후, 공주의 忌日에도 재를 지낸 후에 반승하였다. 의종 8년(1154) 2월에 內殿에서 인종의 기일을 맞이하여 반승을 열었고, 예종 15년

(1120) 9월에는 順德王后의 대상일에 常安殿에서 반승을 열었다. 공민왕 19년(1370)에는 왕이 공주의 기일을 맞이하여 魂殿에 행차하여서 3일간이나 반승을 열었다.

왕의 탄일을 경축하거나 석가세존의 성탄을 경축하는 의미에서도 반승이 행하여졌다. 국왕 생일의 경축반승은 공민왕 원년(1340), 5년, 15년, 17년, 18년, 20년과 22년 등 모두 7회에 걸쳐 기록이 보이고 있다. 한편 석가탄일의 반승은 공민왕 원년 4월에 왕이 불탄일에 궁중에서 연등을 설하고 승려 1백명에게 반승하고 기악을 연주하며 구경하였다는 예가 있다. 그 밖에 국왕이 사원에 행차하여 소규모로 반승한 경우가 몇 차례 있고, 祈雨를 목적으로 인종 4년 5월에, 왕의 질병을 낫게 하기 위하여 인종 24년 정월에 반승하였다.

고려 후기에 와서는 반승의 설행 횟수와 규모가 줄어들었는데, 이는 승려의 수가 줄었다기 보다는 국가의 재정이 어려워지고, 나아가 대규모 국가적 호국행사였던 인왕백고좌도량이 종전처럼 열리지 못하였기 때문이었다. 원간섭기라는 시대적 상황에서 진호국가행사인 인왕도량이 열리지 못한 것은 당연한 일이었으나, 공민왕 이후의 고려 말에 와서도 이러한 쇠퇴 현상은 회복되지 못하였다. 즉 공민왕대 이후의 반승은 왕의 탄일이나 공주의 기일에 열려 국가적 차원이 아닌 개인적 차원의 반승으로 변화하였다.

고려시대에 국가에서 베푼 반승은 승려를 수만 명씩 초청하여 반승한 경우가 대부분이어서 그 규모가 전국적이었으며, 그에 따른 소요경비 또한 막대하여 상당한 부담으로 작용하였다. 특히 고려 말에 와서 반승의 의식이 자주 설치됨으로써 사회경제적 문제가 되기도 하였다.

충숙왕 즉위년 10월에는 上王이 승려 108만 명에게 반승하고자 서원하였으며,[1] 그 비용이 헤아릴 수 없을 정도라고 하였다. 또 공양왕 3년에는 왕이 檜巖寺에 행차하여 크게 불사를 열었으며 왕이 직접 1천여 명의 승려에게 반승할 때에는 伶官으로 하여금 주악을 올리게 하면서 손에 향로를 들고 이곳저곳을 돌아다니면서 승려들에게 음식을 권하였다고 하니,[2] 당시의 반승

1) 《高麗史》 권 34, 世家 34, 충숙왕 즉위년 10월.
2) 《高麗史》 권 46, 世家 46, 공양왕 3년 2월.

이 끼친 사회 경제적 부담을 능히 짐작할 수 있다.

齋會는 불보살에게 공양을 올리는 행사로서 羅漢齋와 水陸齋 등이 널리 성행하였다. 나한재는 16나한 또는 오백나한을 공양하여 찬탄하는 법회를 말하는데, 그 공양의 대상에 따라 각각 16나한재 또는 오백나한재라고도 하였다.

고려 중기에는 국왕이 普濟寺로 행차하여 그 곳에서 오백나한재를 올리는 일이 자주 있었다. 문종 7년(1053) 9월에 神光寺에서, 숙종 7년(1102) 10월에는 神護寺에서, 또 충렬왕 8년(1282) 9월에는 吉祥寺에서 열린 적도 있긴 했지만, 오백나한재는 주로 보제사에서 개최되었다. 숙종 4년(1099) 4월과 6년 4월, 의종 5년(1151) 7월과 7년 3월, 명종 6년(1176) 4월과 8년 3월 등은 다 같이 보제사에서 열린 예이지만, 의종 5년 7월에 있었던 오백나한재에서는 비오기를 아울러 기원하였었다. 또 신종 6년 2월에 있었던 오백나한재에서는 당시 국내를 시끄럽게 하였던 지방의 농민반란을 진압하기 위한 기도를 아울러 그 목적으로 하였는데 이는 오백나한재가 오백나한을 공양하는 순수한 뜻에서만 열리지 않았음을 보여준다.

나한재와 함께 물과 육지에서 헤매는 외로운 영혼과 아귀를 달래며 위로하기 위하여 불법을 강설하고 음식을 베푸는 의식인 수륙재가 있었다. 수륙재회는 일찍이 광종 때에도 때때로 성대히 열린 적이 있었는데, 선종 때 太史局事로 있었던 崔士謙이 수륙재의 의식절차를 적어 놓은 水陸儀文을 송으로부터 얻어 가지고 돌아오니 왕이 보제사 경내에 水陸堂을 새로 세우게 하여 수륙재를 더욱 크게 격식에 맞도록 하는 계기가 되었다. 또한 후에 一然의 제자인 混丘가《新編水陸儀文》을 찬술한 일은 수륙재를 더욱 널리 성행하게 하는 계기가 되었다. 충목왕 4년(1348) 11월에는 왕의 몸이 편치 않아 이를 물리치기 위해 공주가 前贊成事 李君侅를 天磨山에 보내어 수륙회를 설하기도 하였다.

〈洪潤植〉

5) 향도조직

(1) 향도의 기원

고려시대 불교는 당시의 사회체제를 유지하는 데 크게 기여하였으며, 종교이념으로서도 중요한 역할을 하였다. 백성들은 대부분 불교를 중심으로 신앙활동을 영위하였다. 신앙활동은 개별적으로 이루어지는 경우도 있었지만 집단조직을 통하여 전개되는 경우도 적지 않았다. 특히 불사를 위한 비용을 한 개인이 전담하여 조달하는 것은 거의 불가능하였기 때문에 집단을 결성하여 함께 부담을 나누었다. 향도는 이러한 불교신앙과 관련한 행위를 함께 하는 집단 가운데 대표적인 존재였다.

향도문제는 불교신앙이 지방사회에서 전개되는 양상을 파악하는데, 또 지방사회의 편제방식을 해명하는 데 중요한 실마리를 제공해 주는 과제라 할 수 있다. 이러한 중요성 때문에 향도문제는 일찍부터 주목되어 왔는데, 그 접근 방향은 세 가지로 나눌 수 있다.[1] 계와의 관계 또는 계의 기원문제와 관련하여 이해하는 것이 그 하나이다.[2] 이러한 이해는 조선 중기 李睟光 이래로 최근까지 계승되고 있다. 둘째는 특정 목적을 위해 조직된 불교의 신앙결사라는 시각에서 연구하는 것이며,[3] 또 하나는 향촌공동체 또는 촌락구조의 해명을 목적으로 접근하는 것으로[4] 사회구조와의 관련양상을 중심으로 향도의 사회적 성격을 살핀 경우이다.

---

1) 김필동, 〈삼국~고려시대의 香徒와 契의 기원〉(《한국전통사회의 구조와 변동》, 문학과 지성사, 1986).

2) 李睟光, 《芝峰類說》 권 2.
李圭景, 〈香徒辨證說〉 (《五洲衍文長箋散稿》 권 36).
金庠基, 《高麗時代史》 (서울大出版部, 1985), 782~784쪽.
白南雲, 〈朝鮮契의 社會史的 考察〉 (《現代評論》, 1927년 7월).
김필동, 위의 글.

3) 金文經, 〈三國·新羅時代의 佛敎信仰結社〉(《史學志》 10, 1976).

4) 李泰鎭, 〈醴泉 開心寺 石塔記의 分析—高麗前期 香徒의 一例—〉(《歷史學報》 53·54, 1972 ; 《韓國社會史硏究》, 知識産業社, 1986).
蔡雄錫, 〈高麗時代 香徒의 사회적 성격과 변화〉(《國史館論叢》 2, 1989).

이러한 다양한 연구의 결과로 향도의 실상에 대한 일정한 이해체계를 가질 수 있게 되었다. 즉 향도는 불교와 깊은 관련을 갖는 자발적인 단체로서, 당시의 향촌사회구조와 일정한 관련을 갖는다는 사실이 확인되었던 것이다.

향도는 고려시기에 집중적으로 그 존재가 나타나지만, 고려 이전 시기부터 존재하고 있었음이 확인된다. 향도에 관한 최초의 기록은 진평왕 31년(609)의 金庾信의 龍華香徒에 관한 것이다.[5] 그 이후에도 향도에 관한 기록들은 자주 보여져 거의 전국적으로 행하여졌던 것을 알 수 있다. 백제지역에서도 향도가 존재하고 있었다고 추정된다.[6] 초기의 향도조직은 주로 불교신앙결사로서의 모습을 보이고 있다. 김유신의 용화향도라든가 혹은 異次頓 무덤의 禮佛香徒는[7] 그러한 신앙결사로서의 모습을 잘 보여준다. 그리고 불상·범종·석탑·사찰 등의 조성에 향도가 참여하는 경우도 찾아진다. 이들 조직은 대부분 승려와 일반 신도로 이루어졌으며, 20여 명의 소규모에서부터 3천여 명에 이르는 대규모의 사례도 있어 규모상 일률적이지는 않았다.

고려 이전의 향도조직은 내용상 불교신앙조직이기는 하지만 산신신앙과 같은 종래의 무격적이고 주술적인 토착신앙요소를 포함하면서, 기존의 종교적·사회적인 기능들을 대신하는 측면도 보여주고 있다. 또한 김유신의 郎徒가 용화향도로 불리고 있는 사실에서 화랑도와 미륵신앙의 관련성을 찾을 수 있는데, 이것은 향도가 기존의 종교신앙을 포함하는 면을 보여주는 것이라 할 수 있을 것이다.

(2) 고려 전기 향도의 조직과 활동양상

고려시기에 이르면 향도는 더욱 많이 조직되고 그 활동도 보다 활발해진다. 그러나 대개 향도는 지방사회에서 자발적으로 조직되었기 때문에 중앙의 기록에는 풍부하게 자료를 남기기 어려웠을 것이다. 그런 가운데 여러 향도의 사례가 단편적으로나마 남아 있어 이 시기에 다수의 향도가 조직되어 활

5) 《三國史記》 권 41, 列傳 1, 金庾信.
6) 〈癸酉銘三尊千佛碑銘〉(《韓國金石遺文》, 一志社, 1981), 249~250쪽.
7) 《三國遺事》 권 3, 興法 2, 原宗興法 厭髑滅身.

동하였음을 알 수 있다.

고려 초 利川지역에서 결성된 향도는 경종 6년(981)의 磨崖觀音菩薩半跏像에서 살필 수 있다. 銘文은 마모가 심하여 자세한 내용을 알 수 없지만, 上首 즉 향도의 지도격 승려가 관음보살반가상을 조성하였다는 것은[8] 이 향도가 관음신앙에 대해서 관심이 높았음을 알려준다. 이천 향도와 비슷한 시기에 玄風信士들이 결성했던 향도는 香木을 사찰에 바치는 일을 하였다. 成梵이라는 승려가 萬日彌陀道場을 열어 이후 50여 년간 지속하였는데, 이 향도가 해마다 향목을 채취하여 사찰에 시납하였다.[9]

석탑을 조성한 향도의 예도 찾아진다. 醴泉의 開心寺 석탑은 현종 3년(1012)에 彌勒香徒와 椎香徒라는 두 개의 향도 집단이 조성하였다.[10] 석탑을 조성하기 위해 결성한 향도는 그 밖에도 적지 않았을 것으로 생각된다. 사찰의 시설을 조성하는 역할을 수행한 향도 이외에 사찰에서 사용하는 佛具를 마련하는 향도도 있었다. 廻眞寺의 金鐘은 승려가 化主가 되어 有緣者를 모아 결성한 향도가 조성하였다.[11]

그 밖에 埋香과 立碑를 하는 향도도 있었다. 八畝島의 매향비는 목종 5년(1002) 승려 및 일반인으로 구성된 향도가 매향을 하고 비를 세운 사례이다.[12] 매향의 행위는 고려 말 조선 초기의 금석문에 집중적으로 나타나는데, 매향이란 그 결과로서 얻어지는 沈香을 매개로, 장래에 하생할 미륵불과 연결되고 구원을 받고자 하는 신앙행위로서 저급의 下品修者를 위한 논리구조를 갖는 것이다.[13]

향도는 이처럼 기본적으로 불교신앙과 관련하여 조직된 것이며, 불사를 함께 도모하는 역할을 하고 있었다. 석탑이나 불상, 종을 조성하였으며, 향목을 제공하거나 매향을 하기도 하였다. 한편 성격이 명확하지 않고 국가로부터 문제가 된 萬佛香徒라는 것이 있다. 만불향도는 僧俗雜類들이 무리를 지어

8) 〈利川磨崖半跏像銘〉(《韓國金石全文》 中世 上, 亞細亞文化社, 1984).
9) 《三國遺事》 권 5, 避隱 8, 包山二聖.
10) 李泰鎭, 앞의 글.
11) 〈東京廻眞寺鐘〉(《韓國金石遺文》), 294~295쪽.
12) 《世宗實錄》 권 16, 세종 4년 2월 병진.
13) 李海濬, 〈埋香信仰과 그 主導集團의 性格〉(《金哲埈博士華甲紀念史學論叢》, 1983).

결성한 것으로 염불독경을 하며 詭誕한 짓을 하거나 술과 파 등을 팔거나 무기를 들고 포악한 짓을 하면서 倫常과 풍속을 어지럽혔다고 한다.[14] 승려들이 참여하고 있고 염불독경을 하므로 불교와 긴밀히 관련되는 향도인 것은 분명하나, 그들의 행위는 위정자의 시각에서 윤상과 풍속을 어지럽게 하는 것으로 인식되고 있었다. 그 구체적인 행동은 자세히 알 수 없지만, 당시 사회질서와 배치되는 것임에는 분명하다고 하겠다.[15]

향도조직이 불교신앙 행위와 관련됨은 일차적이나, 이들이 당시의 향촌사회구조와도 깊은 관계를 맺고 있는 것은 당연한 일이라 할 것이다. 향도를 구성하거나 주도한 계층, 향도에 참여한 인원의 출신지역과 규모는 이 시기의 향촌사회구조를 이해하는 데 중요한 실마리를 제공하여 준다.

이천지역에서 마애불을 조성한 향도는 그 규모가 20인 정도였으며, 상수 즉 향도의 지도적 승려가 존재하였다.[16] 香木을 채취하여 사찰에 납부하기 위해 조직한 玄風지역 향도의 경우는 20인으로 구성되었으며, 신사 즉 신도들이 중심이 되어 결사를 조직하였다.[17] 이 두 경우는 향도의 규모가 20인 정도에 그치는 소규모의 것이었다. 이 보다는 규모가 큰 향도의 예도 있었다. 팔흠도에 매향을 함께 하였던 향도는 승려 및 일반인 300여 명으로 구성되었다.[18] 회진사의 금종을 조성한 향도는 회진사의 승려가 화주가 되어 유연자 3,000여 명을 모아 결성하였다. 그 밖에 규모가 매우 큰 예로서는 개심사 석탑을 조성하는 데 동원된 醴泉의 미륵향도와 추향도를 들 수 있는데, 양자를 합하면 1만 명에 이르는 규모였다.[19]

이처럼 향도는 대체로 승려와 세속인의 결합에 의해 결성되었지만 신도만으로 구성되는 경우도 있었다. 그리고 향도는 상당한 재력을 요하는 다양한 불사를 하고 있었기 때문에 시주가 가능한 층이 되어야 참여할 수 있었다. 그러므로 향촌사회에서는 일반 농민들보다는 상당한 재력을 가진 유력계층

14) 《高麗史》 권 85, 志 39, 刑法 2, 禁令 인종 9년 6월.
15) 蔡雄錫, 앞의 글.
16) 〈利川磨崖半跏像〉(앞의 책).
17) 《三國遺事》 권 5, 避隱 8, 包山二聖.
18) 《世宗實錄》 권 16, 세종 4년 2월 병진.
19) 〈東京廻眞寺鐘〉(앞의 책).

특히 향리층이 주로 향도의 결성에 참여하기 마련이었다. 노비나 재력이 없는 백성이 노동력을 제공하는 조건으로 향도에 참여하는 경우가 없지 않았겠지만, 노동력을 제공하는 여유를 갖는 것도 용이한 일이 아니기 때문에 일반 백성들이 적극적으로 향도에 참여하는 것은 당시 사회실정 속에서 어려운 일이었다. 그리고 불교계가 백성을 위한 적극적인 신앙을 제공하지 않는 처지에서 백성들이 향도에 적극적으로 참여하는 것은 흔치 않았을 것으로 생각된다.

그리고 향도의 규모는 작게는 20명에서 크게는 1만 명에 이르고 있었다. 불사의 내용이나, 신앙행위의 종류, 신앙심의 정도에 따라 다양한 규모의 차이를 보이고 있다고 할 수 있겠다. 그렇기 때문에 지역사회의 모든 백성이 공동체적인 결속감을 가지고 동원되어 향도를 결성하는 것은 아니었다.

향촌사회조직과 관련하여 지금까지 집중적으로 주목되어 온 것이 개심사 석탑에 동원된 향도였다.

〈표 1〉 開心寺 香徒 組織[20]

彌勒香徒		椎香徒	
上社	神丨・順廉[21]	上社	京成
長司	正順	仙郎	光叶・金叶・阿志
行典	福宣・金由・工達・孝順	大舍	香式・金哀
位剛	香德・貞邑 등 36인	位奉	楊寸・能廉 등 40인
			隊正・邦祐・其豆・昕京
		位剛	倜平・矣典・次衣 등 50인

개심사 석탑에 동원된 향도는 미륵향도와 추향도로 일컬어지는데 각각 42명, 95명에 달하는 임원이 있었으며, 일반 구성원(僧俗郎)의 합계는 1만 인에 달하였다. 그리고 석탑기에는 林・權(昕)・邦・崔氏 姓이 보이는데, 앞의 세 성씨는 예천군(당시의 본주)의 土姓과 村姓이었으며, 후자는 예천과 인접해 있고 당시 속현관계에 있었다고 추정되는 多仁縣의 토성이었다. 그리고 군의 최고 유력계층인 호장가가 棟梁으로서 役事를 주도하였으며, 光軍조직까지

20) 李泰鎭, 앞의 글, 78쪽.
21) 종래는 '廉長'이라고 판독한 것을 채웅석이 정정하였다(채웅석, 앞의 글).

동원하였다.[22] 그러나 여기 향도에 참여한 백성이 예천군과, 그 곳에 인접한 다인현의 군현민이 모두 망라되어 참여한 것인지, 아니면 그 지역민 가운데 일부가 참여한 것인지 또 다른 지역출신의 인물이 참여할 수는 없었는지 등은 명확하지 않다.[23]

(3) 고려 후기 향도의 변화

고려 후기에 향촌사회구조가 변화하고 불교의 사회적 역할이 바뀜에 따라, 또 백성들의 사회의식이 변화함에 따라 향도는 여러 측면에서 변화를 보였다. 향도의 규모나 구성원의 수, 활동 내용 등에서 고려 전기와는 현저한 차이를 보인다.

향도가 변화하는 단초적인 모습은 12세기의 만불향도에서 찾아지고 있다. 만불향도의 활동을 금지한 것은 이 시기에 향도의 성격이 크게 변화하고 있음을 단적으로 말해주는 것이라 할 수 있다.

고려 후기의 변화로는, 우선 전기에 볼 수 없었던 현상으로서 중앙의 고관이 그 구성원으로 참여하는 사례가 찾아지며,[24] 여성이나 향촌의 小民들이 참여하는 경우도 보인다.[25] 이것은 향도를 구성하는 성원이 고려 전기와는 달리 다양화되었다는 것을 의미한다. 또한 향도의 조직도 수백, 수천의 대규모는 거의 보이지 않고 축소되어 적게는 7~9명, 많아야 100여 명이 참여하

---

22) 李泰鎭, 앞의 글, 85~87쪽.

23) 향도가 자발성을 전제로 특정한 목적을 수행하기 위해 조직된 것이라는 점을 염두에 둔다면, 개심사의 경우에도 석탑의 조성에 자발적으로 참여하는 백성으로 한정되었을 가능성을 생각해 볼 수 있다. 그러므로 1만 인은 예천지방 출신인들을 기본으로 하면서도 탈락한 주민도 있었을 것이고 타지역 출신인물도 포함되었다고 보는 것이 설득력이 있을 것으로 생각된다. 당시 戶長이라 하더라도 백성들을 동원하는 것은 중앙정부에서 문제가 되기 때문에 (《高麗史》 권 93, 列傳 6, 崔承老), 자발성이 전제되지 않은 백성의 강제적인 동원은 전혀 불가능한 것은 아니지만 그렇다고 쉬운 일은 또 아니었을 것이다. 그렇기 때문에 개심사 석탑의 조성에 동원된 백성들은 자발성을 전제로 한 것이며, 그 목적에 찬동한 타지역민도 참여하였을 것은 능히 있을 수 있는 일이라 할 것이다.

24) 〈申甫純墓誌銘〉(《韓國金石文追補》, 亞細亞文化社, 1968).

25) 〈至大四年銘鐘〉(《韓國金石遺文》).
《高麗史》 권 85, 志 39, 刑法 2, 禁令 충숙왕 후 8년 5월.
李　穡, 《牧隱詩藁》 권 35.
《太祖實錄》 권 15, 태조 7년 12월 신미.

는 규모였다.[26]

향도 구성원의 변화는 또 향도가 수행하는 활동내용의 변화도 초래하였다. 향도가 주관하고 참여하는 활동 내용이 종래에는 사찰·불상·석탑·범종의 조성과 같은 순수 불사에 치중되었던 데 비해, 후기에는 그 비율이 줄어들고 대신 念佛會나 會飮·喪葬扶助 등 무속적이거나 공동체적 생활의례가 가미되고 있었다.[27] 즉 불교신앙적 요소가 거의 드러나지 않고 공동체적 관계에서 기능하는 사례들이 보이고 있다.

이와 같은 고려 후기 향도조직의 변화는 조선 전기에 이르면 더욱 가속화되었다. 즉 여말선초의 향도는, 첫째 불교신앙 결사의 전통을 이은 순수 신앙조직의 변형된 모습, 둘째 자연촌 중심의 공동체적인 유제를 계승한 소위 淫祀·祀神香徒契, 셋째 이와 비슷하면서도 洞隣契로서의 상호부조적인 모습을 보이는 香徒契, 그리고 마지막으로 일정한 정착처가 없이 公役과 잡무에 동원되고 사역되는 遊閑輩들의 조직으로 다양하게 변질되어 갔다.[28]

〈李海濬〉

4. 사원의 경제 활동

1) 사원경제의 배경

고려시대의 사원과 승려는 사실상의 대지주인 동시에 귀족적 신분으로 발전하여 많은 토지와 노비들을 소유해서 사원경제의 기반을 이룩했다. 또한 사원은 술·소금·목축·파·마늘·꿀·기름 등을 생산하여 판매하는 상행위, 수공업, 고리대 등을 통해 경제력을 증대시켰다. 그러면 고려시대 사원이

26) 蔡雄錫, 앞의 글.
27) 蔡雄錫, 위의 글.
28) 그러나 이러한 네 계열의 성격은 엄밀한 의미에서 확연한 구분이 있었다기 보다는 중첩적이었다고 보아야 할 것이다. 조선시대의 향도에 관해서는 李海濬, 〈조선시대 향도와 촌계류〉(《역사민속학》 창간호, 역사민속학회, 1991) 참조.

그토록 경제력을 발달시킨 역사적인 배경이 무엇이었던가에 대해서 살펴보기로 한다.

(1) 정치적 배경

고려시대에 사원경제가 발달하게 된 가장 중요한 요인으로 왕실 및 귀족들의 비호를 빼놓을 수 없을 것이다. 이는 고려가 불교와 밀접한 관계를 갖고 성립한 데 연유한다. 태조 왕건은 후삼국의 분열을 종식시키고 고려를 개창하였지만 신라와 후백제 지역에 산재하고 있었던 각처의 호족들을 새로운 왕조의 지배체제 속으로 완전히 흡수한 것은 아니었다. 그러므로 태조는 호족연합정책을 실시하면서 왕권안정에 주력하였다. 그런데 각 처에 산재하고 있던 호족들은 나말에 형성된 禪宗寺院과 밀착되어 있었기 때문에 호족의 포용은 곧 선종 사원세력의 포용을 의미하는 것이라고 할 수 있다. 태조 자신도 후삼국을 통일하는 데에 부처님의 가호가 있었음을 그 訓要十條에서 언급하고 있다.[1] 그러므로 태조가 후삼국을 통일한 이후 왕조의 개창과 더불어 불교를 열심히 신봉한 사실은 널리 알려진 일이다.

그 뒤 광종은 왕권을 강화하는 과정에서 불교계의 지원을 받았다. 광종은 당대의 고승인 均如를 기용하여 그의「性相融會」사상을 전제정치의 이데올로기로 삼았다.[2] 또한 歸法寺를 창건하여 균여를 주지시켜 광종의 개혁정치를 적극적으로 성원해 줄 사회적 지지세력을 확보하고,[3] 그 이데올로기를 널리 확산시켜 나갔다. 이처럼 광종은 불교사상을 왕권강화의 수단으로 이용하면서 왕권에 순종하지 않는 자는 건국에 공이 많은「舊臣・宿將」이라 하더라도 가차없이 숙청하였다. 그리하여 이러한 죄업을 씻고자 불교의 因果應報說에 의거, 많은 불사를 일으키고 불교를 비호하였다.

그리고 현종은 목종 12년(1009)에 일어난 康兆의 정변으로 인해 즉위하였다. 현종이 즉위하기 전에 金致陽 일파가 자기를 제거하려는 음모를 알고

---

1) 《高麗史》 권 2, 世家 2, 태조 26년 4월.
2) 金杜珍, 〈均如의 "性相融會"思想〉(《歷史學報》 90, 1981, 34~41쪽 ; 《均如華嚴思想硏究》, 韓國硏究院, 1981).
3) 金龍善, 《高麗光宗硏究》(一潮閣, 1981), 97~100쪽.

三角山 神穴寺에 도피하여, 승려들의 도움으로 생명을 건져 왕위에 즉위할 수 있었다. 이러한 연유로 현종은 불교계에 많은 도움을 베풀어 사원과는 긴밀한 유대관계를 유지하였다.

인종대 정권을 오로지 한 李資謙의 집안은 불교계와도 깊은 관계가 있었다. 즉 이자겸은 아들인 首座 義莊을 玄化寺에 포진시키는 등 당시 경제·군사적 기반을 갖추고 있었던 사원세력과 밀접하게 연계되어 있었다.[4] 그리고 인주 이씨 가문에서는 李子淵의 아들인 金山寺의 慧德王師 韶顯을 비롯하여, 손자인 현화사의 世良, 淸平居士 資玄, 이자겸의 아들인 수좌 의장, 李資義의 아들인 홍왕사의 智炤大師 등 3대에 걸쳐 5명의 승려를 배출하여 사원과의 유대관계를 긴밀히 하였다.[5]

무신정권기에 들어서서 무신들은 사원에 대한 탄압을 강구하였다. 왜냐하면 왕실·귀족의 비호로 확보되었던 사원세력은 무신정권이 성립되면서 그 기반이 흔들리게 되자 왕권을 회복함으로써 그들의 지위를 보장받고자 무신정권에 저항했기 때문이다. 특히 최충헌의 사원에 대한 탄압은 특기할 만한 것이었다. 즉 최충헌 형제가 정권을 장악한 뒤 명종에게 올린 10개 조문의 封事 중 2개 조문에서 사원에 대한 탄압책을 명시하였고, 왕의 서자로서 승려가 된 小君들이 왕의 측근에서 정치에 간여하므로 그들을 본래 기거하던 사원으로 돌려보내고 또 왕이 총애하던 僧 雲美·存道를 내쫓기도 하였다.[6] 이와 같은 탄압에 대해 사원의 무장한 승도들은 최충헌 정권에 맞서 무력으로 대항하였다. 그러나 최씨 정권은 이를 진압하고 불교계를 재편하여 자신들의 의도대로 운용하고자 하였다.

한편 공민왕은 즉위하면서 政房을 혁파하고, 田民辨整都監을 설치하는 등 일련의 개혁정치를 실시하였지만 附元輩를 중심으로 하는 權門世族의 반발로 뜻한 바대로 시행하지 못하였다. 그 뒤 공민왕 5년(1356)에 이르러 본격적인 개혁정치가 단행되었다. 즉 대외적으로는 反元政策, 대내적으로는 왕권의 강화와 사회·경제적 모순의 개혁을 단행하였다. 그 작업은 元 順帝의 제2

---

4) 金潤坤, 〈李資謙의 勢力基盤에 對하여〉(《大丘史學》 10, 1976).
李相瑄, 〈高麗時代의 隨院僧徒에 대한 考察〉(《崇實史學》 2, 1984), 10~13쪽.

5) 李相瑄, 위의 글, 12~13쪽.

6) 《高麗史節要》 권 13, 명종 26년 5월.

황후인 奇皇后의 배경을 믿고 권세를 천단하던 기씨일파 등 부원배를 제거하는 것으로 시작하여 서북면과 동북면의 실지회복, 원의 연호사용 정지, 관제를 문종 때의 구제로 환원시키는 조치 등이었다. 이러한 때에 공민왕은 그 원년(1352) 廣州 迷元莊에 기거하고 있었던 보우를 기용하여 왕을 보좌하게 하였다.[7] 그 뒤 공민왕 5년에 보우를 왕사로 임명하고 圓融府를 세워 관속을 두고 사제의 예를 나눌 정도로 신임하였다.[8] 또한 다음 달에는 보우에게 모든 사원의 주지 임명권을 주어[9] 사실상 禪敎宗門의 총수가 되게 하였다. 이는 공민왕이 개혁정치를 단행하는 데 있어서 나타날 수 있는 반대세력을 의식한 조치로서, 보우로 하여금 모든 사원세력을 통제하게 함으로써 왕권을 강화시키려는 정치적 의도가 내포되어 있었다.[10]

그 뒤 공민왕 14년에 신돈을 등용하여 이전에 미처 완수하지 못했던 내정개혁 즉 왕권강화와 사회경제적 개혁을 단행하고자 한 일도 보우를 기용한 배경과 거의 비슷한 역사적 상황이었다고 할 수 있다.

이처럼 고려 일대를 통해서 불교가 국가적 종교로 신봉되면서 승려들의 지위는 무시할 수 없는 존재가 되었고, 승려들은 불교사상을 지배체제의 이념으로 제공해 주면서 정치권력과 밀착되기도 하였다. 그리하여 사원은 이에 대한 반대급부로 안정된 경제생활을 보장받아 사원경제를 발달시킬 수 있는 바탕을 마련할 수 있었다.

(2) 종교적 배경

우리가 흔히 고려를 불교국가라 할만큼 고려시대에 불교가 차지하는 비중은 큰 것이었다. 고려의 불교는 위로 왕실로부터 아래로 일반백성에 이르기까지 신앙의 대상이 되면서 사상면뿐 아니라 일상생활에까지 깊은 영향을 끼쳤다. 이처럼 고려사회에서 불교가 차지하는 비중은 매우 큰 것이었지만,

---

7) 《高麗史》 권 38, 世家 38, 공민왕 원년 5월.
8) 《高麗史》 권 39, 世家 39, 공민왕 5년 4월.
9) 《高麗史》 권 39, 世家 39, 공민왕 5년 5월.
10) 李相瑄, 〈恭愍王과 普愚—恭愍王初 王權安定의 一助를 中心으로—〉(《李載龒博士還曆紀念 韓國史學論叢》, 1990).

나말려초의 정치적 혼란기에는 이것 역시 많은 어려움을 겪지 않을 수 없었다. 고려가 통일되기 이전의 신라사회는 敎·禪간의 대립이 심화되면서 경전 중심의 교종에 반대하고, 不立文字·見性悟道를 중시하여 修心과 실천을 강조하고 나선 선종이 지방호족의 지지를 받으면서 크게 번성하게 되었다. 그런데 불교계의 분립은 여기에서 그치지 않고 교종과 선종 내에서도 다시 종파간에 대립이 일어나 그 양상은 더욱 복잡해져 갔다.

이러한 어려운 시대적 상황 속에서 그 자신 호족출신으로 입신하여 고려를 건국하고 후삼국을 통일하는 데 성공한 태조 왕건은 불교의 각 종파에 대해서도 폭넓은 포용책을 펴 상당한 효과를 거두었다. 물론 그는 구산선문 가운데 하나인 利嚴의 須彌山門의 檀越이 될 만큼 선종에 경도되어 있었다. 그러나 후삼국의 통일 후에는 민심의 귀일이라는 측면과 중앙집권화의 사상적 이데올로기를 제공받을 수 있다는 측면에서 교종에 대해서도 상당한 관심을 기울였다.

하여튼 태조는 자신이 독실한 신자였으므로 숭불정책을 채택하여 불교를 국교로서 신봉토록 하였다. 그리고 태조는 죽기에 앞서 그의 숭불정책을 후대 왕들도 잘 지킬 것을 당부하였는데, 훈요10조의 제 1조에 잘 나타나 있다.

> 우리 국가의 대업은 필연코 여러 부처님의 호위하는 힘에 의지한 것이다. 그러므로 禪宗과 敎宗의 사원을 창건하고 주지를 보내 焚修케 하여 각기 그 業을 닦게 하라. 후세에 간신이 집정하여 승려의 간청에 따라 각 종파의 寺社를 다투어 서로 바꾸고 빼앗는 일도 일체 금하도록 하라(《高麗史》 권 2, 世家 2, 태조 26년 4월).

태조는 고려의 건국이 전적으로 여러 부처님의 호위에 힘입은 것으로 여기고 선종과 교종을 같이 수행할 것을 부탁하고 있다. 이것은 곧 태조의 뒤를 잇는 역대 왕들이 불교를 신봉하면서 나아가야 할 두 가지 방향을 제시해준 것이라고 할 수 있다. 즉 불교의 호국사상 및 국가와 국민의 화합이었다. 이러한 호국사상과 화합사상은 고려사회에 많은 영향을 끼쳤다. 특히 고려사회에서 호국적 성격으로서의 불교가 차지하는 비중은 아주 큰 것이었다.

이러한 연유로 외적이 침입하거나, 반란 및 천재지변이 발생했을 때에는 부처님의 힘을 빌어 재난을 극복하고자 하는 불교행사가 자주 열리게 되었다. 그 예로 현종 2년(1011)에 契丹의 聖宗이 침입하여 개경이 함락됨에 따라 남방으로 피난하지 않을 수 없었던 고려 조정은, 부처의 힘을 빌어 적군을 물리치고자 大藏經板을 각성하였다. 그 뒤 고종 19년(1232)에 몽고군의 침입으로 대구 부인사에 보관되어 있던 초조대장경이 소실되자, 다시 부처의 힘을 빌어 몽고군을 물리치고자 하는 염원에서 고종 23년에 대장경 조판에 착수하여 16년간에 걸쳐 완성하기도 하였다.

한편 고려시대에는 태조 이래 많은 불사가 행해졌는데, 여기에는 많든 적든 간에 호국적 성격이 나타나고 있다. 여러 불경 가운데 특히《仁王護國般若波羅蜜多經》에는 호국적 성격이 강조되어 있어서 그에 따라 仁王百高座會가 자주 열렸다. 즉 이《仁王般若經》의 護國品에 보면, 국가가 재난을 없애고 외적의 침입을 막기 위해서는 국왕이 이 불경을 하루에 두 번씩 외울 것과, 또 각기 1백의 불상과 보살상 및 나한상을 모시고 1백 명의 고승을 청하여 1백 개의 등불을 밝히고 1백 가지 향을 피우는 등 의식을 갖추어 三寶를 공양할 것을 설하고 있다. 이 도량이 인왕백고좌회로서 인왕회 혹은 백고좌회 등으로도 불렸는데 이 역시 국가의 안태를 비는 법회 중의 하나로 자주 베풀어졌던 것이다. 이 밖에도 변란이나 외적의 침입 등 국가의 대내외적인 어려움이 있을 때 불교의 수호신이며 전투신인 帝釋天을 모시는 제석도량, 질병과 천재지변을 없애고자 베푸는 消災道場 등도 개최되었다.

이와 같은 불교 법회에는 필연적으로 많은 경비가 요구되어 보시가 뒤따르기 마련이었다. 불교에서는 보시와 불사의 공덕을 인정하고 있다. 따라서 승려나 사원에 보시하여 불사를 개설함으로써 개인적 욕망보다는 국가와 민족의 발전과 안녕을 기원하였던 것이다. 역대 왕·후비·귀족 등이 사원에 많은 토지와 노비 및 재화를 시납했던 현상은 호국사상에 의해 왕실 조정과 불교 사원이 결합하여 나타난 결과인 것이다.

2) 사원전의 확대와 경영

불교는 고려사회에 정신적으로 매우 큰 영향을 끼쳤으며, 또한 물질적·세속적인 의미에 있어서도 사원은 막대한 재산을 소유할 수 있었다. 한편 사원은 고려 일대를 통하여 막대한 양의 토지·노비뿐 아니라 상업과 수공업, 심지어는 고리대 등 영리행위를 일삼아 이른바 사원경제라 일컬어질 정도의 많은 재력을 축적하였는데,[11] 그 가운데 가장 큰 비중을 차지하는 것이 토지였다.

사원 소유의 사원전은 私有地와 收租地로 구분할 수 있다.[12] 사원의 사유지는 사원이 본래부터 소유해 내려오던 토지, 국왕의 소유지를 시납한 토지, 귀족과 양민들에 의해 시납된 토지 및 사원 주변의 개간전이나 사원의 재력으로 매입한 토지와 무신정권 이후 성립된「處」의 토지 등이 이에 속한다. 그리고 수조지는 사원을 하나의 공적 기관으로 인정하고 지급해 준 토지 등을 의미한다.

그러면 먼저 사원의 사유지 가운데 사원이 본래부터 소유해 오던 토지에 대해 검토해 보기로 하겠다. 후삼국이 통일되기 이전 신라의 여러 사찰들은

---

11) 사원경제에 대한 연구로는 아래의 논문들이 참고된다.
旗田巍, 〈高麗朝に於ける寺院經濟〉(《史學雜誌》 43-5, 1932).
劉元東, 〈高麗寺院經濟의 性格〉(《白性郁還曆紀念 佛敎學論文集》, 東國文化社, 1959).
李載昌, 〈麗代 寺院領 擴大의 硏究〉(《佛敎學報》 2, 1965).
閔丙河, 〈高麗時代 佛敎界의 地位와 그 經濟〉(《成大史林》 1, 1965).
朴敬子, 〈高麗朝의 寺院田考察―그 擴大와 經營을 中心으로―〉(《淑大史論》 4, 1969).
李載昌, 《高麗寺院經濟의 硏究》(亞細亞文化社, 1976).
崔森燮, 〈高麗時代 寺院財政의 硏究〉(《白山學報》 23, 1977).
李相瑄, 〈高麗寺院經濟에 대한 考察〉(《崇實史學》 1, 1983).
――, 《高麗時代 寺院의 社會經濟的 位相에 관한 硏究》(高麗大 博士學位論文, 1992).
李炳熙, 《高麗後期 寺院經濟의 硏究》(서울大 博士學位論文, 1992).

12) 姜晋哲, 〈私田支配의 諸類型〉(《高麗土地制度史硏究》, 高麗大出版部, 1980), 143쪽에서는 사원전을 施納田(國王의 土地)·私有地(순수사원전)·收租地의 세 유형으로 나누어 설명하고 있다.

많은 토지를 소유하고 있었다. 그 뒤 태조 왕건에 의해 후삼국이 통일된 후에도 신라 이래의 여러 사원들이 소유하고 있었던 토지들은 국왕의 시납이라는 명분으로 그 소유권을 인정해 주었을 것으로 생각된다. 이에 대해서는 《三國遺事》에 보이는 雲門寺의 경우에서 그 사례를 찾아 볼 수 있다.

태조 왕건은 후삼국을 통일하기 이전 경북 淸道 지역에서 산적을 만나 어려움에 처해 있을 때, 당시 奉聖寺에 머물고 있었던 寶壤의 계책을 빌어 위기를 벗어났다. 그 뒤 태조가 후삼국을 통일하고 나서 보양이 鵲岬寺에 절을 짓고 산다는 말을 듣고, 태조 20년(937)에 다섯 岬寺의 田 500결을 시납하고 절이름을 雲門禪寺라 사액하였다.[13] 이 때에 태조 왕건이 시납한 5갑사의 토지 500결은 5갑사가 전란으로 무너지기 이전에 소유하고 있었던 토지를 국왕의 권능으로 사유를 인정한 것으로[14] 이해해야 할 것이다.

비록 태조 왕건이 후삼국을 통일하였지만 신라와 후백제 지역에 산재하고 있었던 강력한 지방 호족세력들을 완전히 중앙의 통치권 속으로 편입시킨 것은 아니었다. 그러므로 수도 개경으로부터 멀리 떨어져 있었던 청도 지역 역시 예외는 아니었을 것이다. 즉 후삼국이 통일되기 이전 신라나 후백제 지역의 영토가 완전히 고려의 국유화된 것이 아니므로 왕건이 임의대로 운문사에 토지 500결을 시납할 수 있는 상황은 아니었다. 그러나 운문사의 경우는 앞서 보양으로부터 도움을 얻어 위기를 면할 수 있었던 은혜에 대한 보답으로서, 후삼국의 혼란기에 무너진 5갑사 소유의 토지를 새로운 왕조의 권능으로 법제적인 측면에서 소유권을 다시 인정하여 기득권을 보장해 준 것에 불과한 것이었다. 그러므로 5갑사의 토지 500결은 고려가 성립되기 이전에 운문사가 소유했던 사적 토지라고 생각된다.[15]

이러한 사실은 비단 운문사의 경우에만 해당되는 것은 아니었을 것이고, 태조 왕건에게 충성을 약속한 거의 모든 사원에 대해서도 이같은 조처가 내

13) 《三國遺事》 권 4, 義解 5, 寶壤梨木.

14) 金潤坤, 〈麗代 寺院田과 그 耕作農民—雲門寺와 通度寺를 中心으로—〉(《民族文化論叢》 2・3, 1982). 운문사에 시납한 토지 500결이 운문사 본래의 소유 토지라는 논증에 대해서는 이 글 참조.

15) 姜晋哲, 앞의 글, 145쪽에서 운문사의 토지 500결을 수조지로 이해하고 「莊・處」와 같은 단순한 분급 수조지 보다는 수조권자에 대한 예속도가 훨씬 강했을 것이라고 추리하고 있다.

려졌을 것으로 생각된다. 더욱이 태조 왕건은 불교 신앙을 배경으로 고려를 건국하였으므로 당시 많은 사원들이 이에 호응하였을 것이고, 사원이 본래부터 소유한 사유지 또한 적지 않은 양에 달했을 것으로 생각된다. 그리고 사원의 사유지에 관한 구체적인 기록은 현종 22년(1031)에 작성된 〈若木郡淨兜寺五層石塔形止記〉에서 확인할 수 있다.[16] 이 기록에는 形止記가 작성된 연유, 토지의 소유주, 田品, 토지의 형태, 量田의 방향, 四標, 양전 척의 단위, 총척수 등이 명시되어 있다. 이것으로 보아 정토사가 소유하고 있는 토지는 사유지임이 확실하다.

또한 국왕뿐 아니라 귀족과 양민들이 사원에 토지를 시납하는 일도 보편적으로 이루어지고 있었다. 특히 국왕의 시납전은 왕실이나 국가에 직속된 토지도 있었지만 사원 주변의 민전도 포함되어 있었을 것이다. 민전일 경우에는 수조가 예상된다. 그러나 귀족과 양민들이 시납한 경우에는 사원의 사유지로 편입되었을 것이다. 사원에 대한 토지의 시납은 신라시대부터 성행하고 있었다. 그것은 신라 문무왕 때에 사원에 토지시납을 금지하였고,[17] 헌강왕 5년(879)에 승려 智證이 田 500결을 문경 봉암사에 희사한 사실에서[18] 찾아 볼 수 있다. 고려시대에는 성종 때의 명신이었던 崔承老의 손자 崔齊顔이 국왕의 만수무강과 국가의 안태를 빌기 위해 토지를 시납하여 파괴된 東京(경주)의 天龍寺를 재건하였으며 八公山의 地藏寺에 田 200결, 毗瑟山의 道仙寺에 田 20결, 西京의 四面山寺에 田 20결을 각각 시납하였다.[19] 또 공민왕이 圓明國師를 林川 普光寺에 주지하게 하자 원명국사의 형인 判典農寺事致仕 金永仁과 重大匡平陽君 金永純이 田 100頃을 시납하였다.[20] 이외에도 사원의 낙성 및 중창이나 부모의 명복을 빌기 위해서 또는 개인의 소원 성취 등을 위한 명분으로 고려 일대를 통해 지속적으로 시납이 행하지고 있었다. 이같이 사원에 토지를 시납할 때에는 관의 결재를 받아야 했으며, 시납한 후

16) 이에 대한 구체적인 사실과 이론은 金容燮, 〈高麗時期의 量田制〉(《東方學志》 16, 1975), 69~70 · 89쪽 참조.
17) 《三國史記》 권 6, 新羅本紀 6, 문무왕 4년 8월.
18) 〈智證大師寂照塔碑〉(《朝鮮金石總覽》 上, 朝鮮總督府, 1919), 88쪽.
19) 《三國遺事》 권 3, 塔像 4, 天龍寺.
20) 〈普光寺重創碑〉(《朝鮮金石總覽》 上), 495쪽.

에는 새로이 文記를 작성하고, 사원의 사유지로 귀속되었다.[21]

한편 양민들이 토지를 시납했다는 기록은 찾아 볼 수 없다. 그러나 성종 4년(985), 현종 8년(1017), 숙종 6년(1101)에 捨家爲寺를 금지하고 있고,[22] 공양왕 3년(1391)에 사원이나 神祠에 전지를 시납하지 못하도록 엄격히 규제하였다.[23] 이런 사실로 미루어 보아 민간사회에서도 사원에 전지를 시납하는 행위가 일반적으로 행해지고 있었을 것이다. 이처럼 양민들이 사원에 시납한 전지는 그들이 소유한 사유지 즉 민전이었다. 그렇기 때문에 국가재정의 원천인 민전의 감소로 인하여 稅收에 막대한 지장을 초래하였다. 따라서 국가재정의 결핍을 가져오게 되어 법적 조처가 취해졌을 것이다.

사원은 본래부터 소유한 사유지나 시납에 의한 사유지의 확대에 그치지 않고, 개간을 통해서도 전지를 넓혀 나갔다. 이에 대한 구체적인 사실을 살펴보면, 문종 10년(1056)에는 '役을 피해 사문에 의탁한 무리들이 불법을 수행하는 장소를 떼어 내어 파·마늘 밭을 만들고 있음'을 지적하고 있고,[24] 무신집권기에 水嵓寺는 토지를 개간하여 농지를 확보하였다.[25] 이외에도 사원은 막대한 재력을 이용하여 良田을 매입하거나, 무신정권 이후 보편화된 탈점에 의해서도 사유지를 확대시켰다.

한편 무신정권 이후에는 田柴科體制가 붕괴되면서 새로운 토지의 지배형태가 나타나기 시작하였다. 무신귀족들은 그들의 정치권력을 유지하기 위한 수단으로 경제력의 확보에 심혈을 기울이기 시작하였다. 그리하여 무신귀족들은 토지겸병이나 인구집중을 통해 전국의 각지에 私莊인 대농장을 설치하여 권력은 물론이고 경제력까지도 장악하였다. 또한 그들은 농장 안에 농장관리소인 莊舍·農舍를 설치하였다. 여기에 莊主·莊頭를 임명하여 관리하게 하면서 집중한 인구를 佃戶化하여 농장 내에 부속시켜 그들의 경작노동에

---

21) 李炳熙, 앞의 책, 23~26쪽.

22) 《高麗史》 권 3, 世家 3, 성종 4년 및 권 85, 志 39, 刑法 2, 禁令.
《高麗史節要》 권 6, 숙종 6년.
「捨家爲寺」했을 경우 그들 소유의 토지는 사원의 사유지가 되었을 것이다.

23) 《高麗史》 권 78, 志 32, 食貨 1, 田制 祿科田.

24) 《高麗史》 권 7, 世家 7, 문종 10년.

25) 李奎報, 〈水嵓寺華嚴結社文〉(《東國李相國後集》 권 12 ; 《高麗名賢集》 1).

의한 地代收取를 통해 부를 증대시켰다.[26] 이와 같은 경제적 변화는 몽고와의 항쟁이 끝나고 원나라의 지배가 본격화되면서 탕갈된 국가재정을 보충하기 위해 더욱더 보편적인 상황으로 전개되었다. 특히 몽고와의 항쟁이 끝난 직후인 원종 14년(1273)에는 왕실의 재정을 담당하고 있는 內莊宅이 텅 비어서 하루 저녁의 御飯米가 없을 정도로[27] 국가의 재정 상태는 심각하였다.

이와 같은 상황 속에서 왕실은 이에 대한 대처방안을 강구하지 않을 수 없었다. 이에 충렬왕은 고갈된 왕실재정을 충당시키기 위하여 내장택 대신 內房庫를 설치하고 토지겸병과 인구집중에 앞장서게 되면서 處干으로부터 지대를 수취하는 「處」를 설치하기 시작하였다.[28] 처는 왕실에만 소속된 것은 아니었고 궁원과 사원에 소속되어 있기도 하였다. 《新增東國輿地勝覽》에 의하면 '處라고 칭하는 것도 있고 또 莊이라 칭하는 것도 있어 각 宮殿·寺院 및 내장택에 분속되어 그 세를 바쳤다'[29]고 한 사실에서 알 수 있다. 사원도 오랜 몽고와의 항쟁으로 왕실과 같이 재정이 넉넉하지 못했다. 그리하여 사원도 재원 보충을 위해 처의 지배를 확대시켜 나갔고 이것은 결국 사원의 사유지로 변해 갔을 것이라고 생각한다.

사원의 사유지는 그에 예속된 노동력에 의하여 직영되거나, 혹은 소작제 경영에 의하여 이루어졌다.[30] 사유지의 직영제경영은 사원이 소유하고 있는

---

26) 宋炳基, 〈高麗時代의 農莊—12世紀 以後를 中心으로—〉(《韓國史硏究》 3, 1969), 16쪽.

27) 《高麗史》 권 27, 世家 27, 원종 14년.

28) 莊·處에 대한 종합적인 검토는 다음 논문들이 참고된다.
旗田巍, 〈高麗時代の王室の莊園—莊·處—〉(《歷史學硏究》 246, 1960 ; 《朝鮮中世社會史の硏究》, 法政大學出版局, 1972).
姜晋哲, 〈高麗時代의 農業經營形態〉(《韓國史硏究》 12, 1976 ; 《高麗制度史硏究》, 高麗大出版部, 1980).
李相瑄, 〈高麗時代의 莊·處에 대한 再考—王室의 莊·處를 中心으로—〉(《震檀學報》 54, 1987).
旗田巍는 莊·處의 성립시기를 고려 중기로 이해하고 있으나 장·처의 성격·지배형태는 같은 것으로 이해하고 있다. 姜晋哲은 장·처의 성립시기, 성격, 지배형태를 동일한 것으로 이해하고 왕실·궁원, 사원의 장·처에 대한 토지경영을 심층적으로 검토하고 있다. 이에 대해 李相瑄은 장·처의 성립시기에 대해서는 旗田巍와 견해를 같이하나, 장·처의 성격과 지배형태에 대해서는 旗田巍·姜晋哲과 다른 견해를 제시하였다.

29) 《新增東國輿地勝覽》 권 7, 驪州牧, 古跡 登神莊.

30) 姜晋哲, 앞의 책, 152쪽.

노비와 하급승려들이 경작에 동원되었던 것이다. 반면에 소작제경영을 채택한 경우는 獅子岬寺의 땅을 借耕하면서 만년을 보낸 崔瀣의 예와 같이[31] 전호에 의한 경작을 예상할 수 있다. 또한 사원에 부속되어 있던 전호적 존재인 隨院僧徒에 의한 경작도 짐작해 볼 수 있다. 수원승도는 불법을 수행하는 승려도 아니지만, 국가에 세금을 바치지도 않는 非僧非俗의 존재였다. 이들은 사원 주변에 거주하면서 사원의 토지를 경작하는 전호적 계층이었다.[32] 이처럼 사원전이 전호에 의해 경작되었을 경우 이들이 사원에 납부해야 하는 田租는 1/2의 地代였다.

사원에는 소유권에 입각한 사유지뿐만 아니라 단순히 租를 수취하는 수조지도 존재하고 있었다. 사원의 수조지는 사원 주변의 민전 위에 설정한 국왕의 시납전과 사원을 하나의 공적 기구로 인정하고 분급한 莊田[33] 등이 이에 해당된다.

먼저 국왕이 개인적으로 시납한 토지 가운데 사원 주변의 민전 위에 설정한 수조지의 구체적인 사실을 찾아 볼 수 없어 단정할 수는 없지만 그 가능성은 많다고 생각한다. 이에 대해서는 다음의 사료가 참고된다.

> 刑部에서 아뢰기를 '戶部가 마음대로 興王寺의 토지를 萬齡殿에 移給하였으니 죄주기를 청합니다'하니 制可하여 '호부 관리의 관직을 삭탈하고 田里로 放還하라'고 하였다(《高麗史》 권 8, 世家 8, 문종 12년 7월).

이 기사는 호부가 왕의 재가를 받지 않고 함부로 홍왕사의 토지를 만령전에 지급하였다가 담당관이 문책당하였음을 보여준다. 이 홍왕사의 토지가 국왕의 시납전이었다는 언급은 없다. 그러나 홍왕사는 문종이 창건한 거찰이었다. 그러므로 홍왕사가 낙성되었을 때 이의 유지를 위해 많은 토지가 시납되었을 것임은 확실하다. 이 시납전 가운데는 홍왕사의 사유지가 된 것도 있고 수조지도 있었을 것이다. 앞의 사실에서 문제가 된 홍왕사의 토지는 사유지가 아니라 수조지였다고 짐작된다. 왜냐하면 호부의 권력이 아무리 막강하더라도 홍왕사와 같은 거찰의 사유재산을 침탈한다는 것은 불가능했을 것이기

---

31) 《高麗史》 권 109, 列傳 22, 崔瀣.
32) 李相瑄, 앞의 글(1984) 참조.
33) 이에 대해서는 앞의 주 28) 참조.

때문이다. 그럼에도 홍왕사의 토지를 만령전에 이급해 줄 수 있었다는 것은, 이 토지가 호부의 관리하에 있었던 민전이었기 때문에 가능했을 것이다. 즉 이 홍왕사의 토지는 민전 위에 설정된 수조지로서 호부의 관리하에 조의 수취가 이루어지고 있었다고 여겨진다.

이와 같은 사원의 수조지 지배는 고려 후기에도 계속되었다 이러한 사실은 다음의 사료가 잘 입증해 준다.

> 辛旽가 원의 명을 받아 楡岾都監을 주관하고 있었다. 그 때 姜居正과 尹衡이 有備倉官이 되어 王命으로 사원전을 거두어들이는데 유점사의 토지도 환수 당하였다. 이에 유점도감이 유비창에 첩지를 보내 토지를 반환하라고 하니, 강거정 등이 말하기를 '유점사의 토지는 이미 왕명으로 本倉에 소속시켰으니 마음대로 되돌려 줄 수 없다'고 하자 유점도감이 신예에게 호소하였다(《高麗史》 권 125, 列傳 38, 姦臣 1, 辛旽).

이 기사는 왕명으로 유점사의 토지가 有備倉에 환수당한 사실을 보여준다. 이 유점사의 토지 역시 사유지가 아니고 수조지였기 때문에 왕명에 의해 환수할 수 있었던 것이다.

끝으로 사원의 수조지로서의 莊에 대한 구체적인 사례가 보이지 않아 그 예를 제시할 수는 없다. 그렇지만 《新增東國輿地勝覽》 권 7, 驪州牧 登神莊條에는 분명히 사원에도 장이 분속되어 있는 것으로 기록되어 있다. 따라서 전조를 수취하는 장이 사원에 소속되어 있었음은 확실하다 하겠다.

이상에서 살펴본 사원의 수조지는 민전의 조율과 같은 1/10의 전조를 수취하였다.

3) 사원의 수공업

고려시대 사원의 僧尼들은 사원에서 소용되는 물품들을 사원 자체에서 생산하여 자급자족하였다. 그러나 사원의 경제력 증대와 더불어 가내수공업적 단계로부터 점차 전문적인 수공업 단계로 발전하여, 자급자족적 생산단계를 벗어나 수공업제품의 상품화가 촉진되었을 것으로 생각된다. 사원의 수공업에 대한 고려 전기의 기록은 없으므로, 전기의 수공업이 구체적으로 어떠하였는지 자세한 것은 알 수 없다. 그러나 후기의 기록이 약간 보이므로 이를 토대로 고찰해 보면 사원의 수공업 수준을 조금이나마 이해할 수 있을 것 같다.

> 한 여승이 있어 白苧布를 헌상하였는데 가늘기가 매미 날개와 같았고, 꽃무늬를 섞어서 짠 것이었다. 제국대장공주가 시전 상인에게 보이니 모두 말하기를 전에 보지 못한 것이라 하였다. 그러므로 여승에게 어디에서 이것을 얻었느냐고 물으니, 대답하기를 '나에게 한 여종이 있어 이것을 잘 짜나이다'라고 하였다. 공주가 말하기를 '이 여종을 나에게 보내는 것이 어떠한가'라 하므로 여승이 깜짝 놀랐으나 부득이 바치지 않을 수 없었다(《高麗史》 권 89, 列傳 2, 后妃 2, 충렬왕, 齊國大長公主).

충렬왕의 비인 제국대장공주에게 한 여승이 백저포를 헌상하였는데 가늘기가 매미 날개와 같고 花紋이 섞여 있었다고 하여, 백저포의 아름다움과 섬세함을 잘 설명해 주고 있다. 그리고 이 백저포를 시전상인에게 보인 바 시전상인들도 전에 보지 못했던 것이라 할만큼 직조기술이 뛰어났음을 알 수 있다. 이를 만들어 낸 사람이 여승의 여종이라는 점에서 여종이 사원 내에서 직물을 생산하고 있었음을 짐작해 볼 수 있다.

이 사실에서 한가지 간과할 수 없는 점은 여종이 직조한 화려한 꽃무늬의 백저포를 수도하는 여승들이 착용할 수 있었을까 하는 점이다. 당시의 승니들이 착용할 수 있는 의복은 緇衣였으므로 백저포로 만든 화려한 꽃무늬 수도복은 착용하지 않았을 것이다. 그렇다면 이 백저포는 왕실·귀족들의 여인들에게 헌납하거나 또는 조공품을 위해 전문적으로 생산한 것이라고 생각된다. 그리고 적어도 이 시기에는 사원에서의 수공업이 전문적인 수공업단계로 발전하여 직물의 상품화가 촉진되었을 것으로 판단된다. 또한 여종은 공인에 불과하였고, 여승이 직조에 필요한 모든 물품을 제공했을 것이므로 여승들도 직물생산에 종사하였을 것으로 짐작된다. 따라서 여승들이 기거하는 여러 사원에서도 직물 생산에 힘썼을 것으로 생각된다. 다음과 같은 사실을 참고해 보면 어느 정도 그 가능성을 찾아볼 수 있다.

> 남산 아래 한강의 위 荳毛浦에 한 尼舍가 있어 이름을 彌陀寺라 하였는데 이 곳에 기거하고 있는 尼姑 등은 모두 극히 가는 면포 짜는 것을 생업으로 하였다(〈花紋苧布尼婢織成〉, 《朝鮮佛教通史》 下篇, 471쪽).

이 기사는 미타사의 여승들이 모두 細綿布 짜는 것을 생업으로 하고 있었음을 보여준다. 직조업은 미타사에만 국한된 것이 아니라 여승들이 거처하는 여러 사원에서도 직조업이 행해지고 있었다고 할 수 있다. 또 여승들이 직조업을 생업으로 삼고 있었다고 한 점으로 미루어 보아, 이미 전문적인 수공업 단계로 발전하고 있었음을 알 수 있다. 또한 위의 기사에 뒤이어서 在家僧妻들도 직조업에 종사하고 있는 사실을 전하고 있다.

> 또 북도의 大鎭과 각 郡의 在家僧妻 등도 痲布를 직조하였는데 아주 가볍고 가늘어서 속칭 鉢內布라고 불렀다. 생각컨대 가히 하나의 바리 안에다가 1필의 포를 담을 수가 있었기 때문에 이 이름이 붙여진 것이다(〈花紋苧布尼婢織成〉, 위의 책, 471쪽).

곧 군사의 요충지인 북도의 6진과 각 군의 재가승처들도 痲布의 직물 생산에 종사하였던 것이다. 그런데 하나의 바리 안에 한 필의 포를 담을 수 있는 아주 가볍고 가느다란 鉢內布를 생산할 수 있을 정도의 뛰어난 직조기술을 지녔음을 알 수 있다.

이상에서 살펴본 바와 같이 사원의 직조업은 가내수공업적인 단계에서 벗어나 전문적인 수공업단계로 발전하여, 사원에서 소용되어지는 것보다 훨씬 많은 직조품을 생산하여 상품화하였을 것임을 살펴보았다.

그리고 사원에는 직물류 이외에 기와를 굽는 기술을 가진 승려도 있었다.

> 충렬왕 3년 5월 임진일에 승 六然을 강화에 보내 유리와를 굽게 하였다. 그 만드는 방법은 황단을 많이 쓰므로 이에 廣州의 義安土를 취하여 구워, 유리와를 만드니 품색이 南商이 파는 것보다 뛰어났다(《高麗史》 권 28, 世家 28, 충렬왕 3년 5월).

충렬왕이 僧 六然을 강화도에 보내 유리와를 굽게 하였는데 육연은 廣州의 義安土를 가져다가 黃丹을 많이 사용해서 南商들이 판매하는 것보다 품질과 색상이 아주 뛰어난 유리와를 만들어 냈다고 하였다. 이러한 사실과 연관시켜 볼 때 사원에는 절을 지을 때 필요한 기와를 굽던 사찰 전용의 瓦窯

址가 있었던 것 같다.

1980년 11월 10일부터 22일까지 경주사적관리사무소 학술조사단은 慶北 月城郡 內南面 葺長里 天龍寺 부근에서 고려 때부터 조선 초기까지 기와를 굽던 두 개의 대규모 와요지를 발견하였다. 이곳의 발굴조사 책임자는 당시 천룡사에 기와를 공급하기 위한 사찰 전용의 와요지가 있었던 것이라고 밝힌 바 있다.[34]

이 기와가마터는 천룡사만의 건립을 위해서 만들어진 일시적인 것이 아니라 경주 일대 더 나아가서는 경상도 일대의 사원 건립시에도 기와를 공급해 주었을 것으로 생각된다.

고려시대에는 많은 사원이 건립되고 있었으므로 이외의 다른 지역에도 사찰 전용의 기와가마터가 있었을 것임은 능히 짐작할 수 있다. 그리고 기와가마터에서 기와를 생산하는 역할은 육연 같은 승려기술자도 있었겠지만, 대부분은 사원에 소속되어 있는 사원노비들이 맡았다고 보아야 하겠다. 이처럼 사원의 기와를 굽는 일 또한 직물류와 마찬가지로 전문적인 수공업단계에까지 이르렀던 것으로 여겨진다.

이 밖에도 사원은 불상이나 불구의 제작을 위해 목공기술과 금속가공기술을 소지한 자들을 다수 거느리고 있었다. 이미 신라 문무왕대에 蒲鞋를 업으로 삼아 살아가는 廣德이라는 승려가 있었고,[35] 고려 후기의 全英甫는 제석원의 奴로서 금박을 하면서 삶을 영위하고 있었다.[36] 이와 같이 사원은 많은 수공업기술을 가진 노비나 승려들을 거느리고 다량의 물품을 생산하여 자신들을 위해 소비하고 남는 잉여품은 상품화하였을 것으로 생각된다.

4) 사원의 상행위

고려시대의 사원은 사원전을 확대하여 대토지를 소유하고, 나아가 많은 사

34) 《서울신문》, 1980년 11월 22일(발굴책임자 : 韓炳三).

35) 《三國遺事》 권 5, 感通 7, 廣德 嚴莊.

36) 《高麗史》 권 124, 列傳 37, 全英甫.

원노비들을 확보하여 토지를 경작하였다. 그리고 전문적으로 수공업품을 생산하기도 하였다.

그 뿐만 아니라 술·소금·가축·파·마늘·유봉밀 등의 생산판매를 통해서도 사원의 경제적 기반을 더욱 공고히 하였다. 본래 인도에서 발생한 불교는 그 초기부터 사원이나 승려들의 경제적 자급자족을 위해 상업활동에 대해 호의적이었다. 이러한 인도 불교의 상업관이 중국을 거쳐 고려에도 그 영향을 끼쳤다. 그러나 인도불교의 상업관은 사원 공동체의 자급자족을 위한 경제생활 이상의 이윤을 목적으로 한 영리행위를 용인한 것은 아니었다.

그런데 고려시대에는 사원의 승려들이 불교의 교리에 위배되는 물품들을 생산하여 판매하는 상행위가 점차 심해지게 되었다. 이에 충숙왕 3년(1316)에는 승려들의 상행위를 금지하는 법적 조치가 취해졌다.[37] 그러면 이와 같은 사원 및 승려들의 상행위에 대해서 그 일단의 구체적인 실상을 살펴보기로 하겠다.

먼저 사원 및 승려들의 상행위의 예로서 양조업을 들 수 있다. 고려시대에는 이미 국초인 성종 2년(983)부터 개경에 6개소의 酒店을 설치하여 술의 판매를 장려하였다.[38] 그러나 이러한 국가의 주점설치는 사원의 양조업을 조장하는 결과를 초래하였다. 백성들의 정신적인 지주로서 국가와 백성들을 계도해야 할 사원이 술을 생산하여 판매함으로써 사회의 비난의 대상이 되지 않을 수 없었으므로, 국가에서는 이를 규제하는 법적 조치를 취하게 되었다. 즉 현종 원년(1010)에 승니들의 양조행위를 금하는 규제조치가 내려졌다.[39] 이러한 사실은 금지령이 내려지기 이전부터 사원에서 양조가 이루어졌음을 알 수 있게 해 준다. 그러나 왕의 금지령에도 불구하고 사원의 양조는 계속해서 이루어지고 있었다. 그것은 현종 12년에 취해진 조치를 통해 알 수 있다. 즉 그 해 6월에는 모든 사원의 승려들이 술을 마시고 즐기는 것을 금지하였고[40] 또 다음 달에도 다시 사원에서의 양조를 금지하였던 것이

37) 《高麗史》 권 85, 志 2, 刑法 2, 禁令 충숙왕 3년 3월.
38) 《高麗史》 권 3, 世家 3, 성종 2년 10월.
39) 《高麗史》 권 85, 志 2, 刑法 2, 禁令 현종 원년.
40) 《高麗史》 권 85, 志 2, 刑法 2, 禁令 현종 12년 6월.

다.[41] 이러한 양조행위는 이후에도 계속되었다. 이는 국가가 사원에 대해 형식적인 금지령만을 내리고 강력한 의법조치를 취할 수 없었기 때문으로, 당시 사원의 세력을 짐작케 해 주는 사실이라 하겠다.

양조에 소모된 미곡의 소비량이 어느 정도인지 기록이 많지 않아 자세한 실상은 알 수 없다. 그렇지만 현종 18년 6월에 楊州에서 아뢴 내용중에 "莊義寺·三川寺·靑淵寺 등의 승려들이 금령을 어기고 양조한 쌀이 360여 석이나 되었다"[42]고 하였다. 이로 보아 양조행위가 전국의 사원에서 행해졌다면 그 소비량은 실로 막대했을 것이고, 단순히 사원의 승려들이 소비하기 위해 생산한 것은 아니었을 것이다. 사원에서 생산된 술은 사원 자체에서만 소비된 것이 아니라 상품화할 목적으로 생산하여 판매되고 있었다. 즉 인종 9년(1131) 6월에 內外寺社의 승도들이 술과 파를 팔고 있었던 사실에서[43] 양조된 술이 상품으로서 판매되고 있었음을 알 수 있다.

그러면 이와 같이 국가의 계속되는 금지령에도 불구하고 사원에서 지속적인 양조행위가 이루어질 수밖에 없었던 이유를 어떻게 이해해야 될까. 이에 대해서는 불교의 세속화라는 측면도 있었겠지만, 성종 15년(996)의 철전화폐의 사용[44]과 숙종 2년(1097)에 鑄錢官을 두어 금속화폐의 유통을 장려한 사실[45] 및 동왕 6년에 은 한 근으로 우리나라의 지형을 본 따 은병을 만들어[46] 통용시켰던 국가의 화폐유통 정책과도 관련이 있을 것이다. 특히 숙종 9년에는 금속화폐의 유통을 원활하게 하기 위하여 주·현에 명해 酒食店을 열어 백성에게 판매를 허가하게 함으로써 양민들로 하여금 돈의 이용을 알게 하였다.[47] 주식점의 판매를 통해 화폐의 이용을 손쉽게 하고자 하는 국왕의 노력은, 결국 당시 많은 미곡을 소유하고 있었던 사원에서 간과할 수 없었을 것이다. 당시 사원은 막대한 사원전에서 생산되는 미곡과 왕실·귀족·양민들에 의해 시납된 미곡 등 엄청난 양의 미곡을 보유하고 있었다. 이와 같은

41) 《高麗史》 권 85, 志 2, 刑法 2, 禁令 현종 12년 7월.
42) 《高麗史》 권 5, 世家 5, 현종 18년 6월.
43) 《高麗史節要》 권 9, 인종 9년 6월.
44) 《高麗史》 권 79, 志 2, 食貨 2, 貨幣 성종 15년 4월.
45) 《高麗史》 권 79, 志 2, 食貨 2, 貨幣 숙종 2년.
46) 《高麗史》 권 79, 志 2, 食貨 2, 貨幣 숙종 6년.
47) 《高麗史節要》 권 7, 숙종 9년 7월.

막대한 양의 미곡을 오랫동안 저장한다는 것도 사원으로서는 큰 부담이 되지 않을 수 없었다. 이에 미곡을 술로 만들어 판매함으로써 당시 통용되던 철전과 은병, 특히 화폐가치가 높았던 은병을 확보하여 미곡의 저장에 따른 어려움을 극복하고, 나아가 사원의 경제력을 증대시키려고 했을 것이라는 점에서 양조행위의 한 이유를 찾을 수도 있을 것 같다.

다음으로 고려의 사원은 많은 鹽盆을 소유하고 소금을 생산판매하여 이득을 취해 경제력을 증대시켰다. 고려시대 염제에 대해 《고려사》 食貨志 鹽法條에서 국초의 제도는 역사서에서 고찰할 수 없다고 하였으므로,[48] 전기의 염제에 관한 상황은 잘 알 수가 없다. 일단 기록상으로 국가에서 소금에 관심을 갖고 적극성을 띠기 시작한 것은 고려 후기의 일이다. 곧 충렬왕 14년(1288) 3월에는 모든 도에 사신을 파견해서 소금을 전매하게 하였는데,[49] 이 사실로 보아 소금의 전매가 실시된 것은 충렬왕 때부터였다고 여겨진다. 그러나 그 후 충렬왕 18년 7월에 鹽稅別監을 경상·전라·충청도에 나누어 보내고,[50] 21년 7월에 경상·전라도에 파견했던[51] 사실로 미루어 보아 소금의 전매는 국가의 의도대로 시행되지 못했던 것 같다. 그 이유는 몽고와의 30여년에 걸친 항쟁으로 국가의 통제력이 약화된 틈을 이용하여 宮院이나 寺社 및 권세가들이 국용에 충당되어야 할 염분을 장악하고 그 이익을 독점하고 있었기 때문이다.

이러한 연유로 소금의 전매제가 제대로 시행되지 못하게 되자 충선왕은 소금의 전매를 통해 부족한 국가재정을 확보하려는 노력을 기울이게 되었다. 즉 충렬왕 24년 정월의 충선왕 하교에서는 "염세는 옛부터 천하의 공용인데 지금 모든 궁원·사사·권세가들이 모두 다투어 차지하고 그 세를 납부하지 않아 국용이 부족하니 유사는 추궁하여 없애도록 하라"고 하였다.[52] 모든 궁원이나 사사 및 권세가들이 염분을 차지하고 탈세를 하여 국용이 부족하게 되자 이들의 경제적 기반을 약화시키고 나아가 국가의 재정을 튼튼히 하고

48) 《高麗史》 권 79, 志 2, 食貨 2, 鹽法.
49) 《高麗史》 권 79, 志 2, 食貨 2, 鹽法 충렬왕 14년 3월.
50) 《高麗史》 권 79, 志 2, 食貨 2, 鹽法 충렬왕 18년 7월.
51) 《高麗史》 권 79, 志 2, 食貨 2, 鹽法 충렬왕 21년 7월.
52) 《高麗史》 권 79, 志 2, 食貨 2, 鹽法 충렬왕 24년 정월.

자 하였던 것이다. 그러나 이러한 충선왕의 노력은 즉위 후 불과 8개월만에 원나라로 소환 당하여 그 뜻을 이루지 못하였다. 그 뒤 충선왕은 복위하여 소금의 전매제를 다시 시행하였다. 즉 충선왕 원년 2월에 傳旨하여 內庫·常積倉·都鹽院·安國社 및 諸宮院·內外寺社가 소유한 염분을 모든 관청에 납입시키도록 하였다.53)

이러한 사실들로 미루어 본다면 사원은 소금의 전매제가 실시되기 이전부터 곳곳에 사사로이 염분을 설치하여 그 이익을 독점하고 있었음을 알 수 있다. 이처럼 많은 염분에서 생산된 소금이 사원에서 모두 소비되었을 리는 없었을 것이고, 그 대부분은 사원의 경제력 증대를 위해 민간사회에 판매되었을 것임은 자명한 일이다. 사원은 국가의 재정에까지 영향을 미치면서 佛法의 수행보다는 재부의 축적에 더욱 힘썼으니 사회로부터 지탄의 대상이 되었음은 당연한 소치라 하겠다.

또한 사원은 佛家의 계율에 위배되는 牧畜業과 파·마늘·기름·꿀 등을 생산하여 판매함으로써 부를 축적하였다. 먼저 목축업을 통해 상행위가 이루어졌던 사실에 대해서는 문종 10년에 내린 制旨 중에서 살펴볼 수 있다. 곧 역을 피한 무리들이 沙門에 의탁하여 재물을 불려 생계를 경영하며 耕田畜産으로 생업을 삼아 估販으로 풍습을 삼으니, 나아가서는 계율의 조문에 위배되고 물러가서는 淸淨의 규약이 없다는 것이다.54) 이는 계율에 위배되는 축산을 생업으로 삼아 목축한 축산물을 상품으로 판매하고 있었음을 잘 보여 준다.

그러면 사원에서 목축한 畜種들은 어떠한 것이었을까. 이에 대해서는 기록이 많지 않아 확실하게 단정할 수는 없다. 하지만 《고려사》에 말과 소에 관한 기사가 보이고 있어 일단 사원에서 목축한 동물은 말과 소가 주종을 이루었을 것으로 생각된다. 말에 대한 기사로는 비록 고려 후기의 기록이지만 공민왕의 총애를 받았던 僧 普虛가 왕으로부터 왕실의 「莊」인 迷元莊을 하사 받아 이를 현으로 승격시키고 전원을 널리 점유하여 왕실에서 사용하는

---

53) 《高麗史》 권 79, 志 2, 食貨 2, 鹽法 충선왕 원년 2월.
54) 《高麗史》 권 7, 世家 7, 문종 10년 9월.

內乘馬라 칭하면서 많은 말을 목축하였던 사실이 있다.[55] 보허는 공민왕의 극진한 총애를 받던 普愚이다. 보우는 공민왕의 은우를 입어 迷元莊을 收租地로 하사받아 이 곳을 직접 관리하여 말을 사육하였다. 이 사실 외에 다른 구체적인 기록은 없다. 그러나 앞에서 언급한 문종 10년의 '밭갈이와 축산을 생업으로 하여 상업을 풍습으로 삼았다'는 사실로 미루어 보아 초기부터 말을 사육했을 것으로 여겨진다.

고려시대에 말은 왕실·귀족은 물론이고 군사·역에 이르기까지 필수불가결한 소용품으로, 그 가치가 매우 높아 국가적 차원에서 마정을 관리하였다.[56] 특히 고려 후기 유목민족인 원의 지배하에 있었던 시기에는 말의 소용이 더욱 증대하여 원은 제주도에 牧馬場까지 설치하고 말을 징수하였다. 그러나 말의 사육이 원활하지 못하므로 인해 親朝나 助征의 일이 있을 때에는 번번이 말을 요구하였다.[57] 이에 고려조정은 원에 말을 진상해야 했으므로 말의 가치가 높았을 것임은 능히 짐작할 수 있다. 그리고 원의 지배를 벗어난 공민왕 이후에는 왜구·홍건적의 침입 등의 전란으로 수많은 戰馬가 필요하였다. 따라서 말 값이 높았을 것이다. 그렇다면 당시에 많은 전지를 소유하고 있었던 사원은 목마에 필요한 목마장의 확보에 별다른 어려움이 없었기 때문에 수익성이 높은 목마를 간과할 수 없었으리라고 본다. 이를 뒷받침해 주는 사실로 공민왕 이후의 기록이기는 하지만 공민왕 때에 3회에 걸쳐 승려들과 사원으로부터 전마를 거두어 군용에 충당하였고,[58] 우왕 때에도 역시 승려들과 사원으로부터 전마를 징수하였다.[59] 이와 같은 사실은 사원에서 목마했을 가능성을 더욱 짙게 해주고 있다.

그리고 사원에서는 소도 사육하였다. 이에 대한 기록은 다음과 같다.

> 고종 18년(1231) 11월 기축에 왕륜사의 소가 새끼를 낳았는데 한 몸에 머리가 두 개였는데, 한 머리에는 귀가 두 개였고 또 한 머리에는 귀가 하나였다(《高麗史》 권 55, 志 3, 五行 3 고종 18년).

55) 《高麗史》 권 38, 世家 38, 공민왕 원년 9월.
56) 《高麗史》 권 82, 志 2, 兵 2, 馬政.
57) 《高麗史》 권 82, 志 2, 兵 2, 馬政 충렬왕 14년 2월.
58) 《高麗史》 권 82, 志 2, 兵 2, 馬政 공민왕 3년 6월·8년 12월·10년 10월.
59) 《高麗史》 권 82, 志 2, 兵 2, 馬政 신우 원년 9월.

신우 10년(1384) 4월 신묘에 松山 石方寺의 암소가 암·수 송아지 두 마리를 낳았다(《高麗史》 권 55, 志 3, 五行 3 신우 10년).

위의 기사들은 王輪寺·石方寺에서 소가 사육되고 있음을 보여준다. 이는 고려 후기의 사실이므로 고려 초기부터 사원에서 소를 사육하고 있었는지에 대한 자세한 실상은 알 수 없다. 그러나 《고려사》 오행지의 기록이 일상적으로 발생했던 일을 낱낱이 수록한 것이 아니고 뜻밖에 일어났던 기이한 사실들을 기록한 것이기 때문에 이로 미루어 보면 고려 초부터 소가 사육되고 있었을 것이다. 한편 사원은 많은 토지를 소유하고 있었으므로 農牛로서 사육되었을 가능성도 충분하다. 여하간 사원에서 수익성이 높은 말이나 소를 사육하여 경제적 부의 축적에 힘쓰고 있었음은 사실이라 하겠다.

또한 사원에서는 파·마늘을 재배하여 판매하기도 하였다. 예를 들면 문종 10년(1056) 9월의 기사에 "불경을 강의하는 장소를 베어서 파·마늘 밭을 만들었다"[60]고 하였고, 다시 인종 9년(1131) 6월에는 "內外寺社의 승도들이 술과 파·마늘을 팔았다"[61]는 등의 사실이 이를 잘 말해 주고 있다. 그리고 사원은 油蜂蜜을 생산하기도 하였다. 즉 의종 11년(1157) 10월에 "太府寺에서 기름과 꿀이 고갈되었다고 보고하므로 모든 사원에서 징수하여 齋醮의 비용에 충당하도록 하라"[62]고 하였는데, 이는 모든 사원에서 기름과 꿀이 생산되고 있었음을 말해 준다. 기름과 꿀 역시 사원에서의 소용품을 제외한 나머지 잉여품은 판매되었을 것으로 생각된다.

끝으로 사원은 불가의 본질을 외면한 채 고리대와 보의 이식행위를 통해 막대한 부를 축적하였다. 고려사회의 양민들은 귀족 및 관리들의 苛斂誅求, 수 차례에 걸친 전란, 천재지변 등으로 인해 생활에 어려움이 있었다. 여기에 지배귀족들의 강제성 고리행위까지 가중되어 양민들의 부담은 더욱더 무거워져 이중·삼중의 생활고에 허덕이는 실정이었다. 그러나 이러한 양민들의 생활고를 덜어 주어야 할 사원에서까지 殖利事業을 통해 양민들의 고혈

60) 《高麗史》 권 7, 世家 7, 문종 10년 9월.
61) 《高麗史節要》 권 9, 인종 9년 6월.
62) 《高麗史》 권 79, 志 2, 食貨 2, 科斂 의종 11년 10월.

을 착취했으니 고려사회에 미친 폐해가 대단히 컸었음은 말할 나위 없다.

고려사회에 통용되던 법정이자율은 경종 5년(980)에 정해진 3분의 1이 적용되고 있었다.[63] 그러나 이러한 법정이자율은 잘 준수되지 않아, 성종 원년(982)에는 「子母相侔」라 하여 원금과 이자가 같은 액수가 되었을 때는 그 이상의 이식을 취하지 못하게 하는 법이 보완되었다.[64] 그 뒤 모든 제도가 어느 정도 정비되었던 문종 원년(1047)에 子母停息法을 정하여 고리 행위를 완화시키려는 법식을 마련하였다.[65] 그렇지만 이러한 법식은 제대로 시행되지 못하고 고려 후기로 접어들면서 사회·경제 구조의 변화에 기인하여 양민들의 생활은 더 어렵게 되고 고리대행위는 한층 심화되었다.

이와 같은 고리대행위는 지배귀족층들 뿐 아니라 사원에 의해서도 양민들을 대상으로 자행되었다. 사원이 고리대행위를 하였음은 명종 18년(1188) 3월에 내린 制旨에서 살펴볼 수 있다. 곧 "道門의 승인들이 여러 곳의 農舍에서 함부로 貢戶로 인정하여 양민을 사역시키고, 또 거친 紙布를 강제로 빈민에게 대여해 주고 그 이자를 취하니 모두 금지하라"[66]고 하였다. 그리고 8년 뒤인 명종 26년에 崔忠獻 형제가 李義旼을 제거하고 올린 封事에서도 승려들의 이식행위의 폐단이 적지 않았음을 지적하고 있다. 즉 승려들은 왕의 총애를 기화로 왕의 측근이 되어 불교를 관장하면서 고리행위를 통해 양민들은 물론이거니와 국가재정에까지 막대한 손실을 끼치면서 자신들의 財富 증식에 힘을 기울였던 것이다.[67]

그런데 이와 같은 고리대행위의 폐단을 지적하면서 禁令을 주장했던 최충헌의 아들 崔瑀의 자제들도 아버지의 권력을 배경으로 고리대행위를 자행하였다. 최우는 적자가 없어 기생 瑞蓮房에게서 萬宗·萬全 두 아들을 낳았다. 그러나 최우는 兵權을 사위인 金若先에게 전하고자 하였으나, 만종과 만전이 앙심을 품고 난을 일으킬까 두려워, 아들을 松廣社에 보내 승려가 되게 하고 禪師의 승계를 제수하였다. 그 뒤 만종은 斷俗寺에, 만전은 雙峯寺에 거주하

63) 《高麗史節要》 권 2, 경종 5년.
64) 《高麗史》 권 79, 志 2, 食貨 2, 借貸 성종 원년.
65) 《高麗史》 권 79, 志 2, 食貨 2, 借貸 문종 원년.
66) 《高麗史》 권 85, 志 2, 刑法 2, 禁令 명종 18년.
67) 《高麗史節要》 권 13, 명종 26년.

게 하였는데, 이들은 불도 수업에 전념하지 않고 자기들의 주변에 무뢰승들을 모아 식리사업에만 주력하여 鉅萬을 헤아릴 정도의 많은 金帛을 축적하였다. 더 나아가 이들은 경상도에서 축적하고 있었던 50여만 석이라는 막대한 양의 미곡을 식리사업에 투자하여 그 이자를 착복함으로써 양민들은 남는 곡식이 없어 국가의 조세까지도 여러 번 바치지 못하는 실정이었다. 이와 같은 상황이 刑部尙書 朴暄과 慶尙道巡問使 宋國瞻 등에 의해 최우에게 전해지자 두 아들을 개경으로 불러 들이고 죄질이 나쁜 문도들은 죄를 주어 민심을 수습하였다.[68] 만종과 만전의 고리대행위가 당시의 실권자였던 아버지 최우의 권력을 배경으로 해서 이루어진 특수한 예라고도 할 수 있겠으나, 앞에서 인용한 사실들과 관련하여 검토해 보면 이 당시 사원에서의 고리대행위를 통한 부의 축적은 보편적인 현상이었을 것으로 생각된다.

이러한 사원의 고리대행위는 고려 말기에는 더욱 더 심화되어, 공민왕 원년에는 이를 엄히 다스리도록 하는 宥旨를 내리기도 하였다. 즉 사원에서는 이식을 취함이 일정하지 않고 임의대로 이율을 정하여 고리를 취하였다. 심지어 양민들은 고리를 감당하지 못해 자녀를 팔기도 하였는데 3년이 넘도록 돌려보내지 않고 노역을 시키는 사원이 많았을 정도로 고리 행위는 심화되었다.[69] 또한 우왕 때에는 遊食하는 승려들이 불사를 빙자하여 권세가의 書狀을 함부로 받아 州郡에 간청하여 양민에게 米 1斗와 布 1尺을 빌려 주고 각각 1石과 8尺으로써 거두니 이를 「反同」이라고 하였다. 그런데 징수하기를 逋債와 같이 하므로 양민들이 이로 인해 굶주림에 떨게 되었다고 한다.[70] 강제로 양민들에게 쌀 1두와 포 1척을 빌려주고 쌀 1석과 포 8척의 이식을 취하니 10배 내지 8배에 달하는 고리를 감당하기란 참으로 힘들었을 것임은 능히 짐작할 수 있는 일이다.

사원은 왕실 및 귀족들의 비호하에 국가에서 정한 법정이율을 무시하고 공공연하게 임의대로 고리의 이율을 적용시켰다. 그 결과 국가재정에 손실을

68) 《高麗史》 권 129, 列傳 42, 崔忠獻 附 怡.
69) 《高麗史》 권 79, 志 2, 食貨 2, 借貸 공민왕 원년.
70) 《高麗史》 권 135, 列傳 48, 辛禑.

끼침은 물론이고 양민들의 고혈을 가혹하게 착취하였으니, 사원의 경제력 증대의 뒷 편에서 일어난 사회적 갈등은 점차 심화되었던 것이다.

한편 사원은 앞에서 설명한 바와 같은 식리사업을 행하였을 뿐만 아니라 사원의 기초적 경제행위로서의 「보」를 운영하기도 하였다. 「보」란 방언으로, 전곡을 시납하여 그 본전을 보존하고 이식을 취해 영원히 이롭게 한다고 하여 일컬어진 이름이다.[71] 즉 「보」라는 것은 시납한 전곡을 기본자산으로 하여 그 이자를 취해 어떤 특수 목적에 사용하고자 한 것이다. 「보」는 오늘날의 장학기금·문예진흥기금·원호기금 등과 같이 특수한 목적의 명목으로 기금을 형성하여 여기에서 나오는 이자로서 공익사업을 펼쳐나가는 비영리 재단의 성격을 갖고 있다. 고려시대에는 여러 가지 명목의 「보」가 설치되어 운영되었지만 특히 사원과 연관되어 있었던 보로는 승려들의 佛學을 장려하기 위해 설치되었던 佛名經寶와 廣學寶,[72] 玄化寺의 금종을 주조하기 위해 기금을 조성했던 金鐘寶[73] 및 반야경의 주조를 위한 般若經寶,[74] 공신들의 공덕을 기리기 위해 설치했던 忌齋寶[75] 등이 있었다.

이러한 명목의 「보」 가운데 특히 불명경보와 광학보의 설치를 위해 정종은 무려 7만 석이라는 막대한 양의 곡식을 여러 큰 사원에 시납하여 그 이식으로 승려들의 불학을 장려하게 하였다. 그러나 이 보에서 얻어진 이식 수입이 모두 다 승려들의 불학 장려를 위해 쓰여졌다고는 생각할 수 없고 그 중의 많은 부분이 사원의 일반재산으로 편입되었을 가능성을 배제할 수 없다. 모든 사원의 승려들은 「보」 본래의 목적을 망각하고 이를 이용하여 고리대 활동을 자행하였다. 이는 성종 원년(982)에 崔承老가 올린 시무책 28개 조항 가운데에서, 불보의 전곡을 여러 절의 승인이 각각 州郡에 사람을 시켜 관장하여 해마다 長利를 주어 백성을 괴롭게 하니 금지하도록 청한[76] 사실이 이를 잘 입증해 주고 있다.

---

71) 《高麗史節要》 권 1, 태조 13년 12월.
72) 《高麗史》 권 2, 世家 2, 정종 원년.
73) 〈高麗國靈鷲山大慈恩玄化寺碑〉(《朝鮮金石總覽》 上), 249쪽.
74) 위와 같음.
75) 《高麗史節要》 권 5, 문종 14년 3월.
76) 《高麗史節要》 권 2, 성종 원년 6월.

지금까지 살펴본 바와 같이 사원·승려 및 귀족들의 양민에 대한 고리대 행위는 국가의 계속되는 금지령에도 불구하고 고려 초에는「보」를 중심으로 한 이식행위가 이루어졌다. 고리행위를 규제해야 될 귀족들이나 이러한 행위를 계도해야 될 사원까지도 각각 자신의 권력 및 왕실의 총애, 귀족들의 비호를 배경으로 가세하고 있었으므로 국가의 금지령이 실효를 거둘 수 없었음은 당연한 소치라 하겠다. 이러한 형식적인 금지령은 식리사업의 이율을 높이는 결과만을 초래하여 결국 힘이 없는 양민들의 생활고만 더욱 가중시켰다. 더 나아가서는 국가의 재정마저 막대한 손실을 끼쳐 경제구조의 폐해와 사회구조의 혼란을 야기시켰으므로 고려의 붕괴를 촉진하는 요인이 되었다. 그리고 불교는 백성들의 비난의 대상으로 변모되어 고려 말 성리학자들의 배불론을 불러 일으켜 불교의 쇠퇴를 재촉하는 한 요인이 되었다.

〈李相瑄〉

Ⅱ. 유　　학

1. 유학사상의 정립
2. 유학사상의 발전
3. 유학사상의 실천적 전개

Ⅱ. 유 학

1. 유학사상의 정립

성종 때에 유학을 가르치기 위하여 國子監이 설치되었다. 그러나 이에 앞서 이미 태조 때에 開京에는 학교가 설치되었을 것으로 보인다 그것은 태조 때에 西京에 학교를 설치한 사례로 미루어 짐작된다. 이 때 개경에 세운 학교는 신라시대 國學의 전통을 이은 것으로 보인다. 아마도 경순왕을 따라 고려에 귀순한 신라의 지식인들, 특히 6두품계의 귀족들이 주축이 되어 새 왕조 고려의 유학 교육기관이 개설되었을 것이다. 따라서 명칭도 신라의 국학을 답습하였을 것이라 추측된다. 이러한 점에서 본다면 당시의 교과내용도 역시 신라 국학의 교과를 그대로 채용하였을 것이다. 신라 국학의 교과목은 주지하는 바와 같이《禮記》·《周易》·《尙書》·《左傳》·《毛詩》·《論語》·《孝經》등의 경서와《文選》이 주가 되고 算學·三史·諸子百家書가 부가되었다. 이것은 원시유학의 근본이 되는 仁·義·孝·悌·忠·信이 기본을 이루고, 다음은 한대부터 내려오던 5경이 전공과목이었으며, 그 밖에 문장을 익히는 대표서인《문선》이나 역사서가 교양과목으로 추가되었을 것이다.[1)]

그것은, 광종 9년에 과거제를 실시하면서 製述業에서는 試·賦·策을 시험과목으로 하였으며 明經業에서는 易·書·詩·春秋 등의 경전이 試題로 채택된 것을 보면, 신라시대 국학의 교과목 범위를 벗어나지 못한 것으로 짐작된다.

그 뒤 성종 11년 국자감의 창건으로 고려의 유학 교육은 새로운 기원을 맞이하였다. 이 때의 국자감 창건은 종래의 국학이 국자감으로서 발전적으로 개편된 것이라 추측된다. 그런데 국자감의 교과내용을 보면 經學 분야로는

---

1) 金忠烈,《高麗儒學史》(高麗大出版部, 1984), 55쪽.

《周易》·《尙書》·《周禮》·《禮記》·《毛詩》·《春秋左氏博》·《公羊傳》·《穀梁傳》·《孝經》·《論語》 등이었다. 신라의 국학에서 볼 수 없는 《주례》·《춘추공양전》·《곡량전》 등이 들어 있으며, 그 밖에 時務策·書·《國語》·《說文》·《字林》·《三倉》·《爾雅》 등 새로운 실용적인 교과목이 추가되고 있다. 이와 같이 국자감의 창설과 함께 종래 국학의 교육내용에서 더욱 확충된 교육이 운영되었을 것은 당연한 것이다. 이에 따라 과거시험에 있어 고시과목도 변화를 가져왔다. 즉 광종 이후에 달라진 과목을 보면 제술업에 있어서 禮經과 經義라고 하여 새로이 경학이 더 부과되었으며, 명경업에 있어서는 《주역》·《상서》·《모시》·《예기》·《춘추》의 5경만이 고시과목으로 설정되고 있다.

물론 이 밖에 醫卜, 地理, 律書, 算學, 三禮(禮記·周禮·儀禮), 三傳(春秋左傳·公羊傳·穀梁傳) 등의 雜業이 추가되어 고려사회에 필요한 실무적인 분야와 이에 따른 시험과목이 정비된 것은 주지하는 바이다.

한편 지방의 유학교육을 위하여 이미 성종 때부터 鄕校가 설치되었을 것으로 추정되고 있다. 구체적인 기록으로는 적어도 인종대에 향교의 존재를 확인할 수가 있다. 성종 때에 12주목에 경학박사와 의학박사를 파견하였다는 사실로 미루어 향교 교육에 있어 경학이 교과목으로 편성되었음이 확실하다. 그러나 고려 초기에 지방의 향교 교육의 보편화를 꾀하였으리라는 사실 이외에는 그 구체적 내용을 짐작할 수 없다.

위에서 고려시대 초기의 유학의 전개과정을 주로 교육제도상에 있어서의 교과내용과 과거시험에 있어서 시험과목 등을 검토하는 한편 유교의 학문적, 사회적 전개과정을 살펴보았다. 그 결과 《논어》나 《효경》 등은 계속 교육과정에서 필수과목으로 존속되었으며, 경전교육에 있어서는 종래의 《춘추좌전》에서 《공양전》이나 《곡량전》 등이 더 확충되고 있어 《춘추》에 대한 비중이 높아지고 있음을 알 수 있다. 그리고 한편으로 《주례》·《의례》·《예기》의 3례가 중요시되었음도 하나의 특징이라 하겠다. 고려시대에 들어와서 여러가지 제도와 문물을 중국식으로 정비하는 본격적인 작업이 진전되었는데, 이 시기에 있어 특히 《공양전》이나 《곡량전》이 새로운 의미를 가질 수 있음은 새 국가체제 정비와 어떠한 관련을 가지고 있는 것이 아닌가 생각된다. 또

3례의 문제는 당시 중국의 새로운 유교적 禮制秩序의 정비와 밀접한 관련을 가지고 있다고 보인다.《高麗史》禮志의 방대한 禮制 내용을 보면 고려는 중국적 제국질서와 맞먹는 예 구조를 갖추었음을 알 수 있다. 그러한 예제를 구축 정비하기 위하여 관리 등용에 있어 3례의 실천적 지식을 갖춘 인재를 등용할 필요가 있었던 것은 당연한 것이라 보인다.

〈李熙德〉

2. 유학사상의 발전

고려 문종대는 고려 유학사상 새로운 활력을 일으킨 시기였다. 그것은 다름아닌 崔冲에 의한 私學의 설립과 이에 뒤따른 이른바 私學徒의 출현이다. 그 동안 국자감 등에 의한 官學 중심의 유학교육에 더하여 사학이란 새로운 국면으로 전개하게 된 것이다.[1)]

최충의 유학교육은 樂聖·大中·誠明·敬業·造道·率性·進德·大和·待聘의 9齋로 편성한 전문강좌에 의한 것이었다. 여기의 교과과정을 보면 9經과 3史를 중심으로 詩賦와 詞章을 공부한 것으로 되어 있다. 9경이란《주역》·《상서》·《모시》·《예기》·《주례》·《의례》·《춘추좌전》·《공양전》·《곡량전》이며, 3사란《사기》·《한서》·《후한서》를 말한다. 논자에 따라서는《의례》대신《효경》을 드는 경우도 있다.

최충이 관직을 떠난 문종 9년을 기점으로 하여 설립된 私學 12徒에 의한 유학교육은 그 설립자나 교사가 과거의 고시관을 거친 知貢擧 출신이며, 동시에 대부분 과거출신으로 추정된다. 이리하여 사학은 당시 과거를 위한 효율적인 교육기관으로 등장하여 관학인 국자감보다 위세를 떨치게 되었다.

그런데 사학에서 가르친 교과목을 보면 종래의 국자감의 교과나 별로 다

1) 본장은 金忠烈,《高麗儒學史》(高麗大出版部, 1984) 및 경희대 전통문화연구소 편,《崔冲研究論叢》(1984) 가운데 尹絲淳,〈朱子學以前의 性理學導入問題〉와 李乙浩,〈韓國儒學史上 崔冲의 位置〉등을 참고하였다.

른 점이 없다. 다만 교육방법 내지 교수방법에 있어서 매우 능률적인 교육이 이루어졌던 것으로 보인다.

한편 고려 중기의 사학 교육에서, 특히 崔公徒의 9재의 이름 18자 가운데 聖(악성)·中(대중)·誠(성명)·敬(경업)·道(조도)·性(솔성)·德(진덕)·和(태화)·禮(대빙) 등 9자는 《中庸》의 根本義를 뽑아낸 것으로서, 최충이 지향한 학문의 방향은 오로지 철두철미 《중용》에 근거했던 것으로 추정되고 있다. 따라서 9경 3사에 앞서 《중용》의 대의를 천명함으로써 유가의 윤리적 인간학을 새롭게 정립하였다는 것이나[2] 9경 중심의 교육이 治國之術로서의 經史교육이라면, 최충의 9재교육은 治國之道로서 경사를 체득하고 실천하게 했다는 점에서 새로이 평가하기도 한다. 그 뿐만 아니라 9재의 명칭에 대한 이해를 성리학에 기초한 中庸·大學 중시 경향과 연관지어 주자학 이전의 성리학에 대한 새로운 경향을 이미 알고 있었다는 주장도 나오고 있다. 결국 우리나라 성리학적 사색은 중국의 이 분야 학문별로 큰 시차 없이 거의 함께 발맞추어 전개되었다고 추정되는 것이다.[3] 따라서 우리나라 성리학은 주자학 이전의 북송 성리학으로부터 출발하는 것으로 추정해 볼 수도 있을 것이다.

사학 12도의 번영은 예종과 인종에 의한 관학진흥책으로 대응되었다. 예종 4년의 7齋는 周易·尙書·毛詩·周禮·戴禮·春秋·武學齋로서 무학재 외에 6재는 모두 경서를 교육하였으며, 여기서는 戴禮가 새로이 강좌과목으로 설정되어 있는 것이 특징이며 기타 과목들은 전통적인 경전 교과인 것이다.

다시 인종 때에 와서 京師6學이 정비되었다. 경사6학의 교육은 신분에 따른 교육제도상의 구분으로서 그 교과내용은 종전의 국자감 교육과 같은 것이었다. 이와 같이 예종에서 인종대에 이르기까지 중흥기를 맞이한 고려 유학은 다시 宮廷講經으로 그 열기를 더하게 되었다.

궁정강경은 예종 11년 궁중에 淸讌閣을 짓고 學士들로 하여금 경서를 강론하게 하면서 본격화된 것이다. 그러나 곧 다시 寶文閣을 세워 궁중 강학의

2) 李乙浩, 위의 글, 278~282쪽.
3) 尹絲淳, 앞의 글, 163~166쪽.

중심으로 삼았다. 사실상 궁중강경의 시작은 예종 11년 당시 知制誥 崔瀹의 상서가 큰 계기를 이루었다고 한다. 그는 당 문종이 재상의 말을 들어 감성에 흐르기 쉬운 詩學士를 멀리 하였다는 고사를 들어 제왕은 儒臣들의 經術을 통하여 化民成俗할 수 있도록 해야 한다고 예종에게 간언한 바 있었고, 그 뒤 얼마되지 않아 청연각을 세우게 된 것이다.

그러나 실제로는 청연각을 세우기 이전에 궁중의 강경은 시작되었다. 그러므로 이미 예종 원년부터 의종 16년까지 60여 년간 궁중에서 이루어진 강경의 횟수가 49회나 계속되었다고 한다. 이 때에 시·서·예·역을 강론하였는데 《서경》이 22회, 《예기》가 11회, 《주역》 9회, 《시》 5회, 《老子》 1회, 《唐鑑》이 1회로 되어 있다.

《서경》을 편목별로 보면 洪範이 6회, 說命이 6회, 無逸이 4회, 舜典과 大禹謨가 2회, 堯典·皐陶謨·益稷·太甲 등이 각각 1회이다.

《예기》에 대한 강론은 《중용》이 4회, 〈月令〉이 6회, 기타가 3회로 되어 있다. 《중용》은 心性과 誠明을 깊이 있게 다룬 책으로 유교의 도의를 체득하는데 근본이 되는 것이다. 우리나라에 성리학이 수용되기에 앞서 이미 《중용》이 4서 중에서 특히 중요시된 것은 주목할 일이다. 즉 경학을 존중하는 당시의 학풍은 이미 유학을 철학으로 이해하기 시작했다는 증거로 생각되는 것이다. 동시에 《중용》 강론은 이미 지적한 바와 같이 최충의 9재교육에서 윤리학이나 인간학을 강조하여 치국의 도로서 지향하였던 학풍과도 일맥상통하고 있는 것으로 주목된다.

《주역》 강의도 매우 열기를 띠어 文言·繫辭에 대한 것보다 本經의 卦辭를 주로 하였으므로, 의리에 대해서는 크게 활발하지 못한 편이었다. 《시》에 대한 강의는 金富佾이 거의 도맡아 하였다. 이것은 인종 이후에 시작되고 있어, 이 때부터 학풍이 전환된 것으로 여겨지고 있다.

그리고 이 당시에 강의에 참여한 학자는 朴景仁, 高先柔, 池昌洽, 朴昇中, 金緣(仁存), 胡宗旦, 洪灌, 金富佾·金富軾·金富轍 3형제, 韓安仁, 李永, 鄭克永, 林存, 鄭沆, 鄭知常, 尹彦頤, 鄭襲明 등 20여 명이다.

예종·인종·의종 3대 60여 년에 걸쳐 성행하였던 尊經講學의 학풍은 당시의 학문적 역량을 높이고, 이에 상응하는 학문적 성과를 저술로서 남기게 하였다. 즉 김부식의 《三國史記》, 윤언이의 《易解》, 崔允儀의 《古今詳定禮》, 김인존의 《論語新義》 등이 저술되었다. 그러나 《삼국사기》 외에는 전하고 있지 않아, 그 내용의 면목을 잘 알 수 없다.

이 시기에 유학이 극성기를 이루었음은, 史臣이 예종을 평가한 贊文에도 잘 드러난다. 즉 왕은 타고난 자질이 명철하고 勵精求治했으며, 학교를 개설하여 선비를 길러내고 淸讌·寶文 두 文閣을 세워 날마다 문신들과 6경을 강론하여 예악적인 풍속을 이루었다고 하였다. 이로 미루어 볼 때, 예종·인종 양대는 유학이 학문적으로 발전했던 학술사상 빛나는 시기였다. 그런데 예종대의 崇經的 학풍은 인종대에 와서 詞章風으로 기울었다. 그리고 의종대에 가서는 너무 문약으로 흐르게 되어 마침내 무신을 경멸하는 풍조를 자아내었다.

고려 중기 유학의 절정기라고 할 수 있는 예종·인종 양대에 걸쳐 《서경》, 《예기》, 《역》, 《시》가 가장 중요한 지적 호기심의 대상이 되었던 것을 알 수 있다. 그 가운데서도 특히 중요시된 것은 《서경》과 《예기》로 생각된다. 이들 두 경전의 강론이 단연 많은 강경횟수를 거듭하고 있기 때문이다. 한편 오랫 동안 학교 교과목으로 중요시되어 오던 《춘추》에 대해 궁중강경이 이루어지지 않은 것도 주목된다.

5경 가운데 《서경》과 《예기》가 중요시되고 있는 것은 나름대로 동시대의 국가·사회적 의식과 무관하지 않을 것이다. 특히 가장 많은 강의를 행한 《서경》의 경우 홍범이 6회, 열명이 6회, 무일이 4회로 으뜸을 이루고 있다. 홍범이란 殷의 賢者인 箕子가 周 武王의 요청에 따라 전해준 정치의 근본이 되는 원칙인데, 《서경》에서도 王道를 설정한 가장 중요한 편목이라 할 수 있다. 즉 王者는 천명을 받아 이를 정치에 구현하는 존재로서, 무릇 천과 인민 사이에서 天道를 실천하여 인민들을 안락하고 행복하게 할 의무를 지닌다는 것이다. 그러나 만일 치자인 天子가 천명을 어기고 인민의 복리를 실현할 수 없을 때에는 天意가 자연현상의 여러 가지 災異로 나타나, 天譴을 받게 된다는 것이다. 그러한 측면에서 본다면 《서경》의 홍범은 「君主天命說」의 이론적 기반이 된다고 할 것이다. 이러한 홍범이 당시에 중요시되었던 것은 고려의 정치이념과 깊은 관련 속에서 이해해야 할 과제이다. 그리고 《서경》의 說命篇은 傅說이라는 재상이 등용될 때의 전말을 기록한 것이다. 盤庚으로부터 3대 후에 高宗이 즉위하였는데, 그는 뛰어난 천자였다. 그는 즉위한 처음에는 자기 스스로의 의견을 제시하지 않았고 아무런 새로운 시책을 펴지 않았다. 백성들과 신하들은 왕이 나라를 위해 힘쓰지 않는다고 염려하였다. 그러나 고종은 심사숙고한 끝에 자기의 계획을 잘 세우고 부열이라는 현인을 재상으로 삼았는데, 이 부열의 보필에 의해 나라가 크게 번창하였으므로 은나라 중흥의 명군이라 일컫게 되었다. 이 부열을 기용한 때의 전말을 쓴 것이 이 〈열명〉편이다.[4] 따라서 〈열명〉편은 치자가 현자를 기용하여 나라를 번창하게 발전시켜 名君이라는 칭송을 받게 되는 방도를 보여주는 것이라고 할 것이다. 이로 미루어 볼 때 군주와 이를 보필하는 신하와의 관계를 설정하는 요지로서 이해할 수 있다. 고려 중기 유교사상에서 추구하는 정치이념이 군신의 협력하에서 이상적인 정치가 성취될 수 있다는 고전적인 이상을 추구하려 한 노력을 엿볼 수가 있다.

다음에 중요시된 것은 《예기》이다. 《예기》 가운데 가장 많은 강론이 이루어진 〈月令〉편은 어떠한 것인가. 〈월령〉은 춘하추동을 다시 孟·仲·季의 3단계로 나누어, 달에 따라 태양의 위치, 昏旦의 中星, 그 달에 배당할 帝·神·虫·音·律·數·味·息·祀祭 등을 기록하고 계절을 맞이하는 방법, 각 달에 내려야 할 政令을 기술하고 있다. 또 월령을 위배하였을 때에 닥칠 재해에 이르기까지 기술하고 있다. 〈월령〉이 또한 치자의 중요한 관심거리가 된 것은 역시 유교정치이념과 직결되기 때문이라 보인다. 〈월령〉편에는 군주의 연중 행동방향 즉 정치와 그의 일상생활의 자세한 행동규범이 규정되어 있다. 그리고 그 달의 월령을 그 달에 행하지 않고 다른 달로 넘긴다면 天譴에 의한 재이를 초래한다는 5행설적 천명설이 또한 그 바탕에 깔려 있다. 따라서 군주는 결국 천명의 실현자이다. 그러므로 천명에 따른 政令에 비추어 일상생활을 영위하여야 한다는 것이다. 동시에 〈월령〉편에 보이는 천자의 존재는 《서경》 홍범에 실린 五行·五事·庶徵·咎徵說과 함께 王道論의 구체적 실상을 담고 있다고 할 것이다.

《예기》의 〈월령〉과 함께 이 시기부터 《중용》이 점차 당시 치자들의 지적

4) 金冠植 역, 《書經》(玄岩社, 1967), 236~255쪽.

관심을 끌기 시작하였다. 이러한 사실은 그 뒤 고려시대 성리학의 수용 이전에 이미 고려 지성계가 심성과 성명을 깊이 있게 다룸으로써 유학을 철학적으로 이해하기 시작했다는 증거로 제시한 바 있다.

다음은《효경》이 신라 이래로 중요한 교과목으로서 고려시대에도 계속된 점이다.《효경》은 이미 중국에서 戰國 말기 이전에 그 존재가 확인되는데 유가의 효사상을 담은 핵심적인 경전이라 할 수 있다. 고려시대에 있어서《효경》은 명경업이나 제술업의 과거 시험과목에는 포함되지 않았다. 그러나 인종 때의 國子監學式에는《논어》와 함께 필수과목으로 편성되었으며, 최충의 9재의 교과목 중 9경 속에《효경》이 포함되어 있었을 것으로 보인다.《효경》에는 '君子之事親孝 故忠可移於君'이라는 구절이 있다. 효가 충으로 이행한다 하여 효는 단순히 가족윤리로 그치지 아니하고, 마침내 군주에 대한 충이라는 정치윤리로 발전된다는 것이다. 그러므로 효사상은 유교국가에 있어서 핵심적인 윤리사상으로 자리잡아 법률·예제 등 사회질서 속에 실천윤리로서 구현되고 있었다.

이와 같이 고려시대 초기 이래 유학은 5경을 중심으로 교육과 과거에 적용되어 왔으며, 중기 이후에도 고려의 유학사상은 그 주류가 5경 내지는 9경이라 하여 經學이 계속 중요시되어 왔던 것이다. 그런데 초기에서 중기에 이르도록 이러한 유교 경전 가운데서도 특히《서경》과《예기》가 매우 큰 비중을 가지고 있었다고 보인다. 이처럼《서경》과《예기》가 중요시되었던 원인으로서는 당대 유교정치윤리의 정립과 구현이라고 하는 정치이념상의 과제가 내재하고 있었기 때문일 것이다. 왜냐하면《서경》에는 유교이념에 따른 치자의 왕도론이 시종 그 핵심을 이루고 있기 때문이다. 한편《예기》에는 유교정치 하의 군주들이 실천하여야 할 행동규범이 자세하게 규정되어 있기 때문에 왕자의 행동 실천에 있어 중요한 규범이 되는 경전인 것이다.

한편《효경》도 신라 이래 중요한 교과내용으로 전승되어 고려시대에도 국자감학식이나 9재 교과에서 교과내용으로 편성되어 필수과목으로 다루어지고 있었다. 그것은 효가 충으로 이행한다는《효경》의 사상이 더욱 중요한 뜻을 가지고 있었기 때문이다.

이상과 같이 고려시대 초기·중기까지의 유교사상의 정립·발전과정을 살펴볼 때, 이것이 당대 정치이념으로서 또한 정치규범으로서의 구실을 담당함으로써 구체적·실천적으로 전개하고 있었던 것을 알 수 있다. 그러므로 유교사상은 고려시대에 있어서 하나의 추상적인 학문적 대상만은 결코 아니었으며, 그 시대를 영위하는 지배적인 원리로서 규범으로서의 역할을 담당하였던 것이다. 이러한 고려 전기 유학의 특성을 고려할 때에 이 시기 유학 사상의 전개과정을 천착하는 작업은 당시 사회를 지탱하는 구체적인 원리로서 파악되어야 할 것이며, 또한 실천적으로는 예나 법의 내면적 구조 속에서 파헤쳐야 할 과제인 것이다. 그러므로 이러한 고려 전기 유학의 실천적 구조와 실체를 파악하기 위해서는 당대에 구조화되었던 천문·5행사상과 효사상의 전개 그리고 《고려사》 예지에 수록된 5례의 의미와 내용 등을 구체적으로 살펴보아야 할 것이다.

〈李熙德〉

3. 유학사상의 실천적 전개

고려 전기 유학의 특징은, 그 교육적 측면에서 볼 때 국자감이나 사학의 경우를 막론하고 과거시험을 위한 실용적인 목적이 중심이었다. 따라서 비록 사학의 9재나 국학의 7재, 그리고 궁중 강학 등에서 보다 수준 높은 학문적 활동이 전개되었다 하더라도 결국 당시 고려의 정치이념을 뒷받침하기 위한 실천적인 성격이 지배적이었으며 학문적 이론추구에 있어서는 한계가 있었다고 보인다. 비록 최충의 9재에서 《중용》이나 《논어》 등 후대에 중시된 4서가 교과목에 포함됨으로써 당시 중국에 있어서의 새로운 학문적 경향을 방불케 한 바가 있었다 하더라도 결코 뚜렷한 이론적 결실을 찾기는 어려운 것이었다. 그러므로 고려 전기의 유학은 아무래도 그 실천적 전개과정이 가장 중요한 특징을 이룬다고 보인다. 그 하나는 유교정치 이념의 바탕을 이루는 天命說의 전개이며, 구체적으로는 「天人合一設」의 정립이라고 할 수가 있다. 유교정치 이념의 핵심은 도덕주의 정치의 실현이라 하겠으며, 이러한 도덕의 원천을 「天」에 두고 「天命」에 의한 도덕정치를 수행하는 것이 치자의 당위로 되어 있었다. 만일에 군주가 천명을 거스르고 도덕정치를 구현하지 않을 때에는 천견에 의한 제재가 자연현상이나 천문을 통하여 가해지게 된다. 그러므로 치자는 끊임없이 도덕정치를 추진하여야 하며, 아울러 천의의 소재를 자연현상을 통하여 파악하여야만 한다. 咎徵·瑞祥 등 자연현상을 통하여 드러내는 천의의 소재에 맞추어, 치자가 「責己修省」하는 태도로 政事에 임할 때에 왕실은 그 존립의 정당성을 확보하게 되는 것이다. 이러한 정치사상의 근원은 《서경》의 홍범편에 있는데, 이러한 정치사상이 고려사회에 어떻게 전개되고 있는가를 살펴보는 것이 본장의 과제의 하나이다. 동시에 천의의 조절자로서의 고려의 군주가 어떠한 위상을 갖는가를 살펴보려고 한다.

그리고 다음에는 고려사회에서 유교정치사상이 실천적으로 펼쳐짐에 따라 효와 예의 문제가 어떻게 규범화되어 가는가 하는 것이 또 하나의 문제이다. 효란, 공자가 '仁의 근본이 孝에 있다'고 할만큼 유가사상에 있어서 중핵을 이루며 그 중요한 이론적 근거는 《효경》에 있다. 효란 父祖에 대한 자손의 윤리 규범이며, 효가 충으로 발전 확대되어 간다고 하므로 결국 가족윤리로부터 군주에 대한 윤리규범으로 연결되고 있다. 따라서 효란 가부장제적 윤리사상이라 할 것이다. 이리하여 효 사상은 고려시대의 법과 禮制에 중요한 근간으로 자리잡고 동시대 정치윤리의 실천적 기능으로 정립되고 있다. 그러나 효의 보다 중요한 정치 사상적 의미는 "夫孝 天之經也 地之義也 民之行也"라고 한 점에 있다. 곧 효는 천지의 도와 민의 도 즉 人道와 일체화됨을 나타내고 있으므로 효의 초월적 실재를 파악하는 문제는 중요하다.

한편 예에 있어서 5례란 국가와 왕실의 권위를 의례를 통하여 정립하기 위한 규범이다. 아울러 5례를 통한 고려왕실의 권위를 파악함에 있어서도 그 초월적 실재를 유추하는 작업이 매우 중요한 과제이다. 5례의 이론적 근거는 《周禮》, 《儀禮》, 《禮記》 등 3예서와 함께 《효경》에 있겠으나 당·송의 문화를 받아들이는 과정에서 이들을 적절히 융합하여 규범화하고 있다. 5례의 구체적인 내용은 뒤에 살펴보게 될 것이다.

1) 오행설과 천인합일설

(1) 오행설과 정치

《高麗史》 五行志의 서문을 보면 오행지를 편찬한 의도가 나타나 있다. 그 내용을 정리해 보면 다음과 같다. 하늘에는 五運 즉 제왕의 자리를 부여하는 5행의 운행이 있으며, 땅에는 五材 즉 金·木·水·火·土가 있다. 사람은 세상에 태어나면서 五性 즉 喜·怒·欲·懼·憂의 性情을 갖추며, 이것이 五事 즉 貌·言·視·聽·思로서 나타난다. 이것을 잘 닦으면 길하고 닦지 않으면 흉한데, 길이란 休徵이 응하는 바이며, 흉이란 咎徵이 응하는 바이다. 일찍이 箕子가 洪範九疇 즉 5行·5事·8政·5紀 등 9章의 大法을 펴서 하늘과 사람의 관계를 밝히는 데 힘쓴 이래로, 공자는 《춘추》를 지어 災異를 반드시 기록하였다. 따라서 고려시대의 사료로 전하는 재앙과 상서의 기록에 의거하여 오행지를 작성한다고 《고려사》의 찬자는 밝히고 있다. 이것은 《고려사》 찬자의 견해이지만 오행설의 내용이기도 하다.1)

여기서 중요한 것은 오행사상의 기조를 이루는 경전이 《서경》이며 그 중에도 홍범편의 「五行」·「五事」·「庶徵」·「休徵」·「咎徵」 등이라 하겠다. 즉 5행에서는 수·화·목·금·토의 그 기본적인 속성인 水潤下·火炎上·木曲直·金從革·土爰稼穡 등을 설명하고 있다. 또 庶徵에서는 자연현상에 선과 악의 징조가 나타나는 것을 설명하고 있으며, 휴징과 구징에서는 서징에 이어 길·흉이 천지 자연현상에 나타나는 것을 더욱 상세하게 설명하였다. 그러나 보다 직접적인 사상적 근거는 伏生의 《尙書大傳》의 한 편목을 이루는 〈洪範五行傳〉에 있음을 알 수 있다.

《漢書》·《後漢書》의 五行志에 인용된 〈홍범오행전〉에 의해 그 내용을 살펴보기로 한다. 먼저 《서경》 홍범편의 「水潤下」에 관해 〈오행전〉에서는 "종묘를 소홀하게 하고 신에게 빌지 않고, 제사를 폐하고 天時를 거스르면 水가

1) 李熙德, 〈五行說의 展開와 儒教政治思想〉(《高麗儒教政治思想의 硏究》, 一潮閣, 1984), 95~151쪽.

潤下하지 않는다"고 하였다. 또「火炎上」에 관해서 오행전에서는 "법률을 버리고 공신을 축출하고 태자를 죽이고 첩으로서 처를 삼을 때에는 火가 炎上하지 않는다"고 하였으며,「木曲直」에 대해서 〈오행전〉에는 "田獵하는 시기를 고려하지 않고, 酒食에 예법대로 힘쓰지 않고, 궁전의 출입에 절도가 없고, 백성들의 농사철을 뺏고 또 姦謀가 있을 때에는 木不曲直한다"고 하였다.「金從革」에 대해 〈오행전〉에서는 "戰功을 좋아하고 백성을 얕보고 성곽을 장식하고 변경을 침범했을 때에 金不從革한다"고 하였다. 또「土爰稼穡」에 대하여 〈오행전〉에서는 "궁실을 꾸미고, 內淫亂하여 친척을 범하고 부형을 모독하면 稼穡不成이 된다"고 하였다. 즉《서경》홍범편의 목·화·토·금·수의 5행 각각의 성질과 기능이 정상으로 발휘되지 못하게 하는 근본적인 원인이 되는 군주의 부덕한 행위를 열거하고 있다. 이것은「天人合一說」의 理法을 실례를 들어 나타내고 있는 것이다. 다만《서경》의 홍범에서는 이와 같은 천인합일설의 이치를 구체적으로 설정하고 있지 않은데, 〈홍범오행전〉에서 그 이치를 구체적으로 설명하고 있다.

다음에「洪範 五事」즉 貌·言·視·聽·思心에 관해서 역시 〈홍범오행전〉을 살펴보기로 한다.「貌之不恭」즉 용모가 공손하지 못한 것을 정숙하지 않다고 한다. 이에 대한 咎徵으로는 狂이다. 그 罰은 장마의 계속, 그 극은 악이다. 어떤 때에는 복식의 妖가 나타나고 어떤 때에는 거북의 요사스러움이 일어나고 어느 때는 닭의 화가 생기고, 어느 때는 하반신의 器官이 상반신에 생기는 기형이 나타나고, 어느 때는 青眚·青祥이 나타난다. 이것은「金」이「木」에 해를 끼치는 것이다.

「言之不從」즉 언어 사용이 불순한 것을 不乂라 한다. 그 구징은 어지러움이고 그 벌은 가뭄이며, 그 극은 근심이다. 때로는 詩妖가 나타나고 介虫의 요사스러움이 일어나고 때로는 개의 화가 나타나고, 어느 때에는 구설의 痾가 일어나고 어느 때는 白眚·白祥이 나타난다. 이것은「木」이「金」에 해를 끼친 것이다.

「視之不明」즉 사물을 잘 관찰하지 못하는 것을 밝지 못하다고 한다. 그 구징은 느슨함이고 그 벌은 더위의 계속이며, 그 극은 병이다. 때로는 草妖가 있고, 때로는 껍질 없는 벌레의 요사함이 있고 때로는 양의 화가 생기고 때로는 눈병이 생기고, 때로는 赤眚·赤祥이 생긴다. 이것은 「木」이 「火』에 해를 끼친 것이다.

「聽之不聰」 즉 말을 잘 알아듣지 못함을 不謀라 한다. 그 구징은 急이다. 그 벌은 추위의 계속이고 그 극은 궁핍이다. 어느 때는 鼓妖가 일어나고 어느 때는 물고기의 요사함이 일어나며 어느 때는 豕禍가 일어나고, 어느 때는 귀의 병이, 어느 때는 黑眚·黑祥이 일어난다. 이것은 「火」가 「水」에 해를 끼친 것이다.

「思心不容(睿)」 즉 사려가 깊지 못함은 聖德이 되지 못한다. 그 구징은 암울함이다. 그 벌은 바람 부는 것의 연속이다. 그 극은 凶短折 즉 요절이다. 어느 때는 脂肪(심장을 싸고 있는)과 夜의 妖가 일어나고, 어느 때는 꽃의 요사함이 일고, 어느 때는 牛禍가 일어나고 어느 때는 心腹의 병이 생기고, 어느 때는 黃眚·黃祥이 일어난다. 이것은 「金」·「木」·「水」·「火」가 「土」를 해친 것이다.

이상과 같이 《서경》 홍범편의 五行·五事·休徵·庶徵·咎徵 등의 내용을 홍범 5행전에서 더욱 발전적으로 전개하고 있음을 보았다. 이것은 홍범 가운데 휴징·구징의 사상이 瑞祥과 災異로 나타나는데, 재이란 천이 내린 天禍인 것이다. 이것은 인간 특히 군주의 행위에 관한 것으로 천인합일사상에 의한 것이다. 이 천일합일사상은 하늘과 인간 사이의 감응인 것이다. 재이를 자초한 군주는 권위를 상실하게 된다. 그러나 천벌로서 재이와 천화가 내려지는 한편 군주의 행위 여하에 의해서는 상으로서 서상을 맞이할 수도 있다. 어떤 형태이건 군주는 天과 감응하여 교통하게 된다. 하늘로부터 서상을 나타나게 하기 위하여 하늘을 우러러 노력할 수도 있으며, 그의 부덕한 행위로 인하여 재이를 초래할 수도 있다. 그러므로 그러한 군주는 하늘과 통하는 초인간적인 능력과 권위를 가지고 있는 것이다. 《서경》 홍범의 구징과 〈홍범오행전〉의 재이는 군주가 예를 지키지 않고 도를 행하지 않을 때에 나타나는 것으로 군주로 하여금 예를 지키게 하고 도를 행하게끔 하고자 하는 하늘의 경고이다. 즉 군주에게 도를 설득하는 것이요, 군주를 비판하는 것이다. 그러나 이 경우 군주를 향해서 신하가 직접 도를 설득하고 비판하는 것이 아니라 하늘의 권위를 빌어 이것을 행하게 되는 것이다. 이것은 군주가 하늘과 교접하고 하늘과 일체화한 초인간적인 권위를 가지고 있기에 그러한 군주를 비판하고 지도하는 것은 하늘 이외는 할 수 없기 때문이다. 요컨대 〈홍범오행전〉은 물론 《상서》 홍범의 경우에도 군주를 하늘에 연관된 초인간적 권위의 소유자로 삼고 있는 것이다.2)

이러한 《서경》 홍범의 사상과 복생의 《尙書大傳》 중의 〈홍범오행전〉의 사상이 《고려사》 오행지에 전개되어 있는 것을 이미 그 서문에서 살펴보았다. 그러나 보다 직접으로 동 5행지의 순서에 따라 고려시대에 있어서의 이러한 천인합일사상의 수용 실태를 파악할 수 있을 것이다. 《고려사》 오행지의 순서에 따라 그 사상의 전개를 살펴보기로 한다.

가. 구징설과 천인합일설

「水」의 咎徵에 대해 살펴보면, 물은 사물을 적시고 아래로 흐르므로 潤下라고 하여 물의 본성을 나타낸다. 이것이 그 본성을 잃게 되면 災沴가 되어 때로는 빗물이 넘쳐 百川이 거슬러 넘쳐서 향읍을 무너뜨리고 백성을 물에 빠져 죽게 한다. 때로는 鼓妖 즉 북소리의 妖祥이 나타나고 때로는 豕禍가 있고, 수해와 雷電·霜雪·雨雹의 재이가 나타나는데 아울러 恒寒 즉 계속되는 추위현상이 발생하며, 그 색은 흑이고 이른바 5행의 水氣로부터 일어나는 재이인 黑眚·黑祥이 물이 윤하하지 못할 때에 발생하는 것이라고 하고 있다.

이에 속한 고려시대의 사례를 보면 먼저 광종 12년(961) 4월 초하루에 바람이 크게 불고 뇌우가 쳐서 물이 街衢에 넘쳐 인가가 표몰하고 물이 변하여 붉게 되었다는 기사로부터 시작하여 계속 大水의 피해를 기록하고 익사자의 발생, 舟楫의 표류, 禾穀의 손상 등의 수재기록이 연속되어 있다. 大雨 혹은 大水 외에 井鳴·水湧·海水나 池水의 變色·固渴·濁沸, 寒風·天寒·冰, 鍾鳴·天鼓鳴·天動·石鳴·天鳴·堂鳴, 虹·蛇·靑龍·黑龍, 魚死 및 馬·猪의 多産과 奇形出産, 結草爲人·雷雨·霜·大雪·雨雹, 玄鶴, 黑霧·黑氣·地鏡 등의 변이가 각각 다양하게 수록되어 있다.

水不潤下에서 빚어지는 위의 잡다한 재이 가운데 천인합일사상이 실제 고

2) 板野長八, 〈尙書大傳〉(《中國古代における人間觀の展開》, 岩波書店, 1972), 363~367쪽.

려의 政事에 반영된 예를 들어보기로 한다. 《고려사》 오행지 1의 수재기사로서 인종 2년(1124) 7월에 대우와 뇌전이 쳐서 市道의 수심이 한 길이며 迎恩館과 德山房人을 진동시켰다고 하였는데 이와 관련된 것으로 보이는 기사가 《高麗史節要》에 다음과 같이 보인다.

> 李資謙이 상복을 벗고 관직에 나와 中書省에 앉으니 宰樞와 文武常叅級 이상은 뜰 위에, 7품 이하는 뜰 아래에 늘어서서 陳賀하는 禮를 행하였다. 이 날 큰비가 쏟아지고 천둥과 번개가 심하여 거리와 한길이 물에 묻히고 벼락이 迎恩館을 쳤다. 8월에 이자겸이 셋째 딸을 왕에게 바쳤는데, 이자겸이 다른 姓이 妃로 들어앉으면 권세와 은총을 잃을 것을 두려워하여 강청한 것이다. 왕이 마지못하여 그대로 따랐는데 이 날 소나기가 오고 센바람에 나무가 뽑혔다(《高麗史節要》 권 9, 인종 2년 7·8월).

이 기사에서도 알 수 있듯이 인종 2년 무렵은 이자겸이 인종을 옹립하고 그의 권모가 시작되던 때였다. 같은 달 7월에 이자겸은 朝鮮公으로 봉작되고 식읍 8,000호를 받았으며, 그의 생일을 仁壽節로 제정하였다. 이 해 7월과 8월에 내린 대우, 천둥과 번개 등의 천재지변을 사납고 교만한 이자겸의 행동과 결부시키고 있음이 분명하다.

《후한서》에서도 이와 비슷한 내용을 볼 수 있다.

> 和帝 永元 원년 8월 君國 아홉 곳에 大水와 傷稼가 있었다. …이 때에 和帝는 어려 竇太后가 섭정을 하였다. 그의 오빠 竇憲이 幹事가 되고 憲의 여러 동생이 모두 고귀하게 되었는데 아울러 그 위세가 포악하여 일찍이 원한을 사게 되었다.…(《後漢書》 志 15, 五行 3).

여기에서 어린 和帝에 대한 섭정을 이용한 竇后一家의 專政의 징조가 그 해 7월의 군국 아홉 지방에 걸친 큰비로 드러났다고 한 것이다. 이러한 사례는 사서에서 더 많이 찾을 수 있다. 그러나 여기서 《고려사절요》에 보이는 이자겸의 행위와 이 두태후의 경우는 너무나 비슷하다. 그 뿐만 아니라 이는 치자로서 「聽之不聰」의 부덕에도 해당될 수 있다. 이러한 행패에 대하여 하늘이 어찌 그 징험을 나타내지 않겠느냐 하는 것이 천인합일설이며 또한 5행설의 사상인 것이다. 이 밖에 《고려사》 오행지의 큰물의 기사들이 당시로서는 이들과 유사한 원인에서거나 또 어떤 다른 원인에서 초래된 재이로서 파악된 것으로 보인다.

또 하나의 수불윤하의 사례로서 霜·雹·隕霜의 재이를 들어보겠다. 《고려사》 오행지의 관계 기사를 보면 선종 6년(1089) 4월 隕霜이 내려 太史가 상주하였는데 하늘이 재변을 내린 것은 반드시 백성의 원성으로 인한 것이라 하고, 마땅히 하늘의 조화의 법에 따라 政敎의 득실을 살펴 형을 관대히 하고 죄를 사하여 주어 백성들로 하여금 원망이 있지 않도록 하라고 하니 이것을 嘉納하였는다는 기록이 보이고 있다. 선종이 구체적으로 어떤 대책을 취하였는지 기록이 없으나 그 해 9월 병진에 사형을 중단했다는 것이 4월 운상에 대한 처리의 하나가 아닌가 생각된다. 그리고 다음 숙종 원년(1096) 4월의 서리·우박의 재해에 대해 다음과 같이 서술하고 있다.

> 여름 4월 임술 초하루에 서리가 내리고 계해에 또 서리와 우박이 내렸다. 계유에 宣德殿에 거동하여 해가 기울어지기까지 聽朝하였다. 中書省이 아뢰기를 '만물이 성장할 때를 당하였는데 3월 이래로 時令이 어기어져서 물이 응결하여 얼음이 되고 서리가 내려 생물을 죽이고 밤에 우박이 쏟아졌습니다. 〈洪範五行傳〉에 의하면 우박은 陰이 陽을 위협하는 象이라고 하였고, 〈京房易傳〉에 이르기를 誅罰함이 理에 벗어나면 그 災로 서리가 내린다고 하였고, 또 이르기를 위에 있는 이가 어느 한쪽 말만 듣게되면 下情이 막히는 것이니 능히 이해를 생각하지 못하고, 실수가 嚴急한 데 있으면 그 벌은 常寒(장기 추위)이라고 하였습니다. 또 이르기를 兵事를 일으켜 誅罰을 함부로 하면 이를 亡法이라 하는 것으로서 그 災로 서리가 내려 여름에 5곡을 죽인다고 하였습니다. 요즈음에 幼君이 병환으로 누워 聽斷함이 불명하고 모후가 섭정하여 沈惑함이 도를 잃어 흉악한 사람으로 하여금 틈을 타서 난을 꾀하게 하였습니다. 이로 말미암아 크게 誅戮을 행하여 黨類를 남기지 않고 일에 정상을 밝히지 않았으니 감옥에 갇힌 자 중에는 반드시 무죄한 자가 있어서 怨氣가 천지에 가득하므로 和氣가 변하여 재앙이 되었습니다. 엎드려 생각컨대 성상께서 천명에 응하여 대통을 이으셨으니 萬機를 싸잡아 바르게 하소서. 비옵건대 御史臺와 尙書刑部로 하여금 무릇 疑獄에 시비가 미정한 것은 독촉하여 공정히 판결케 하여 寃枉함이 없게 하고, 그 고발한 바가 사실이 아닌 것은 모두 反坐케 하여 이로써 天戒에 답하신다면 곧 인정이 서로 기뻐하여 灾가 변하여 복이 될 것입니다'라고 하니, 왕이 이를 聽納하였다(《高麗史》 권 11, 世家 11, 숙종 원년 4월).

이 때의 재이와 관련하여 당시의 政情을 살펴보면 나이 어린 헌종의 즉위 후 왕위를 둘러싸고 李資義의 무력을 배경으로 한 漢山候 昀과 왕의 숙부

鷄林公 熙(뒤의 肅宗)와의 대결에서 기선을 잡은 계림공이 승리하여 헌종 원년 8월에 中書令이 되었고 10월에 이르러 헌종의 선양을 받아 즉위하였다. 그리하여 숙종 원년 3월과 4월에 걸쳐 발생한 서리·우박 등의 재이는 이 정변과 관련되어 풀이되었던 것이다. 결국 이 때의 서리·우박은, 음이 양을 협박하는 象이라고 하는데, 전년에 있었던 이자의와 그 일파의 세력을 숙청하고 왕위를 획득한 숙종의 치세에 내린 것이었다. 이는 전년에 있었던 정변에 연계되어 투옥된 자 중에 억울한 사람이 있었기 때문이라 하고 이를 공정하게 처결함으로써 天戒에 답하라는 중서성의 상주에 대하여, 숙종은 이를 받아들이고 있다. 이 때의 조치가 구체적으로 어떠하였는지는 알 수 없지만, 다음 5월에 「放輕繫」라 한 것으로 보아 恤刑이 내려진 것으로 보인다.

이상으로 水不潤下에 속하는 재이에 관한 대수, 상박 등의 실례를 통하여 고려시대 천인합일사상의 실제를 엿보게 되었다. 더욱이 〈홍범오행전〉이나 〈경방역전〉 등이 구체적으로 인용된 사례도 있었다.

다음에는 오행지의 순서에 따라 「火」에 관한 재이를 보기로 한다. 《고려사》 오행지 1, 오행 2에서는 불의 炎上을 불의 속성이라 하고, 그 속성을 상실하게 되면 재화가 되고 양의 失節로 화염이 함부로 발생하며 종묘와 궁관에 화재가 발생하고 때로는 草妖나 羊禍가, 혹은 羽虫의 孽이 발생하게 되는데, 이는 불의 不炎上 때문이라는 것이다. 또 「火不炎上」이면 그 咎徵은 恒燠 즉 긴 더위가 있고, 그 色은 赤眚·赤祥으로 나타난다고 하였다.

이와 같은 《고려사》 오행지의 火炎上 조항의 머리글 내용은 앞서 인용한 〈홍범오행전〉의 내용과 거의 같다. 구체적인 화재의 기사로서 定宗 2년(947) 10월 서경 重興寺 9층탑의 화재, 그리고 목종 12년(999) 정월 大府油庫 화재의 千秋殿 延燒, 그 밖에 많은 화재 기사가 수록되어 있다. 그 가운데 천추전의 화재는 당시 목종의 모후 千秋太后가 섭정하면서 金致陽과 내통하여 왕정을 어지럽히던 政情의 반영이며 특히 천추태후의 궁까지 화재가 연소된 것은 태후에 대한 天戒로 볼 수 있다.

恒燠에 대해서는 예종 16년(1121)의 無氷 기사, 겨울의 이상난동이 기록되어 있으며, 草妖에 관해서는 경종 6년(981)에 杜鵑花가 피었다는 것으로 시작되어 11월의 牧丹花開, 8월의 牧丹花再開, 8월의 梨再華, 9월의 薔薇華, 10월의 桃李華, 10월의 葵花 등 계절에 맞지 않는 꽃의 개화가 기록되어 있어 고려시대 草妖의 실례를 보여준다. 羽虫의 孽에 관해서는 鵂鶹白日滿空飛鳴, 野鶴數千盤飛 등의 기사가 있다. 그 밖에 명종 14년(1184) 6월에 西部 香川坊 민가에서 小雀이 山鵲 크기 만한 새끼를 깠는데, 이 占에서 말하기를 '羽虫之孽에 속하는데, 같지 않은 기형을 낳은 것은 국가요란의 징조'라고 설명하였다. 명종 14년 6월은 왕이 李義旼을 소환하여 기용한 지 4개월 뒤이며 그 동안 이의민은 慶大升이 두려워 피신하다가 그의 병사 후에 부름을 받았던 것이다. 그가 기용되었을 때에 왕은 그의 포악함을 두려워하여 겉으로 기쁜 듯이 위로하자 중외에서 모두 왕의 유약함을 애석히 여겼다고 한다.

그리고 羊禍에 대한 것으로서 현종 9년(1018) 2월 京牧監에서 양이 새끼를 낳았는데 一首兩身 즉 머리 하나에 몸이 둘인 기형을 출산한 기사가 있다. 그리고 赤眚·赤祥에 관해서 赤氣如火, 池水變爲血色, 水其色如血, 赤沸紅雲, 紫氣, 血祲 등이 수록되어 있다. 그 가운데 인종 8년(1130) 8월 을미의 초경에 赤氣가 火影같았는데 坎方으로부터 발하여 北斗魁中으로 덮어 들어가더니 起滅이 무상하였으며 3경에 이르러 없어졌다는 것이다. 이에 대해 日者가 아뢴 것을 보면, "〈天地瑞祥誌〉에 말하되 赤氣가 火影같이 나타나는 것은 신하가 그 君을 반하는 것이므로 바라옵건대 修德하여 변괴를 없게 하십시오"라는 것이었다.

이들 적기의 발생으로 예시되는 징조는 兵喪之災, 복병 등 병란에 관계되는 것과 臣叛其君, 下有叛民 등의 모반·반란의 징조, 그 밖에 賊人將貴나 왕의 薨去 등의 조짐으로 해석되고 있다. 그리고 이러한 구징에 대한 消災의 방법으로서는 天祥祭·修德消變·大佛頂讀經·金剛明經法席 등이 베풀어졌다.

5행의 세번째는 「木」으로서, 木曲直에 대한 기사이다. 나무는 곡직 즉 구부러지고 펴지는 것이 그 본성인데, 그 본성을 잃으면 재이가 된다. 그러므로 생물이 暢茂하지 못하고 변괴가 되어 때로는 鷄禍가 있게 되고 때로는 鼠妖가 있게 된다. 이것은 목이 곡직하지 않기 때문이다. 이에 대한 구징으로서는 恒雨가 발생하며, 그 색은 靑으로서 靑眚·靑祥이 된다고 《고려사》

오행지는 설명하고 있다.

이에 관한 재이로서는 僵槐自起, 僵梨自起, 枯木復生 등이다. 태조 22년(939) 8월에 大內柳院의 僵槐 즉 쓰러진 홰나무가 스스로 일어섰다던가, 현종 7년(1016) 4월 司憲臺 마당에 있던 잣나무가 죽은 지 몇년 뒤에 다시 살아났다는 기사가 있다. 《당서》 오행지에 보면 「枯木復生」은 권신의 집권, 「木仆自起」는 國之災라고 하는 등의 풀이가 가해져 있다. 《후한서》나 《수서》 등에는 龜孽이 나타난다고 하였으나 《고려사》에서는 송충의 발생이 대서특필되고 있다. 송충에 관한 기사는 숙종 5년(1100)으로부터 공양왕 때에 이르기까지 대단히 빈번하고 그것을 퇴치하는 데 매우 고심하고 있음을 본다. 숙종 5년 平州 관내 白州 兎山의 食松에 이어 이듬해에는 首押山에 송충이 침식하고 있다. 이 해 太史의 상주에 따라 송충의 식송은 병화가 일어날 조짐이라 하여, 灌頂·文豆婁·寶星 등의 도량을 설치하고 또 老君符法을 설치하여 이를 祈禳하고 있다. 마침 이 해에는 가뭄이 심하여 여러 차례 기우제를 지내기도 하였는데 그 이듬해 4월에는 군신이 上言하기에 이르렀다.

> 송충의 번식은 여러 가지 祈禳도 효과가 없으니, 생각하건대 〈京房易飛候〉에는 '신하의 보필이 왕의 聖化에 도움이 되지 않아 天이 虫害를 나타낸다'고 하였습니다. 신들은 (이에 대해) 형언할 길이 없고 임금님께 근심을 끼쳤으므로, 원하건대 不肖者들을 물리치고 賢者를 기용함으로써 天譴에 대처하십시오(《高麗史》 권 11, 世家 11, 숙종 6년 4월 을사).

그 뒤에도 송충 등의 충해가 거듭되어 인종 11년(1133) 5월에 이에 대한 왕의 장문 조서가 있었다. 즉 蝗虫이나 송충의 재이는 군주의 부덕은 물론 부덕한 신하의 不黜에 있음을 거듭 강조하고, 敎化遷善과 長惡不悛者에 대한 공평하고 철저한 제재, 그리고 淸白奉公 節義殊異者에 대한 포상과 천거 등 당면한 정치현실에 대한 반성과 선후책을 마련하였음을 알 수 있다. 그러나 인종 11년은 이자겸의 난 이후 다시 妙淸 일파의 서경 정치세력이 개경의 중앙정계와 심각한 권력투쟁을 진행하고 있을 즈음이다. 따라서 이 조서에 보이는 「不黜無德」이란 과연 어떤 의미를 갖는지 또 '庸人鄙夫 濫進列位'란 또한 누구인지, 실로 당시 정정을 둘러싼 복잡한 내용이 저변에 깔려 있다고 할 것이다. 또한 그 뒤 명종 2년 7월에 궁궐에 화재를 입고 송충이 소나무를 침식하고 천문현상에 있어서도 변고가 있자, 명종은 조서를 내려 몸소 자책하고 내외의 斬絞 이하의 죄인을 특사하기도 하였다.

다음 鷄禍의 예를 보면 태조 15년 4월에 서경민 張堅의 집에서 암탉이 수탉으로 된 사례가 발생하였다. 태조는 다음달 5월에 계화와 더불어 대풍까지 겹치자 일련의 유시를 내리고 있다. 그 내용은 서경을 앞으로 수도로 삼기 위해서 도시를 보수하고 인구를 채우고 있는 터에 불길한 재이가 발생하였다는 것이다. 그리고 암탉이 수탉으로 변한 것이나 대풍에 의한 재이의 발생은, 간사한 신하가 異謀를 품는 등 분수를 넘는 욕심을 품을 때에 천견으로서 드리워지는 것으로서 그 잘못을 고치지 않으면 멸망하게 된다는 것이다.

이 밖에 「木不曲直」에 속한 변이로서 木稼·木冰·霖雨·淫雨·木生異實·鼠妖·靑眚·靑祥 등의 기록이 있다. 이들 재이기록의 실제와 그 해석 및 조치에 나타나는 고려시대인의 관념을 살펴보면 중국의 〈홍범오행전〉 등에서 볼 수 있는 천인합일사상이 깊이 내재화되어 있음을 발견할 수가 있다.

5행의 네번째는 「金」이다. 從革 즉 형태를 융통성있게 바꿀 수 있는 것이 금의 속성이다. 이것이 그 본성을 상실하면 재이가 되어 冶鑄가 이루어지지 않고 변괴가 되기도 하며 訛言, 毛虫之孼, 犬禍가 생기고 그 징조는 恒暘 등으로 나타난다고 하였다. 금이 不從革이 되는 원인으로는 앞서 이미 설명한 바와 같은데, 제왕이 군사를 일으키는 것은 천하를 편안케 하는 것으로 그쳐야 금이 그 본성을 유지하게 된다. 만일에 침략과 전공을 즐겨서 백성들의 생명을 가볍게 여기면 사람들이 모두 불안을 느끼게 되고 따라서 금이 不從革되는 것이라 하였다. 이에 관련된 재이로서는 木沴金, 常暘(旱), 蝗, 訛言과 童謠, 詩妖, 毛虫之孼, 犬禍, 白眚·白祥 등이다. 이에 속하는 재이로서 가장 중요한 것은 常暘 즉 가뭄이다. 가뭄이란 인간생활을 위협하는 가장 큰 재이이다. 특히 농경국가에서 가뭄은 생존을 좌우하는 실로 무서운 재난인 것이다. 한재에 대해서는 《고려사》 오행지는 물론 《고려사》 전편을 통하여 가장 많고 또 소상한 기록을 남기고 있다. 그것은 그만큼 중요성을 가지고 있기 때문이다. 《고려사》 오행지를 통하여 가뭄의 발생과 그것을 消災하려는 고려인들의 노력이 참으로 집요한 것이었음을 알 수 있다. 가뭄의 원인은 「言之不從」에 있다고 〈홍범오행전〉은 전하고 있다. 人君의 무도, 형법의 不一, 科斂의 과중, 군사의 동원, 노역의 동원 등으로 임금이 衆望을 잃으면 정령을 따르지 않고 이로써 초래될 군주의 중형을 두려워하게 된다. 그리하여 양기가 성하게 되면 한재가 발생하여 그 벌이 곧 상양 즉 항양이란 것이다. 그러므로 가뭄의 계속은 결국 군주의 부덕한 정사에 기인된다는 것이다. 고려시대에 있어 가뭄을 소재한 실례를 보면 성종 10년(991) 7월에 내린 왕의 교서에서 정치교화의 부족, 형벌과 포상의 불공평이 이러한 재이를 가져오게 하였다 하고, 죄수를 석방하고, 왕 스스로는 호화스런 正殿을 피하여 정사를 집행하고 常膳을 감하며, 힘써 사원과 산천에 祈求와 제사를 드렸다. 그러나 비는 내리지 않고 가뭄이 계속되어 스스로 부덕한 소치로 가뭄이 계속되었다. 이 때에 京城 서민 80세 이상 노인에게 양로의 예를 행하여 농사에 대한 왕의 근심을 표시하려 하기도 하였다. 이러한 성종의 가뭄에 대한 조서는 군주에 의한 자성과 자책으로서 유교정치사상의 전형을 이룬 것이었다. 이처럼 고려시대에는 성종 이후 가뭄을 만나면 왕은 죄인을 사면하고 常膳을 줄이거나 심지어 輟膳까지 하고 正殿을 피하여 자책하고 자성함으로서 천견에 보답하려는 의식을 실천에 옮기고 있었던 것이다. 이 밖에도 여러 가지 가뭄퇴치를 위한 의식과 대책이 실시되었는데 토목·건축 등 공사의 혁파와 役夫의 방면, 구빈 등 치자의 선정, 종묘 등에서 지내는 조상의 제사를 통한 기우, 그 밖에 도교 방식에 따른 祭齋, 자연숭배 또는 토속 신앙적인 기우제가 거행되었다. 그리고 가장 많은 비중을 차지한 것은 불교적인 각종 도량의 설치와 講經이었다. 결국 가뭄에 대처하는 여러 가지 행위는 고려시대인들의 모든 정신생활의 총화였다.

5행의 다섯째는 「土」로서 「稼穡不成」에 관한 것이다. 《고려사》 오행지에 토는 중앙에 자리잡아 만물을 생장시키고 稼穡에 있어서 막중한 위치에 있으므로 토기가 길러주지 않으면 가색은 이루어지지 못하고, 금·목·수·화가 토에 災沴를 끼치면 지진이 일어나기도 하고 흙비가 내리기도 한다고 하였다. 그리고 때로는 夜妖가 발생하기도 하고 臝虫之孽이 있기도 하며 牛禍가 일어난다. 그 구징은 恒風이요 그 색은 황색이다. 이것이 黃眚·黃祥이 된다.

稼穡의 不成 즉 농사가 제대로 이루어지지 않으면 식량생산이 여의치 않아 기근이 발생하기도 한다. 《고려사》 오행지에 실린 기근에 관한 기사는 靖宗 6년(1040)을 시작으로 하여 우왕 5년(1379)까지 결쳐 있다. 이러한 기근사태는 〈홍범오행전〉에 의하면 군주가 토목공사를 남발하거나 음란 등 불륜행위로 해서 빚어지는 재해라고 한다. 土에 관한 재이로는 恒風, 大風, 常風, 恒霧, 大霧, 夜妖, 地震, 山崩, 石裂, 蠃虫(비늘·껍질·깃 등이 없는 虫)의 변이, 牛禍, 黃眚·黃祥 등인데 이 중에 몇 가지 실례를 들기로 한다. 먼저 다음은 인종 8년(1130) 6월과 7월의 暴風折木의 재이에 관해서 당시 太史가 상주한 것이다.

> 8년 6월 계미일 晡時(申時)에 폭풍이 불어 나무를 꺾고 모래를 날리며 우박이 내렸다. 太史가 아뢰기를 '근래에 陰陽을 臆說하는 자가 있어 임금에게 번갈아 소식을 올려 非禮의 齋醮를 행하니 비유컨대 약을 다 썼는데 병이 낫지 않는 것과 같사옵고 늙고 젊은 남녀가 자주 모여서 서로 佛號를 唱하오니 마땅히 御史臺 및 街衢所에게 巡行하여 금지케 하도록 명하소서'하니 이를 따랐다. 7월 신해일에 폭풍이 불어 나무를 뽑았고, 천둥 번개 치고 五正里 人家의 소나무를 벼락쳤다. 太史가 奏하기를 '立夏부터 立秋 후에 이르기까지 時令이 不調하여 풍우가 暴作하고 혹은 우박이 내리니 이는 또한 水旱兵喪之災라 장래가 가히 두렵사오며, 齋祭로 祈禳하여도 變을 제거할 수 없아오니 원컨대 전하께서는 몸소 반성하고 덕을 닦으시어 위로 天譴에 답하소서'라고 하니, 이를 따랐다(《高麗史》 권 55, 志 9, 五行 3).

위에서 暴風拔木 등 일련의 재이에 대한 궁극적인 해소방법으로 군주의 반성과 수덕만이 천견에 답하는 길이라고 하고 있음을 알 수 있다.

그리고 恒霧·大霧에 관한 사례를 들 수 있다.

> 의종 18년(1164) 11월 무자일에 大霧가 끼었다. 계묘일에는 陰霧로 사방이 막혀 길가던 사람이 길을 잃었다. 태사가 상주하기를, '안개란 뭇 사특한 기운으로서 연일 풀리지 않으면 나라가 혼미하다고 합니다. 또 안개가 혼란하게 일어나 10보 밖의 사람이 보이지 않음을 晝昏이라 합니다. 대궐의 明堂은 조종이 정사를 펴는 곳으로 그 제도는 모두 천지 음양을 본받은 것입니다. 그러므로 임금은 출입과 기거를 무상하게 하지 못하는데, 지금 폐하께서는 그 있을 곳이 아닌 곳에 처하고 그 인물이 아님에도 임용하시며 명당은 오래도록 비우고 거처하지 않으십니다. 또한 천재는 가히 두려워할 것인데 修省하지 않으시고 移

徙가 무상하며 號令이 때가 없어, 이러한 이변이 있는 것입니다'라고 하였다. 그러나 끝내 의종은 깨닫지 못하였다(《高麗史》 권 55, 志 9, 五行 3).

결국 이 때에 연달아 일어난 안개 현상을 의종이 실정한 소치로 돌리고, 태사는 왕의 責己修省을 요청하고 있는 것을 볼 수 있다.

나. 상서설과 천인합일설

자연현상이 인간의 행위에 대하여 길흉화복의 양면을 나타내고 있다고 파악하고 있는 5행설은 자연현상에서 흉화를 나타내는 구징과 대비하여 또 한편으로는 吉福을 나타내는 祥瑞가 나타나는 것을 제시하고 있다. 《서경》 홍범편에 의하면 풍우·수한 등 자연계의 부조를 나타내는 구징에 대하여 이러한 자연현상이 순조롭게 나타나는 것을 설명하고 있는 庶徵이 있으나 이것이 곧 상서로 해석되지는 않았다. 상서의 출현은 특이한 현상에서 이를 풀이하고 있었다. 즉 당시 인류가 이상으로 하는 성군 명주에 의한 덕치의 실현을 바라는데서 온 것이었다. 성군의 출현과 함께 상서가 수반된다는 상서설의 기원은 멀리 전국시대에 거슬러 올라가지만 秦을 거쳐 前漢 초기에 와서야 구체적으로 적용되었다. 《史記》 孟子荀卿傳에 있는 鄒衍의 설과 《呂氏春秋》 名類篇의 기사로 미루어, 늦어도 전국 말기에는 왕실이 일어날 때나 聖天子가 출현하였을 때에는 상서가 나타난다고 하는 사상이 있었다고 추측된다. 《荀子》 哀公篇에는 정치가 삶을 사랑하고 죽임을 수치스럽게 여기게 하면 봉황새가 줄지어 나무에 앉고 기린이 郊野에 노닌다고 하여, 仁君의 치세에는 鳳麟이 나타난다고 하고 있다. 이러한 사상은 한대에 와서 晁錯·董仲舒·公孫弘 등에 의해 상서설로 그 진면목을 나타나게 되었다.

고려시대 상서설의 수용 실태를 《고려사》 오행지의 순서에 따라 살펴보기로 한다.

오행의 첫번째 「水」에 속하는 상서로서 광종 9년(958) 5월에 玄鶴이 含德殿에 모여 있었다는 기사가 있는데, 그 날은 과거제가 설치된 뒤 崔暹 등에게 급제를 내리던 때이므로, 아마도 현학은 과거의 경사와 관련된 것이라 보인다.

다음 오행의 두번째 「火」에 속한 것으로서는 태조 원년(918) 6월에 一吉粲

能允의 家園에 瑞芝가 '一本九莖三秀'가 된 것을 왕에게 헌상하여 內倉穀을 내렸다는 기사가 있다. 그리고 문종 16년(1062) 5월에 朱草가 重光殿에 叢生하여 왕은 詞臣에게 시를 짓도록 명령하였다는 기록이 있다. 芝草와 朱草의 발생이 서상으로 파악되고 있음은 이미 기록으로 알 수 있거니와 주초에 관해서는《宋書》符瑞志 下에서는 "王者慈仁則生"이라 하여 인자한 임금의 덕으로 해서 나타나는 상서로서 생각되고 있었다. 그리고 주초에 대해서는 역시 동 부서지 하에 "朱草 草之精也 世有聖人之德生"이라고 해서 성인의 덕이 나타날 때에 자란다고 하였다. 위의 두 瑞草가 하나는 고려 태조의 개국을 찬탄한 서상으로, 하나는 문종조의 덕치를 상징한 해석으로 볼 수 있다.

그리고 5행의 세번째 「木」에 관한 것으로 木連理가 있다. 목의 연리란 두 개의 다른 나무가 가지에서 서로 엉겨붙은 현상을 말한다. 이에 대해《송서》부서지 하에서는 "王者德澤純洽 八方合爲一則生"이라 하여 왕자의 덕치가 純洽하여 사방이 조화롭게 잘 통치될 때에 나타난다고 한 것이다.《고려사》오행지 2에 보면 광종과 성종대에 개성과 충주에서 각기 木連理 현상이 나타났다고 기록하고 있다.

5행의 「金」에 속한 상서로서, 白雉·白鵲·白獐·白雲·瑞氣 등이 보인다. 백치에 대해서는《송서》부서지에 周公 때에 백치와 상아를 바친 일이 있다고 하였으므로, 이상적 군주의 출현을 표상한 것으로 보인다. 백장에 대해서는 역시 같은 부서지에 "白獐 王者刑罰理則至"라고 하듯이 刑政이 정상으로 구현될 때에 나타나는 서상이라고 보겠다.

다음 5행의 「土」에 관한 서상으로서 瑞麥·瑞黍·嘉禾 등이 있다. 서맥에 대해서는 예종 때에 尙州에서 2건, 우왕 때 晋州에서 1건이 보고되었고,《고려사》오행지의 끝에 보이는 성종 때의 "稻穗長七寸 黍穗長一尺四寸", 숙종 때의 "稻一種再熟", 공민왕 때의 "金庾獻十節稻" 등이 가화에 속한 것이라 믿어진다. 가화란《송서》부서지에 "嘉禾五穀之長 王者盛德則二苗共秀"라 하였듯이 왕자의 성덕이 나타날 때의 표징인 것이다.

(2) 유교정치이념과 월령

고려시대에는 성종대에 접어들어 유교사상에 있어 《예기》 월령의 사상적 전개가 두드러져 가고 있었다.[3] 《예기》는 고려 이전에도 5경의 하나로서 교과내용이나 관리채용 시험에서 중요한 경전으로 활용되고 있었으나, 그 구체적인 사상적 전개과정은 자못 파악하기 어렵다. 그러나 고려시대에 접어들어 국자감의 설치나 과거제의 본격적인 정비와 함께 《예기》는 5경 중에서도 특히 《서경》과 함께 중요시되었다. 그리고 《예기》는 私學의 성립과 발전, 관학의 진흥과 더불어 궁정강학에서도 매우 중요한 위치를 차지하게 되었다. 그 중에서 궁정 강학의 경우 《서경》 다음가는 비중을 보이고 있고 특히 《예기》 월령의 강좌 횟수가 다수를 나타내기도 한다. 《예기》 월령편의 내용은 왕자로서 1년 열두 달의 시절 변화에 순응하여 지켜야 할 일상의 생활규범과 정령을 규정한 연중행사표라 할 수 있다. 이같은 중국의 고전적인 왕자의 행동규범이 성종조 이후 고려의 정치적 실제에 도입된 것은 아마도 崔承老의 封事 이후라고 믿어진다. 실제로 최승로는 그의 봉사에서 불교는 신앙의 영역이나 유교는 理國의 근본이 된다고 단정하고, 당시까지 관행되고 있었던 많은 불교행사를 줄이도록 하라고 강조하면서 월령에 의해 정사와 공덕을 시행하도록 촉구하였다. 그는 성종에게 바친 봉사 속에 《예기》 월령 중 仲夏(5월)와 仲冬(11월)의 월령에 속하는 내용을 인용하고 있다.

최승로는 이 월령 규범에 의해서 불교행사를 5월과 11월에는 피하되 1년을 4기로 구분하여 2·3·4월과 8·9·10월까지는 政事와 功德을 반반으로 행하고 5·6·7·11·12·1월은 공덕을 피하고 오로지 정사를 닦아 날마다 정사를 행하고 밤늦게까지 다스리기를 힘쓰되, 매일 오후에는 군자의 四時의 예로써 영을 닦고 몸을 편하게 해야 한다고 하였다. 이와 같이 하면 곧 時令에 순응하고 聖體를 편안하게 하며 신민의 노고를 덜게 될 것이라고 하였다.

---

3) 李熙德, 〈高麗初期의 天文·五行說과 儒敎政治思想〉(앞의 책), 39~60쪽.

이와 같이 최승로는 그의 봉사에서 성종으로 하여금 불교행사를 대신하여 유교적 생활규범을 권장하고 종래의 불교적인 관행에 젖은 군주를 유교적 규범의 실천으로 전환시키려는 데 노력하였다. 그리하여 이듬해 정월에 성종은 籍田과 祈穀의 예를 시작하여 유교적 예제를 점차 확충시켜 갔다. 즉 성종 2년(983) 정월 왕은 圓丘에서 기곡하였는데 태조를 여기에 배향하고 이어서 친히 적전을 갈고 神農에 제사하기도 하였다. 여기에 보이는 기곡의 의식은 곡식의 성숙을 상제에게 비는 행사이다.《예기》월령의 孟春令에는 "이달에 천자는 元日, 즉 上辛日을 가려서 상제에게 곡식이 잘 되기를 기도하고 元辰을 택하여 천자가 친히 쟁기와 보습을 수레에 실어 참승(驂乘)한 거우(車右)의 용사와 御者의 사이에 두고, 3공과 9경과 제후의 대부들을 거느리고 가서 몸소 황제의 적전에서 밭갈이를 한다. 천자는 쟁기를 잡고 세 번 밀며 3공은 다섯 번 밀고 경과 제후는 아홉 번 민다…"라고 하였다. 이것과 대조하여 보면, 이 때에 행한 고려의 기곡과 적전의 예는《예기》에 바탕을 둔 유교적 예제에 의한 것이었음을 알 수 있다. 이렇게 시작된《예기》月令思想의 실천은 이후 다른 유교적 예제와 더불어 고려 왕실에 있어서는 매우 중요한 의식으로 집행되었다. 그러나 월령에 의한 施政의 강화는 보다 뒤인 성종 7년(988)에 있었던 李陽의 封事 이후에 추진된 듯하다. 즉 동 7년 봄 2월에 左補闕 兼 知起居注 이양은 봉사를 올려 다음과 같이 禮記的 사상의 구현을 강조하였다.

> 그 하나로 옛 명관한 임금들은 天道를 받들어 농사짓는 계절을 가르쳐 줌으로써, 군주는 稼穡의 어려움을 알고 백성은 農桑의 이르고 늦은 것을 알았습니다. 그리하여 집집마다 넉넉하게 살게 되고 해마다 풍성한 수확을 거두었습니다. 月令을 살펴보면 '立春에 앞서 土牛를 내어 농사의 이르고 늦음을 보인다 하였으니 청하옵건대 옛날 행사를 따라 지금 행하십시오. 그 둘째로 籍田을 친히 경작하는 것은 진실로 현명한 임금이 농사를 중히 여기던 뜻이요 여자들이 하는 일을 경건하게 행함은 어진 왕후가 임금을 돕던 덕입니다. 그러므로 천지에 정성을 들이고 나라에 경사를 쌓는 것입니다.《周禮》의 內宰職을 살펴보면 上春에 왕후에게 詔를 내려 6궁의 사람들을 거느리고 늦벼와 올벼의 씨앗을 눈 틔워서 왕에게 바치게 한다'고 하였습니다. 이 말에 의하면 임금이 하는 일은 왕후가 반드시 돕는 것입니다. 이제 上春에 上帝에게 곡식 잘되기를 빌고 吉日에 東郊에서 적전을 갈아

> 야 할 때입니다. 그런데 임금은 비록 친히 적전을 갈지만, 왕후가 씨앗을 바치는 의식은 행하지 않았으니, 원하건대《주례》에 의거하여 나라의 풍속을 빛나게 여십시오. 그 세번째로 성인은 아래로 지리를 살피고 위로 천문을 보아 시기의 변화에 맞는 정책을 실시하며, 임금은 인을 행하고 은혜를 베풀어 만물의 뜻을 이루게 하는 것입니다. 월령을 살펴보건대 '정월 中氣 후에는 희생에 암짐승을 쓰지 말고 나무를 베지 말고, 새끼를 잡거나 알을 빼앗지 말며 대중을 동원하지 말며 해골들을 묻어 주라'고 하였습니다. 원컨대 새해를 맞이하는 때를 당하여 두루 봄에 해야 할 월령을 펴서 모두 이 때에 금해야 할 것과 자연의 법칙을 알게 하소서(《高麗史》 권 3, 世家 3, 성종 7년 2월 임자).

이양은 유교사상에 의거한 정사를 베풀도록 상소하고 있다. 월령사상에 관한 내용이 앞 뒤 두 부분에 포함되어 있는데, 첫째로 월령에 의하면 '입춘에 앞서 土牛를 내어 농사에 이르고 늦음을 보인다 하였으니 옛일에 의거하여 때를 따라 정령을 행하라'고 하였다. 그러나 현존하는《예기》월령편에는 토우의 기사가 季冬의 월령 속에 들어 있으며 그 내용도 추위를 쫓는 뜻의 의식이며 봄의 월령과는 관계가 없다. 다만《東京夢華錄》의 월령에는 토우를 내어 이로써 농사에 이르고 늦음을 나타낸다고 하였을 뿐이다. 그러므로 고려시대에 수용된《예기》의 월령편에는 이러한 기사가 있었는지 알 수 없다. 둘째로 인용된 월령의 내용은 '정월 中氣에는 희생에 암짐승을 쓰지 말고 벌목을 금지하며 새끼를 잡거나 알을 빼앗지 말고 대중을 동원하지 말며 해골들을 묻어 주라'는 것이었다. 이것은《예기》월령의 맹춘령에 있는 내용과 일치한다. 이러한 이양의 봉사에 대하여 성종은 즉시 그 구체적 실천 방안에 관해 교시를 내렸다.

> 李陽이 말한 바는 모두 경전에 의거한 것이니 마땅히 嘉納할 만한 일이다. 그러나 토우를 내는 일은 올해에 이미 입춘이 지났으므로 다음해 입춘 전에 해당 官司가 다시 아뢰어 시행토록 하라. 씨앗을 바치는 일은 마땅히 禮官에게 명하여 의논해 정하게 하고, 籍田을 친히 가는 일과 길일에 王后가 몸소 길쌈을 하는 의례는 올해부터 시작하여 이것을 통례로 삼도록 하라. 正月 中氣의 初를 당하였으니 公私의 제사에 암짐승을 써서 생명을 해치지 말 것이며 벌목을 금하여 천지 간 盛德의 소재를 범하지 말라. 새끼와 알을 거두지 말며, 어린 싹을 상하게 말며, 침입해오는 적을 막고 城塞를 쌓는 긴요한 일 외에는 대중을 동원하여 농사를 방해하지 말라. 짐승이나 사람의 뼈와 썩은 살이 드러나 있으면 모두 잘 묻어서 死氣가

生氣를 거슬리는 일이 없도록 하라. 아아! 하늘에는 4시가 있어 봄에는 陽和의 덕을 펴고, 임금은 5敎를 행하는데 仁을 禮와 義에 앞세운다. 마땅히 옛 성인의 법에 따라 句芒의 조화에 순응하여 모든 나는 새와 물 속의 고기도 그 천성을 다하도록 하고, 초목도 은혜를 받으며 마르고 썩은 무리들까지도 다 생성의 혜택을 입게 된다면 그 얼마나 아름답겠는가. 마땅히 兩京의 각 관청과 12목의 知州縣鎭使들에게 이 법령을 알게 하고 그 조목들을 힘써 실천하여 나의 뜻을 체득하도록 할 것이다. 그리고 널리 백성들에게 알려 이 政令을 범하는 일이 없게 하라(《高麗史》 권 3, 世家 3, 성종 7년 2월 임자).

위의 기사에서는 왕이 구체적으로 내린 정령을 엿볼 수 있다. 즉 토우에 관한 것은 시기가 늦어 다음해부터 시행토록 하였으며 제사에 암짐승을 잡지 말도록 하는 등 이양이 봉사한 내용이 하나하나 정령으로 실천에 옮겨지고 있다.

이와 같이 성종 때에 와서 월령에 의해 정사를 시행하려 한 것은 곧 유교적 덕치사상의 구현의 또 다른 측면이라 하겠으며, 아울러 짐승이나 풀 한 포기 나무 한 그루에 이르기까지 생명에 대한 깊은 외경을 베풀고 있음을 알 수 있다. 그리고 월령에 의한 정령의 시행이 그 뒤 계속 실천에 옮겨졌으며, 흩어진 枯骨을 묻는 일도 자주 행하여지게 되었다.

한편《예기》월령에 의해 정령을 시행하는 것은 당시의 자연관과도 유기적인 연관을 갖는다.《예기》월령편에는 孟春에 여름의 월령을 행하면 天時의 이변을 초래하여 雨水가 때를 잃고 초목이 일찍 말라 떨어지며 나라에는 때로 유언비어가 나돌게 된다고 하였다. 또 이 달에 가을의 정령을 행하면 그 백성들에게 크게 전염병이 유행하게 되고 회오리바람과 폭우가 일시에 이르며 악초들이 무성하게 되고, 이 달에 겨울의 정령을 행하면 홍수와 지나친 비로 수해를 일으키며 눈과 서리가 크게 백곡을 상하게 하고 먼저 심은 곡식도 거두어 들일 것이 없게 된다고 하는 등, 월령에 의한 정령을 시행하지 않을 때에는 자연에 커다란 이변이 일어나게 된다고 하였다. 이와 같이 월령의 실시와 자연현상과는 밀접한 관련이 있으므로 고려사회는 월령사상의 수용과 함께 중국적인 자연관에 대한 측면도 아울러 수용하게 되었던 것이다. 즉 현종 9년 문하시중 劉瑨 등은 다음과 같이 아뢰었다.

'民庶가 疫癘에 걸리고 음양이 순조롭지 못한 것은 다 刑政이 때를 맞추지 않음에 연유합니다. 삼가 월령을 상고하건대 「三月節에는 감옥을 살피어 桎梏을 제거하고 肆掠을 없이 하며 獄訴를 정지하고 4월 中氣에는 重囚를 관용하며 輕犯을 석방하고 7월 中氣에는 감옥을 수선하며 질곡을 갖추고 薄刑을 처리하며 小罪를 결단한다」고 하였습니다. 또 獄官令을 상고하건대 「立春으로부터 秋分에 이르기까지는 死刑을 奏決하지 못하나 만일 惡逆을 범한 자는 이 令에 구애하지 아니한다」고 하였는데 法吏가 다 자세히 살피지 못할까 저어하오니, 엎드려 청컨대 금후로는 內外 所司가 다 令에 의하여 시행케 하소서'하니, 이를 따랐다(《高麗史》 권 94, 列傳 7, 劉瑨).

위에서 《예기》의 월령사상이 전면적으로 받아들여지고 있는 것을 알 수 있다. 그리하여 현종 16년 6월에는 다음과 같은 교서를 내렸던 것이다.

하늘에 본받고 때에 순응한 뒤에 재앙을 막을 수 있으며 평화를 이룩할 수 있다. 이제 內史門下省 및 여러 관사들이 奏行하는 바가 시정에 어그러짐이 많으니, 음양의 조화를 바라는 것이 어찌 그릇된 일이 아니겠는가. 마땅히 각자가 마음을 다하여 힘써 月令을 지켜 이로써 나의 뜻에 맞도록 하라(《高麗史》 권 5, 世家 5, 현종 16년 6월 기미).

時政 즉 월령에 따른 정령이 제대로 실시되지 않아 음양의 조화를 바랄 수 없다는 것이다. 과연 현종 16년 3월에는 白氣가 태양을 가리웠고, 4월에는 가뭄이 심하여 왕이 농사일을 걱정하여 正殿을 피하고 常膳을 감하는 등 일련의 責己修德을 행한 바 있다. 그러나 嶺南道의 廣平·河濱 등 10縣에 지진이 거듭되었다. 이같은 연속적인 천재지변의 발생으로, 음양조화의 길은 월령에 따른 정사의 실천이 무엇보다 중요하다는 현종의 교서가 내려지게 된 것이다.

(3) 천문관과 유교사상

고려사회는 유교사상을 정치이념으로 수용하면서 중국적 천문사상도 아울러 받아들이고 있었다.[4] 그것은 천인합일사상에 입각한 천문관을 바탕으로 한 것이었다. 즉 천문상의 변이는 군주나 치자계층의 부덕의 소치로 말미암

4) 李熙德, 〈天文觀과 儒教政治理念〉(앞의 책), 61~93쪽.

아 발생하는 것으로서, 이를 치자에 대한 天譴으로 인식하고 修省과 덕치주의를 지향하여 항상 선정을 구현토록 촉구하였다.

《고려사》天文志의 서문을 보면 이러한 내용을 잘 알 수 있다. 즉 伏犧·黃帝·堯·舜 등 중국의 전설적인 이상시대 통치자들이 이미 천문의 운행과 그 법을 살펴서 曆日과 璣衡으로 觀天의 방법을 발견하였다. 그 이래 天이 드러낸 형상을 보고 길흉을 판단하여 성인이 이를 전형으로 삼아, 인간사회로 하여금 경계하고 修省토록 하였던 것이다. 공자가《춘추》를 편찬할 때에 日食과 星變을 삭제하지 않고 모두 기록한 까닭도 그러한 천의를 인간으로 하여금 깨우치게 하기 위한 것이었다. 위에서 말한 성인이나 공자가 그러했듯이《고려사》의 편찬자들이 고려시대의 日食·月食·五星凌犯 등 천문의 변이를 수록하는 의도도 위와 흐름을 같이한다. 물론 이들《고려사》의 편찬자들은 이미 새 왕조의 지배층으로서 그들 스스로의 정치이념을 여기에 반영하기도 하였으나 고려시대의 지배층들도 같은 천문관을 가지고 있었음을 알 수 있다.

여러 천문현상 중에서도 일식을 가장 큰 재이로 믿게 된 것은 태양이 인간 생활에 있어 가장 중요한 기능을 가지고 있었기 때문이었다. 일식의 대상인 태양은《漢書》孔光傳에 보면 군주를 상징한다고 하며, 달을 동 李尋傳에서 妃后·大臣·諸候之象이라 한 것을 보면, 日月이 군주와 후비 및 대신의 상징으로 해석되고 있는 한편 음양설에 의한 해석이 곁들여 있음을 알 수 있다. 이처럼 태양이 군주의 象으로 간주되기 때문에 일식현상은 군주에 대한 반역적인 臣者나 惡勢力의 침범으로 해석되었다. 그러므로 일식현상과 때를 같이하는 반란이나 모역 등은 서로 연관된 사실로 해석되곤 하였다.

인종 13년 정월에 일식이 있었지만 구름으로 가리워 그 모습이 보이지는 않았는데, 이는 그 뒤에 일어난 서경의 妙淸·柳昰·趙匡 등이 일으킨 이른바 묘청의 난을 예시한 천상의 구징으로 해석되었다. 일식의 원인을 그 밖의 다른 데서 찾기도 하였는데, 그 중요한 원인은 日의 상징인 군주 스스로의 부덕한 정치와 생활이라는 것이다.《예기》昏義篇에 의하면 男教의 不修, 陽事 不得의 소치로 일식이란 재이가 발생되는 것이라고 설명하고 있다. 즉 靖宗 9년 5월에 일식이 있었는데, 왕은 명을 내려 스스로가 부덕하여 이같은 천변을 초래하게 되었으며 또한 여러 차례의 재변을 이르게 하였다 하고, 正殿을 피하며 죄인을 특사하는 등의 반성과 선정을 베풀었다.

그러므로 일식 등 천변은 결국 군주의 실정과 부덕한 행위에 대한 天戒와 前兆로 설명되었다. 그러면 이러한 하늘의 예시에 대해 군주는 어떻게 반성하고 책임을 졌던 것인가. 이것은 결국 예시된 구징에 대하여 마땅히 수성과 消災, 즉 부조한 음양에 대한 조화를 꾀하여야 했다. 그 소재의 방법으로서 가장 전형을 이루는 것은, 앞에서 인용한《예기》혼의편의 '일식이 있으면 천자는 素服을 입고 6관의 직을 다스려서 천하의 양사를 소탕하며 교화를 실현함으로써 천계에 순응한다는 것이다. 고려시대에도 왕이 정전을 피하고 素襴을 입고 겸허하게 자책함으로써 변이의 소멸을 구하였다. 그러나 보다 구체적인 일식변이에 대한 소재 의식은「救日月食儀」란 행사이다. 이것은 일식이 있는 당일 陪衛하는 群臣은 玄冠 素服하고 왕은 소복으로 나아가 救食하는 절차에 따라 일정한 의식을 치르는 것이다. 이러한 의식은 일식이 일어날 때마다 행하여졌으리라 판단되는데, 이것으로도 소재와 祈禳이 충족되었다고는 믿지 않았다. 정종 9년 5월에 일식이 일어나자 왕은 制書를 내려 부덕의 소치로 말미암아 이러한 재변이 발생한 것이라 밝히고, 이에 대한 소재의 방법으로서 尙食局으로 하여금 鷹鷂軍을 놓아주게 하고 또 藿滬 즉 통발로 물고기 잡는 것을 금하였으며 또 죄인을 특사하는 영을 내리고 정전을 피하는 등 거듭된 재이 퇴치를 위한 禳法을 실시하였다.

이 때의 소재 의식은 비단 일식에만 한한 것이 아니고 그 해 봄부터 계속된 가뭄에 대한 기양과 복합된 것이라 믿어진다. 그리고 여기에 보이는 응요군의 방면과 捕鳥의 금지 등은 당시 불교의 살생금지 등과도 관련된 것이라 여겨진다. 일식이 일어났을 때에 불교적 소재 의식도 있었다. 문종 원년 3월의 일식에 대해서 御史臺는 春官正 柳彭과 太史丞 柳得韶가 曆算을 정밀하게 하지 못해 예보를 맞추지 못하였으니 그들을 파직하라고 거듭 탄핵하였다. 이미 왕은 친히 乾德殿에 般若道場을 5일 동안이나 설치하여 소재의 의식을 행한 바 있다. 그 뒤 의종 때에는 일식이 일어나자 宣慶殿에 消災道場을 베푸는 등 불교적 소재도량을 자주 베풀기도 하였다. 이 밖에 일식의 구징을 소재하기 위하여 왕실의 停宴, 輟朝, 군주의 損膳 등 왕자나 지배층이 평소의 화려한 생활을 잠시 중단하고 천의의 소재를 파악하고 그 경고를 받아들여 勤政과 寬刑을 베풀어서 유교적 예교정치의 실을 거두게 하려는 정치윤리가 잠재해 있음을 엿볼 수 있다. 그러므로 하늘의 경계를 관찰해야 할 日官들이 그 소임을 다하지 못할 때에는 憲司 등 당국의 무서운 처벌을 받게 되었던 것이다.

2) 효와 예

(1) 5륜과 5교

유교의 실천윤리 중에서 효가 가장 핵심이 되고 있음은 주지하는 바이나, 이것이 확대 발전하여 五敎나 五倫思想으로 체계화되었다.[5] 즉 유교윤리의 덕목 가운데서 군신과 부자 사이의 덕목인 충효를 비롯하여 형제·부부·장유 등의 윤리를 구체적으로 실천하기 위한 법제적·예제적 질서가 차츰 마련되어 갔다. 이러한 덕목 중에서 효 즉 부자의 윤리가 강조되어 있다 하더라도 필경 이것은 전제군주에의 의리를 위한 지주가 되었다고 믿는다. 이러한 사실은 바로 중국의 법질서에서 찾아볼 수가 있다. 예컨대 唐律의 十惡에 있어서 서두의 1조에서 3조까지는 謀反·謀大逆·謀叛 등이며, 제 4조 이하에는 부모 등 가족윤리가 설정되어 있다. 더욱이 제 7조의 불효항에는 부모에 대한 고발행위에 있어 고발자인 자손은 絞首刑을 받지만, 謀反·謀大逆·謀叛 등 국가나 왕실에 대한 중죄를 고발할 때에는 비록 자손에 의한 親告라 하더라도 처벌을 받지 않게 되어 있다. 이렇게 볼 때 중국에서는 전부터 전제체제의 통치수단인 법률에서 명백히 군주에 대한 신민의 의리가 제일의 적임을 알 것이다. 따라서 유교주의 하의 실천윤리에서 효의 윤리가 가장 중요시되고 있기는 하나 이것은 군신의 윤리를 강화하거나 지탱하기 위한 장치로 발전되어 갔다고 생각된다.

그러므로 효사상과 효행의 유형을 살피는 데 있어서 가장 중심을 이루는

5) 李熙德, 〈儒敎의 實踐倫理〉(앞의 책), 250~288쪽.

5륜이라는 유가의 실천윤리를 규명하는 것이 보다 중요한 과제이다. 고려 시대 유교윤리에 관한 구체적인 자료로 우선《高麗史》의 忠義·良吏·孝友·烈女傳 등을 들 수 있다.

먼저 군신의 덕목에 속하는 양리전·충의전을 중심으로 한 유교의 실천윤리를 살펴보겠다.《고려사》충의전의 서문에는 생명과 의리가 공존할 수 없을 적에는 생명을 버리고 의리를 취하여야 하며, 충신·의사는 무서운 형벌을 무릅쓰고 생명보다 의리를 소중히 하여야 한다고 하였다. 무릇 군주에 대한 신하의 의리는 변고를 만나면 생명을 가벼이 던지고 순절해야 하는 절대적인 것이었다. 그러나 유교주의적 전제군주체제에 있어서 신하의 도리는 상황에 따라서 다양하였다. 고려시대의 유교주의체제에 있어서 신하의 의리에 대한 稼亭 李穀의 臣論을 보면 "신하의 종류로는 重臣과 權臣이 있고 直臣·忠臣·奸臣·邪臣이란 것이 있다"고 하였다.[6] 신하의 도리란 것은 결국 군주에 대한 자신의 희생과 봉사라 하겠으나, 그것은 군주 자체에 대한 충성일 뿐 아니라, 궁극적으로는 백성에 대한 올바른 정치를 성취할 수 있게끔 하는 것이다. 그러므로 이곡도 그의 臣說의 서두에서 "옛날에 신하가 된 자는 차라리 임금에게 신임을 얻지 못하더라도 감히 백성에게 원망을 사지 않았으므로 爵祿을 급히 하려고 하지 않았고, 차라리 오늘의 기림을 얻지 못할지라도 감히 후세에 비방을 받지 아니하려 하므로 공적과 업적을 쌓으려 하지 않았다"[7]고 하였듯이, 신하의 도리는 군주에 대한 상대적 관계보다도 후세에 비방을 받지 않을 영원하고 절대적인 義의 실현이며 군주를 매개로 한 天命의 실현 그것이기도 하다. 이곡의 臣說은 신하의 명분을 밝힌 매우 주목할 만한 것이라 보이는데 이와 같이 유교주의적 실천윤리를 자각하고 있던 고려인들의 윤리적 기록을 우리는《고려사》의 양리전이나 충의전에서 찾아볼 수 있다. 양리전에는 知刑部事 庾碩이 성품이 강직하고 청백하여 공평무사한 관리생활을 보낸 사례로부터 東京留守 王諧 등 모두 5명이 수록되었다. 그리고 충의전을 보면, 洪灌·高甫俊·鄭顗·文大·曹孝立·鄭文鑑에 이르는 6인의 충의 사실이 열거되어 있다.

6) 李 穀,《稼亭集》권 7, 臣說送李府令歸國.
7) 위와 같음.

다음에는 5륜 중 夫婦有別과 관련하여《고려사》의 열녀전 및 후대의《三綱行實》이나《新續東國三綱行實》등의 열녀에 대한 기록을 통하여 부부간의 실천윤리를 보기로 한다.《예기》에서 말하는 夫義婦德, 夫唱婦隨는 이른바 유교주의 사회에 있어서의 夫妻의 지위를 밝히는 것이지만,《주역》에서도 "夫는 乾道로 강건을 귀하게 여기고 사람을 이끌 덕을 가지나, 婦는 坤道로 柔順을 귀히 여기고 從順을 덕으로 삼는다"고 하였다.《고려사》열녀전에 실린 열녀는 胡壽의 妻 兪氏 외 열부 11인의 사적이 실려 있으며,《삼강행실》·《신속동국삼강행실》열녀편 등에 고려시대 열녀에 관한 사적이 전승되고 있다. 부인의 정절은 유교적 윤리의 하나로서 국가는 충·효의 윤리와 함께 널리 장려하여 그 보급에 힘썼던 것이다. 더욱이 왕실로부터의 義夫·節婦·烈婦에 대한 포상행사는 크나큰 효과를 미쳤을 것이다. 禮制에 있어「老人賜設儀」에 의하면 老人·孝子·順孫과 함께 절부가 일정한 포상을 받고 있다. 이러한 유교윤리의 강화정책은 법률에도 그대로 반영되었다. 高麗律의 모태가 되었던 당률에 의하면 그 10악의 7조인 불효항 다음인 9조의 불의에는 처의 남편에 대한 의무와 제약이 설정되고 있다. 즉 남편과 大功 이상의 존장자를 구타하거나 告罪하는 행위는「不睦」에 속하고 또 남편의 상을 듣고도 상을 감추거나 놀이를 즐기거나, 평복을 입거나 개가하는 행위는 곧「不義」에 해당하는 처벌을 받게 되어 있다. 즉《고려사》형법지에는 처의 남편에 대한 구체적인 법률상의 의무가 周親이나 부모에 대한 의무와 거의 같은 상황에 있었음을 알 수 있다. 그리고 한편 처의 남편에 대한 不從을 법에 의해 제재하고 있었다. 이처럼 강제된 부인의 정절이 유교주의정치이념의 소산임은 재언을 요하지 않는다. 이와 같이 거의 일방적이라 할 처의 남편에 대한 의무에 비하여 남편이 받는 구속은 거의 없다고 할 수 있다. 다만《고려사》형법지 大惡條에 의하면 "남편이 아내를 구타하여 상처를 냈거나 물체로 상처를 내면 곤장 80대, 이를 한 대 이상 부러뜨린 자는 90대…"라 하여 남편의 처에 대한 무제한의 폭행을 법으로 막고 있다. 또 亂時에 외적의 침입에 의한 불가항력적인 처의 汚節을 이유로 처를 버린 사람은 관직을 파면시키는 등 인도적인 조치를 보여주고 있다. 물론 남편은 처부모에 대하여 五服制度에서 父祖의 다음 가는 근친급의 복제를 규정하고 있다.

다음 長幼有序와 兄良弟弟에 관해서 살펴보면《孟子》의 5륜설에는 "長幼有序"라 하였고《禮記》禮運篇에서는 "長惠幼順"과 "兄良弟弟"라 하여 장유와 형제의 2륜으로 삼고 있다. 그리하여《예기》曲禮에 "以年長倍則事父 以十年長事兄 以五年長則友"라 하여 장유의 禮序를 규정하고 있다. 장유유서를 규제한 법률을《고려사》형법지는 尊長과 卑幼로 구분하여 설정하였으며 동일한 죄에서도 극심한 형량의 차이를 나타내고 있다. 그리고 禮制도 혈연과 장유란 기본질서 위에 성립되었음은 말할 것 없지만, 특히 殤服의 경우에는 연령차이에 따라 喪服禮를 뚜렷이 구분하고 있다.

다음 朋友有信에 있어서 信은 朋友 교제의 근원을 이루고 있을 뿐 아니라 인간의 사회생활의 기초를 이루고 있다. 앞서 인용한《예기》곡례에 "以五年長則友"라 하였으므로, 5년 내외는 붕우로 삼을 수 있는 연령 차이임을 알 수 있다. 때로는 붕우와 형제의 倫常의 선후나 중요성을 논의의 대상으로 하고 있기는 하나 혈연을 중히 여기는 유가적 윤리사상의 이상은 역시 형제가 붕우에 앞선 것을 밝히고 있다. 그런데 이 붕우 사이의 윤상은 극히 도덕적 규범에 머물고 있을 뿐, 일정한 예나 법제상의 강제규범은 마련되어 있지 않다.

(2) 윤리와 법

고려시대에 와서 유교는 통일신라 이후 사상적 성숙과정을 거쳐 새시대의 정치이념으로 자리를 굳히게 되었다.8) 교육과 과거에 있어 유교가 채용되고 법률과 예제에 있어서도 유교사상이 침전되었다. 그런데 이러한 유교사상을 확산하는 과정에서 그 심층적·내면적 바탕에는 효사상이 내재되어 있었다. 그러므로《孝經》은 신라 이래 가장 중요한 윤리서로서 위로는 군주로부터 지배층에게 필수화되고 나아가서 민간에까지 널리 확산되어 갔다.

고려시대에 효사상을 펴기 위하여 국자감 學式에《논어》와 함께 효경을 필수로 兼通하도록 규정하였으며, 이 양서를 閭巷의 어린이들에게 내려주기도 하였으며, 태자가 寶文閣에 나아가《효경》을 친강하기도 하였다.

---

8) 李熙德, 앞의 책, 249~288쪽.

한편 과거의 시험과목으로 《효경》은 단지 何論業에 〈곡례〉와 함께 선정되어 있을 뿐이나, 명경업이나 제술업을 막론하고 수험에 앞서 국자감에서 경전 학습의 과정에서 이미 《효경》이 先修科目으로 편성되어 있었다. 그러므로 비록 이들 시험과목으로 직접 부과되어 있지 않다고 하더라도 그 중요성이 줄어들 수는 없었다.

《효경》 三才章에 "曾子曰 甚哉 孝之大也 子曰 夫孝 天之經也 地之義也 民之行也"라 하여, 효는 天地人을 일관하는 도로서 시공을 초월한 우주의 보편질서로 천명되고 있다. 이와 같이 우주의 보편질서로서의 효를 실현하는 데 있어서 군주도 예외일 수는 없으며 따라서 《효경》에는 天子·諸候·卿大夫·士·庶人에 이르는 효를 정하여 이른바 5효의 원리를 밝히고 있다. 그러나 5효 중에서도 천자가 愛親과 敬親을 다할 때 백성에게 도덕적 교화가 베풀어진다고 하였으므로 먼저 군주가 몸소 효행을 실천하여야 했다. 군주의 효행으로서 舜임금의 大孝를 들고 있거니와 유교주의를 전면적으로 수용하던 성종은 그 9년에 내린 교서에서 유교주의적 政敎를 밝혔다.

> 무릇 국가를 다스림에는 반드시 먼저 근본됨을 힘써야 하는데 근본됨을 힘쓰는 것은 孝에 더함이 없다. 이는 3皇 5帝의 本務이며 萬事의 紀綱이요 百善의 主인 것이다. …이러므로 법칙은 6經에서 취하고 규범은 3禮에 의거하여 한 나라의 풍속으로 하여금 모두 5효의 門으로 돌아가게 하기를 바란다(《高麗史》 권 3, 世家 3, 성종 9년 가을 9월 병자).

이와 같이 군주가 효의 실천자로서의 자각을 가졌던 고려사회에서는 군주로부터 士庶에 이르기까지 효행은 중요한 덕목으로서 윤리 규범화되고 있었다. 특히 군주는 효의 실천자로서 의제화되었다. 그것은 왕의 사후에 붙이는 시호에 '孝'자를 사용한 데에서 찾아볼 수 있다. 이와 같이 군주에 대한 '孝'자의 시호 사용은 유교주의체제 하에서 군주 스스로가 효행의 체현자이며 垂範者로서의 표징인 것이다.

고려는 유교주의를 추진하는 과정에서 왕권의 지주가 되는 관료들에게 우선 효행을 실천할 수 있도록 여러 가지 특전을 베풀었다. 그 가운데서도 가장 광범위하게 시행된 제도는 관리에 대한 給假制이며 특별한 경우에는 당해 직역의 유보나 면역 등의 혜택을 주어 효행을 실천할 수 있도록 하였다.

한 걸음 나아가 효행을 위해서는 형벌의 집행까지도 유예하는 등 효치주의 실현에 주력하였다. 효행에 대한 구체적인 범주로서 《孝經》 紀行孝章 제10에서는 “공자께서 말씀하시기를 ‘효자가 부모를 섬김에 평소에 계실 때에는 공경을 다하고, 봉양할 때는 즐겁게 해드리며, 병이 나면 근심을 다하며, 돌아가셔서 상을 치를 때는 슬픔을 다하며, 제사지낼 때에는 엄숙하게 해야한다. 다섯 가지가 갖추어진 후라야 부모를 섬길 수 있다’고 하셨다…”라 하여 효행의 5단계를 말하고 있다.

이러한 《효경》의 효행방법은 고려 사회의 효사상 실천에 그대로 원용되었으리라고 믿어지며, 보다 더 구체적으로는 당·송의 율령이나 예제질서에서 직접 수용하였다고 생각된다. 효 윤리의 실천을 위한 관리 給假에 대해서는 《高麗史》 刑法志 官吏給假條와 禮志의 五服制度 및 百官忌暇條에 그 대강이 정리되어 있다. 관리의 효행을 위한 급가제를 검토함에 있어서도 앞서 《효경》 기행효장에 제시된 바와 같이 부모가 살아있을 때에 대한 것과 돌아간 후의 효행으로 나누어 생각할 수 있다. 먼저 부모가 살아있을 때의 효행을 위한 급가로는 定省·看病·老侍 등을 위한 급가가 있다. 그리고 돌아간 후에 필요한 급가로는 遭喪·忌祭·掃墳·改葬 등을 위한 것으로 나누어 설명할 수 있다.

定省給假의 사례를 보면 靖宗 11년 2월의 制를 들 수 있다. 즉 문무관의 부모가 300리 이상 떨어져 살고 있을 경우 3년에 한 번씩 정성급가 30일을 준다고 규정하였다. 그리고 충목왕 때에는 외임 관리의 부모가 그 아들을 보고 싶어하면 왕복에 소요되는 기간을 빼고 20일의 급가를 주라고 규정되기도 하였다.

이 밖에 侍養給假, 병중 부모를 문병하기 위한 病暇, 부모의 상을 위한 喪暇와 起復制度, 부모의 제사를 위한 忌暇, 사후 무덤의 관리를 위한 掃墳暇, 묘지의 改葬을 위한 改葬暇 등이 있다.

이와 같이 효행을 장려하기 위해 관리나 군역자들에게 휴가를 주어 효행을 실천할 수 있도록 하였는데, 한 걸음 나아가서는 비록 범죄자라 하더라도 그 치죄를 잠시 유예하고 孝養과 喪哀 등을 실천할 수 있도록 하였던 것이다. 즉 문종 2년 정월의 제에서는 범죄로 유배되는 경우 만일 노친이 있으면 잠시 侍養을 위해 유예하고 부모의 사망 후에 형을 집행케 하였는데, 이는 형법의 유예를 통해 효행의 실제를 거두려고 한 좋은 실례라고 하겠다.

이와 같이 효행을 위해 여러 가지 법제적 장치와 더불어 復讐·割股·廬墓 등의 더욱 극단적 효행이 용납되고 장려되었다. 유가에서 복수행위를 인정하고 있는 것은《예기》의 "父之讐 弗與共戴天"과,《공양전》의 "君弑 臣不討賊 非臣也 不復讐 非子也" 등의 구절에 근거한다. 즉 부모나 주군에 대한 복수를 용인할 뿐 아니라 오히려 의무처럼 강조하고 있음을 본다. 복수에 관한 예로서 고려 무신정권 초기에 피살된 金光中의 아들 金蒂는 가해자 朴光升과 그 아버지까지도 연좌하여 공공연하게 이들 부자 두 사람에 대해 복수의 살인을 감행하였던 사실이 있었다.

割股孝行이란 부모의 난치병에 자식이 다리의 살을 베어 약으로 쓰는 행위이다. 중국에서는 唐代 名醫 陳藏器가 난치병에 인육이 좋다는 처방을 내리면서부터 널리 퍼졌다. 우리나라에서는 신라시대 이래 고려시대에 이르면서 할고효행이 별반 비판의 대상이 되지 않고 큰 효행으로 포상되었다. 중국에서는 이러한 행위를 막으려는 노력이 있었다. 그러나 고려의 경우에는 최대의 효행으로서 오히려 포상을 받아 旌門·旌閭되기도 하였다.

그리고 廬墓란 상을 치른 후 묘 옆에 여막을 짓고 거기서 3년의 喪期를 보내는 의식인데, 사회생활을 영위해야 할 생활인으로서는 매우 지키기 힘든 일이었다. 그러므로 국가적으로나 사회적으로 이러한 어려운 고행을 치른 효행자에게 포상을 하였다. 실제로 고려시대의 효행자 가운데에는 여묘효행의 많은 예가 있다.

효행은 치자가 솔선수범하고 법이나 예제로서 장려할 뿐 아니라 대면교화를 위해서 효행자를 여러 가지로 포상하기도 하였다. 포상의 내용을 보면 단순한 饗禮로부터 賜物, 신분의 上昇·授官·特進 그리고 力役이나 租賦의 감면 등 여러 가지 특전이 국가로부터 베풀어졌다. 또 다른 포상방법으로 효자를 관리로 등용하는 孝廉制가 실시되었는데 성종·현종대를 이어 고려 말기에 이르도록 孝廉者 관리 탁용의 실례가 있다.

다음에는 高麗律과 효행의 관계를 살피기로 한다. 고려가 유교주의 정치이념을 펴나가면서 律 즉 형법에서는 효사상을 어떻게 그 안에 포함하고 있는가를 보려는 것이다. 율이란 禁制規範으로서 이러한 법적 금제가 이 시대의 정치 이념인 유교사상, 특히 효사상을 실천하기 위하여 어떠한 내용을 갖추고 있었는가 하는 것이다. 효윤리의 실천을 위한 금제규범이란 필경은 불효에 대한 치죄를 말하는 것이며, 따라서 고려율이 이러한 형률을 어떻게 제정 실시하였는지를 밝히는 일이다.

당나라의 율령을 받아들여 국가체제를 정비한 고려사회에 있어서 형률의 경우에도 그 大範은 당의 것을 수용하였다. 효사상과 관련된 당률은 10악조에 제시되어 있다. 특히 그 항목은 제국과 제실의 안위에 관한 내용과 함께 父祖나 친족에 대한 유교적 가족주의에 바탕을 둔 효제사상을 중심으로 하고 있다.

10악은 ① 謀反, ② 謀大逆, ③ 謀叛, ④ 惡逆, ⑤ 不道, ⑥ 大不恭, ⑦ 不孝, ⑧ 不睦, ⑨ 不義, ⑩ 內亂의 10항목의 내용으로 되어 있다. 이 가운데서 효 관계를 내포한 조목은 ④ 악역 ⑦ 불효 등이다. 이러한 당률의 10악이 《고려사》 형법지에는 戶婚條·大惡條·禁令條를 중심으로 설정되어 있다.

고려율의 10악 중에 불효의 규제에 대해서 먼저 주목되는 것은 부모에 대한 고발과 詈罵행위에 대한 형률이다. 이것은 부모나 조부모의 범죄행위에 대하여 그 자손이 고발한 것에 대한 형률과 또한 부조에 대하여 불온하게 욕설을 자행하는 행위가 일어났을 경우, 이를 불효로서 징벌하기 위한 율이다. 이 중 구타·고발·욕설에 대한 고려율을 보면 "毆祖父母父母斬 告詈絞"라 하였다.[9] 즉 만일 조부모나 부모가 범죄행위를 저질렀을 때에 이를 法司에 고발했을 경우, 부모나 조부모에게 욕설을 했을 때 다같이 교수형에 처한다는 것이다. 부모나 조부모에 대한 구타나 고발, 욕설 등이 실로 있기 어려운 불효임에 틀림없겠으나 모두 斬·絞 등의 극형으로 다스리고 있는 것을 보면 매우 가혹한 처벌규정이라 하겠다. 그리고 부조의 범죄에 대한 자손의 고발행위도 매우 엄하게 처벌하였다. 즉 당률에서도 謀反·謀大逆·謀叛 등 국가나 황실에 대한 범죄를 제외하고는 부모나 조부모가 비록 명백한 범죄자

9) 《高麗史》 권 84, 志 38, 刑法 1, 大惡.

라 할지라도 부조 스스로의 자수와 같이 간주되어 그 죄과를 지은 당사자는 면죄받고, 오히려 부조의 죄를 고발한 자손은 예교를 파괴한 불효자로서 絞罪란 극형을 받게 되어 있다. 더욱이 당률에서는 부조의 범죄를 고발해서는 안될 뿐 아니라 나아가서는 친속에 이르기까지도 오히려 그들의 범죄를 알더라도 은폐하여야 한다는 더욱 적극적인 윤리관을 천명하고 있다.

이처럼 부조의 범죄를 고발할 수 없도록 규정하고 있는 이러한 법의 정신은 부조를 포함한 親屬 容隱思想에서 유래한 것이다. 즉 춘추시대의 直躬이란 사람은 자신의 아버지가 양을 훔친 것을 관가에 고발한 사실이 있었다. 이에 대해서 공자는 "父爲子隱 子爲父隱"이라고《論語》에서 말하였으나, 法家의 韓非子는 직궁의 행위가 公直無私한 장려할 만한 행위라고 하였다. 여기서 유·법 양가의 대조적인 입장을 발견할 수 있다. 이러한 유가의 至親용은사상은《춘추》에도 나타나며, 한대의 유교주의가 보편화됨에 따라 더욱 확고하게 계승되었다. 이리하여 당률에 와서 예제화 되기에 이른 것이다.

이 밖에 불효를 규제하는 형률로서 자손이 부모나 조부모와 호적을 달리하거나 재산을 분리하거나, 그리고 공양을 소홀히 하는 것을 막기 위하여 別籍異財, 供養有闕의 율을 마련하였다. 그 밖에 상중불효에 대한 형률로서 忘哀作樂雜戲, 釋服從吉, 匿不擧哀, 조부의 상을 사칭한 求暇, 喪中稼娶 등에 관한 율이 있다.

다음에는 악역이란 형률이 있다. 이는 10악 중에서도 불효행위의 극단을 이루는 것으로 부모나 친속에 대한 구타와 모살 등을 처벌하는 것이다.《고려사》형법지 대악조에는 조부모나 부모를 구타하였을 때에는 斬이며, 告詈하였을 때에 絞, 잘못하여 상처를 내었거나 과실로 욕한 자는 徒 3년, 과실로 구타했을 때에는 流 3,000리를 가한다는 율문이 있다.

고려율이나 당률에서 볼 때에 악역의 핵심이 되는 것은 부모나 조부모에 대한 구타행위와 모살행위에 대한 것이다. 그러나 고려율에는 모살에 대한 조문이 보이지 않고, 당률에서는 모살에 대하여 名例律 10악의 악역에 관한 註에 삽입하였을 뿐, 실제로 그 악덕행위를 처벌할 규정인 賊盜律에는 설정하고 있지 않다. 이것은 親弑가 인륜 예교상 도저히 있을 수 없는 일이어서 그 율문 조차 설정하지 않았기 때문일 것이다. 그리고 만약에 그러한 불상사가 발생하면 그 처벌은 극형에 해당한다. 왜냐하면 부조에는 비교될 수 없는 期親尊長 즉 伯叔父母나 兄姊의 살해를 음모한 행위로 참형에 처할 뿐 아니라, 단지 '毆祖父母父母者'가 참형을 받으므로 친시란 더 이상 적용할 형량이 없지만 결국 극형을 받게 됨은 물론이다. 따라서 당률을 따르고 있는 고려율에서 친시에 관한 율이 설정되어 있지 않은 것은 당률의 예교적 정신을 받아들인 것이라 믿는다.

그런데 중국이나 고려사회에 있어서도 친시사건이 실제로 발생하였다. 일찍이 춘추시대 邾婁定公 때에 弑父者가 있었는데 그를 극형에 처한 것은 물론, 그 집을 헐어버리고 그 터에는 웅덩이를 파서 물이 고이게 하였으며 군주는 한 달 동안 술을 금하였다고 한다.[10] 고려시대에도 실제로 부조를 구타한 사건이나 부모를 시해한 사건의 사례가 여려 건 보인다. 이러한 시해사건에 대한 형량을 보면 죄인의 棄市와 斬首梟市, 해당 지방 수령과 관원의 파직 등의 처벌이 있었다. 이것은 춘추시대 주루정공의 판례를 준용한 것이다.

위에서 살핀 바에 따르면 불효자에게는 형률에 따라 준엄한 처벌이 가해졌음을 알 수 있다. 그러나 불효자이면서도 요행히 관직에 종사하는 경우도 있었다. 그러나 일단 불효 사실이 드러나면 司直의 탄핵을 면할 길이 없었음은 물론이다.

이처럼 불효자는 엄중한 형률에 의해서 처벌될 뿐 아니라, 한 번 불효를 저지르게 되면 당사자와 더불어 그 자손에게까지 연루되어 여러 가지 국가적 사회적 특전이나 기회를 상실하게 되었다. 첫째 불효자의 자손에 대해서는 과거에 응시할 수 있는 자격을 박탈하였다. 즉 靖宗 11년 4월의 判에서 五逆五賊과 不忠不孝者는 과거에 나아갈 수 없다고 하였으며, 불효자는 자손에게까지 학교의 문도 막혀 있었다. 그리고 불효자에 대해서는 사면령에서도 그 혜택을 베풀지 않을 만큼 중죄로 취급하였다. 이와 관련하여 하나 더 유의할 것은 불효자를 恤刑의 대상에서도 제외시킨 점이다. 유교정치 이념에 있어 사면은 군주의 失德을 보완하는 작용으로 간주되었는데 불효자의 사면은 오히려 재화를 초래한다고 믿을 만큼 천지도 용납하지 못할 죄로 간주되

10) 《禮記》 檀弓 下.

었던 것이다.

(3) 유교의 실천윤리

고려시대 유교정치 이념의 수용과 그 전개를 규명하기 위하여 이미 앞 항에서 효를 중심으로 살펴본 바 있다. 이러한 일련의 과정에서 고려사회가 유교주의사상을 그 정치체제의 실천윤리로서 정립하고 이를 구현하기 위하여 예교의 정비와 더불어 법률질서를 더욱 적극적으로 정비하였던 것을 알 수 있었다.

그러나 이러한 검토로는 효사상의 실천을 위한 고려의 여러 가지 실천적 노력을 엿볼 수 있을 따름이다. 그러나 이와 같은 의도에 따라 과연 어떠한 효행이 고려사회에서 실현되고 있었는가를 살펴보지 못하였다. 그러므로 여기에서는 먼저 고려시대 효행의 실제를 파악하고, 그것을 통해 당대 유교윤리의 실천과정에서 5교 또는 5륜사상의 전개와도 유기적 관련이 있었음을 해명하게 될 것이다.[11]

효행의 실제에 대하여서는 특히 중국에서 전래된 이른바 24효 등의 효행유형과 대비하면서 고려사회에 나타난 그 유형을 살펴보고, 또 당시 신앙면에서 보편적 위치에 있었던 불교와 효사상과의 관계를 아울러 살펴보려고 한다. 그리고 그러한 작업을 통해 당시 유교와 불교와의 효를 통한 사회적인 교섭면을 밝힐 수 있으며, 그 결과 불교에서도 유가의 효사상의 실현을 측면에서 지원하게 되었음을 알 수 있을 것이다.

그리고 다음 5륜사상의 전개에 대해서는 효사상의 확대·발전으로서의 군신·부부·장유(兄弟)·붕우의 네 가지 倫常이 논의의 대상이 될 것이다. 그리고 5륜 중에서도 결국 그 중핵을 이루는 충과 효에 대하여 다시 대비함으로써 당대 정치윤리의 심화현상을 엿볼 수 있을 것이다.

먼저 24효와 효행의 유형에 대하여 살펴보기로 한다. 삼국시대 이래 고려시대에 이르기까지 효를 유교의 실천윤리로 실천함에 따라 많은 효행이 실제로 행해지게 되었다. 그리고 더러는 허구적인 효행담이 발생하여 효에 대

---

11) 李熙德, 앞의 책, 249~288쪽.

한 신비적인 영험을 강조함으로써 더욱 그 사상을 심화시키게 되었다.

일찍이 중국에서는 이른바 24효, 혹은 240효라 하여 효행에 탁월한 역대 인물의 행실을 모범으로 삼고 이것을 널리 선전함으로써 효윤리의 보편화에 힘썼다. 효행에 대해서는 일찍이 《晋書》 권 88, 孝友篇에서부터 《淸史稿》 권 502, 孝義篇에 이르기까지 역대 사서에서 독립된 편목으로 기록하여 길이 후대에 전하였다. 그리고 남송의 趙孟堅에 의한 《趙子固 24孝書畵合壁》은 전형적인 효행담의 집성이라 하겠다. 《조자고 24효서화합벽》은 효행을 圖說, 즉 그림과 설명을 붙여 일목요연하게 나타냄으로써 무지한 민중도 이해할 수 있게 한 것이다.

우리나라에서 효행 사적이 독립된 편목으로 다루어진 것은 《三國遺史》 권 9에 실린 孝善篇이 그 시작이다. 이 효선편의 내용은 신라시대의 것들인데, 眞定師孝善雙美, 大城孝二世父母, 向得舍知割股供親, 孫順埋兒, 貧女養母 등에서 向得의 경우를 제외하면 불교적 효관념을 중심으로 효행을 기록한 것들이다.

고려시대에 權溥는 《孝行綠》을 편찬하였는데, 그 서문에 의하면 일찍이 권부의 아들 準이 工人을 시켜 24효자의 그림을 그리게 하고 그의 사위 益齋 李齊賢으로 하여금 이에 대한 贊을 쓰게 하였다. 그 뒤에 준은 이것을 아버지 권부에게 보였으며, 권부는 다시 38가지 효행기사를 보충하고 찬은 역시 이제현에게 맡겨서 《효행록》을 완성하였다고 한다. 이리하여 62효행기사로 늘어난 《효행록》이 나오게 된 것이다.

다음 《고려사》 권 121의 孝友列傳은 충의, 열녀전과 함께 당대 유교적 실천윤리의 일면을 보여주고 있다. 또 고려시대의 효행 사적을 수록한 것으로는 세종 14년 集賢殿 提學 偰循에 의해 《三綱行實》이 편찬된 이래 《東國新續三綱行實》 등은 물론 《慶尙道地理志》, 《慶尙道續撰地理志》나 《增補東國輿地勝覽》 등에서 지방 출신별로 효자 항목을 넣고 시대별로 신라·고려·조선시대에 있었던 효행 사적을 열녀와 함께 수록하고 있다.

이상에서 열거한 효행 사적 중에서 고려시대 효행의 유형을 중국의 효행, 특히 24효의 유형과 대비하여 이 시기에 있어서의 효행의 실상을 구명하여 보려고 한다. 중국에서도 24효의 유형은 몇 가지로 달리 나타나고 있으나,

여기에서는 앞서 본 조자고의 것을 중심으로 살펴보겠다. 그런데 조자고가 제시한 24효는 권부의 《효행록》과 비교하면 약간의 차이가 있다. 《효행록》의 경우, 앞 부분의 24효는 권준에 의해 선정된 것이며 뒷 부분의 38효는 권부 스스로가 추보한 것으로 되어 있다. 여기서 권준에 의한 24효의 효행 사실과 조자고의 24효와 비교하면 서로 일치하는 내용이 15사항이며 다른 것이 9항이다. 그러나 권부가 보충한 38명의 효행자 가운데는 다른 9항의 행적이 들어 있다. 그러므로 중국에 전승된 24효의 유형이 이미 고려사회에 전래되어 있었음을 알 수 있다.

다음에 《趙子固 24孝書畵合壁》의 순서에 따라 권부의 《효행록》과 대비하면서 고려사회에 전래된 효행의 유형과 그 내용을 살펴보겠다.

① 虞舜의 孝感動天

虞舜은 지극히 부모에게 효행을 했기 때문에 하늘이 감응하여 歷山에서 밭을 갈 때에 象鳥가 원조하였는데 堯임금이 이것을 듣고 뒤에 帝位를 선양하였다는 것이다. 고려 권부의 《孝行錄》에서는 「大舜象耕」으로 소개되어 있으며 내용도 같다. 고려시대를 통하여 이와 같은 유형의 사례는 볼 수 없다. 그러나 李穀의 《稼亭集》 趙苞忠孝論에서 이를 상세하게 논하고 있는 것을 보면 舜을 위대한 효행의 儀表로 예시하고 있음을 알 수 있다.

② 晋 楊香의 搤虎救父

진나라의 15세 소녀 楊香은 아버지를 물려는 호랑이를 좇고 그 생명을 구했다. 고려에서 구체적으로 나타나는 것은 《高麗史》 孝友列傳에 실린 崔婁伯傳이다. 즉 15세의 소년 婁伯은 그의 아버지가 호랑이에게 물려가자 도끼를 들고 달려가 그 호랑이를 죽이고 뱃속에 들어 있는 아버지의 骸肉을 꺼내 장사 지냈으며, 3년간 흙을 져서 무덤 위에 덮고 廬墓까지 실행하였다는 것이다.

③ 晋 孟宗의 哭竹生笋

④ 晋 王祥의 剖冰求鯉

⑤ 漢 郭巨의 爲母埋兒

⑥ 魏 王裒의 聞雷泣墓

⑦ 漢 董永의 賣身葬父

⑧ 漢 丁蘭의 刻木事親

⑨ 宋 朱壽昌의 棄官尋母

⑩ 周 剡子의 鹿乳奉親

⑪ 周 仲由의 爲親負米

⑫ 周 老萊子의 戲綵娛親
⑬ 漢 文帝 親嘗湯藥
⑭ 漢 江革의 行傭供母
⑮ 漢 陸續의 懷橘遺親
⑯ 周 閔損의 單衣順母
⑰ 晋 吳猛의 恣蚊飽血
⑱ 蔡順分椹
⑲ 齊 庾黔婁의 嘗糞心憂
⑳ 周 曾參의 嚙指心痛
㉑ 漢 黃香의 扇枕溫衾
㉒ 唐 崔山南의 乳姑不怠
㉓ 漢 姜詩 涌泉躍鯉
㉔ 宋 黃庭堅의 親滌溺器

위에서 중국의 孝行例 24가지를 들었으나 여기서 모두 고려시대의 효행 사례와 대비할 수는 없다.[12] 그러나 이것을 서로 대비하여 보면 24효 가운데 대부분의 효행 유형이 신라 이래 고려시대에 걸쳐 한반도에 보급 전파되어, 그와 유사한 형태의 효행이 실행되었음을 알 수 있다. 그리고 그러한 중국의 효행이 비록 실제로 실현된 예가 없다 하더라도 문인 등 지식인의 작품에서 비유 인용되었던 것을 볼 수 있다.

중국의 24효와 대비되는 고려시대의 효행 사례 이외에 《고려사》 효우열전과 《삼강행실》《동국삼강행실》《신속동국삼강행실》《신증동국여지승람》 등의 효자편에 나오는 효행자 가운데 몇몇 특이한 효행자를 덧붙여 소개하면 다음과 같다.

① 徐積의 沍寒生蛙
徐積의 孝心에 하늘이 감동하여 嚴冬에 生蛙를 주어 어머니의 병을 치료하였다.
② 余孝悌의 感烏
晋州人 余孝悌가 지극한 효도로 어머니의 무덤에서 廬墓하던 중 까마귀를 감동시켰다.
③ 車達 棄妻
全羅道 雲梯縣 祗弗驛民 車達 3형제는 지극한 정성으로 노모를 봉양하였는데, 車達은 노모에게 不謹한 아내까지 버렸다.

12) 자세한 내용은 李熙德, 위의 책, 252~261쪽 참조.

④ 金遷 贖母
고려 말 江陵府吏 金遷이 몽고에 잡혀가 노예생활을 하는 어머니를 백금 50량으로 贖錢하고 구출하였다.
⑤ 尹龜生 刻石立碑
判典農事 尹龜生이 家廟를 세우고《朱子家禮》에 의한 三代祖祭를 지내고 또 묘 앞에 碑와 齋室을 세웠다.

이 밖에 인종 때의 鄭知常은 개경의 관직생활로 노모를 봉양하지 못하자 자신이 까마귀만도 못하였음을 후회하고, 또 老萊子의 효행을 본뜨지 못함을 한탄하고 있다. 그리고 牧隱 李穡의 〈永慕亭記〉에 실린 郭麟의 아들 郭之泰와 손자인 郭忠秀의 효행을 찾아볼 수 있으며,[13] 吉再의 誠孝를 들 수 있을 것이다.[14]

이상에서 고려시대 효행 사례를 먼저 중국에서 전승되어온 24효와 대비하여 보았고 이어서《고려사》의 효우열전과《삼강행실》등에 실린 효행 사례 중 특이한 몇 가지를 살펴보았다. 그리고 정지상의 사례와 목은 이색의〈영모정기〉에 실린 곽린 자손의 효심 및 길재의 성효 등을 살펴보았다. 그런데 이들은 저명한 당대의 문인 학자이며 지식 관리들이어서 그들이 익힌 유교적 교양에 의한 효행을 실현한 것이었다. 그러므로 이러한 예증만으로는 고려사회 전반에 걸친 효의 실태를 설명하기에는 부족하다. 그러나 앞서 본 고려 일대의 효행자 중에는 하급관리나 향리 및 평민·천민들의 행적도 들어 있으므로, 효사상이 널리 민간에 침투되어 있었음을 알 수 있다.

다음에는 불교의 효사상을 살펴보겠다. 고려시대에 있어 불교는 고려인들의 생활 전반에 걸쳐 많은 영향력을 끼치고 있었으므로, 당시 점차 제고되고 있었던 유교정치이념과 매우 대척적인 면을 드러내게 되었다. 그것은 崔承老의 봉사 중에도 드러나 있다. 그러나 현종 때의 蔡忠順이 '儒釋二門皆宗於孝'[15]라고 한 데에서도 유·불의 和會的 조화가 시도되었음을 알 수 있다.

점차 정치·사회면에서 기반을 넓히고 있던 유교사상의 도전에 대한 불가

13) 李　穡,《牧隱集》文藁 권 4, 永慕亭記.
《東文選》권 74, 永慕亭記.
14) 吉　再,《冶隱集》行狀.
15) 〈高麗國靈鷲出大慈恩玄化寺碑陰記〉(《朝鮮金石總覽》上, 朝鮮總督府, 1919), 247쪽.

의 이러한 반응은 自家의 護敎를 위하여도 부득이한 것이었다. 일찍이 유교주의적 사회인 중국에 불교가 수용되었을 때도 불교는 유교와의 융합점을 찾지 않으면 안되었다.

이 때문에 불교는 유교와 대립되는 실천윤리 중에서도 그 핵심을 이루는 효윤리에서 하나의 교섭점을 찾게 되었다. 이리하여 중국 불교는 부모에 대한 효사상을 담은 경전을 정비하기에 이른 것이다. 이들 경전은 원래 불교 자체에 있었던 효행과 관련된 소재를 기초로 삼아 이를 유교적 효행과 유사하게 꾸미거나 혹은 오히려 적극적으로 고조하여 성립되었거나 더러는 순수한 중국적 불교의 僞經類로 등장하게 되었다.

효에 관한 불교 경전으로는《佛昇忉利天爲母說法經》을 들 수 있다. 그 내용은 석가가 成道 후 곧 도리천에 있는 어머니 摩耶夫人에게 설법하기 위해 승천하여, 어머니를 위해 설법하고 석 달 동안 효양을 지극히 행했다는 것이다. 이 경전은 후세의 불교도들이 유가의 공격에 대해서 늘 석가의 효를 내세울 수 있는 근거가 되었다. 이 밖에도《六方禮經》,《長阿含經》,《孝子經》,《孝子報恩經》,《孝子攝經》,《睒子經》,《盂蘭盆經》,《佛說父母恩難報經》,《大方便佛報恩經》,《大無量壽經》,《觀無量壽經》,《父母恩重經》,《梵網經》등 실로 효사상을 담은 많은 경전을 남기게 된 것이다.

효를 설한 이러한 경전이 불교의 전래와 수용에 따라 한반도에도 전파되었을 것은 필연한 일이었다. 그러나 지금 남은 자료로서는《범망경》《부모은중경》, 그리고《우란분경》등 몇몇 효경전을 찾아볼 수 있을 따름이다.《범망경》은 일찍이 元曉의 저작에서도 발견되므로 그 전래시기가 자못 오래 되었음을 알 수 있다. 그리고《부모은중경》은 앞서 인용한 바와 같이 고려 초기 현종 때에 그 존재를 확인할 수가 있다.

한편《우란분경》은 大覺國師 義天의 문집에서 그 존재가 확인되는데,《目連經》과 함께 고려시대 이래 성행되었던 盂蘭盆齋의 所依經典으로 중요시되었다.《우란분경》의 내용은 餓鬼道에 떨어진 어머니를 구출하는 것으로, 매년 7월 15일에 우란분회를 지내면 그 공덕에 의해 현재의 부모는 수명이 100세 무병하며 일체의 고뇌로부터 벗어나게 되고 7세의 부모도 三塗의 苦界로부터 벗어나서 生天하고 福樂은 끝이 없다는 것이다.《목련경》에 대한 최초의 기록은《고려사》권 12, 예종 원년 7월조에 숙종의 명복을 빌기 위해《목련경》을 강설했다는 것이다.《목련경》은《佛說大目連經》으로서 이 땅의 불교도들이 가장 많이 믿고 있는 경전의 하나라고 한다. 또 이 경은《父母恩重經》이나《八陽經》과 함께 한국의 僞撰經으로 보는 견해도 있다.[16]

어떻든《우란분경》이나《목련경》은 大目連尊者의 효행을 담고 있는 점에서 같은 내용을 담고 있으며, 이것이 우란분재 등 불가의 부모보은사상을 전파하는 데 고려 이래 큰 비중을 차지하고 있었던 듯하다. 우란분재는 우리나라에서 왕실을 중심으로 고려 초기를 제외한 전시기에 걸쳐 행해졌던 것이다.

이어서 고려시대 승려들의 효행 사례를 살펴보겠다. 먼저 대각국사 의천의 경우를 보면 그는 〈講盂蘭盆經發辭〉에서 "五刑이 三千이지만 불효만큼 大罪는 없고 六度에 돌아가는 것이 八萬이지만 효도 만한 大福은 없다. 釋門의 5時와 儒典의 6經은 모두 대소를 휩싸고 존비를 일관하는 것이니, 비록 베푼 가르침은 다르다 하더라도 효도를 숭상하는 점에서는 다름이 없다…"라고 하였다.[17] 여기에서 의천이 지니고 있던 불교적 효사상을 명백하게 찾아볼 수 있다. 또한 의천은 〈蘭盆日燒臂發願疏〉에서 燒臂의 고통을 통한 지극한 효도를 실천하여 온전한 효도의 성취를 서원하였으며,[18] 이러한 효심은 또한 그가 송나라 체류 중 부왕 문종의 영전에 바친 〈祭文王文〉에도 잘 나타나 있다.[19]

다음 普覺國師 一然의 경우는,《삼국유사》에 효선편을 마련하여 불교적 효행과 함께 일반적인 효행까지도 아울러 편찬함으로써 효행의 중요성을 인식시키고 있다. 또 그 자신이 지극한 효행의 실천자이기도 하였다. 그는 국사로서 충렬왕 9년에 이미 노령임에도 90대 노모의 侍養을 위하여 귀성하였으며 더욱이 아침저녁으로 시양과 간병을 친히 다 하였다.[20]

이 밖에 白雲 景閑和尙(1298~1374)의 효심, 無隱庵師 李氏의 효행 등을 열

16) 閔泳珪,〈月印釋譜第二十三殘卷〉(《東方學志》6, 1963).
17)《大覺國師文集》권 3.
18)《大覺國師文集》권 15.
19)《大覺國師文集》권 16.
20)〈義興麟角寺普覺國師靜照塔碑銘〉(《朝鮮金石總覽》上), 471~472쪽.

거할 수 있다. 이들 승려들은 직접 부모를 위해 추천하거나 또 현세적 효행을 실천한 이들이다. 특히 無隱庵師 李氏는 侍養과 廬墓로써 3년상을 치를 만큼 유가적 효와 같은 효행의 실천자이기도 하였다. 이러한 고려시대 불교적 효의 실천은 당시 유가로서도 매우 바람직한 일이었다. 더욱이 고려시대에는 왕실을 매개로 불교와 유교가 이원적으로 병존하는 이념이었다. 따라서 유가로서는 불교에 대한 근본적인 배교는 불가능하였고 다만 효윤리에 있어서라도 일치할 수 있는 것이 다행한 일이었다. 그러한 상황에서 유교적 지성들도 불교의 내세적·신앙적 속성을 인식하고 교양으로서, 신앙으로서의 위치를 이해하고 있었다. 그러므로 고려시대의 유교와 불교는 피차 용납될 수 있었고 또 그러했던 것이다. 많은 유신들이 스스로 원찰을 가지고 있었고, 국사나 왕사 등 고승들의 탑비명을 썼으며, 많은 문사들은 문학 활동에서 불교사원과 관계를 맺거나 승려들과의 교우 관계를 맺고 있었다. 그리고 그러한 문학적 활동은 불교적 교양 없이는 성립될 수 없었다. 과연 고려시대의 문화는 불교의 내세적인 면과 유교의 세속적인 면을 잘 조화시키고 있었던 것이다. 물론 이것은 고려시대 유교 자체의 사상적 미숙성이라는 한계에서 연유하였음도 부인할 수 없다.

(4) 5례

고려사회는 성종 때부터 특히 유교사상을 정치이념으로 정비하는 데 본격적인 노력을 기울였다 이러한 국가이념을 확충해가는 과정에서 5례체제도 적극적으로 갖추기 시작하였다.[21] 그리하여 고려가 5례제도의 틀을 갖추게 된 것은 예종 때로 잡고 있다. 이와 같은 5례제의 이론적 정비작업을 이룩한 것이 崔允儀의 《古今詳定禮》이다.

《고려사》 권 59, 예지의 서문에서는, 고려 태조가 나라를 세웠을 때에는 초창기라 예제를 정비할 겨를이 없었으나, 성종 때에 와서 圓丘·社稷·籍田·宗廟 등 祀典을 정비할 수 있게 되었다고 하였다. 그리고 예종 때에는 예제를 관장할 관청을 설치하였으며, 의종대에 와서는 平章事 최윤의가 《상

21) 五禮에 관한 서술은 주로 李範稷, 《韓國中世禮思想硏究》(一潮閣, 1991), 46~47쪽에 의함.

정고금례》 50권을 편찬하게 되었다고 하였다. 그러나 성종 때에 예제 정비작업이 전면적으로 진전되었다 하더라도, 중국 전래의 5례제가 충실하게 적용된 것은 아니며 고려에 필요한 내용만을 부분적으로 받아들인 것이라고 한다. 그 뒤 고려에서 유교사상을 이념화하는 가운데 유학 교육기관을 심화하고 확대하면서 아울러 예사상의 이론적 바탕을 축적하고, 한편으로는 과거제의 실시로 인하여 그 시험과목에 또 禮書를 포함시켰다. 이로써 고려에서도 전면적으로 5례제를 수용하고 확대하는 것이 가능하게 되었을 것으로 생각된다.

유학 교육기관의 교과 내용에는 국자감의 경우 《周禮》, 《禮記》, 《儀禮》 등 이른바 3례가 포함되어 있다. 그리고 고려 私學의 중심이라 할 최충의 9재학당의 교과목에도 《예기》와 《주례》가 편성되었으리라고 추정된다. 그 뿐만 아니라 관학 부흥정책으로 추진된 예종의 7재 중에도 《尙書》, 《周易》 등 경전과 함께 《주례》, 《예기》, 《의례》의 예서가 포함되어 있었던 것이다.

과거제도의 측면에서 보면 명경업의 고시과목에 《예기》가 필수였음은 물론 제술업에서도 《禮經》이라 하여 예서가 또한 試取과목으로 되어 있었다. 이와 더불어 禮業이라 하여 《예기》, 《주례》, 《의례》의 3례서를 시험과목으로 한 관리 등용제도가 있었음이 주목된다. 명경업의 일부 과목을 부과한 이 3례업이 왜 별도로 설치된 것인지는 의문의 여지가 있다. 그러나 3례업이 3례를 전문으로 하기 때문에 고려 초기의 예제 정비과정에서 이러한 전문적인 지식을 가진 실무관료의 선발을 위해 설치된 것이라 추측된다.

이상과 같이 고려사회에서 유교사상에 의해 정치이념을 정립하는 과정을 교육과 과거 등을 통하여 볼 때 중국의 5례제 수용을 위한 지식의 축적이 이루어지고 그 지반이 형성되고 있었음을 알 수 있다.

5례란 吉·嘉·賓·軍·凶禮를 말한다. 《주례》에 의하면 귀신에 대한 제례와 상사, 군사, 외교 및 접객·경사 등의 의례를 다섯 항목으로 나누어 규범화한 것을 말한다.

중국에서 5례제가 등장한 것은 晋나라(265~420) 때였으며 이것이 제대로 정비된 것은 당나라에 이르러서였다. 고려에서 5례제를 수용하던 틀은 《주례》를 바탕으로 하여 당·송의 예제를 모방하고, 한편으로는 고려사회의 현실에 맞도록 적절히 변용한 것이었다. 특히 당의 예제에 있어서는《開元禮》의 영향이 매우 큰 것으로 보인다.

5례의 첫째는 吉禮로서, 天神·地神·人神에 대하여 왕이 국가를 대표하여 제사를 지내는 것이다. 즉 祀天儀는 大祀로서 천명을 받은 군주만이 행할 수 있는 의례이며, 국가의 안녕을 비는 제전이다. 嘉禮는 왕실로부터 서민에 이르는 광범한 사회계층을 포함하는 의례로서 역시 왕이 중심이 된다. 이는 冠禮·婚禮·冊封禮 등을 내용으로 한 것이며, 왕실 의례의 격조와 위엄을 특별히 나타냄으로써 왕실의 권위를 높이는 기능을 갖는다. 賓禮는 국제간의 친화를 도모하기 위해 규범화한 제도이다. 이것은 국제외교에서 왕이 국가를 대표하여 국가간의 위상을 의례 규범에 나타내고, 대내적으로는 지방관과의 관계에서 왕의 권위를 구체적으로 나타내게 하는 것이다. 軍禮는 국가를 유지하고 안전하게 보존하기 위한 군사에 관한 의례로, 군주가 군사에 있어 절대적인 책임과 권위를 갖는다는 점을 의례를 통해 상징하는 것이다. 凶禮는 국가의 재난·질병·사망 등의 슬픔과 고통을 극복하고 위로하기 위한 의례이다.

이와 같이 5례의 대략을 살펴보았는데 첫째로 길례에 있어서 주목되는 것은 祭天禮이다. 조선은 제후국이란 명분 때문에 제천례를 圜丘壇에서 행할 수 없었다. 그러나 고려는 천명사상에 의해 圜丘와 方澤 그리고 太廟 등의 제사에서 당제와 대등한 의례를 행함으로써 당제국과 같은 위상을 드러내었다. 천제인 상제와 함께 고려 태조가 배향되고, 태묘의 경우 중국의 천자에 준하는 특별한 의례로 보이는 玉冊이 사용되었으며 천자 7묘라는 규범에 따라 太祖廟와 더불어 3昭 3穆으로 7묘제가 행해진 것 등에서도 당과 대등한 모습을 볼 수 있다.

빈례의 경우에는《주례》의 고전적 개념에서 변용되어 당나라와 같이 왕과 제후와의 관계가 아니라 주변국가와의 관계로 설정하는 의례로 정립되었다. 따라서 고려 전기의 대외관계에서 고려는 중국의 북방 제국과 비교적 대등한 외교관계를 시행한 것으로 이해된다. 즉 고려왕은 사신을 접견하는 의식에서 주인을 상징하는 동편의 섬돌과 길을 사용하였으며, 신하로 상징되는 북향하는 자리에는 서지 않았다는 점을 지적할 수 있다.

군례의 경우에도《주례》의 고전적 개념에서 벗어나 대외적 질서 개념으로 바뀐 당의 군사적 개념을 받아들이고 있다. 군례의 내용에서 왕실의 권위를 유지하고 강조하려는 이론적 근거는《예기》에서 원용하고 있다. 고려가 5례의 범주에 군례를 편제하면서 유교의 기본사상을 깔고, 다시 고려사회의 현실과 조화를 이루는 가운데 규범화하였음을 알 수 있다.

가례의 경우에는 왕실의 정치적 권위를 위한 가례의 틀을 충실하게 지켰던 것으로 여겨진다. 이는《주례》의 기본이념을 유지하면서 당·송의 예제도 모방하고, 한편으로는 고려사회 현실에 적합하도록 재편한 것이다. 특히《주례》의 飮食之禮·昏冠之禮·賓射之禮 등의 내용과 정신이 고려의 가례 항목에 구현되어 있다. 그러나 가례가 왕실 중심으로 실시된 것은 그것이 왕실 중심의 의례라는 점도 있겠으나, 고려시대에 유교사상이 아직 왕실 내지 지배층에 머물렀을 뿐 널리 민간에까지 확산되지 못하였다는 한계를 드러낸 것이기도 하다.

《高麗史》의 禮志 凶禮條는 國恤, 陳慰儀, 祔太廟儀, 上國使祭奠贈賻弔慰儀, 先王諱辰眞殿酌獻儀, 上國喪, 隣國喪, 諸臣喪, 五服制度, 百官忌暇, 重刑奏對儀 등의 항목으로 되어 있다. 이들 의례는 당의《개원례》에 보이는 周禮的 요소 가운데 상례에 해당되는 것만을 확대 수용하였다. 그러므로《고려사》의 흉례에서는 荒禮·弔禮·襘禮·恤禮 등이 탈락되고 喪禮의 내용만이 수용되어 있다.

고려는 유교적 정치이념을 세움에 따라 자연히 중국의 유교 경전에 근거한 예제와 고려사회에 전승되어 온 전통적 요소를 융화하여 5례제를 정비 운영하였다. 그러므로 유교 경전에서는 3례서의 하나인《주례》가 기본을 이루고 있었으며, 때로는《예기》도 원용되었다. 그리고《주례》가 지니는 역사적 한계 때문에 당제나 때로는 송의 예제까지도 원용하였던 것이다. 이러한 사실은 다른 정치·사회제도에서도 그 흐름을 같이한다.

이상에서 먼저《고려사》오행지와 중국의《후한서》오행지 등을 분석·대비하여, 고려시대에 중국적 五行思想이 수용되었음을 확인할 수 있었다. 그리하여 자연현상을 5행의 질서에 의해 분류하고 또 크게 咎徵과 瑞祥으로 양분하여 해석하였음을 알 수 있었다. 서상은 군주가 천명에 따른 이상적인 도덕정치를 이룬 연후에 나타나는 것으로 곧 음양이 조화된 결과를 말하는 것이다. 구징은 災異로서 자연현상에 나타나는 것으로 군주의 부덕한 행위로 말미암아 일어난다. 이것은 음양이 조화되지 않은 상황이다.

한편 고려사회에 수용되었던 月令思想은《예기》월령편에 근거한 것으로, 군주가 월령에 따른 정령을 제대로 수행하지 않으면 여러 가지 재이를 초래하게 된다는 것이다. 이것은 음양의 부조화를 나타내는 것으로 군주의 責己修德과 함께 월령에 의한 정사의 실천이 요청된다.

天文思想에도 중국 사상이 수용되었다. 무릇 천문상의 천재는 군주의 부덕의 소치로 말미암아 발생하는 것이며, 따라서 치자에 대한 천견으로 인식하고 修省과 德治를 실천하여야 한다. 군주는 늘 지상의 자연현상을 통해 5행적 질서에 따른 천의를 살피는 동시에 또한 천문을 통해 천의 의지를 파악하여 천명에 순응하여야 한다. 일식이나 월식 · 성변 등 日月星變이 일어나는 중요한 원인은 역대 중국에서 보는 바와 같이 치자의 부덕에 대한 하늘의 견책이라고 생각되었다. 이러한 천변은 음양의 부조에서 일어나는 것으로 군주에 의한 責己修德과 덕치의 구현을 통해 消災하여야만 하였다. 이것은 조화되지 못한 음양으로 인해 발생되는 재이를 군주의 행위로서 조화시키는 것이 된다.

따라서 재이를 당한 군주는 이러한 천견을 해소하기 위하여 책기수덕하고 선정을 베풀어 천의에 보답함으로써 음양의 조화를 가져오게 하고 아울러 재이를 해소할 수 있다고 믿고 있었다. 그러므로 군주의 정치행위는 음양을 통하여 자연현상 전반에 작용하는 것이 된다. 이것은 하늘에 더하여 군주가 음양을 조화시키고 자연현상을 순조롭게 하며 상서를 나타나게 한다고 함으로써, 왕권에 적극적 의의를 부여하는 것이다. 그리하여 군주는 하늘과 인간 일반을 결합하는 역할을 하기 때문에 민에 대해 초월적 위치에 서게 된다. 결국 현실적 왕권은 그 자체로서 인민에 초월하는 위치에 있으면서, 인민을 통치하고 교화하는 군주로서 이를 수행할 책임이 있다. 유교적 정치이념이 군주의 위치를 초월화 · 절대화함으로써 현실의 전제국가체제를 이론화한 것이라 하겠다.

다음에 유교의 실천윤리에서 그 핵심을 이루는 효사상은 기본적으로 유교사상에서 도출된 것이다. 그러나 이 사상의 바탕을 이루는 부모와 자식 사이의 애정과 자식이 부모에게 갚는 孝情은 우리나라 고대의 조상숭배 신앙에서도 발견된다. 이러한 우리 고유의 잠재적인 신념이 유교의 전래와 더불어 서로 접합되어 전통적 윤리규범으로 형성된 것으로 보인다. 고려시대에 들어와서 유교는 신라 이후 사상적 성장과정을 거쳐 새 시대의 정치이념으로 자리를 굳히게 되었다. 이러한 유교사상을 정립하는 과정에서 그 심층적 바탕에는 효사상이 깔려 있었다. 그리하여《효경》이 신라 이래 가장 중요한 윤리서로서, 위로는 군주로부터 지배층에게 필수화되고 나아가서 민간에까지 널리 보급되어 갔다. 따라서《효경》은 국자감 학식이나 과거의 바탕이 되었으며, 효행을 장려하기 위한 관리의 각종 휴가제가 정비되고, 부모를 위한 복수의 허용, 割股, 廬墓 등 극단의 행위가 효를 위해 허용되었다. 또한 효행자는 국가로부터 최대의 포상을 받고, 심지어 효자에게는 때로 천인신분을 양인으로 상승시켜 주기까지 하였다. 그리고 법률에서는 당의 10악률을 수용하여 불효에 대한 법률적 규제를 제도화하였다. 한편 불가에 있어서도 효행을 실천하고 유교 경전의 6경과 불가의 5時가 근원적으로 일치할 수 있다고 할 만큼 효를 매개로 상호 융통성을 보이고 있었다. 결국 유교사상을 국가이념으로 삼은 고려사회는 효를 포함한 5륜질서를 예와 법으로 규범화하기에 이르게 되었으며, 또 그 실천적 열매로서 효우·열녀전 등의 기록을 남기게 되었다.

이와 같이 효의 윤리를 국가의 새로운 질서로 정립하고 있었던 것은 앞서 인용한 바와 같이《효경》三才章 7에 잘 나타나 있다. 곧 "夫孝 天之經也 地之義也 民之行也"라고 하였는데, 이는 효가 천지의 도 즉 天道·地道이며 민의 行 곧 人道라는 것이다. 따라서 인도와 천도가 연속되어 있다고 하겠으며 다시 일체화되고 있음을 알 수가 있다. 다시《효경》聖治章을 보면 군주는 그 父祖를 上帝·天에 배향하는 것을 최대의 효라 하였다. 이것은 하늘이 神의 최고 권위인 동시에 하늘에 제사하는 것은 천자의 특권에 속하기 때문일 것이다. 군주가 부조를 상제·천에 배향하는 것은 상제와 천이 군주의 부조로 의제화되는 동시에 군주는 천·상제의 자·손에 擬定되기 대문일 것이다. 따라서 《효경》에 의하면 군주는 명실상부한 천자가 되는 것이다. 이리하여 人道에 있어 최고 권위인 왕은, 천과 상제로서 인도를 넘어선 神道·天道의 최고 권위의 자손에 의정된다. 그러므로 《효경》에 의하면 군주는 천과 천도에 이어진 천자로서 초인간적 성격을 띠게 된다.

고려는 중국으로부터 5례제를 수용하여 왕실의 권위와 국가의 체통을 확립하게 되었다. 특히 주목되는 것은 吉禮에서의 祭天禮이다. 圓丘와 方澤, 그리고 태묘 등의 제사에서 당제와 대등한 의례를 행함으로써 당제국과 대등한 위상을 드러내었음을 알 수 있는데, 천제인 상제와 더불어 고려의 태조가 배향되었다. 태조의 경우 중국의 천자에 준하는 특별한 의례로 보이는 옥책이 사용된 것이나, 天子 7廟의 규범에 따라 太祖廟와 더불어 3昭 3穆으로 7묘제가 행해진 것도 당과 대등한 고려의 위상을 나타낸다. 여기에서 고려가 5례를 정립함으로써 국가의 독자성을 드러내려고 한 강한 의지를 발견할 수 있으며, 태조를 상제에 배향함으로써 《효경》의 사상에서 볼 수 있는 상제와 천이 곧 고려왕의 부조로서 의제화되었음을 살필 수 있다. 동시에 고려왕은 《효경》에서 볼 수 있듯이 천과 천도에 이어진 천자로서 초인간적 성격을 띠었던 것이다.

〈李熙德〉

Ⅲ. 도교 및 풍수지리 · 도참사상

1. 도교사상

2. 풍수지리 · 도참사상

3. 민속종교

Ⅲ. 도교 및 풍수지리·도참사상

1. 도교사상

1) 고려 도교의 수용과 전개

(1) 고려 초기의 도교

고려시대의 도교는 삼국시대 말기부터 나타나는 儒·佛·道 3교 정립의 治世觀[1]에 사상적 기반을 두고 있다. 바로 經世濟民을 위해서는 유·불·도 3교를 솥의 세 발과 같이 하여 어느 한편에 치우치지 않고 고루 수용한다는 관점이다.

특히 신라 말·후삼국시대의 전란을 거치면서 三韓一統을 국가적 과제로 삼던 태조는 당시 호족들의 신앙으로 각광을 받던 선종 각 山門의 연합을 표방하는 등 불교를 건국의 신앙기반으로 하였지만, 國家祚業의 융창을 기원하는 호국신앙의 원리에 입각하여 고유신앙과 함께 유·불·도 등 여러 종교의 신앙과 사상을 폭넓게 수용하였다. 즉 鎭護國家와 經世濟民을 위해 3교를 等位로 보는 鼎足的 관념을 계승함으로써, 도교는 유·불 2교와 더불어 일컬어지게[2] 되었던 것이다.

따라서 고려의 도교는 건국 초기부터 그 흐름을 찾을 수 있으므로, 고려

1) 삼국시대 말 고구려의 淵蓋蘇文이 "三敎譬如鼎足 闕一不可"를 내세워 唐으로부터 도교를 유입한 사례(《三國遺事》 권 3, 寶藏奉老 普德移庵)나, 신라 말의 崔致遠이 〈鸞郎碑文序〉에서 3교를 等位로 보던 관점(《三國史記》 권 4, 新羅本紀 4, 眞興王)은 고려 이후에도 그대로 전승된다.

2) 성종 원년(982)에 崔承老가 撰進한 時務二十八條에 "三敎 各有所業 而行之者不可混而一之也"(《高麗史節要》 권 2)라 하였다.

초의 八關會를 道敎齋醮로 보는 견해도 있다.[3] 그러나 각종 속신적 요소를 포함하여 王室 五禮의 賀禮雜儀로 이루어진 팔관회는 시대에 따라 그 성격도 변천한 것은 사실이지만, 이는 도참신앙이 유행하는 가운데 불교의 호국적 전개와 관련되어 행해진 국가적 祭儀이며, 도교행사라고 보는 데는 무리가 따른다.[4]

또 신라 말의 道詵(先覺國師, 827~898)에 의해 집대성된 裨補寺塔說[5]에는 陰陽五行說과 地氣衰旺說 등 전통신앙의 요소가 적지 않게 수용되었다. 그리고 태조의 訓要十條[6]에는 도교적인 면모를 살필 여지가 남아 있다. 그러나 이는 당시의 호국원리에 입각한 신앙적 분위기를 반영한 것이었으므로 반드시 도교적으로만 해석하기는 어렵다.

그렇다면 고려시대 도교의 모습을 알려주는 것으로는 태조 7년(924)에 수도 개성에 세운 九曜堂을 들 수 있다. 즉 구요당은 이 해에 外帝釋院·神衆院과 함께 건립되었는데[7] 이것이 확인된 고려 최초의 도교기관 즉 醮星處이

3) 李能和, 《朝鮮道敎史》(李鍾殷 역; 보성문화사, 1977), 88쪽에서 고려 도교의 존재를 道佛習合關係에서 찾은 이후, 고려 초기의 도교를 흔히 圖讖信仰으로 파악하는 경향이 있다(宋恒龍, 《韓國道敎哲學史》, 成均館大 大東文化硏究院, 1987, 59쪽). 그러나 도교가 도참 등과 관련 속에서 전개되었다고 하더라도, 도교의 위치에 도참을 대치시켜서 파악하는 것은 재고해 볼 사항이다.

4) 梁銀容, 〈高麗時代의 道敎와 佛敎〉(《韓國宗敎》 8, 1983), 294쪽 참조.
고려시대의 도교자료에 대해서는 梁銀容, 〈高麗道敎의 歷史資料〉(《韓國宗敎》 10, 1985), 95쪽 참조.

5) 비보사탑설이란 佛寺·佛塔·浮屠 등의 건립에 의해 地氣를 북돋아 祚業에 資補한다는 원리로, 風水圖讖說의 전개이다(梁銀容, 〈道詵國師 裨補寺塔說의 硏究〉, 《先覺國師 道詵의 新硏究》, 靈岩郡, 1988, 183쪽).

6) 제2조에 "모든 사원은 道詵의 의견에 따라 국내 산천의 좋고 나쁜 것을 가려서 세운 것이다. 도선의 말에 따라 내가 선정한 곳 외에 함부로 사원을 짓는다면 地德을 손상시켜 祚業이 길지 못할 것이다"(《高麗史》 권 2, 世家 2, 태조 26년 4월)라 하였다. 이러한 習合思想的 경향은 940년 삼국통일을 기념하는 성격의 開泰寺 華嚴法會의 疏에서 태조가 佛·菩薩·羅漢·聖衆 등 불교의 신앙 대상뿐 아니라 日月星辰·天龍八部·岳鎭海瀆·名山大川 및 天地一切靈祇 等에게 기원하는 것으로 나타난다(崔瀣, 《東人之文四六》 권 8).

7) 《高麗史》 권 1, 世家 1, 태조 7년.
종래에는 구요당의 성격이 밝혀지지 않아, 함께 세워진 사원들과 같이 막연하게 佛寺로 인정되어 왔으나(金煐泰, 《韓國佛敎史槪說》, 경서원, 1986, 122쪽 등), 《東國輿地勝覽》 권 5, 開城府 下 古跡條에 나타난 것처럼 日月星辰에 제사지내는 초성처이며, 이후 그러한 행사내용이 《高麗史》 등에서 散見된다.

다. 성종 2년(983) 이전에 조정에서는 이미 빈번한 齋醮를 설행했으므로,[8] 구요당 외에도 도교 祠宇가 더 있었을 것이다. 그런데 고려 초기에는 도교 사우를 말하는 宮·觀·堂 등이 정례화되지 않았을 뿐만 아니라 도교의례인 재초나 도량이 궁궐의 전각 등에서 다양하게 행해졌다. 그러드로 구요당 외에 어떤 도교기관이 있었는지는 알 수 없으나, 그 곳의 재초설행 전통은 후대로 계승된다. 물론 구요당을 중심으로 한 이러한 도교를 成立道敎(교단 도교)로 볼 것인가 혹은 民衆道敎(민간도교)의 차원에 머문 것으로 볼 것인가에 대해서는 보는 관점에 따라 견해를 달리 할 수 있을 것이다. 다만 祈福禳災와 鎭護國家를 염원하면서 다양한 의례를 번다하게 행하던 고려 왕실의 醮를 도교적인 재초로 보는 것은 당연하며, 성립도교로 체계화되는 고려 중기 이후의 모습에서 볼 수 있는 것처럼 그것은 고려에서 도교가 존재했던 이유 내지 기능의 하나로 꼽히고 있는 것이다.

구요당에 관련된 기사는 이후《高麗史》등에서 총 27건을[9] 찾아볼 수 있다. 이들을 재위 기간별로 분석해 보면, 재초설행이 문종대에 2회, 예종대에 1회, 충렬왕대에 1회, 충숙왕대에 2회로 모두 6회 나타난다. 그리고 왕의 親行이 예종(1105~1122)과 인종대(1122~1146)에 각 1회, 고종대(1213~1259)에 14회, 충렬왕대(1274~1303)에 2회로 모두 18회 등이다. 이를 살펴보면 구요당은 초성처로서의 성격과 함께 왕의 친행을 맞이할 정도의 국가적 위치를 지녔음을 확인할 수 있다.

그런데 이들 기록 중에 주목되는 것은 구요당의 창건 기사가 두 차례 나타난다는 사실이다. 하나는 앞에서 살펴본 태조 7년의 것이며, 다른 하나는 고종대의 權臣 崔沆(?~1258)이 고종 45년(1258)에 창설한[10] 것이다. 최항 당시는 몽고에 밀려 조정이 江都(강화)로 옮겼을 때이므로, 사직의 수호를 기원하는 재초도 빈번히 설행되었던 모양이며 구요당의 창건은 이에 따른 것으로 보인다. 그 후 고종은 구요당에 전후 14회나 친행하였는데, 이는 고종의 재위 기간이 몽고와의 항쟁과 굴종으로 점철되었던 점을 감안할 때 당시의

8)《高麗史節要》권 2, 성종 2년 崔承老의 時務二十八條에서 재초가 빈번하게 행해진 사실이 확인된다.

9) 梁銀容,〈高麗道敎思想의 硏究〉(《圓光大 論文集》19, 1985), 54쪽.

10)《高麗史節要》권 17, 고종 40년 6월.

사조를 대변한다고 볼 수 있을 것이다. 그러기에 같은 해 3대에 걸친 최씨무신정권이 무너지고 왕권이 회복되자「권신가의 淨事色器械」를 거두어 設醮都監으로 淨事色을 설치하였는데,11)「권신가의 정사색」이란 바로 최항이 창건한 구요당을 말하며, 고종은 設醮를 통해 왕권회복을 조야에 선양했던 것이라 생각된다.

구요당의 재초를 살펴보면 祈雨를 위해 설행된 것이 3회이며, 十一曜醮라는 명칭은 1회 나타날 뿐이다. 그러나 십일요초가 그 밖에도 설행되었으므로 구요당과 관련된 것도 있었으리라 추측된다. 당내에는 十一曜像이 안치되어 있었는데, 像 안에서 주악과 같은 소리가 들렸다는 기록도 있으므로, 국가에 어떤 징조가 있음을 예시하는 이른바 도참으로 인식되며, 왕실에서는 이에 따라 祈禳災變을 위한 재초를 십일요전에서 베풀었던 모양이다. 이렇게 보면 십일요상은 구요당의 本尊列像이었을 가능성이 크다.

당시 구요당의 규모는 알 수 없으나, 다만「堂」이라는 명칭으로 보아「宮」이나「觀」보다는 소규모였을 것으로 보인다. 道觀에는 흔히 三淸像을 중심으로 星宿가 배열되나, 거기에는 당호로 미루어 九曜像이 봉안되었으리라 짐작된다. 구요는 일·월·화·수·목·금·토의 7政과 羅喉·計都를 합한 것이다. 이 나후·계도는 紫氣·月孛를 합하여 4曜라 하며, 7정과 4요를 합한 것이 11요이다. 壽祿貧富와 生死禍福을 북극성을 비롯한 일월성신이 주재한다고 믿는 星宿信仰이 고려 초기부터 왕실에 수용되어 星醮設行을 자극해 온 것이라 보인다. 왕실의 입장에서는 재초의례에서 왕이 醮主가 되기 때문에 초성처는 왕권을 상징하며, 고종대에 왕권회복에 맞추어 설초도감을 마련한 것도 그 한 예일 것이다. 따라서 설초도감의 전통은 태조 때의 구요당에서 유래한다고 할 수 있다.

(2) 북송 도교의 수용과 복원궁 건립

고려 초기에는 왕실과 조정으로부터 도교에 요청되었던 것이 재초였던 만

---

11)《高麗史》권 77, 志 31, 百官 2, 諸司都監各色 淨事色.
또 이 기사에 의하면 충선왕 때에 정사색을 齋醮都監으로 고쳤다고 한다. 정사색의 설치과정과 그 성격은 梁銀容,〈高麗道教의 淨事色考〉(《韓國宗教》7, 1982) 참조.

큼 이를 체계화하고자 하였고, 중기에 이르러 드디어 북송의 성립도교를 수용하여 科儀道敎를 확립시켰다. 이 과정에서 재초소로 福源宮을 건립하게 되는데, 이것이 고려의 대표적인 도관으로 한국도교사를 정리하는 입장에서 주목할 일대 사건이다. 그 건립과정에 대해서는 고려측의 자료가 거의 전하고 있지 않으므로 좀 더 자세한 중국측의 자료에 의지할 수밖에 없다.

중국측의 자료로는 《宋史》(1343)와 徐兢의 《高麗圖經》(1124)을 들 수 있는데, 전자는 후자에 수록된 사항을 간추린 것으로 생각된다.[12] 인종 원년(1123) 사신으로 고려를 다녀간 서긍의 보고서인 《고려도경》에는 북송 도교의 전래에 관한 다음과 같은 내용을 보여준다.

> (宋)大觀 4년 경인(예종 5, 1110)에 천자(휘종)는 저 먼 고장(고려)에서 妙道를 듣기를 원함을 알고, 인하여 信使를 고려에 파견하고 羽流(도사) 2인을 從行케 하였다. 이들을 맞이한 고려 조정은 교법에 통달한 자를 골라 훈도케 하였다. 왕(俁)은 신앙에 篤實하여 政和 년간(1111~1118)에 비로소 福源觀을 세우고, 도의 터득이 높고 참된 道士 10여 인을 받들었다(《高麗圖經》 권 18, 道敎).

위의 기사에는 고려가 도교의 가르침을 요청함에 따라 북송에서 사신을 파견하면서 도사를 포함시킨 사실과 함께, 고려 조정에서 국내의 도사들을 배출 득도시키고 복원궁을[13] 건립하도록 한 상황이 간략하게 드러나 있다. 특히 예종은 도교신앙에 독실하여 복원궁을 건립함으로써 도교의 전개에 새로운 장을 열고 있어서 주목된다.

복원궁에 대한 기록이 《고려사》에 나타나는 것은 예종 15년(1120) 6월의 재초기사이다.[14] 그런데 이 재초는 예종 12년(1117)에 사망한 순덕왕후의 追善供養때문이었으므로, 당시에 중건된 安和寺가 그렇듯이 복원궁도 역시 왕후의 願堂的 성격을 띠고 있다고 볼 수 있다. 그리고 이렇게 관련지어 본다면 복원궁의 건립은 순덕왕후가 사망한 예종 12년 전후 즉 政和 말기일 것이라는 추측도 가능해진다. 대문의 편액을 「福源之觀」이라고 한 복원궁은

---

12) 梁銀容, 〈福源宮 建立의 歷史的 意義〉(韓國道敎思想硏究會, 《道敎와 韓國文化》, 亞細亞文化社, 1988), 487쪽.

13) 학계에서는 福源宮 대신 흔히 福源觀으로 호칭하는 것은 《高麗圖經》에 연유하지만, 《高麗史》나 《高麗史節要》를 비롯한 고려 당대 자료는 어느 것이나 '宮'으로 부르고 있으므로 바로 잡는다.

14) 《高麗史》 권 14, 世家 14, 예종 15년 6월 정해.

〈표 1〉 복원궁의 규모

구 분	편 액	배 치 병 력	병 력 명 칭
궁 문	敷錫之門	雜職將校 2명	숙 위 군
대 문	福源之觀	散職將相 2명	숙 위 군
전 각	天 皇 堂	散職將相 2명	간 수 군
전 각	三 淸 殿		

몇 가지 자료를15) 아울러 보면 〈표 1〉과 같은 규모의 도관인 동시에 王府에 소속된 궁의 역할을 겸하고 있었음을 알 수 있다.

그렇다면 예종 때에 누가 어떤 요청에 의해 이와 같은 일을 추진했으며, 예종으로 하여금 독실한 도교신앙을 갖도록 하였을까. 다행히도 江左七賢의 한 사람인 林椿(?~1170~?)이 찬술한 〈逸齋記〉는 이러한 궁금증을 풀 수 있는 열쇠를 제공하고 있다. 즉 예종대의 道敎逸士 李仲若(?~1122)이 수련하던 곳인 逸齋에 대해 기록하는 가운데 복원궁의 건립에 관련하여 다음과 같이 언급하고 있다.

> (이중약은) 후에 바다를 건너 송에 들어가 법사 黃大忠·周與齡을 좇아, 친히 道敎要諦의 玄關秘鑰을 전수하여 환히 풀지 못함이 없었다. 본국에 돌아와서는 上疏하여 도관(玄館)을 마련해 국가를 위한 齋醮의 福地가 되게 하였으니, 지금의 복원궁이 이것이다. 곧 講席을 베풀고 큰 종(鴻鍾)을 울려 널리 현묘한 가르침(衆妙之道)을 듣게 하니, 도를 묻는 인사들로 門前成市를 이루었다(林椿, 《西河集》 권 5 ; 《東文選》 권 65).

〈일재기〉에 의하면 이중약은 모친이 태몽에서 도사를 보고 태어났으며 어렸을 때부터 《道藏》을 읽고 도교적 교양을 쌓았는데, 가야산을 거쳐 월출산에 일재를 세우고 도교를 숭신하며 丹學을 수련하였다. 그런데 의술이 뛰어나 병환 중인 숙종의 치료를 위하여 천거를 받고 개경에 나아가 동궁이었던 예종을 만났다. 예종이 등극함에 따라 관직에 올라, 侍講으로 도교 교양을 가진 권신 韓安仁(초명 皦如, ?~1122)의 사위가 되었다. 형부상서 金商祐와

15) 徐 兢, 《高麗圖經》 권 17, 祠宇, 福源觀.
《高麗史》 권 53, 志 7, 五行 1, 의종 3년 11월 갑신.
《高麗史》 권 83, 志 37, 兵 3, 看守軍 福源天皇堂.

예부시랑 한안인을 비롯한 사신 일행이 예종 3년(1108) 7월 송에 갔다가 이듬해 6월 귀국했으므로,[16] 아마 이중약은 이 사절단에 소속되어 1년 남짓하게 송나라에 머물면서 도교의 요체를 두루 섭렵했을 것으로 추측된다.

당시 송나라는「道君皇帝」로 불리던 휘종이 도교신앙에 기울어져 성행하던 불교를 도태시키고 도교를 홍행케 하던 시기이다. 즉 道官제도와 宮觀이 정비되고 道敎經卷을 대대적으로 補訂하여《萬壽道藏》을 성립시켰는데, 이것이 오늘날에 이르기까지《道藏》의 전형을 이루고 있다. 그런 상황 아래에서 도교 교단은 과의도교를 확립시켜 도교의례가 빈번하게 행해지는 가운데, 종래의 外丹服用을 지양하고 內丹思想을 중시하는 경향으로 바뀌고 있었다. 오늘날 민중도교의 성전으로 불리는 李昌齡의《太上感應篇》이 당시에 이루어짐으로써 도교가 매우 융성하게 되었으며 이러한 흐름에 응하여 이른바 혁신적인 3교단이[17] 창립되는 커다란 변혁기를 맞이하고 있었다.

그렇다면 이중약은 당시 북송에서 이루어진 성립도교의 교의사상과 수련체계 내지 교단조직 등을 널리 전수해 왔을 것이다. 북송의 휘종이 고려의 사정을 알게 된 것은 그가 황대충 등의 도사를 경유하여 알림으로써 가능하였고, 그러한 인연으로 후일 인종 책봉사절단 속에 황대충이 참여하여[18] 고려에 다녀간 것이라 생각된다. 따라서《高麗圖經》에 마치 송이 창건한 것처럼 기록되어 있는 복원궁은 이중약의 상소에 의해 건립되었음을 알 수 있다. 그리고 복원궁이 '국가를 위한 齋醮의 福地'였다는 점에서 예종 이전의 재초 흐름을 계승하는 고려 도교의 왕조적 성격과 이중약의 입송 목적이 드러나는 것이다.

이중약은 인종 즉위년(1122)에 한안인과 함께 李資謙 일파에 의하여 제거

---

16)《高麗史》권 12, 世家 12, 예종 3년 7월 을해 및 권 13, 世家 13, 예종 4년 6월 무인.

17) 蕭抱珍(12세기 초)의 太一敎, 劉德仁(1123~1180)의 眞大道敎, 그리고 王重陽(1113~1170)의 全眞敎를 말하며, 전체적으로 볼 때 內丹修練과 三敎合一思想이 강조되고 있다. 송대 도교의 흐름에 대해서는 傅勤家,《中國道敎史》(臺灣商務印書館, 1970) 및 窪德忠,《中國の宗敎改革》(法藏館, 1967) 참조.

18) 인종 원년(1123)에 來朝한 宋 사신단 속에는 "法籙道官太虛大夫藥珠殿校籍黃大中・碧許郎凝神殿校籍陳應常"(《高麗圖經》권 24, 節仗, 次上節) 등 2명의 도사가 참여하고 있는데, 이 중의 예주전 교적 황대중은 이중약이 從師했던 황대충과 동일인으로 보인다.

되어 유배지로 향하던 중 살해되었다.[19] 그 때의 관직이 閤門祗侯였던 것으로 보아 그는 동궁 때부터의 관계로 인해 줄곧 궁중에서 예종을 시봉했었음을 알 수 있고, 그런 면에서 복원궁 건립에 대한 그의 상소가 관철된 것은 당연한 결과라 할 것이다.

이중약의 활약 이후 고려 도교의 면모는 일신되었다. 복원궁이 건립되고 여기에서 도의 터득이 높고 참된 고려인 도사 10여 인을 득도시킨 것은 복원궁이 고려 도관의 총림격이었음을 말해준다. 도사의 배출은 도교 戒壇의 설치를 전제조건으로 하므로 왕부에 소속되었던 복원궁에는 官壇이 마련되었다고 짐작된다. 다시 말하면 복원궁의 성립을 계기로 授戒儀式이 정비되는 등 성립도교로 체계화되며, 재초를 중심한 왕실의 道教儀禮作法도 정비되었다는 것이다. 이중약의 활동은 왕실의 요청, 좀 더 구체적으로 말하면 예종의 후원으로 가능했기 때문에 거국적인 사업으로 추진되었으리라 여겨진다. 예종과 의종이 친히 복원궁을 찾아 재초를 베풀었다는 것은[20] 그러한 사실을 전해준다.

《고려도경》에는 인종 초기의 상황에 대해 "예전에는 이 나라의 습속에 도교(虛靜之教)를 듣지 못했으나 이제는 사람마다 다 귀의하여 신앙할 줄 안다고 한다"라 전하고 있다.[21] 그리고 그 배경을 예종의 도교보급에서 찾아, 예종은 늘 도가의 경전(圖籙)을 보급하는 데 뜻을 두어 도교를 국교의 위치인 불교(胡教)와 바꿀 생각을 가지고 있었으나 그 뜻을 이루지 못하고 무엇인가를 기다리는 바가 있었던 듯하다고[22] 하였다.

그런 의미에서 李圭景의 "고려의 齋醮科儀는 모두 宋朝와 같았다"는[23] 설

19) 李資謙이 韓安仁 · 李仲若 등 朝廷重臣 50여 명을 제거한 이 사건은《高麗史》권 15, 世家 15, 인종 즉위년 12월 병신과 권 75, 志 29, 選擧 3 및 권 97, 列傳 10, 韓安仁, 그리고 권 98, 列傳 11, 崔思全 및 권 128, 列傳 41, 叛逆 2, 李資謙, 그리고《高麗史節要》권 8 등에 자세하다. 이중약은 醫術(도교 의술)이 탁월하였으므로 다시 기용될 것을 염려한 이자겸 일파가 귀양처로 향하던 중에 살해하였는데 이자겸이 죽은 후 복위되었다.

20)《文獻備考》권 37, 輿地考 25, 宮室 1, 歷代宮室.

21) 徐 兢,《高麗圖經》권 17, 祠宇, 福源觀.

22) 徐 兢,《高麗圖經》권 18, 道教.

23) 李奎景,《五洲衍文長箋散稿》권 39, 道教仙書道經辨證說.

명은 매우 함축적이다. 후술하겠지만 현존하는 齋醮靑詞가[24] 대부분 복원궁 건립 이후의 것이라는 점도 이러한 정황을 말해준다.

(3) 과의도교의 체계화와 도교의례

예종 때 북송의 도교를 수용한 후 두드러지게 나타난 특징은 빈번한 도교의식의 실행과 도교기관의 증가, 그리고 사상계 내지 문학계에 영향을 끼쳤다는 점이다. 도교의식은 왕실 내지 조정에 의해 주도되었으므로 이에 따른 靑詞가 작성되었고, 국가적인 작법의례는 호국신앙으로서 조선시대까지 계승되었다. 그리고 도교기관은 그 증가로 말미암아 자연히 도교신앙을 보급하는 역할을 담당하게 되었는데, 조선시대가 되면 몇 단계에 걸쳐 혁파되어 종교교단으로서 발전하는 데 제약을 받았다.

먼저 고려 도교의 특징을 科儀道敎로 성격 지우는 도교의례를 살펴볼 때 靈寶道場의 문제를 언급해 두지 않으면 안된다. 영보도량은 고려시대의 사서에서 산견되는데 종래의 학계에서는 불교의례로 인식되어 왔다.[25] 이러한 원인은 도교연구가 부진한 데에 있지만 일반적으로는 도교의례를 흔히 재초, 혹은 醮·醮祭·醮禮·祭醮 등으로 칭하는 통념 속에서 이른바 불교의례의 「道場」으로 오인했던 것으로 보인다. 그러나 「靈寶」[26]라는 용어가 도교어휘인 것은 물론, 현존하는 관련 사료를[27] 종합해 보면 도교의례로서의 성격이 분명

24) 도교에서 齋는 死者를 위한 의식(黃籙醮), 醮는 生者를 위한 의식(金籙醮)으로 구별된다고 하나(金勝惠, 〈東文選 醮禮靑詞에 대한 종교학적 고찰〉, 《道敎와 韓國思想》, 韓國道敎思想硏究會, 1987, 109쪽), 고려시대에 있어서는 뚜렷하게 구별하기 어려운 경우가 많으므로 여기서는 合稱한다.

25) 李能和, 《朝鮮佛敎通史》 上 (新文館, 1918), 293쪽.
權相老, 《高麗史佛敎抄存》(寶蓮閣, 1973), 175쪽.
禹貞相 외, 《韓國佛敎史》(진수당, 1968), 116쪽 연표.
徐閏吉, 〈高麗의 護國法會와 道場〉(《佛敎學報》 14, 1977), 90쪽.
한편 呂東贊, 〈高麗時代 護國法會에 관한 硏究〉(東國大 碩士學位論文, 1970)에서는 鎭魂祭로 추측하고 있다.

26) 《隋書》 經籍志에 이르러 《道藏》의 三通四輔 체제가 완성되는데, 그 중의 洞玄部를 설한 上淸宮敎主를 「靈寶君」으로 받든다(陳國符, 《道藏源流攷》, 古高書屋, 1975, 101쪽). 송대(1019)에 張君房·王欽若이 편찬한 縮約道藏의 《雲笈七籤》 권 3과 《靈寶略記》 권 16에 〈靈寶通玄自然九天生神章經〉 등이 수록되어 있다.

27) 梁銀容, 앞의 글(1985a), 65쪽.

해진다.

영보도량에 관한 자료로는 《高麗史》에 11회, 《東國李相國集》에 2회, 《陽村先生文集》에 1회 등 14회의 기록이 확인된다. 이 가운데 《고려사》의 기록이 도량의 설행기록인데 대하여, 나머지는 醮禮文 즉 청사에 관한 것들이다. 설행장소는 13회 명시되어 있는데 康安殿 8회, 內願堂 1회, 內院 1회, 神格殿 2회, 복원궁 1회로 모두 대궐 내의 편전과 내원당 그리고 도관에서 행해졌음을 알 수 있다. 설행시기가 확인되는 11회 중에서 최초로 보이는 원종 6년 2월 초하루를 제외하고는 10월이 9회, 9월이 1회이다. 특별한 사례를 제하고는 孟冬(음력 10월)에 설행되므로 恒例儀禮였을 가능성을 배제할 수 없다. 왕실의례 중에서 2월의 연등회와 10월의 팔관회가 모두 신앙성이 깊었던 것을 상기하면,[28] 이 도량에서도 역시 도교의례가 항례적이었던 듯하다. 〈福源宮行天變祈禳靈寶道場兼設醮禮文〉, 〈神格殿行天變祈禳靈寶道場兼設醮文〉은[29] 영보도량의 설행목적과 초례에 관한 내용도 아울러 보여준다. 여기에서 「천변」이라 한 것은 兵革을[30] 말하므로, 도량은 내란 · 외침을 鎭護祈禳하는 의례였고 따라서 제의적인 성격이 강한 재초를 겸하게 된 것이라 생각된다.

아울러 영보도량의 전개 과정에 주목해 보면 북송 도교가 전래될 무렵인 1108년에 휘종이 《金籙靈寶道場儀範》을[31] 천하에 반포한 것과 무관하지 않은 것 같다. 도량의 儀軌를 담고 있는 이 책은 당시의 《萬壽道藏》에[32] 수록되었을 것이며, 예종 때 북송에 체재했던 이중약은 이들 작법을 익혔고 송에서 파견된 도사들도 이를 고려에 전한 것이 아니었던가 생각된다.

도관인 복원궁에서 영보도량을 설행한 연유도 거기에서 분명해지며 후일 조선시대의 도교의례 靈寶醮에서 《靈寶經》을 독송한 것도[33] 이 흐름을 계승

28) 이에 대해서는 洪潤植, 《韓國佛教儀禮の硏究》(隆文館, 1976), 135~143쪽 참조.
29) 李奎報, 《東國李相國集》 권 39.
이 밖에도 〈星變祈禳十一曜消災道場文〉, 〈九曜堂行天變祈禳十一曜消災道場兼設醮禮文〉과 같은 글이 수록되어 있다.
30) 權 近, 《陽村先生文集》 권 29, 北帝神兵護國道場靑詞.
31) 《宋史》 권 20, 本紀 20, 휘종 대관 2년 3월 경신.
32) 현존하는 道藏인 《正統道藏》에는 「靈寶」라는 명칭이 들어 있는 道典이 무려 173종에 달하며, 그 중 상당수가 科儀關係이다.
33) 《經國大典註解》 後集 下, 禮典.

한 것으로 보인다. 즉 북송의 《금록영보도량의범》에 의한 영보도량이 고려에 수용되어 도량과 재초로 설행되다가 조선시대에 이르러 영보초로 정착되었던 것이다.

그러므로 영보도량은 불교의례가 아니라 도교의례임이 분명한데, 이를 포함한 도교의례는 34왕 가운데 21왕의 재위기간 중에 나타나며 총 222회로 집계된다.34) 이를 다시 종류별로 보면 醮 90회, 三界(百宮)大醮 45회, 太一(九宮)醮 16회, 영보도량 11회, 十一曜醮 8회, 노인성초 6회, 王本命醮 5회, 북두초 5회, 삼청초 5회, 祭纛(馬祭) 4회, 五溫神醮 2회, 二十七位神醮 2회, 七十二星醮 2회, 南斗醮 2회, 助兵六丁神醮 2회, 消災道場 2회, 上帝五帝醮 2회, 月醮 1회, 下元醮 1회, 元辰醮 1회, 天皇大帝醮 1회, 天曹醮 1회, 開福神醮 1회, 魁剛醮 1회, 기타 4회 등이다. 설행목적은 祈雨 22회, 星變祈禳 3회, 祈(왕)病癒 2회, 祈風雨順調 2회, 祈兵捷 2회, 祈出鎭 2회, 禳火災 1회, 禳地震 1회, 祈農事 1회, 祈雪 1회, 禳災變 1회, 禳疾疫 1회, 禳溫疫 1회, 禳夜明 1회, 祈元子冊命 1회, 禳松蟲 1회, 禳蝗蟲 1회 등으로 나타난다.

이들은 모두 왕의 친행에 의한 설초도량인데 문종·선종·숙종 3대에 걸쳐 39회나 설행되었다고 하면, 예종대에 이르러 국가를 위한 재초작법의 체계화가 크게 요청되었으리라 추측된다. 그리고 이중약의 입송과 북송 도교의 전래에 의해 체계화되었으리라 예상되는 예종·인종·의종의 3대에는 무려 81회나 행해지고 있다. 이런 점에서 당시의 북송 도교의 수용은 고려 내부에서 도교를 수용할 수 있는 여건이 성숙했다는 측면에서 파악해도 무방할 것이다. 따라서 7, 8종에 불과하던 醮名이 훨씬 다양해지고 빈번하졌던 것이다.

도교의례, 재초가 행해진 장소의 다양성도 도교의 왕조적 성격을 반영한

34) 재위기간별로 보면 현종대(1009~1031) 3회, 덕종대(1031~1034) 1회, 정종대(1034~1046) 5회, 문종대(1046~1083) 14회, 선종대(1083~1094) 10회, 숙종대(1095~1105) 15회, 예종대 32회, 인종대 14회, 의종대(1146~1170) 35회, 명종대(1170~1179) 8회, 강종대(1211~1213) 1회, 고종대 14회, 원종대(1259~1274) 15회, 충렬왕대 25회, 충선왕대(1308~1313) 2회, 충숙왕대(1313~1348) 7회, 충목왕대(1344~1348) 6회, 충정왕대(1348~1351) 3회, 공민왕대(1351~1374) 2회, 우왕대(1374~1388) 9회, 공양왕대(1389~1392) 1회 등이다(梁銀容, 앞의 글, 1985a, 68~69쪽).

다. 도관인 복원궁이 7회에 불과한데 내전과 구정에서 85회나 행해지고 있는 것이다.[35] 設醮主가 왕이기 때문에 정전과 편전, 도관을 가리지 않았으며, 의식은 도사들이 거행하지만 조정중신들에 의해 靑詞가 작성되는 것을 비롯하여 거국적인 의미를 띠게 되었다. 초명에 따른 명확한 구별은 없지만 정례적인 초는 삼계대초가 주종을 이루고, 왕의 수명 등을 기원하는 경우는 본명성수초, 기우에는 태일초가 주로 행해졌다. 삼계초는 國泰民安과 社稷守護를 祈念하는 것으로 나타나기 때문에 왕실의 설초목적을 집약한 것이라 하겠다. 왕의 발병이나 송악산에 송충이가 번지는 것이 모두 사직의 수호와 관련된다고 생각하는 방식이다.

설초 기간은 일반적으로 정해진 당일의 한 차례에 한한다. 그러나 경우에 따라서는 1주야를 행하기도 하며 기우를 목적으로 하는 초는 3일간 계속되기도 한다. 또한 초는 왕의 발병이나 외침 등의 외우내환이 생겼을 때, 또는 왕실에서 기복을 원하는 때에 設修케 되므로 일정한 시기는 없다. 매월 항례로 행하는 월초, 주로 매년 10월에 행하는 영보도량, 守庚申信仰과[36]의 관련은 분명하지 않으나 경신일에 설행된 예가 적지 않고, 초하루 혹은 보름을 택한 예도 흔하다. 그러나 설행 사례에 의하면 특정한 목적의 것을 제외하고는 작법 · 시기 등이 명시되는 예가 없으므로 도식화하기는 어렵다.

도교를 살펴볼 때 주목해야 할 것은 이들 초례에서 科壇이 어떻게 설치되었을까 하는 점이다. 도관에 道像이 봉안되었음은 다시 말할 필요가 없으나 초례가 행해진 옥촉정에도 元始天尊像을 안치하고 월초를 행한 것을 보면,[37]

---

35) 설행장소는 내전 45회, 毬庭(궐정) 40회, 康安殿 27회, 會慶殿(宣慶殿) 15회, 구요당 10회, 乾德殿 7회, 文德殿(修文殿) 6회, 복원궁(천황당) 7회, 明仁殿 4회, 純福殿 4회, 南壇 3회, 정사색 3회, 신격전 3회, 各道宇 2회, 塹城 2회, 宮南門 2회, 賞春亭 2회, 氈城 2회, 내원당 1회, 노인당 1회, 奉元殿 1회, 崇福殿 1회, 壽春宮 1회, 大淸觀 1회, 壽康殿 1회, 玉燭亭 1회, 山呼亭 1회, 星宿殿 1회, 長樂殿 1회, 五部 1회 등이다(梁銀容, 앞의 글, 1985a).

36) 庚申日을 지킨다는 의미에서 붙여진 이름인데, 몸 속의 三尸蟲이 경신일에 登天하여 上帝에게 善惡간의 모든 행위를 보고하여 禍福吉凶을 내린다는 뜻에서 三尸信仰이라고도 한다. 《太上感應篇》에 이 사상이 집중적으로 나타나고 있어서 민중도교의 유행을 반영하는 것으로 보인다. 고려시대의 삼시신앙에 대해서는 窪德忠, 〈李朝の三尸信仰〉(《朝鮮學報》 37 · 38, 1965) 참조.

37) 《高麗史》 권 12, 世家 12, 예종 2년 윤10월 경자.

당연히 궁중 전각에도 신앙의 대상인 道敎三寶 즉 도상과 도교 경전, 도사를 갖추고 도교의례를 설행했을 것이다. 이것은 과의도교의 체계화에 따른 것으로서, 고려 도교의 중요한 특징이 여기에서 드러난다.

(4) 도관 건립의 증가

도교의례가 道觀은 물론 궁궐에서까지 설행된 점은 도교 교양의 심화와 도교적 분위기의 확산으로 이해된다. 그런데 왕실의 호국신앙원리 즉 기복신앙에 의한 도교의례가 빈번히 설해진 것과 관련하여 도관이 눈에 띄게 증가되고 있다. 복원궁은 이러한 고려 도교의 총림격 도관인데 북송의 도교를 수용하여 이루어졌다는 점에서 이후 도교 기관의 증가에 커다란 영향을 미친다. 먼저 사서에 나타나는 고려시대의 도교기관을 정리하면 〈표 2〉와 같다.

이들은 명칭과 기능 등에서 몇 가지 부류로 나누어진다. 첫째는 도관으로, 복원궁·신격전·소격전 등이 그것이다. 복원궁 이후에 건립된 것으로서 이 밖에도 같은 부류의 것이 없지 않았을 것이다. 고려 도교를 상징하는 복원궁이 조선의 건국과 함께 혁파되었으리라는 것은 당연한 일이지만, 그것을 대신할 만한 도교기관이 조선시대에도 요청되었고, 결국 도관인 소격전이 존속한 것도 성립도교로서의 면모라 할 것이다.

둘째는 초성처로, 구요당·청계배성소 등이 이에 속한다. 이것 역시 도관의 부류이지만 星醮를 목적으로 하고 있는 데 그 특성이 있다. 전단을 이 부류에 넣는다면, 강화도의 塹城壇을 어떻게 보아야 하느냐는 의문이 제기되는데,[38] 당시의 민간에서는 뚜렷한 구별이 있었던 것은 아니었던 듯싶다.

셋째는 궁중의 전각으로, 성수전·대청관·옥촉정 등이 이에 속한다. 星宿나 太淸 등의 명칭이 도교적인 것으로 미루어 이들이 단순히 편전이나 東班에 그치지 않는, 즉 도교의례를 행하는 내원당격이 아니었을까 생각된다. 조

38) 이는 한국고유의 仙脈과 성립도교에 포함된 선맥의 구분과도 관련된 문제이다. 성립도교의 흐름이 新羅 花郎의 맥과 구별되는 것은 사실이지만 사상적 기반에 있어서 동류임은 의심의 여지가 없으므로 이 점 詳考할 필요가 있다. 참성단에 관해서는《東國輿地勝覽》권 42에서 "江華郡 塹城壇 世傳壇君(檀君)祭天處 本朝乃前朝之舊醮星于此祠"라 하고 있어서 양면의 파악이 함께 가능한 형편이다.

〈표 2〉 고려시대의 도교기관

명 칭	설 치 시 기	폐 지 시 기	위치 · 구분	전 거 · 비 고
九曜堂	태조7년(921)	조선 태조원년	都內, 초성처	《高麗史》世家 1
毬壇	선종5년(1088) 이전	불 명	鹽州, 祭天壇	《高麗史》志 17
玉燭亭	예종 원년(1107)	고려말	연경궁, 전각	《高麗史》世家 12, 道像安置
星宿殿	예종5년(1110)	고려말	궐내, 便殿	《高麗史》五星殿, 靈寶殿
福源宮	예종10년(1115) 전후	조선 태조원년	궐내, 도관	《高麗史》世家 18 등
祈恩色	의종(1147~1170)	명종8년	내전, 權務都監	《高麗史》世家 19, 別例都監대치
大醮色	〃	〃	〃	《高麗史》
別例祈恩都監	명종8년(1178)	고종4년	〃	《高麗史節要》15, 祈恩都監대치
祈恩都監	고종4년(1217)	고종45년	〃	내전, 정사색대치
神格殿	고종42년(1255)	조선 태조원년	도내, 도관	《高麗史》世家 24
淨事色	고종45년(1258)	〃	내전, 權務都監	《高麗史》志 31, 재초도감
大淸觀	충선왕대	〃	궐내, 東班	《高麗史》四方에 別觀
昭格殿	불 명	조선시대 존속	도내, 도관	《太祖實錄》권 2
燒錢色	〃	조선 태조원년	내전, 權務都監	〃
淸溪拜星所	〃	〃	불명, 초성처	〃

선시대의 도관인 大淸觀이 고려의 흐름을 이었던 점이나,[39] 성수전이 인종 초에 五星殿으로 불리고 동왕 16년에 靈寶殿으로 불렸던 예가[40] 이를 증명한다. 적어도 도교의례가 거행되었던 점에서는 이들 외에도 궁중의 전각 중에는 도교적 요소를 지닌 것이 더 있었을 것이고, 거기에는 도상이 안치되었을 것이므로 내도량적 역할을 했을 것이다.

넷째, 재초 등 도교의례를 위한 임시관청(權務都監)으로, 대초색 · 기은도감 · 정사색 등이 이에 속한다. 재초를 중심한 도교의례가 주로 내우외환의 국난에 처하여 국태민안을 기원하는 것이었던 만큼, 고려 중기 이후 각종의

39) 李能和, 앞의 책(1977), 181쪽 이하 참조.
40) 《高麗史》권 12, 世家 12, 인종 16년.

임시관청이 두어졌다. 유사한 임무의 기관이지만 시대에 따라 기은색·대초색(의종대)·별례금은도감(명종 8)·기은도감(고종 4)·정사색(고종 45)·재초도감(충선왕대)으로 명칭이 달라지고 있다.

고려 도관은 조선시대에 들어오면 혁파되는데, 《太祖實錄》에서는 다음과 같이 밝히고 있다.

> 태조 원년 임신 11월 무인에 예조에서 아뢰기를 '도가의 星宿醮는 간결하고도 엄숙하며 정성과 공경을 다하여 번다하지 않는 것이 가장 귀한 것이어늘, 전조(고려)에서는 醮所를 너무 많이 두어 번다하고 專一치 못하였습니다. 앞으로는 다만 昭格殿 한 곳만 두어 청결을 위주로 하고 정성과 공경을 다하여 받들되, 복원궁·신격전·구요당·소전색·대청관·청계배성소 등 여러 곳은 모두 혁파하소서'라 하였다. 왕이 이 말에 따랐다(《太祖實錄》 권 2, 태조 원년 11월 무인).

즉 조선 태조 원년(1392)에 예조의 건의에 따라 고려시대의 도관을 모두 폐지하고 소격전 한 곳을 두었다는 것이다. 그러나 조선 초기의 문인 卞季良이 〈福源宮太一移排別醮禮靑詞〉를 지은 것을 보면 복원궁이 그 이후 얼마쯤은 존속했었던 듯싶다. 그리고 조선 문신들의 소격전 혁파 움직임이 강력했는데도 몇 차례에 걸쳐 재건되었다는 사실로 미루어 도교의 기반이 굳건했음을 알 수 있다.

2) 도교사상의 전개

(1) 도교사상의 확산

도교가 신앙인 이상 그것이 유행하는 데는 사회교화의 성격이 나타나기 마련이다. 고려시대에 도교와 관련이 있었던 인물로는 흔히 徐師昊·姜邯贊·韓惟漢·李茗·郭輿·崔讜·李靈幹·權淸·韓湜·王允孚·偰賢 등이 거론된다. 그러나 이들은 대부분 조선시대의 丹學系脈을 알려주는 서적에 나타나는 인물들로서, 역사적인 고증이 불가능한 경우도 있다. 이증약이나 후술할 靑詞의 작성자인 문인들이 배제되고 있음은 물론 서사호를 제외하고는 송과 고려의 도사 역시 언급되고 있지 않다. 고려의 도사에 대해서는 역사서에서 구체적인 모습을 찾기 힘들지만 중국으로부터 왔던 도사가 〈표 3〉과 같이 나타나고 있어서 주목된다.

〈표 3〉 중국 도사의 來朝

내 조 연 대	본국	도 사 이 름	관 련 사 항	전 거
예 종 5(1110)	송	도사 2인	복원궁건립, 도사득도	《高麗圖經》 18
인 종 2(1124)	송	황대중 · 진웅상	인종책봉사절	《高麗圖經》 24
충렬왕 20(1294)	원	韓志溫 · 李道實 李道知 · 尹道明	왕의 초청	《高麗史》 世家 31
충렬왕 24(1298)	원	도사 2인	충선왕비 詛呪祈禳	《高麗史》 列傳 2
공민왕 19(1370)	명	서사호	산천제사, 明국위선양	《高麗史》 世家 2

이와 같은 도사들의 내왕은 국내의 신앙사상계와 어떤 관련을 가지고 있었을 것이다. 특히 예종과 인종 때는 당시 북송 도교를 적극적으로 수용하고 있었던 상황이었기 때문에 그 영향이 적지 않았으리라 생각된다. 이들의 자료가 전해지지 않으므로 실체를 파악하기 어렵지만, 고려 도교가 전개하는 과정에서 일대 변혁기를 이룬 시대였던 만큼 사회사상에 그것이 투영되었을 것이다. 즉 송의 竹林七賢에 비견한 竹高七賢 곧 江左七賢의 사상이 그 일단이다.

먼저 도교의 새로운 장을 연 인물로서 고려왕인 예종을 주목해 볼 필요가 있다. 서긍이 《고려도경》에 기술한 바와 같이 그는 모든 사람들이 도교의 가르침을 알고 숭신토록 하였으며 국교적 위치에 있던 불교의 위치에 도교를 올려 놓으려 했다. 이것을 보면 그가 도교에 경도되었던 것은 분명했던 모양이다.

유학에 심취하고 시문을 즐겼던 예종은 일찍부터 도참신앙에 관심을 기울여 즉위년(1105)에 道詵讖記에 밝은 處士 殷元忠을 파견하여 東界山川을 순력시켰으며,[41] 원년에는 유신들로 하여금 제가의 음양지리서를 모아 도참서 《海

41) 《高麗史》 권 122, 列傳 35, 金謂磾傳에 의하면 예종때 殷元中(殷元忠)은 道詵의 說로 상서하였다고 한다. 그리고 《高麗史》 권 12, 世家 12, 예종 즉위년 11월 임술조에 의하면 內侍祗候 智祿延 · 主簿同正 殷元忠 · 司天少監 許藎卿 · 崔資顥 등을 보내 東界의 山川을 순력시켰다.

東秘錄》을 편찬하도록 하였다.42) 은원충은 숙종 8년(1103) 무등산에서 불러온 인물로 청평거사 李資玄(1061~1125)과도 친교가 두터웠으며, 이중약을 발탁하는 데도 역할한 것으로 보인다.43) 그렇다면 예종을 내조한 이중약도 이러한 일련의 작업에 참여한 것이 아닐까 생각한다. 이중약은 특히 金黃元(1035~1117)・郭輿(1059~1130)와 더불어 어려서부터 문장으로 사귀어 神交라 일컬어졌다.44)

그런데 이자현과도 지우인 곽여는 烏巾鶴氅衣의 方外逸士로 예종과는 특별한 관계를 맺어 밤을 밝히며 시문을 논하고 주연을 갖는 인물이었다.45) 그가 도교적 인사임은 당시 사람들이 그를 「金門羽客」으로 불렀다는46) 데서도 분명하다. 예종 재위기간 중 곽여의 처소가 있는 순복전에서 4차례의 재초가 열린 것도 그와 관련이 있었을 것이다. 그런 가운데 예종 13년(1118) 왕은 유신들을 위해 淸讌閣에서 한안인에게 명하여 《老子》를 강의하도록 하였다. 곽여의 도교적 경세관이 유신들에까지 조직적으로 파급되고 있음을 보여 주는 예이며, 그의 시문이47) 도가적 성격을 갖고 있음과도 맥을 같이한다.

그러나 예종이 죽고 인종이 즉위하면서 흐름이 달라진다. 즉위년(1122)에 조정이 이자겸의 손에 들어가고 고려 도교를 이끌어 오던 한안인과 이중약이 살해된 것이다. 이는 도교인맥의 와해를 의미하기도 한다. 그러나 한 차례 수용된 후 거국적인 이해와 홍보체제를 구축한 도교는 점차 확산되었다. 인종 9년(1131) 3월에 생도들에게 老莊學의 수업을 금한 조치는48) 도교가 광범위하게 확산되고 있었음을 의미한다. 그 대표적인 예가 강좌칠현의 隱逸文學思想이라 할 것이다.

강좌칠현은 吳世才(1133~?)・李仁老(1152~1220)・林椿(?~1190~?)・咸淳(?~

42) 《高麗史》 권 12, 世家 12, 예종 원년 3월 정유.
《高麗史節要》 권 7, 예종 원년 3월 정유.
43) 梁銀容, 〈高麗道教の福源宮について〉(《京阪論叢》 6, 1981), 41쪽.
44) 李仁老, 《破閑集》 中.
45) 《高麗史》 권 14, 世家 14, 예종 10년 9월 신미.
46) 《高麗史》 권 97, 列傳 10, 郭尙 附 輿.
《高麗史節要》 권 8, 예종 8년 3월.
47) 朴魯埻, 〈維鳩曲과 睿宗의 思想的 煩悶〉(《韓國學論集》 8, 漢陽大 韓國學硏究所, 1985) 참조.
48) 《高麗史》 권 16, 世家 16, 인종 9년 3월 갑자.

1204) · 趙通(?~1197~?) · 皇甫沆(?~1176~?) · 李湛之(?~1204)를 말한다.[49] 문장으로 일세를 풍미하던 이들이 도교와 관련이 있었다는 사실은 임춘이 쓴 〈일재기〉에서 그 일면을 엿볼 수 있다. 이중약의 아들 상서 允修는 담지의 부친이다. 즉 담지는 이중약의 손자인데, 윤수는 아들 담지의 친구였던 임춘에게 부친 중약의 사적을 적어주도록 부탁하여 〈일재기〉가 이루어졌던 것이다. 예종대의 이중약을 중심으로 한 도교사상이 손자대로 전해지고 있었던 것이다. 거기에 이자겸의 난 등을 거친 시대적 분위기가 은일적인 경향을 한층 고조시키고 있었던 점도 간과할 수 없겠다.

중국 魏晋時代의 어지러운 사회환경 속에서 죽림칠현이[50] 노장사상에 입각하여 淸談과 隱逸을 벗하던 것처럼, 강좌칠현 역시 經世論을 직접 전개해 나갈 수 있는 상황이 아니었다. 玄學과 청담으로 시가를 즐기던 그들은 죽림칠현과 같은 도가적 분위기를 농축시켜 표출하였던 것이다. 그들의 문학 작품에 나타난 도교사상은 避世와 隱逸思想, 仙界憧憬과 신선사상, 養生과 醉樂思想, 성수신앙 등으로 정리된다.[51] 그러나 이들 도가사상은 당시의 사조였으므로 7현뿐 아니라 문인들이 널리 공유하고 있었으며,[52] 일반 서민 사회에도 신앙과 관련하여 널리 보급되었으리라 여겨진다. 역사서의 기록이 주로 도교의례 즉 과의도교적 성격으로 일관되고 있는 데 대하여, 조선시대의 도교로 전승되는 7현의 도가적 면모는 고려 중기의 도교가 성립도교로서의 사상적 체계도 확립하고 있었음을 말해주는 것이다.

---

49) 《高麗史》 권 102, 列傳 15, 李仁老.

50) 죽림칠현은 山濤(205~283), 阮籍(210~283), 嵇康(223~262), 劉伶(221~300~?), 向秀(221~300~?), 王戎(234~305), 阮咸(?~?)이다.

51) 李鍾殷 외, 〈高麗中期 道敎의 綜合的 硏究〉(韓國道敎思想硏究會 編, 《道敎思想의 韓國的 展開》, 亞細亞文化社, 1989) 참조.
이 밖에 강좌칠현에 대해서는 李鍾殷, 〈竹林七賢과 竹高七賢의 대비적 고찰〉(韓國道敎思想硏究會 編, 《韓國道敎思想의 理解》, 亞細亞文化社, 1990) 참조.

52) 李演載, 〈高麗時代 漢詩文學의 仙的 主題樣相〉(韓國道敎思想硏究會 編, 《道敎와 韓國思想》, 범양사, 1987) 참조. 이 글에서는 83명의 작품 235수를 분석하고 있는데, 예종 이후의 인물이 대부분이며 강좌칠현 외에도 齋醮靑詞를 작성한 문인이 거의 망라되고 있다. 漢詩에 나타난 仙의 추구를 '不老長生의 希願과 理想鄕에의 동경'이라 보고 있는데, 이는 도교신앙 일반의 목적과 일치하는 내용이라 할 것이다.

(2) 재초청사의 도교이념

고려 도교가 과의도교적 성격이 강하다는 것은 재초를 중심한 도교의 존재형태에서 드러나지만, 그것을 구체적으로 전하는 것이 齋醮靑詞이다. 우리나라에 현존하는 청사는 신라 말 崔致遠(857~?)이 당에 있을 때 작성한 것으로부터 조선시대 黃啓沃(?~1494)에 이르기까지 13인에 의한 90여 편을 헤아린다.[53] 그 대부분이 고려시대에 이루어졌으므로 고려시대의 도교사상을 담고 있는 보고라 할 수 있다.

현존하는 고려시대 청사의 지은이를 살펴보면 金富軾(1074~1151) 3편, 崔惟淸(1095~1174) 1편, 金克己(명종대) 4편, 李奎報(1168~1241) 37편, 鄭誧(충선·충숙왕대) 2편, 李穀(1298~1351) 3편, 權近(1352~1409) 13편 등이다. 初·亞·終 3獻이 갖추어진 경우도 있고 그렇지 못한 경우도 있으며, 초명을 선명하게 전하는 것도 있고 찬술 당시의 상황까지를 소상하게 전하는 것도 있다. 이들을 통해 다음과 같은 몇 가지 특징을 찾아볼 수 있다.

첫째, 청사의 구조적 형식이 역사적으로 전승되고 있다는 점이다. 청사는 크게 나누어 撰述緣起, 現實狀況, 祈願事項으로 조직되어 있다.[54] 그런데 이러한 형식은 최치원의 문건이 하나의 전형을 이루며 고려를 거쳐 조선시대까지 계승된다. 즉 그의 文名이 고려시대 이후 거듭 높아지고 그가 지은 청사가 고려시대 崔瀣의 《東人之文四六》(1155)이나 조선시대 徐居正 등의 《東文選》(1478)에 수록된 바와 같이, 그의 청사는 하나의 전형을 이룬다. 조선시대에 그를 海東丹學의 원류로 파악한 것이[55] 어디에 근거했는지 명확하지 않지만 적어도 이러한 사상적 흐름과 일치하고 있는 것은 사실이다.

둘째, 청사는 고려 도교의 과의도교적 성격을 말해준다. 設醮主가 왕이고

---

53) 梁銀容, 〈高麗道教, 醮禮靑詞資料〉(《圓光大 論文集-인문-》 20, 1986) 참조. 최근에 확인된 문집류의 몇 건을 더하면 약 100편 정도가 남아있는 셈이다.

54) 金勝惠, 앞의 글, 109쪽에서 말한, 첫째 道의 신묘함을 묘사하는 서론 부분, 둘째 天災나 외적침입 등을 묘사하는 본론 부분, 셋째 복을 기원하는 결론 부분을 의미한다. 한편 金洛必, 〈高麗中期 道教의 綜合的 硏究〉(韓國道教思想硏究會 編, 앞의 책, 1989), 49쪽에서는, 첫째 도의 찬양, 둘째 정치 사회상황, 셋째 참회와 각오, 넷째 청원기도로 세분하고 있다.

55) 韓無畏, 《海東傳道錄》.

청사작성은 왕명에 의해 이루어졌으므로 공적 성격을 띤다. 그것을 관장한 사람은 도관이나 도사들이 아니라 秘書省의 관리였다.[56] 청사의 찬술자가 한결같이 조정을 대표할 만한 문신이었음은 이를 반영하는 것이다. 그런데 예종 이전부터 재초가 설행되었음에도, 그 이후에 활동한 김부식의 撰文부터 청사가 전하고 있다는 사실은 고려 도교의 의례작법이 이 때부터 정비되었음을 말해준다. 김부식이 인종 13년(1135)에 道詵讖記를 앞세운 妙淸(?~1135) 등 서경천도세력의 난을 평정했던 인물이라는 점은[57] 도교와 도참간의 미묘한 흐름의 차이를[58] 말해주는 동시에, 청사 작성의 국가적 위상을 단적으로 드러낸다.

셋째, 청사의 내용에는 당연히 도교사상이 밝혀져 있다. 道敎三寶를 갖추고 있는 상황이 나타나며,[59] 신앙의 대상인 神 · 上帝 등에 대한 일단의 관념이 피력된다. 왕의 본명초에서는 본명성이, 태일초에는 태일신이 각각 모셔지는 것은 당연하다. 上淸派의 흐름에 입각한 최치원의 사상은 후대의 흐름과 다소 다르지만,[60] 그가 중시했던 元始天尊이 예종 때 옥촉정에 봉안되었다. 즉 청사에 나타난 사상은 신앙현상으로도 나타나기 때문에, 잡다한 신관념 등은 당시의 신앙태도를 반영하고 있는 것이라고 여겨진다.

(3) 도교신앙과 그 사상

고려 도교의 전체적인 면모를 사상사에 입각해서 볼 때, 북송의 성립도교를 수용한 예종 5년(1110)을 경계로 변화를 보임은 앞에서 살펴보았다. 그리고 다시 安珦(1243~1306)이 性理學을 도입함(1286)으로써 사상계에 새로운 장

56) 《高麗史》 권 22, 世家 22, 고종 11년 윤8월 임자조에 의하면 權知秘書校書郎 李白賁은 "先王之世 每押齋醮詞疏 必齋宿 昧爽坐殿 校書郎奉函御書 留院官奉筆 硯立殿下"라고 아뢰었다.

57) 李丙燾, 《高麗時代의 硏究》(乙酉文化社, 1948), 174쪽.

58) 金洛必, 앞의 글, 51쪽에서는 "도교사상을 一神과 多神의 혼합된 신앙, 철학적 道論과 종교적 神論이 혼재된 관점이라면, 이는 적어도 風水圖讖을 중심으로 한 祈福的 讖緯的 성격과는 그 흐름을 달리한다"고 보고 있다.

59) 예컨대 李奎報의 〈年交道場兼醮文〉에 "茲沿仙籙 聿峙法壇 邀羽服之高流 諷琳編之秘蘊 仰性靈鑒…"(《東國李相國集》 권 40)이라는 일절이 있다. 이는 첫 구절부터 設醮法式, 造壇, 도사, 과의내용, 기원의 순으로 이해된다.

60) 金洛必, 앞의 글.

이 형성되는 시기를 기점으로 전후를 구분해 볼 수 있다. 이들을 편의상 각각 제1, 제2, 제3기로 나눌 수 있는데, 도교는 이들 시기에 따라 다른 전개 양상을 보여 준다.

3교를 등위로 보는 사상이 고려시대를 일관하여 유행했던 사실은 전술하였지만, 제1기는 후대와 비교할 때 구요당을 중심으로 한 재초가 도교의 명맥을 잇고 있는 느낌이다. 이들 재초를 성립도교적인 면으로 본다 하더라도 그 科儀作法이 완비되었다고 보기는 어렵다. 제2기를 마련하는 노력이 이 과의의 정비로 나타나기 때문이다.

그러나 이 시기에도 道敎典籍은 유포되었을 것으로 추측된다. 신라시대 이전부터 《老子》가 유행하고 있었으므로 고려시대에도 마찬가지였을 것은 명백하다. 그렇다면 건국 초부터 호국신앙적인 흐름 속에서 불교·유교·도참 등 제신앙과 사상이 혼재하는 가운데 신선·노장사상 등을 포함한 도교사상이 고려사회의 일각에 유행했다고 보아도 무방할 것이다. 예종대에 입송했던 이중약이 어렸을 때에 《道藏》을 읽었고 또 도교의술에 밝았으며, 송의 도사가 왔을 때 도교 교의에 조예가 깊은 자를 선출했던 사실도 도교 전적의 유포와 함께 도교적 교양 내지 도교사상의 사회성을 입증한다.

福源宮의 건립으로 상징되는 제2기는 한 마디로 고려 도교의 성립도교적 정비라고 규정할 수 있을 것이다. 예종 5년 송으로부터 두 명의 도사가 온 사실은 이러한 제2기의 문을 열고 있는 것이다. 여기에서 고려 도교의 총림격인 도관 복원궁이 마련되고 戒壇이 설치되어 도사가 배출되며, 각종 齋醮科儀가 정비 설행되었다. 예종 때에 도교를 장려한 결과 서긍이 왔던 인종 초에는 모든 사람들이 도교의 가르침을 알고 신앙했었다는 것이다. 그가 예종 이전에는 도교의 가르침이 전혀 없다고 본 것 등은 다소 과장된 표현이라 생각되나 어떻든 당대 풍속의 일단임은 분명하다. 그리고 인종 9년에 이르러 노장학을 금지시킬 정도로 도교사상이 풍미했다.

이 시기에도 도교 신앙행위는 왕실의 재초를 중심으로 하였다. 복원궁 이후에 건립된 각종 도교기관에 도사들이 존재했으나,[61] 그들은 승려들과 같이

61) 李能和는 "高麗代에는 복원관·대청관·신격전·정사색 및 구요당 등 醮祭하는 곳에는 도사를 두어서 그 일에 종사케 하였다"고 하였다(앞의 책, 1977, 118쪽).

강한 종교집단을 형성하거나 朝野에 널리 도교신앙을 전했다는 기록은 별로 눈에 띄지 않는다. 오히려 그들은 재초를 설행함으로써 왕실의 기복신앙 행위에 충실하였던 것이다. 고려 도교의 과의도교적 특징을 여기에서 지적할 수 있다. 그러나 도교기관이 늘어나고 도교사상이 전개됨에 따라 신앙 행위도 병행하여 나타났다.

그 좋은 예가 守庚申信仰이다. 수경신신앙에 관한 기록은 고려 말까지 두 차례가 기록되는데, 하나는 원종 6년(1225) 태자(충렬왕)가 수경신을 구실삼아 주연을 베풀어 밤을 지새운 기사이고,62) 다른 하나는 國俗化된 신앙의 모습을 전하는 李穡의 시문이다.63) 이것들은 도교신앙이 점진적으로 확산되었음을 말해준다.

그런데 제3기에 이르러 전대로부터 전승된 기복신앙에 대한 儒臣들의 비판이 일어났다. 신진문사들에 의하여 불 · 도 2교가 배척을 당하게 된 것이다. 여기에 도교가 어떻게 대응했는지 의문이지만, 이후 조선 도교가 특히 丹學을 중심으로 한 수련도교의 성격을 띠었음을 생각할 때 고려 말에 이러한 변화의 움직임이 있었을 것으로 생각된다. 고려 때에 유행했던 재초는 조선왕실에 의해 몇 종류로 정비되어 수용되지만 고려시대에 성행하던 모습과는 차이가 있다. 한편 후대의 수련적 도교에서 중시되는《黃庭經》이 고려시대의 기록에서 확인되는 것을 보면,64) 고려 말 수련적인 도교의 전개과정에서《노자》중심에서《황정경》중심으로 전환하는 경향이 배태되었을 것이다.

고려 말기의 도교에서 주목할 사항은 유신들의 배척운동이 있음에도, 사상적 전개에 있어서는 三敎鼎足의 치세관이 여전히 계승되었다는 점이다. 충선왕 원년(1309) 왕이 문신들을 불러 三敎業을 논의한 것이65) 그 좋은 예이다.

---

62)《高麗史》권 26, 世家 26, 원종 6년 하4월 경신.

63) "歲闌今夜是庚申 共說三尸事最神 瞪視莫敎過海眼 天庭咫尺王皇宸 兒女無知最可憐 猶如頭上有蒼天 明明不待三尸報 休把徽勞欲盖愆 貧家寂寂楞蒲戲 甲第紛紛玳瑁筵 銷沮閉藏猶可恕 酣歌恒舞適增愆"(李穡,《牧隱詩藁》권 6).

64) 〈逸齋記〉에서 이중약의 수련 과정을 묘사하면서 "黃庭在左 素琴在右"(林椿,《西河集》권 5)라 하였고, 李詹(1370~1405)의 〈黃庭說〉(《東文選》권 98) 등에서 중시 경향을 엿볼 수 있다.

65)《高麗史》권 33, 世家 33, 충선왕 원년 3월 임자.

여기서 3교업이란 왕실의 신앙에 그치는 것이 아니라 사직을 보전하고 왕업을 경영하는 데 있어서 3교의 가르침이 어떤 의미를 지니는지를 논한 것으로 보아야 한다. 주지하는 바와 같이 고려 후기에 이르면, 호국신앙으로서의 불교는 기복화의 색채를 더욱 짙게 띠며, 관학으로서의 유교는 성리학의 도입과 함께 經世治人의 새로운 시대이념을 제시하게 된다.

이후 신진문사들의 등장과 함께 성리학이 유포되면서 불교비판의 소리가 팽배해지고 기복적 호국신앙으로서 불교와 궤도를 같이 하는 도교 역시 이단으로 배척된다. 그 대표적인 예를 조선의 개국공신 鄭道傳(?~1398)의 사상에서 찾아볼 수 있다. 유교의 가르침을 正道로 보고 성리학 이론을 전개하는 과정에서 도교를 主氣의 養生理念으로 인식하고 있는 점은[66] 흥미롭다. 즉 그의 도·불 2교에 대한 비판 역시 3교사상을 바탕으로 전개되었던 것인데, 고려 말의 元天錫에게서도 나타나는 三敎一理思想은[67] 후일 조선시대의 三敎會通思想으로 계승 발전되었다.

〈梁銀容〉

2. 풍수지리 · 도참사상

1) 풍수지리설과 도선

(1) 풍수지리설의 정의와 기원

風水地理의 기원이 언제, 누구에 의하여, 어떤 과정과 방법으로 이루어졌느냐 하는 문제는 먼저 풍수지리를 어떻게 정의할 것이냐 하는 문제가 선결되어야만 한다. 왜냐하면 그 정의에 따라서 기원은 얼마든지 달리 설명되어질 수 있는 성질의 것이기 때문이다.

---

66) "儒主乎理而治心氣 本其一而養其二 老主乎氣 以養生爲道 釋主乎心 以不動爲宗…" (鄭道傳, 《三峰集》 권 6).

67) 元天錫, 《耘谷詩史》 권 3, 三敎一理幷序.

그런데 풍수의 정의는 풍수의 기원과 마찬가지로 설이 구구하다. 그러므로 논리 전개상 풍수의 기원을 알아보기 위해서는 풍수의 정의부터 내리는 것이 옳다는 지적은 맞는 것이면서도 풍수지리의 기원 연구에 별 도움을 주지 못한다. 문제는 풍수지리상의 용어들이 쓰이기 시작한 시점을 기원으로 잡을 것이냐, 아니면 풍수지리의 본질인 地氣를 느끼기 시작한 시점을 기원으로 잡을 것이냐를 결정해야 할 것인데, 이에 대한 논의조차도 간단한 것이 아니다.

먼저 저명한 교과서적 풍수지리 전적들에 나타나는 풍수사상의 정의들을 살펴보면 다음과 같다. 《琢玉賦》에서는 "수많은 지리서가 있으나 그 뜻을 묶으면 음양이라는 두 개념 사이에 머무는 것이니, 음양의 기묘함을 꿰뚫어 알 때 사람 사이에 나아가 地仙으로 행세하여도 부끄러움이 없을 것"[1]이라 하여 그 요체를 음양이라 파악하였다. 《雪心賦》는 "地理의 理法에서는 坐向 방위에 대한 것이 논리를 세우는 처음"[2]이라 하여 방위의 중요성을 강조하였다. 《靑囊經》에서는 다시 음양을 내세웠고[3] 《金彈子》에서는 "지리에서 땅을 보는 일은 모두 다 龍이 主이고 穴이 다음이며 砂城과 水가 또 그 다음이다"[4]고 말하여 龍·穴·砂·水의 네 가지를 제시하고 있다. 이에 대해서는 《山法全書》에서 더욱 분명하게 "풍수지리설을 요약해서 말하면 용·혈·사·수의 四法"[5]이라 표현하고 있을 정도이다. 이것은 옛 지리서의 공통적인 구조로 용·혈·사·수를 같이 다루어 온 것은 전통이었던 듯하다. 당의 楊筠松이 穴에 대한 《倒杖》이라는 책을 씀으로써 4법을 분리 서술하는 경향이 나타나기는 하지만, 풍수 기본서에서는 역시 이 방법이 오늘날까지 이어지고 있다. 그러나 이러한 것은 중국에서도 풍수지리의 이론이 확립된 훨씬 후대의 일로, 초기에는 地氣論에 중점이 두어졌다는 점을 염두에 두어야 한다.

예컨대 현존하는 가장 오래된 풍수지리서인 《靑烏經》은 우주 만물을 음양

---

1) 《地理琢玉賦》, 陰陽歌(上海, 會文堂書局, 年代未詳).
2) 《雪心賦辯謂正解》 辯論三十篇, 地理辯(臺灣, 竹林書局, 1975).
3) "人得陰陽玄妙之理 知其衰旺生與死"(《地理正宗》 권 5, 靑囊 序).
4) 《金彈子地理元珠經》 巒頭心法(上海, 校經山房, 年代未詳).
5) 《地理大成 山法全書》 卷之首 上, 龍穴砂水釋名 總說(上海, 九經書局, 年代未詳).

5행의 氣로써 이루어진 것으로 보고 인생의 길흉화복도 바로 그 기의 운행에 따른다고 하였다.[6] 이 점은 葬縱이라고까지 추앙되는 東晋時代 郭璞의 《錦囊經》에서도 마찬가지로, "장사지낸다는 것은 生氣를 타는 일"이라 하였고, 이어서 張說이 주해하기를 "만물의 생겨남은 땅 속의 것에 힘을 입지 않은 것이 없다"[7]고 할 정도이다. 즉 풍수의 가장 중요한 요소는 지기라고 할 수 있을 것이다. 풍수 기원에 관한 논의는 이러한 지기론을 받아들이느냐 아니냐에 따라서 달라질 수 있는 성질의 것이다.

풍수의 기원에 관한 논의는 크게 두 가지로 나뉘어진다. 하나는 한반도 자생설이고 다른 하나는 중국으로부터의 도입설이다.

먼저 가장 극단적인 자생 풍수지리설의 주장은 구석기시대부터 그 연원을 찾고 있다. 이에 의하면 한반도는 지형적인 구조에 있어서 산이 많은 까닭으로 산악과 산신에 대한 숭배사상이 구석기시대부터 전해져 내려 왔으며, 산신과 산악의 숭배사상은 한반도를 중심으로 하여 독특한 지석묘문화를 형성하였다고 한다. 우리나라에 있어서의 풍수지리사상은 산악지대의 지리적인 환경조건과 산악숭배사상, 地母觀念, 영혼불멸사상 및 三神五帝思想 등에 의하여 자연적으로 발생하게 되었으며, 檀君의 神市 선정, 王儉의 符都 건설, 지석묘 설치에서의 위치 선정 및 신라 탈해왕의 半月城 선정 등은 우리나라 고대에 풍수사상이 직접적으로 건축에 적용된 실례라는 것이다.

또한 이 견해는 음양오행설의 발생 배경을 3신 5제사상에 두고 있으며, 3신 5제사상은 풍수지리설이 발생하게 된 모체적 사상이 된다는 것이다. 그러다가 신라 말기에 활발해진 중국과의 문화 교류로 더욱 풍수가 발달하게 되었다는 것이 이 주장의 골자이다.[8]

이와 유사한 고조선시대 발생설을 찾아볼 수 있다. 즉 《三國遺事》 단군신화에 나오는 "桓因이 三危太伯을 보았다"는 말을 한울을 건설하기 위해 그 땅의 풍수지리를 보았다는 뜻으로 해석하고, 삼위태백은 三山 즉 主山과 좌

6) 文化財管理局 편, 《韓國民俗綜合調査報告書－墓地風水篇－》(1989), 77쪽.
7) 《錦囊經》 氣感篇 1, 奎章閣圖書(圖書番號 1741).
8) 朴時翼, 《風水地理說 發生背景에 關한 分析硏究－建築에의 合理的인 適用을 爲하여－》(高麗大 建築工學科 博士學位論文, 1987), 230～243쪽.

우의 靑龍·白虎를 뜻하는 바, 그것은 乾·離·坎을 말한 것이며 太伯山 또한 주산 즉 乾山을 의미한 것이라는 주장이다. 결국 고대 우리 민족의 명칭인 東夷란 천문, 풍수지리, 풍각쟁이(幾何), 노래하는 활량들의 뜻이라고 단정하였다.9)

위의 두 견해보다 약간 시기를 뒤로 끌어내려 삼국의 건국 이전 상고 때를 그 발생시기로 본 견해가 있지만, 이 또한 풍수사상이 우리 민족 내부에서 자체적으로 발생한 地理思想이란 점을 지적하고 있다. 여기에서는 먼저 풍수의 정의를 다음과 같이 내리고 있다. 즉 풍수라는 것은 地理 혹은 堪輿라고도 하여 國都나 국토로부터 한 개인의 주택, 분묘에 이르기까지 그 위치가 산천의 地相과 형세에 따라 길흉화복이 있다는 것이다. 땅에는 만물을 化生하는 생활력이 있으므로 땅의 활력 여하에 따라 국가나 국토나 인생에 중대한 영향을 준다고 생각하는 것이 풍수사상이라는 것이다. 이렇게 정의를 내리면서, 기원에 관해서는 다음과 같이 언급하여 놓고 있다.

풍수지리설도 陰陽八卦와 五行生氣의 관념을 토대로 하여 일종의 학문으로 발달된 것인데, 그 기원을 찾자면 중국 상고시대까지 소급하여야 할 것이지만, 우리나라에는 당의 풍수설을 도입하기 이전에 이미 풍수설이 존재하였다는 것이다. 상고시대의 우리 민족과 마찬가지로 지상에서의 생활상의 요구 때문에 적당한 토지의 선택을 생각하지 않을 수 없었다. 주택을 선택함에는 산수가 놓인 모양을 고려하지 않을 수 없고, 국도를 占定함에 있어서는 방위와 안전의 지세를 고려하지 않을 수 없었다. 이러한 토지 선택의 방법은 점점 추상적으로 그리고 전문적으로 진보되어 하나의 相地術로 발달하여 갔다.

이러한 논리 아래 그 증거로 백제 시조 온조왕이 烏干·馬黎 등 10명을 거느리고 漢山의 負兒山岳에 올라 지세를 살펴보고 강남의 땅이 북은 漢山을 끼고 동은 高岳에 웅거하고 남은 如澤을 바라보고 서는 대해를 막아 天險地利하므로 국도를 정하였다는 기록과, 고구려 유리왕이 尉那城은 산수가

---

9) 朴容淑, 《韓國의 始源思想－原型硏究를위한 方法序說－》(文藝出版社, 1985), 2~24쪽.
———, 《神話體系로 본 韓國美術論》(一志社, 1975), 13쪽.

험하고 땅이 기름져서 그 곳으로 천도하였다는 기록 등을 꼽았다. 이렇게 풍수설에 가까운 것이 상고시대에 신봉되었는데, 신라 말엽에 당으로부터 학술적인 풍수지리설이 수입되자 급속도로 풍수설이 확산되게 되었다는 것이다.[10] 따라서 이 주장은 엄밀히 말하자면 순수한 풍수의 한반도 자생설이라기 보다는 최초 우리나라에 풍수적 사고방식이 있었고 뒤에 체계화된 중국의 이론 풍수가 도입된 것이라는, 일종의 혼합설로 보아야 할 것이다.

그런데 모든 현대 地官들의 풍수 저술들은 한결같이 철저하게 중국으로부터의 도입설을 기정 사실로서 받아들이고 있다.

한편 풍수를 연구하는 역사학자들과 민속학자들의 경우는 역사적 사실들을 실증적으로 제시하며 중국으로부터의 도입을 주장하는데, 그들 사이의 차이는 도입 시기가 삼국시대냐 아니면 신라의 통일 이후냐의 시대 간격 차이뿐이다.

먼저 현존하는 문헌 중 풍수지리설의 존재를 입증하는 최초의 기록인 崇福寺碑文을 근거로 하여 풍수사상이 신라 통일 이후 당과의 문화적 교류가 빈번하던 때에 비로소 전래된 것으로 본 견해가 있다.[11] 특히 우리 나라는 원래 산악국으로 '到處有明堂'이라고 할 수 있을 만큼 풍수 조건에 적합한 곳이 무수하여, 결국 이러한 자연적 환경이 풍수지리사상의 성행과 폐해를 유치한 중요한 이유가 되었거니와, 신라통일 이전 삼국시대에는 아직 그러한 術法과 사상을 받아들인 듯한 형적은 없다고 단정하고 있다.[12]

그런데《三國遺事》와《三國史記》에 나타나는 고구려 주몽 동명왕과 백제의 시조 온조왕이 수도를 정한 것이라든가 기타 삼국시대 때부터 행해진 新月, 三日月形 등에 입각한 卜地思想을 모두 풍수지리사상으로 보고, 우리나라에서는 이미 삼국시대 초기부터 풍수사상이 널리 유행하고 있었다는 주장도 있다.[13]

또한《삼국사기》탈해이사금조에 나오는 "脫海가 兼知地理했다"는 말은

10) 金得榥,《韓國思想史》(白巖社, 1958), 195~201쪽.
11) 李龍範,〈風水地理說〉(《한국사》6, 국사편찬위원회, 1983), 272쪽.
12) 李丙燾,《高麗時代의 硏究－특히 圖讖思想의 發展을 中心으로－》(亞細亞文化社, 1980), 21~30쪽.
13) 任東權,〈三國時代의 巫, 占俗〉(《白山學報》3, 1967), 168~172쪽.

곧 풍수지리를 알았다는 뜻이므로 서기 57년에 이미 풍수지리사상이 도입되었다고 보기도 한다.14)

이에 반해서 四神壁畵가 그려져 있는 平南 龍岡郡 梅山里, 新德里 및 眞池洞 소재의 고구려 고분과 忠南 扶餘郡 陵山里 고분은 그 주위 산세가 확실히 풍수상의 조건을 구비하고 있어서 그에 의하여 선정된 것으로 보기도 한다.

특히 백제에서는 풍수지리에 관한 서적까지 유행되었던 모양으로 무왕 3년에 三論宗의 승려인 觀勒이 曆法, 遁甲方術書와 함께 천문지리서를 가지고 일본에 가서 그 곳의 僧正이 되었던 적이 있는데, 관륵이 가지고 갔다는 지리서가 구체적으로 무엇을 가리키는 것인지는 알 수 없으나 당시 백제에서 유행하고 있던 풍수지리 관계의 서적임에는 틀림없다고 보고, 삼국시대에 이미 풍수지리설이 들어왔다고 주장하였다.15)

그리고 고구려 및 백제의 능묘에서 四神圖가 등장하고 또 公州 松山里 武寧王陵의 葬法이 풍수지리설과 일정한 관계를 가지고 있는 점으로 미루어 우리 나라에 풍수사상이 전래된 시기는 중국적 음양오행설이나 천문관이 전래된 삼국시대 초가 아닌가 여겨지기도 한다.16) 또 《삼국유사》의 기록을 빌어 삼국시대 초기에 이미 풍수지리설이 널리 퍼져 있었던 것으로 추정되기도 한다.17)

한편 풍수지리사상이 천문사상이나 방위사상, 음양오행사상, 도참사상 등과 불가분의 관계를 가지고 태동, 전개, 변화해 온 것은 주지의 사실이지만 문제는 비록 풍수사상이 그 이론을 체계화하는 과정에서 이들 사상의 내용을 도입하였다 할지라도 시간적으로 더 소급하여 존재하였던 이들 사상 자체가 풍수사상의 기원이 될 수는 없으며, 음양오행설로 무장된 유교 경전이

---

14) 盧道陽, 〈韓國文化의 地理的 背景〉(《韓國文化史大系》 Ⅰ, 高麗大 民族文化硏究所, 1970), 76쪽.
朴鍾鴻, 〈韓國哲學史〉(《韓國思想史－古代篇－》, 法文社, 1974), 90쪽.

15) 崔柄憲, 〈道詵의 生涯와 羅末麗初의 風水地理說〉(《韓國史硏究》 11, 1975), 129~130쪽.

16) 趙 珖, 〈歷史的 側面에서 본 風水地理說〉(국립민속박물관 편, 《한국의 풍수지리－제7회 학술강연회 발표 내용－》, 1982), 76쪽.

17) 金光彦, 《韓國의 住居民俗誌》(民音社, 1988), 21쪽.

풍수지리의 경전보다 우리 나라에 더 일찍 전래되었다고 해서 그것이 한국 풍수사상의 기원이 될 수는 없다고 주장되기도 하였다.18)

그러나 필자는 위의 여러 학자들이 열거한 예들이, 풍수가 중국으로부터 이미 들어왔다는 증거로는 미흡하다는 생각을 하고 있다. 우선 4神벽화의 개념은 풍수 이전에 陰陽方位論에서 상당히 광범위하게 사용되었던 것이기 때문에 그러하고, 초승달 모양의 지세라는 것도 일종의 우리 自生 風水의 한 전령으로서 그것이 결코 중국으로부터의 도입을 증거해 주지는 못하는 것이라고 본다.

특히 고분 벽화에 그려진 사신도를 바로 풍수지리의 것으로 단정하는 견해는 4신사상이나 천문방위사상을 풍수지리사상과 혼동한 결과이다. 곧 풍수에 四神砂 개념이 없는 것은 아니지만, 그것은 원래가 漢 · 魏와 六朝時代에 회화와 공예가 기본이 된 것이므로 분묘 장식에 쓰였을 뿐인 것이다. 물론 그 후에는 각 방위를 수호하는 상징성을 포함하게 되지만, 거기에는 풍수의 본질인 地氣論的 속성이 전혀 배제되어 있기 때문에 풍수의 증거로는 삼을 수 없다는 뜻이다.

따라서 필자는 전래의 자생 풍수지리가 이미 이 나라에 있어 오다가, 백제와 고구려에 중국으로부터 이론이 확립된 풍수지리가 도입되면서 서서히 알려지게 되었고, 결국 삼국 통일 이후에는 신라에도 전해져 한반도 전체에 유포되었을 것으로 추정한다. 신라에 풍수가 늦어졌다고 보는 이유는 신라의 왕릉 터가 유독 풍수적 地氣와는 관련 없는 자리를 차지하고 있는 것으로 판단하였기 때문이다. 즉 자생 풍수에 중국으로부터 도입된 이론 풍수가 혼합된 것은 신라 통일 무렵으로 보는 것이다.19)

---

18) 李夢日, 《韓國 風水地理思想의 變遷過程》(慶北大 博士學位論文, 1990), 84~85쪽.

19) 崔昌祚, 〈韓國 風水思想의 歷史와 地理學〉(《정신문화연구》 42, 한국정신문화연구원, 1991), 127~128쪽.

(2) 도선과 도선식 풍수사상의 특징

가. 도선의 등장

풍수지리설의 기원에 관한 논의에 관계없이 일반적으로 우리나라 풍수사상의 宗祖로 道詵을 꼽는 데는 거의 이견이 없다. 물론 일부 학자는 신라 원성왕(재위 785~798)의 화장과 능묘에 관한 遺命을 기록하고 있는 경주 숭복사의 비문 내용을 근거로 하여, 신라통일 이후 당과의 문화교류가 잦아짐에 따라 풍수사상이 들어오게 되었던 것이라고 보고 있다.[20] 도선에 의하여 처음으로 전래된 것은 아니므로 엄밀히 말하면 도선이 우리나라 풍수설의 원조가 될 수는 없고 다만 풍수 이론을 실험에 옮겨 때에 맞추어서 고려왕실의 開國者 一族에게 예언하여 두터운 존숭을 받았던 것에 지나지 않는다는 것이다. 그럼에도 불구하고 도선을 한국 풍수의 종조로 받드는 일반인들의 관행이 달라지는 것은 아니며, 사실 도선이 풍수에 미친 바 영향은 그런 정도의 대접을 받아 조금도 손색이 없다고 하여도 과언이 아니다.

도선의 생애에 대해서는 이설이 많은데 대개 신라 흥덕왕 2년(827)에 태어나서 효공왕 2년(898)까지 산 것으로 전해지고 있다.[21] 또한 그의 풍수지리술 습득에 대해서는, 고려 의종 4년 왕명으로 崔惟淸이 찬한 〈玉龍寺先覺國師碑銘〉에 따르면 어떤 異人에게서 배운 것으로 되어 있으며, 같은 시기에 이루어진 金寬毅의 《編年通錄》에 의하면 도선이 당에 유학하여 一行의 地理法을 얻어 귀국한 것으로 되어 있다. 여기서 도선이 일행으로부터 직접 풍수술을 전수받았다는 것은 사실이 아니다. 그 이유는 도선이 중국에 직접 다녀왔는지의 여부도 불확실할 뿐만 아니라 신라 말의 도선과 당 현종(712~756) 때의 인물인 일행 사이에는 100여 년의 시차가 있기 때문이다.

密敎 계통의 승려인 일행은 曆象陰陽五行說에 정진하였던 사람이다. 당 開元 16년(728)에 현종의 칙명으로 燕國公 張說 및 僧 泓師와 함께 東晋時代 郭璞의 《錦囊經》의 주석을 시도할 때에 形勢의 설명에 실제의 사례를 드는

20) 李鍾恒, 〈風水地理說의 盛行의 原因과 그것이 우리 民族性에 미친 惡影響에 關한 一考察〉(《慶北大 論文集－人文·社會科學篇－》 5, 1962), 492쪽.

21) 李夢日, 앞의 책, 93쪽.

실증법을 사용함으로써 이후 풍수지리설이 광범위하게 유포되는 하나의 계기를 마련하였다. 뿐만 아니라 당 개원 12년(724)에 역시 칙명으로 남쪽은 交州로부터 북쪽은 鐵勒에 이르기까지 각 지역의 緯度를 측량하여《舊唐書》律曆志에 편입된 大衍曆을 저술하였다. 또《新唐書》天文志를 보면 당나라 전체를 지세에 따라 양자강 유역을 貨殖之地, 황하 중하류 지역을 用文之地, 四川 · 甘肅 · 陝西 · 山南지방을 用武之地 등의 셋으로 크게 구분하여 자연환경을 관찰하였던 극히 과학적인 사람이었다.22)

이같은 일행의 地理法術은 당나라에 다녀온 도선의 스승 惠哲이나 또는 당시의 다른 禪僧에 의해 도선에게 간접적으로 전해졌을 가능성은 충분히 있다. 왜냐하면 나말려초의 선승들은 본국에서 선종을 傳法한 다음에도 당나라에 가서 당의 선승으로부터 다시 인가를 받아오는 것이 당시의 일반적인 풍조였으며, 선종에서는 교종에서와 같은 所依經典이 없는 대신 面授를 중시하여 그 법통의 계보를 더욱 엄하게 따지고 있었기 때문에 대개 그의 전기에서 師資相承 관계 사실을 빠뜨리는 예가 거의 없는데 도선의 전기에서는 당에 갔었던 기록이 없기 때문이다.23)

그렇다면 과연 중국의 풍수술을 간접적으로 습득한 도선을 한국 풍수사상의 비조로 볼 수 있겠느냐는 문제의 제기가 일견 타당성이 있는 것처럼 보이기는 한다. 그러나 단순히 중국으로부터 풍수 전적을 들여온 사람을 한국 풍수의 비조로 삼는다는 것은 더 큰 무리인 것 같다.

도선이 비록 간접적으로 풍수지리의 이론을 배웠다 할지라도 그는 한반도 전역을 답사한 경험을 통하여 국토에 대한 각종 秘記와 踏山歌를 남겼다. 그의 풍수사상은 한반도 산천의 형세를 유기적으로 파악하였다는 데 그 중요함이 있다. 단순한 이론의 습득이 아닌 이와 같은 국토 공간에 대한 경험적 풍수이론의 적용이 도선을 우리나라 풍수사상의 원조로 삼을 수 있는 근거가 되는 것이다. 어쨌든 중국으로부터 풍수지리 관계 서적이 전래된 이래 고대 한국의 많은 선승들이 사찰이나 부도의 입지와 관련하여 풍수 술법을 익

22) 崔柄憲, 앞의 글, 115쪽.
李龍範, 앞의 글, 275쪽.
23) 崔柄憲, 위의 글, 115~116쪽.

히고 있었던 것은 틀림없기 때문에 도선을 우리나라 풍수사상의 원조로 인정하느냐 하지 않느냐 하는 문제는 그가 한반도 전역을 답사하고 내놓은 裨補壓勝風水論을[24] 어느 정도로 평가해 주느냐에 달려 있다고 생각된다.[25]

나. 도선 풍수사상의 특징

오늘날 남아 있는 도선에 관한 자료는 양적으로는 상당수에 달하고 있으나, 그 대부분이 후세에 많이 윤색되어 있거나 假作된 것이어서 사료로서의 가치는 적은 것이다. 예컨대 고려 태조의 〈訓要十條〉, 崔應淸의 〈玉龍寺王師道詵加封先覺國師敎書及官誥〉, 金寬毅의 《編年通錄》, 閔淸의 《本朝編年綱目》 및 《龍飛御天歌》, 《世宗實錄地理志》 등의 내용은 모두 고려 왕실과의 관계나 풍수지리설의 전래 사실만을 말한 것뿐이며, 기타 《東國輿地勝覽》이나 《朝鮮寺刹史料》 등에 실린 도선 관계 기사는 그대로 신빙하기 어려운 허황된 사실뿐으로 사료적 가치가 대단히 적다. 그러한 자료 가운데에서 가장 상세하고 종합적이며 사료적 가치가 높은 것은 崔惟淸의 〈白鷄山玉龍寺贈諡先覺國師碑銘竝序〉가 유일한 것이다.[26]

이런 자료들에 의존하여 그의 풍수사상의 특징을 정리한다는 것은 매우 어려운 일이 아닐 수 없다. 그러나 그것이 한국 풍수의 초창기였고 또한 이후의 풍수사상에 결정적인 영향을 미쳤음은 물론, 크게는 한국 풍수사상의 전반적인 특성을 규정짓는 것으로 생각된다.

우선 도선의 풍수사상은 생활에 바탕을 둔 경험지리학이라는 점이다. 민지의 《본조편년강목》에 이르기를 "태조 나이 17세에 도선이 다시 뵙기를 청하여 '足下가 百六之運에 應하여 天府名墟에 태어났으니 三季의 蒼生이 그대의 넓은 구제를 기다린다'고 말하면서, 因하여 出師·置陣·地理·天時의 법과 산천에 望秩하여 感通保祐하는 이치를 가르쳐 주었다"고 하였다. 출사·치진의 방법은 신라 말의 혼란한 사회상황에서 一族一村의 생멸에 관계되는 중

---

24) 裨補와 壓勝의 풍수 논리는 한국 풍수의 특징적 현상으로, 「비보」는 地氣가 虛한 곳을 補하여 주는 방법이고, 「압승」이란 지기가 지나친 곳을 눌러 주는 방법이다.

25) 李夢日, 앞의 책, 9~94쪽.

26) 崔柄憲, 〈道詵의 生涯와 風水地理說〉(《先覺國師 道詵의 新硏究》, 靈岩郡, 1988), 96~98쪽.

대사이기 때문에 그것이 단순한 미신적 유희였을 수는 없었을 것이다. 나아가 地理와 天時의 법은 말 그대로 땅의 이치를 파악하여 원하는 바 입지를 최적의 장소로 삼고, 天候를 살피고 예견하여 가장 적절한 때를 선택할 수 있는 방법으로서, 이 또한 경험과학적이지 않을 수 없는 것이다.

그의 경험지리학적 특성은 개성의 지세 설명과 국토 전반에 대한 지리적 특징을 요약한 대목에서도 읽을 수 있다. 五冠山으로부터 松岳에 이어져 개경의 陽基를 여는 지세적 설명을 하면서 水母木幹이라는 표현을 하였는데, 북쪽 백두산에서 발원하여 동쪽을 등마루로 하고 있다는 것을 水根木幹 혹은 水母木幹이라 말한 것으로 짐작된다. 이것은 오행에서 水가 북, 木이 동을 나타내는 것으로 미루어 北高南低, 東高西低의 한반도 地體構造를 地貌上으로 파악하고 있었다는 증명이 된다. 한반도를 포함한 동아시아 지형은 傾東地塊로, 대체로 서울-원산을 연결하는 추가령구조곡을 경계로 하여 남북 한반도는 그 지질과 지체 구조 및 지형에 있어 상당한 차이가 있다.[27] 지형만을 고려하여 보면 일반적으로 북한은 고도가 높고 험준한데 반하여 남한은 고도가 낮고 산세도 비교적 낮고 평평한 편이다.

척량산맥으로 볼 수 있는 낭림산맥과 태백산맥을 기준으로 하여 한반도를 동서로 구분하여 보면 동고서저의 지형적 특징이 현저하게 나타난다. 북동 내지 북북동 방향으로 뻗어 있는 산맥들은 선캄브리아계와 이를 貫入한 중생대 화강암류로 구성되며 습곡과 단층작용을 심히 받으며 지형 변화를 겪은 후 깊이 침식되어 이루어진 산맥들로 그 산맥들의 중간부는 동측에서 높은 臺地를, 서측에서는 평야를 이루고 있다.[28] 그러므로 수모목간 또는 수근목간이라는 술어는 개경 來龍의 脈勢에 대한 설명일 뿐만 아니라 한반도 전체에 달하는 地體構造를 이해한 술어로 보아도 될 듯하다.

어떤 면에서는 水와 木을 훈독대로, 수와 목 즉 물과 나무를 母幹 혹은 根幹처럼 중시하라는 경구로 받아들일 수도 있다. 개경은 그 후 여러 術士와

27) 姜錫午, 《新韓國地理》(새글사, 1971), 18~19쪽.
28) 金玉準, 〈韓國의 地質과 鑛物構造〉(《金玉準敎授停年退任記念論文集》. 延世大 地質學科同門會, 1982), 4~5쪽.

地理家 부류가 모든 풍수적 조건이 완비된 땅이라고는 했지만, 물의 부족은 숨길 수 없는 사실이고 물의 함양과 땔감을 위하여 소나무를 심고 가꾸라는 도선의 지적이 결국 수와 목의 중시, 즉 水母木幹으로 표현된 것이 아닐까 하는 생각이다. 당시의 풍수지리설은 자생적 한국 풍수지리의 경험적 전통이 강하게 남아 있었고 중국 풍수이론의 도입은 초기였기 때문에 아직 크게 술법에 치우치지는 않았던 때인 듯하다. 따라서 땅에 대한 기본적인 인식이 크게 작용하였을 것이며, 또 국토를 조직적으로 보고자 하는 합리성이 깊이 내재되어 있던 때이기 때문에 그와 같은 판단을 하게 된 것이다. 이와 같은 합리성이 가장 잘 나타나는 것이 국토 공간의 중심적 위치를 한반도 동남단에 편향된 경주로부터 중부지방으로 옮기고자 생각했던 신라 말의 禪僧들이었다.

그들은 풍수 논리를 중국으로부터 도입하여 자생적 풍수사상에 접목 · 보강시킴으로써, 당시의 혼란된 정치, 사회적 풍토를 정리해보고자 하는 노력을 기울였던 만큼, 객관성이나 합리성을 지니고 있었으리라는 점은 쉽게 짐작할 수 있는 일이다.

개경은 풍수 이론상 가장 대표적인 藏風局의 형태를 갖고 있는 것으로 알려져 있다. 이를 살피기 위해서는 青龍 · 白虎 · 朱雀 · 玄武 등 四神砂의 배치 형세가 어떠한 지를 먼저 살펴 볼 필요가 있다.

郭璞의 《葬書》에 "經曰 氣乘風則散 界水則止 故爲之風水 風水之法 得水爲上 藏風次之"라는 구절이 있고, "故人聚之使不散 行之使有止"라고도 하였다.[29] 여기서 之는 生氣를 가리키기 때문에 결국 생기를 얻을 수 있는 藏風이 필요한 근거를 제시한 말이라 볼 수 있다. 乘風치 않고 장풍하는 지세란 결국 산에 둘러싸인 盆地狀 지형의 곳을 가리키는 것으로, 개경은 대체로 이에 속하는 지세라고 할 수 있다.

분지는 종류가 매우 다양한 개념으로 해양분지, 유역분지, 구조분지, 단순한 형태상의 분지, 석탄분지, 圈谷, 석회암 溶蝕분지, dock system[30] 등 8가지로 나뉘는데 이와 같은 분지상 지세는 특히 한냉계절에 풍속이 강한 지역

29) 《地理正宗》 권 2, 葬書(台中市, 端成書局, 1963).

30) F. J. Monkhouse, *A Dictionary of Geography, 1965*, p. 33.

에서의 주거조건으로는 매우 바람직한 것이다. 편서풍지대인 서부 유럽의 런던이나 파리를 비롯하여 겨울철 북서계절풍이 혹심한 우리 나라나 중국의 오랜 읍도들의 입지가 그와 같은 한랭한 바람을 막을 수 있는 입지, 즉 분지 혹은 분지상 지역에 건설된 사실이 그것을 증명해준다.

술법상으로 砂, 즉 산의 기능은 生氣를 흩어지지 않게 모으고 龍身과 區穴을 호위하며 局勢를 펼치는 데 있다.[31] 호위라는 측면에서 사는 군사지리적 타당성도 갖는다. 앞서 말한 곽박의 《장서》에는 4신사의 형세를 "玄武垂頭 朱雀翔舞 青龍琬筵 白虎順頓"이라 하였고, 《地理大全》에는 砂의 모양이 厚, 淸, 歸, 長, 明, 順하여야 된다고 했는데,[32] 이는 주위의 산맥이 穴場과 명당을 향하여 집중하고 호위하는 듯한 상태를 나타내는 말이라 할 수 있다. 이것은 풍수이론상 중요한 부분으로 山河襟帶, 山水回抱, 風氣密集이 모두 이에 해당하는 말이다.

산하금대 등 상기한 조건은 풍수지리설에서 뿐 아니라 실상 옛날부터 정치와 군사의 중추인 도읍 선정의 중요한 지리적 조건이 되어 왔다. 漢의 高祖가 처음 洛陽에 도읍을 정하려 하였을 때, 婁敬이 지리의 형세를 논하면서 關中 奠都를 권한 것이라든지, 한 元帝 때에 翼奉이 역시 낙양 천도를 권하여 말한 것이 이에 해당된다. 더욱이 《淮南子》 兵略訓에는 "所謂地理者 後生而前死 左牡而右牝"[33]이라 하였는데, 이는 孫子兵書의 "左右背高前死後生"에서 나온 말로서 거의 군사지리상의 상식적인 조건이었다.[34] 특히 곡사화기가 없던 근대 이전의 전쟁에 있어서는 藏風地의 군사적 유리점이 더욱 두드러진다.

손자의 "知彼知己 勝乃不殆 知天知地 勝乃可全"의 단계로 敵과 我가 비등한 병력으로 전술적 대치를 하는 상태라면 확실히 유리하지만, 전략적인 측면에서는 재고의 여지가 있다. 盆地狀地勢上에서는 기동성의 저하는 물론, 손자가 말한 散地, 輕地, 爭地, 交地, 圍地 등 9地 중에서 위지에 해당되어 적이 소수의 병력으로 게릴라적인 소모전을 획책하던가 또는 더규모의 월등

---

31) 《地理大成山法全書》 권 首 上, 釋名部 上下砂.
32) 《地理大全入門要訣》 권 3, 砂法 總論(上海, 中原書局, 1929).
33) 여기서 生은 高, 死는 低, 牡는 丘陵, 牝은 溪谷을 뜻한다.
34) 李丙燾, 앞의 글, 25쪽.

한 병력으로 침공하는 경우는 불리할 수도 있기 때문이다.

圍地란 "所由入者隘 所從歸者迂"로서, "彼寡可以擊吾之衆者爲圍地"이기 때문에 결국 개성과 같은 藏風局의 땅은 전술적 유리점과 전략적 불리점을 공유하고 있는 지역이라 할 수 있다.

개경은 전술한 바와 같이 송악을 玄武 즉 鎭山으로, 내성과 외성을 내외 靑龍과 白虎로, 朱雀峴과 龍岫山을 朱雀으로 한 완벽한 四神砂를 갖춘 도읍이지만, 국란에 임해서는 수도를 사수할 수 없는 전략적 취약성을 드러냈던 곳이기도 하다.

또 한 가지 개경의 풍수적 입지 상황에서 특기할 만한 사실은 그 곳이 右旋局이란 점이다. 左旋局 · 右旋局은 용의 최종적 변화 현상을 일컫는 용어인데, 來龍의 나아가는 방향을 기준으로 明堂 · 穴場의 국면을 環抱하는 산세가 대부분 오른쪽에서 휘돌고 있음을 뜻하는 것이 우선국이다.

송악은 金星의 산에 속하는 북서방 乾山으로, 金은 송대의 術師 胡舜申의 설에 의하면 卯로부터 絶(胞)胎를 시작하는 형식이기 때문에, 水流의 출구인 풍수상의 破가 巳方으로 나가는 것은 水破長生의 凶格은 면한 셈이라고 할 수 있다.[35] 이것을 보다 쉽게 설명하면, 5行長生方位에 의하여 우선국은 역으로 陰局이 되고, 여기에 금은 卯가 絶, 寅이 胎, 丑이 養, 그리고 子가 長生, 亥가 沐浴, 戌이 冠帶, 酉가 臨官, 申이 帝旺, 未가 衰, 午가 病, 巳가 死, 辰이 墓가 되어진다.

그런데 이상 12宮의 길흉을 〈靑囊經〉에 의하여 대폭 간소화시켜 보면,[36] 養과 長生은 九星이 貪狼으로 길, 沐浴과 冠帶는 文曲으로 흉, 臨官과 帝旺은 武曲으로 길, 衰는 巨門으로 길, 병과 사는 廉貞으로 흉, 墓는 破軍으로 흉이 된다. 따라서 乾山에 金인 개경은 逆인 陰局으로서, 그의 五行長生이 12지지방위로 하여 子 · 丑 · 酉 · 申方이 길이고, 나머지는 흉방에 해당된다. 풍수 得水法 논리상 水는 吉方에서 나와 凶方으로 가야 되는 만큼, 개경의 水破가 巳方으로 흉방이 되기 때문에 水局은 술법상 좋은 편이다.

---

35) 李丙燾, 위의 글, 9~95쪽.

36) 《地理靑囊經》 권 2, 論水法(台中市, 華成書局, 1975).
胡舜申, 《地理新法》 권 3, 第5論부터 第11論까지 참조.

子方은 북방, 丑方은 북북동방, 酉方은 서방, 申方은 서남서방이 되어, 水口인 破가 그 방향으로 형성되게 되면 主山을 찌르는 형국으로 침식의 위험이 있다. 그리고 申方을 제외하면 겨울철의 寒風을 막을 수 없는 단점이 있기 때문에 풍수 술법상의 水破 이론은 개경의 경우 매우 타당한 것이라 여겨진다. 그러나 藏風에 따라 개경 주변의 산세가 너무도 주밀하여 국면이 넓지 못하고 또 北山 諸谷에서 흘러나오는 계곡물은 모두 중앙에 모이기 때문에 여름 강우기에는 水勢가 거칠고 奔流가 급격하여 순조롭지 못한 결점이 있다. 이와 같은 逆勢의 水德을 진압하고 地德을 비보함에는 도선의 山水順逆法 내지 寺塔裨補說을 응용하여, 廣明寺와 日月寺는 위 諸水의 합류점에, 開國寺는 개경의 內水口 위치에 건설하여 이 사원으로써 수세를 진압코자 하였다.

이는 매우 합리적인 판단으로 하천의 범람이 우려되는 취약지점과 하천의 합류점에 사원을 조영함으로써 인공구조물에 의한 하천의 측방침식을 억제하고 승려들로 하여금 하천을 감시하게 하는 동시에 유사시 노동력으로 대처케 할 수 있는 좋은 방안이라 여겨진다. 이런 경우 사탑비보설은 타당성을 갖는다고 할 수 있다.

우선국 역시 白虎勢의 우월을 나타내게 되는데, 속설에는 청룡은 해가 뜨는 동쪽으로 帝王 · 出世 · 官貴 · 男子를, 백호는 해가 지는 結實의 서쪽으로 여자와 재산에 유추하여 개성상인 · 개성여인을 운위하기도 한다.

앞서 지적한 바와 같이 개성의 예에서도 道詵式의 한국 풍수의 경험지리학적 바탕은 명백하게 예증되었다고 생각한다. 다만 그 사용 용어가 동양학의 일반적인 속성대로 은유나 상징, 혹은 역설과 시적 이미지를 구사함으로써, 말로 표현하기 힘든 인간의 직관 범위를 비논리적으로 호도했다는 근본적인 결함은 지적하지 않을 수 없다.

한편 〈道詵踏出歌〉[37]와 〈玉龍子遊世秘錄〉[38]에 나와 있는 내용을 분석하

37) 金成俊 編, 《韓國地理總論》(育志社, 1982), 附錄의 出典인데, 이 역시 도선의 실제 작품이라고는 믿어지지 않는다. 다만 民間 傳承의 風水書들은 은연 중에 우리 풍수의 원래적 모습을 담고 있으리라고 기대되어 참고삼아 정리하였다.

38) 扶安郡 河西의 한 儒學者로부터 입수한 筆寫本인데, 이것도 주 37)과 같은 이유로 분석하여 보았다.

여 살펴본 도선의 풍수사상으로는 다음과 같은 내용들이 정리되어진다.

〈도선답산가〉는 풍수 논리라는 측면에서 볼 때, 매우 초보적이고 간략하기도 하지만 그 내용 자체도 지나치게 단순하고 소박한 감이 있다. 그것이 오히려 초기 우리나라 풍수사상의 일단을 엿볼 수 있는 근거가 된다는 점에서는 확실히 의미가 있다. 더구나 이런 기초적이고 단순한 내용의 풍수이론이 도선이라는 풍수상의 거물을 앞에 내세운 가운데 지금까지 유통될 수 있었다는 것은, 이 자료가 나름대로의 가치를 지니고 있기 때문이 아닌가 생각된다.

〈도선답산가〉에서는 크게 형세와 방위, 특히 형세에 관련되는 形局論을 중점적으로 다루고 있다. 형세에 있어서는 청룡・백호・주작・현무 등 4신사의 모양새를 주로 언급하고 있는 바, 그것은 공간 인식을[39] 상징성의 知覺構造下에서 다루고 있는 특징을 보여주고 있는 것으로 생각된다.

경험에 의하여 인지되는 세계란 형태와 색조 등에 의하여 체험되어지는 세계, 다시 말하여 우리의 시야에 가시적으로 확인되어 그 해독을 기다리는 景觀인 것이다. 그런데 이러한 경험, 더 정확히는 일상생활 경험이란 개인적인 것이며 따라서 주관적이다.

그런데 그것이 개인에 따라 다른 의미로써 받아들여진다는 것은 그것을 텍스트로서 설정할 수 있게 한다. 이렇게 볼 때 경관이 가지는 개념적인 의의보다 경관을 어떤 문맥으로 접근하는가 하는 문제가 더욱 중요한 방법론적 전환을 가능하게 하리라는 것을 알 수 있다.

즉 텍스트로서의 경관을 설정할 때, 그것은 어떤 특정의 부호라는 형태로 그 해독자에게 전달되며, 그 해독자는 어떤 문화적 맥락 속에서 그것을 해독하는가 하는 문제를 이해할 것을 요구받게 된다. 해독한다는 것은 읽는 사람이 어떠한 문화・사회・역사적 배경을 가지고 텍스트로서의 경관에서의 의미를 만들어 냄을 뜻하므로 이것은 경험적 세계를 이해한다는 방법론과도 부합된다.[40]

---

39) 地理學에서 '공간'이란 용어는 오늘날 장소 혹은 지역과 대비하여 사용하는 경우가 많으나, 여기서는 '地表環境'이라는 단순한 일반 개념으로 쓴 것이다.

40) 崔基燁, 〈景觀的 表現과 空間認識〉(《地理學叢》 10, 慶熙大 地理學科, 1982), 219쪽.

위의 관점에서 볼 때 풍수는 당시 사람들의 땅에 대한 인식을 가늠해 볼 수 있는 가장 좋은 지표일 수 있으며 〈도선답산가〉에 나타나는 바 형국에 대한 기술도 그러한 맥락에서 중요성을 이해할 수 있다. 그러나 이 글에서 해독상의 문제가 그렇게 간단한 것만은 아니라는 어려움은 그대로 남아 있는 셈이다. 예컨대 '乾坎入首'라든가 '癸丑山下'라든가 하는 구절은 그 용어 자체가 매우 세련된 것이라는 점 이외에도, 그것이 구체적으로 어떤 장소를 대상으로 하여 얘기되었는가 하는 것이 선결되지 않는 한, 깊이있게 말하기는 무척 어려운 내용인 것이다. 따라서 이 글에서는 형세에 관련된 형국론만을 살펴볼 수밖에 없다.

〈도선답산가〉가 제시하고 있는 明堂 주위 국면의 형세는 크게 두 가지로 분류된다. 그 하나는 전반의 전체에 대한 국세 설명이고, 다른 하나는 후반의 세부 지세에 대한 상황 인식이다.

전체 국면의 설명은 필자가 《韓國의 風水思想》에서[41] 요약했던 내용과 거의 같다. 즉 山水相補한 조화, 균형의 땅에 사람의 마음을 知覺上 포근히 감싸 줄 수 있는 有情한 곳, 그러나 속된 氣가 흐르지 않는 聖所로 정리되는 듯하다. 특히 四神砂와 그들에 의해 둘러싸인 명당에 관한 대목은 풍수의 일반 원칙을 그대로 받아들이고 있다. 게다가 당시의 풍수가 개인의 發福을 추구하는 이기적인 雜術로서의 陰宅風水 위주가 아니라 "明堂可得容萬馬"따위의 구절에서 누차 나타나는 것처럼 삶터 잡기인 陽基風水에 중점이 두어지고 있음도 잘 나타나 있다.

또 하나 〈도선답산가〉의 특징은 類物的인 지세 해석을 취하고 있다는 점이다. 예컨대 '흉한 돌은 刀兵'이라든가, '층층이 봉우리를 이루니 대대로 登科하겠구나' 따위가 그런 것인데 본문의 상당 부분이 그런 식이다. 유물적 지세 해석 방법은 풍수 형국론에 직결되며 이는 한국 풍수의 한 큰 특징이기도 하다.

처음에 도선이 松京에 도읍을 정할 때에 산천을 두루 돌아보고 나서 "이 곳이 앞으로 8백 년 동안 이 나라 운수를 지탱할 곳이니 축하할 일이로다"라고 말하였으나, 조금 있다가 동남쪽에 안개가 개이면서 漢陽의 三角山이

---

41) 崔昌祚, 《韓國의 風水思想》(民音社, 1984) 참조.

우뚝하게 넘어다 보였다. 도선은 이것을 바라보면서 스스로 탄식하여, "저 삼각산 봉우리가 辰方에 있어서 마치 도둑놈의 깃발처럼 되었으니 4백년이 지나면 이 나라의 큰 운수는 장차 저 산밑으로 옮겨 갈 것이로다"라 말하고, 일흔 다섯 마리의 石犬을 만들어 진방을 향해 세워서 마치 도둑놈을 지키는 형용을 만들어 놓았다. 그 뒤에 고려는 과연 475년만에 망해버렸다.42)

위의 인용문에서도 도선식의 유물적 지세 해석을 읽을 수 있다. 특히 이것은 이러한 유물적 해석이 그의 裨補風水로 이행되어 가는 과정을 볼 수 있다는 점에서 흥미롭다. 지형과 지세를 있는 그대로 둔 채, 그 영향을 직접 받아들인다고 보았던 서양의 환경결정론(Environmental Determinism)에 비해서는 훨씬 가능론(Possibilism)적 입장에 가깝다고 생각된다. 경관을 주체적으로 본다는 점에서도 그러하고, 소위 "奪神工 改天命"의 풍수적 적극성에 있어서도 흥미가 새로운 부분이다. 좀 억지스럽기는 하지만 도선 풍수의 한 특징으로 주체적 적극성을 꼽을 수 있는 대목이기도 하다.

그리고 〈玉龍子遊世秘錄〉에서는 다음과 같은 도선 풍수의 특성을 뽑아 볼 수 있다.

첫째로 圖讖式 표현 방법을 자주 원용하고 있다는 점이다. 그런 대표적인 예로는 "主人을 찾아하니 木卜姓의 땅이로다" "主人峯 자세 보니 木子千年 분명하다"에서와 같이 朴氏를 木卜姓, 李氏를 木子로 표현하는 바와 같은 破字 양식은 도참의 전형이다.

또 "碧松寺 前後局은 兵火不入하리도다" "山高谷深하야 兵火不入 허다하다"는 구절들은 대표적 도참서인 《鄭鑑錄》 鑑訣에서 保身之地에 해당된다. 도참은 본시 말세에 새로운 인물, 새로운 시대의 출현과 도래를 예고하는 동시에 그럴 때의 보신책을 가르치는 것이 본령이기 때문에, 도선의 풍수 사상에 도참적 성격이 깊이 내포되어 있었을 것으로 추단하는 것은 상당한 합리성을 갖는다.

둘째로 윤리성을 꼽을 수 있다. 수많은 사례들이 등장하는데, 한 마디로 《周易》이 가르치는 바 "積善之家 必有餘慶"임을 강조하는 내용들이다. 그러

42) 洪萬宗, 《旬五志》 권 上(李民樹 譯, 乙酉文化社, 1971), 30~31쪽.

나 풍수의 윤리성을 해석하는 일은 결코 단순한 일이 아니다. 물론 풍수의 윤리성 강조는 우리나라와 같이 풍수에 대한 믿음이 신앙의 경지에 달한 곳에서는 그 順機能에 대해 굳이 열거할 필요도 없을 것이다. 나쁜 짓을 했으면 아무리 名地官을 동원해도 좋은 땅을 얻지 못하며, 積善 · 積德을 하면 어느 곳에 몸을 누워도 그 곳이 길지라는 풍수 윤리는 사람들에게 매우 강렬한 규범의 기준이 되었을 것이기 때문이다.

그럼에도 불구하고 풍수의 존립 기반을 그 윤리성이 위협하고 있다는 것은 역설적이면서도 문제를 내포한다. 무슨 말인가 하면 인성의 선악이 명당 · 길지 선정의 궁극적 기준이라고 한다면 풍수상 定穴의 여러 가지 法術들은 무슨 의미를 갖겠는가 하는 것이다. 착한 일만 한다면 좋은 땅이 天理에 의해서 주어질 것인데 무슨 풍수가 소용에 닿겠는가 하는 지적이다.

만일 善으로 일생을 一以貫之할 수 있다면 풍수는 필요 없다. 그러나 인간이 그럴 수가 없다는 것도 부인할 수 없는 사실이다. 그러므로 善業을 닦으려 노력하라는 의도성과 改天命 奪神工할 수 있다는 적극성, 그리고 모자라는 善德을 地氣로 보완할 수 있다는 天地人 調和觀이 그러한 문제에 관한 대답의 일단이 될 수 있다고 본다.

셋째는 풍수가 지니고 있는 陰陽五行說을 중시하는 특성이다. 음양오행설은 천지인 상관론에 입각한 전형적인 동양적 조화 사상으로 보아도 무방한 사고 관념이다. 그러면서도 이것이 풍수에 들어와서는 數秘學的이고 秘術的인 변용을 많이 하기도 한다. 내용에 있어서는 주로 오행의 상생관계와 음양의 조화관계를 직접적으르 묘사한 대목들이 많이 나온다. 특히 窩 · 鉗 · 乳 · 突 등 穴形四大格에 관련된 용어들의 사용 빈도는 아주 높은 편이다.

陰中에 양이 있고 陽中에 음이 있기 때문에 太陽 · 少陽 · 太陰 · 少陰의 四象이 생기게 되는데, 그 형체가 穴形에서는 窩鉗乳突의 四格이 되는 것이다. 이것이 다시 36形, 82邊, 365體, 389象 등의 변태를 파생하게 되지만 결국 4대격에 기본을 두고 있는 것인 만큼 窩 · 鉗 · 乳 · 突의 이해만으로도 穴形의 대개는 파악할 수 있다.

穴形은 음양의 원리를 기본으로 삼게 되는바, 실제 相地時에는 지형의 凹

凸에 의하여 음양을 구분하게 된다. 龍脈이 도톰하게 凸形으로 튀어나온 손바닥을 엎은 모양(覆掌形)을 음이라 하고, 오목하게 凹形으로 들어간 손바닥을 오므린 모양(仰掌形)을 양이라 한다.

4格 중 窩와 鉗은 그 훈에서 나타나는 바와 같이 감춘다, 혹은 목사슬 등의 凹形이므로 陽穴이 되고, 乳와 突은 凸形이 되어 陰穴이 된다. 따라서 음맥이 오는 아래에 窩·鉗의 양혈이 있어야 하고 양맥이 오는 아래에 乳·突의 음혈이 있어야 함은 물론이다.

다시 말해서 등성이진 곳(背脊)이 음이 되고, 평탄하거나 오목한 곳이 양이 된다. 그리고 穴의 후면이 일어나거나(起) 등성이로 드러난 脈(露脈) 아래에 窩나 鉗穴이 생기는 것이니 이는 陰來陽受에 의함이고, 혈의 후면이 평탄하게 혹은 오목지게 내려온 맥 아래에 乳 또는 突穴이 생기는 것이니 이는 陽來陰受하는 이치이다.

이것은 음양론상의 설명이나, 실제 相地에 있어서 地貌의 위와 같은 형세는 조화의 관념에서 비롯된 것임을 쉽게 알 수 있다. 즉 높은 산지에서는 우묵하게 들어간 곳이라야 아늑하고 평야에서는 좀 튀어나온 곳이라야 답답하지가 않다. 또 명당이 鉗이나 窩인 곳에서는 穴場은 突이나 乳가 되어야 하는데, 그렇지 못할 경우에는 비가 많이 올 때 명당이 凹地이기 때문에 穴場의 침수를 면키 어렵다.

따라서 도선 풍수가 음양을 강조하는 것은 고답적인 논리의 강변이 아니라 경험에서 우러나온 합리적 판단의 결과로 해석하는 것이 타당하다. 이와 같이 풍수에서는 사실은 과학적 지리학 이론이면서도 그 표현에 있어서는 비술적 용어를 대량 사용함으로써 현대인의 접근을 어렵게 하는 일들이 부지기수이다. 그렇기 때문에 풍수에서는 그 용어가 포함하고 있는 본질적 의미를 간취할 필요가 있는 것이다.

넷째로 그 적극성을 꼽을 수 있다. “穴中에 물 있거든 補土하고 葬事하소서”에서와 같이 ‘穴中生水’는 풍수 禁忌 중의 금기임에도 불구하고 다른 조건이 갖추어졌다면 ‘補土’라도 해서 사용할 수 있다는 생각은 적극성이라 할 만한 내용이다. 이와 함께 풍수의 相地占穴이 후손에 결정적인 영향을 미친다는 표현도 자주 나온다. 따라서 그 적극성은 분명하지만 논리성과의 불일치가 문제이다. 그러나 이런 경우에는 그야말로 하늘이 낸 사람들인 孔子나 舜을 거론함으로써 배반적 논리를 호도하는 재주를 보여주었을 뿐, 적극성이라는 특성에는 변함이 없다.

끝으로 嚴密性과 中庸性인데, 穴處의 깊이를 말하는 대목 같은 데서 鐵灸術에 있어서 침을 어느 정도 깊이까지 찔러야 되는지에 관한 문제에다가 이를 비유하는 내용이 엄밀성에 관계되는 부분이라 할 수 있을 것이고, 또한 공부하는 태도와 방법에 있어서도 자주 엄밀성을 요구하는 내용들이 나온다. 그리고 이론과 踏山을 겸전하라는 가르침에서도 중용성을 읽을 수 있거니와, '言賊默賊'이란 표현에서도 그것을 감지할 수 있기에, 또 하나의 도선 풍수의 특성으로 파악하는 것이다.

2) 풍수지리 · 도참사상의 추이

(1) 고려시대 풍수사상의 특성

초기에 각기 나름대로의 길을 걷던 風水와 圖讖은 고려시대에 이르러 서로간에 영향을 미치며 혼합되는 양상을 보인다. 自生의 풍수사상도 중국으로부터 유입된 체계화된 풍수 이론과 접합하지만, 아직은 자생 풍수의 영향력이 훨씬 강했던 것으로 추정된다. 그 근거는 고려와 조선의 풍수지리 과거 시험과목을 비교해보면 일목요연하게 드러난다.

고려시대에는 초기부터 太卜監과 太史局이라는 天文과 占卜을 담당하는 두 개의 관청이 있었다.[43] 현종 14년(1023)에는 태복감을 司天臺라 고쳐 불렀으며, 예종 11년(1116)에는 사천대가 司天監으로 고쳐지고, 충렬왕 원년(1275)에는 사천감을 觀候署라 했다가 다시 사천감으로 불렀고, 동왕 34년(1308)에는 태사국을 병합해서 書雲觀이라 불렀으며, 공민왕 5년(1356)에는 사천감이라 하였다가 동왕 11년(1362)에 사천감과 태사국을 또다시 병합해서 서운관이라 하였다.

태복감, 사천대, 관후서, 서운관 등의 명칭이 비록 그 글자의 뜻은 달랐으

43) 《增補文獻備考》 권 223, 職官考 10.

나 맡은 일의 내용은 별 차이가 없었다. 고려 초에는 天文 · 曆數 · 測候 · 刻漏 · 占卜을 맡았으며, 충렬왕이 서운관으로 고친 후에는 문종이 실시했던 구제에 따라서 卜助敎를 더 두었고 掌漏 · 司曆 · 監候 · 司辰 외에 視日을 더 하였던 것이다.[44]

한편 이들 관서에 소속되어 있었던 풍수지리 관련 관리들은 광종 9년(958)에 雙冀의 건의에 따라 실시된 과거시험, 즉 製述 · 明經의 2業과 醫 · 卜 · 地理 · 律 · 書 · 算 · 3禮 · 3傳 · 何論 등의 잡업 중 지리분야로서 등용되기 시작하였다. 그리고 인종 14년(1135)에 이르러서는 풍수서를 공부하여 과거를 치루었는데, 그 격식을 살펴보면 먼저 첫날에는《新集地理經》10조를 시험하고, 그 다음 날에는《劉氏書》10조를 시험하여 이틀에 모두 각각 6조 이상 통과해야 하고,《地理決經》8권과《經緯令》2권을 합한 10권 중 글자 해석과 뜻 6권을 알아야 하며 해석은 4권을 알아야 했다.《地鏡經》4권과《口示決》4권,《胎藏經》1권과《歌決》1권 등 도합 10권 중 해석과 뜻 6机를 통해야 하고 해석 4궤를 알아야 하며, 또한《蕭氏書》10권을 읽고 그 안에서 1궤를 해석할 줄 알아야 하였다.

이같이 과거시험을 통하여 풍수지리 관리들이 등용된 것을 보면 고려시대에는 왕실을 중심으로 하여 사회적으로 풍수가 꽤 널리 보급되어 있었던 듯하며, 그렇기 때문에 조정에서도 풍수 도참을 담당하는 관청과 직제를 마련하였던 것으로 여겨진다.

관리 풍수사들은 주로 왕실의 능묘를 축조하고 보수하는 일을 전담하는 외에 관찬 풍수서를 편찬하는 데도 참여하였다. 또한 왕명으로 국토를 답사하면서 離宮地 및 遷都地를 물색하기도 하였으며, 성을 쌓을 터를 잡는다던가 심지어는 왕의 피서지를 선정하는 역할도 하였다.

그런데 조선시대의 과거시험에서는 初試에《靑烏經》과《錦囊經》을 背講[45]하게 하였고,《胡舜申》,《明山論》,《地理門庭》등을 臨文[46]하게 하였다. 문

44) 任東權,《韓國民俗學論攷》(集文堂, 1975), 317쪽.

45) '背講'이란 '背誦講經'의 준말로 '背誦'이라고도 하였는데, 책을 보여주지 않고 그 義理와 註疏를 묻는 科擧試驗 방법이다.

46) '臨文'이란 '臨文講經' 또는 '臨文考講'이라고도 하며 經書를 앞에 펴놓고 그 大義를 묻는 試驗 방법이다.

제는 조선시대에는 중국의 대표적인 풍수서들이 시험과목으로 올라 있는데, 고려시대에는 그런 것들이 모두 빠져 있다는 점이다. 그래서 고려 때까지는 자생 풍수가 더 큰 영향력을 발휘하고 있었던 것으로 짐작된다.

특히 풍수 이론을 응용하여 우리 땅에 적용시킨 우리의 풍수서가 많이 출간되었다는 사실도 자생 풍수의 영향력을 짐작케 하는 대목인데, 현종 때의 〈三韓會土記〉, 문종 때의 〈松岳明堂記〉, 숙종 때의 〈道詵記〉, 〈道詵踏山歌〉, 〈三角山明堂記〉, 〈神誌秘詞〉, 예종 때의 〈海東秘錄〉, 충렬왕 때의 〈道說密記〉, 공민왕 때의 〈玉龍記〉 등이 대표적인 것들이다. 이들 풍수서들은 대개 후세의 풍수가가 도선 등의 이름을 가탁하여 만든 것들이다.

한편 신라 말까지의 고대 한국의 풍수사상이 우리 전통의 地母思想·山岳崇拜思想 등과의 습합기였다면, 고려시대의 풍수사상은 이미 삼국시대 때부터 전래되어 있었던 도참 및 점복사상과의 습합이라고 할 수 있다. 즉 고려시대에는 개경의 「地氣衰旺說」과 서경의 「地德說」이라는 풍수설에 의해 묘청의 난이 발발하였고, 또한 「龍孫十二盡」이라는 도참설에 의해 이의민의 난과 삼별초의 난이 일어나기도 하였으니, 실제로 풍수와 도참은 거의 융합되다시피 하였다. 더욱이 길지를 정하여 천도를 행하려 할 때도 결정적인 순간에 가서는 太廟에 가서 靜·動의 두 卦를 가지고 길흉을 점복하고,[47] 또한 3神 思想과 같은 전통사상에 입각하여 3京制度와 3蘇宮闕을 조성하기도 하였으니 실로 고려시대의 풍수사상은 여타의 많은 사상들과 혼합되어 있었던 것이다.

그 밖의 고려시대 풍수사상의 특징을 정리하면 다음과 같다.

첫째, 풍수 이론 중에서는 國業을 연장하기 위한 國都風水와, 마을과 고을의 입지 선정을 위한 都邑風水 등 陽基風水가 크게 발달하였으나, 陰宅風水도 왕실과 귀족들 사이에 행해졌다. 延基說과 관련되어서는 국내 여러 지역에 대해 반란이 일어난 逆鄕이니 혹은 山水地勢가 本主에 背逆하느니 하여 그 지역 주민의 기질까지도 그에 맞추어 해석해버리는 「地理人性說」이 난무하였으며 또 延基를 위한 각종의 裡裨壓勝風水策도 행해졌다.

둘째, 고려시대에는 아직까지 한학 위주의 한문 독해력이 급선무였던 만큼

---

47) 《高麗史》 권 39, 世家 39, 공민왕 9년.

명승·대덕과 유학자들 사이에 풍수지리가 많이 이해되고 있었으며, 따라서 풍수사도 승려·유학자·관리 풍수사·기타 풍수를 업으로 하는 사람 등 다양하였다. 국초부터 풍수지리를 담당하는 관청이 부설되고 지리 관리가 등용되기 시작하였으며, 중국으로부터 도입된 각종 풍수지리서로써 과거 시험을 치루고, 또 공양왕 원년(1389)에는 十學에 教授官을 두었는데, 이 때 최초로 풍수음양학이 학문으로 성립되어 書雲觀에 分隷되었다.48)

셋째, 풍수도참설의 성행에 못지 않게「反風水論」도 꾸준히 전개되어 왔다. 풍수도참설이 크게 신봉되던 시기인 예종 원년(1105) 西京 龍堰舊墟에 새로운 궁궐을 세우는 문제와 관련하여 吳延寵은 세 가지 불가한 점을 주장한 바 있다. 그 첫째는 문종이 명석하였음에도 술수에 미혹하여 서경에 좌우궁을 지었다가 증험이 없다고 해서 마침내 巡御하지 않아 재력만 허비하였고, 둘째는 근자에 南京을 개창하였으나 8년이 지나도록 吉應이 없다는 점, 셋째는 서경의 옛궁이 지금 찾는 龍堰과 서로 멀리 떨어져 있지 않으니 지세의 길흉이 반드시 다르지는 않을 것이고 하물며 뚜렷한 비결을 찾을 수도 없는데 조종의 옛 궁을 버리고 따로 새 궁궐을 만드느라 집들을 헐어 없애 인민을 소동케 하는 것은 바람직하지 않다는 것이다.

창왕 때의 朴宜中도 당시 서운관에서 〈道詵密記〉에 지리쇠왕설이 있으니 마땅히 漢陽으로 거동하여 松都의 地德을 쉬도록 해야 한다는 상소에 대해, 옛날에 임금이 讖緯 術數로써 국가를 보전하였다는 말은 듣지 못했으며 민심을 동요시키고 민폐를 조장시킬 천도 논의는 이제 그만 두는 것이 옳다고 주장하기도 하였다.

또한 공양왕 때의 姜淮伯도 말하기를 "길흉은 밖에서부터 오는 것이 아니고 화복은 오직 사람이 불러 오는 것이며 天時와 地理는 人和만 못하고 一治一亂은 자연의 이치이므로 개국 이래 선대의 왕이 지리도참설에 의해 3경을 巡駐하였어도 36국이 내조한 적이 없었는데, 이제 또다시 도참과 술수에 의해 한양으로 천도한답시고 농민을 동원하여 役事를 일으킨다면 그들로 하여금 경작과 수확의 때를 잃게 만들어 오히려 국가의 근본이 흔들리고 화기가 해를 입게 될 것이니 왕께서는 정당한 처신과 정치를 시행해 주시기 바

48)《高麗史》권 77, 志 31, 百官 2.

란다"고 상언한 바 있다.[49] 고려 말기의 이와 같은 유교적 치세관은 당시에 전래된 주자학의 영향을 깊이 받고 있었던 것인데, 국초에 비해서는 확실히 지리도참설의 권위가 약화되어 감을 알 수 있다.

넷째, 국토 전체를 조망하는 거시적 규모의 풍수에서 한 개인의 집터나 산소자리를 선정하는 미시적인 풍수에 이르기까지 공간 규모 별로 모든 풍수지리가 전개되었다는 점이다. 국토 전반을 풍수지리적으로 해석하여 거기에 맞추어 人文生活을 함으로써 地人相關論이 심도있게 펼쳐졌으며, 개경이 풍수지리설에 입각하여 선택된 風水首都였던 만큼 지방 도읍에 대한 풍수지리설도 발달하였다. 그러나 대부분의 지방도읍풍수는 국왕의 巡駐 또는 離宮을 위한 궁궐조성지로서의 논의가 전부였다. 요컨대 모든 지방도읍의 풍수지리는 반드시 本闕이 있는 왕도와 관련되어 해석되었다는 점이 중요한 공간적 특성 중의 하나이다. 그러므로 고려시대 도읍풍수로 유명한 3京 및 3蘇는 모두 개경의 인근에 위치해 있었으며, 신라 말기에 호족 세력들이 웅거하였던 많은 도읍을 중심으로 하여 전개되었던 지방도읍 풍수는 고려시대에는 중부지방일대로 집중되게 되었던 것이다.

다섯째, 고려시대의 풍수지리는 공간적으로 행정구역 변경 및 지명·명호 승강으로 나타났다는 것이다. 예컨대 풍수상 중요하였던 서경인 平壤과 남경인 漢陽, 그리고 동경인 慶州를 보면, 서경의 경우에는 西京畿四道라 하여 본경인 개경에 못지 않게 중요시되다가 서경의 지덕설을 내세우고 발발하였던 묘청의 난 이후에는 서경기 4도라는 행정 구역이 폐지되고 그 대신에 6현이 설치되었으며, 동경 또한 李義旼의 모반 이후에는 경주로 강칭되었다. 남경의 경우에도 풍수지리 吉應과 관련하여 楊州·南京·漢陽府 등으로 번갈아 가면서 수차례 명호의 승강을 겪었다.

여섯째, 고려시대의 도읍풍수에는 도읍의 역사성과 풍수지리적 제조건의 구비 이외에도 순수한 현대 인문지리학적인 입지요인이 많이 고려되었다는 점이다. 예컨대 삼국시대 때부터 삼국간의 쟁탈지였던 한강 일대의 楊州와 고구려의 舊都 평양 등을 들 수 있는데, 이들 지역은 한결같이 풍수이론에

49) 《高麗史》 권 96, 列傳 9, 吳延寵과 권 112, 列傳 25, 朴宜中 및 권 117, 列傳 30, 姜淮伯.

걸맞는 山沿襟帶, 山水回抱의 지세를 이루고 있었다. 그리고 우왕 때의 北蘇箕達山(黃海道 新溪郡 村面 宮岩里) 천도 계획이 그 위치가 너무 산간 깊숙한 곳이어서 漕船이 통하지 않아 중지되었던 것을 보면, 비록 풍수지리 이론상 길지로서 설명이 된다 할지라도 인문생활에 불편한 점이 있으면 그 곳을 포기하는 경향도 있었음을 알 수 있다.50)

(2) 서경천도운동

서경은 고구려 이래로 枕山帶水, 負江臨水의 풍수지리적 조건을 갖춘 중요한 땅으로 추앙받던 곳이다. 동쪽과 남쪽은 大同江에 면하고, 북쪽은 乙密臺와 牧丹峰을 포괄하는 錦繡山에 기대어 있는데, 이것을 主山으로 하여 명당이 펼쳐진 형세이다. 서쪽으로는 대동강의 지류인 普通江이 흐르고 있어 풍수가에서 흔히 말하는 山河襟帶 바로 그것이다.

태조의 훈요 10조 제5훈에는 서경은 水德이 順調하여 우리나라 地脈의 근본이 된다고도 하였다. 이 곳은 이미 태조 26년(943)에 풍수지리설상 '大業萬代'의 땅으로서 국왕 巡駐地로 지목된 곳이며,51) 定宗 2년(947)에는 지리도참설에 의한 천도지로서 궁궐을 짓는 역사까지 착수되었으나 정종의 붕어로 그 실현을 보지 못한 적도 있었다. 정종은 도참을 믿어 서경에 천도할 것을 결의하고 크게 토목을 일으키어 백성을 노역하게 함은 물론, 개경에 살고 있던 부유한 계층들을 억지로 서경에 이주케 하여 원성이 높아졌으나, 마침 승하하고 말았던 것이다.52)

정종이 대체 어떠한 내용의 도참에 영향을 받아 서경 천도를 결심하게 되었는지에 대해서는 기록이 없다. 다만 이 때의 도참이 개경과 서경의 地脈衰旺, 혹은 水德順逆의 설을 기조로 한 것이 아닌가 추측되고 있다. 좀더 자세히 말하면 개경의 터는 수덕이 불순하고 지맥이 열세한 때문에 왕업이 쇠퇴하기 쉽고, 이에 반하여 서경은 수덕이 순조롭고 지맥이 왕성한 소위 '대업만대'의 지형이므로 마땅히 서경에 도읍하여 무궁한 복리를 받을 것이라는

50) 李夢日, 앞의 책, 123~126쪽.
51) 《高麗史》 권 2, 世家 2, 태조 26년.
52) 《高麗史》 권 2, 世家 2, 정종 2년.

지리도참설에 정종이 이끌렸을 것이라는 추측이다.[53]

서경은 광종 11년(959)에 개경을 皇都로 고침과 더불어 서도로 개칭되고, 성종 14년(994)에는 서경이라는 옛 명칭이 다시 사용되었다가 목종 원년(997)에는 다시 鎬京으로 개칭되었다. 여기에서 특히 서경을 서도니 호경이니 한 것은 周에서 東都인 洛邑에 대하여 鎬京을 西都라 한 데서 나온 것으로, 당시에 서경을 얼마나 중하게 여겼던가를 알 수 있다.[54]

그 뒤 문종 16년(1072)에는 다시 西京留守官을 두고 특히 서경 중심의 京畿四道를 설정하였으며,[55] 역대 제왕들도 마찬가지로 지리도참설을 신봉하여 자주 서경에 巡駐하고 옛 궁을 수리하기도 하였다.

이와 같은 과정을 거친 서경이 역사적으로나 지리적으로 커다란 발자취를 남기게 된 것은 인종 때에 승 妙淸과 日官 白壽翰 등이 들고 나온 上京인 개경의 地氣衰旺說 및 서경의 地德說, 그리고 뒤이어 서경 천도를 중심으로 하여 발발한 묘청의 난 때문이다. 한마디로 묘청의 난은 서경 풍수지리의 지덕설에서 출발하였으며, 그 결과는 西京畿라는 막강한 서경의 행정구역 명호가 해체되고 서경의 지위도 상대적으로 약화되는 것으로 끝났다. 그 전말을 살펴보면 시작은 인종 6년(1127)에 묘청이 당시의 시대적 배경, 즉 李資謙의 변란으로 인한 개경 궁궐의 全燒와 잦은 천재지변을 구실로 삼아 다음과 같이 인종에게 건의한 데서 비롯된다.

> 臣 등이 西京 林原驛의 땅을 살펴보건대, 이곳이 음양가들이 말하는 소위 大華勢가 틀림없습니다. 만일 이 곳에 궁궐을 세우고 移御해 있으면 천하를 병합할 수 있고 金國도 幣帛을 가지고 저절로 항복해 올 것이며, 36국이 모두 臣服할 것입니다(《高麗史》 권 127, 列傳 40, 妙淸).

여기서 핵심이 되는 풍수 개념은 「大華勢」이다. 華는 花로도 쓰는데, 대개 풍수가에서는 산수의 發脈과 結局을 흔히 수목의 根幹枝葉花實 등에 비유하여 표현하는 것이 상례이다. 산과 물이 모여들어 吉格을 이루는 명당터를 흔

---

53) 李丙燾, 앞의 글, 108~115쪽.

54) 金庠基, 〈妙淸의 遷都運動과 稱帝建元論에 대하여〉(《국사상의 제문제》 4, 국사편찬위원회, 1956), 44쪽.

55) 《高麗史》 권 58, 志 12, 地理 3, 西京留守官.

히 花勢 혹은 花穴이라고 부른다. 이것은 풍수의 논리 체계로 말하자면 形局論에 해당된다고 할 수 있다.

형국론은 지세를 전반적으로 개관할 수 있는 술법이기 때문에 술사 부류가 가장 많이 들먹이는 내용이고, 풍수를 잘 모르는 사람들도 쉽게 이해할 수 있는 부분임은 사실이다. 그러나 지세의 개관이란 것이 보는 입장에 따라 달리 인식될 수 있는 것이며, 세간에 알려진 것처럼 명확한 술법은 아니다. 《雪心賦》가 "物은 人·物·禽·獸類로 미루어 헤아릴 수 있고, 穴은 形으로 말미암아 취한다"고[56] 갈파한 바와 같이, 실제 踏山하며 길지를 고르는 과정에 있어서는 눈으로 직접 길흉을 판별할 수 있는 어떤 유형 분류의 필요성이 생긴다. 산에 들어가 보면 풍수 이론은 이론대로 머리 속에서 맴돌고 산천은 산천대로 존재하여 이론을 實地勢에 대비하여 보기 곤란한 소위 "山自山 書自書"의 현상이 벌어지는 일이 비일비재하다. 이럴 때 애매모호한 산천형세를 인물 금수의 형상에 유추하여 판단하면 비교적 쉽게 地勢大觀과 그 길흉을 떠올릴 수 있다.

형국론은 우주의 만물만상이 理氣가 있으며 形像이 있기 때문에 외형 물체에는 그 형상에 상응한 氣象과 氣運이 내재해 있다고 보는 관념을 원리로 삼는다. 그러나 앞서 밝힌 바와 같이 物形으로 유추한다 하여도 術師의 주관이 작용될 소지가 너무나 많기 때문에 형국론은 풍수설의 본질적인 체계 구조에는 잘 나타나지 않고, 대부분 풍수 응용서나 備忘記 정도에나 나타날 뿐이다.

그렇다고 해서 대체적인 윤곽만으로 단정해서는 안되는 것이 역시 형국론이다. 《설심부》에서도 이를 경계하여 "호랑이는 사자와 비슷하고 기러기는 봉황과 다르지 않게 보이지만 만일 조그만 차이가 있어도 사슴을 가리켜 말이라 하는 어리석음을 범하는 꼴이다. 모두 한 덩어리로 되어 구별이 없으면 지렁이를 뱀으로 안다"고[57] 지적하고 있다.

物勢形狀이 사람의 길흉에 영향을 미친다는 생각은 원시시대부터 類物信仰으로서 존재했었다. 원래 풍수설 성립 초기에는 이것이 개입되어 있지 못

56) 《雪心賦正解》 권 4, 論穴形異同及沙水凶形應驗.
57) 위와 같음.

했던 듯하다. 우리나라의 경우에는 자생적으로 이 사고관념이 있었던 듯하나 중국의 경우에는 풍수지리의 발달 과정에서 유물 신앙적인 관념이 이입되었는데, 이것은 풍수 논리가 음양오행설에 깊이 영향을 받았기 때문에 가능했을 것이지만 역시 중국의 경우에는 형국은 발달하지 못하였다.

만물에 차이가 나는 것은 그것이 지니고 있는 氣의 차이 때문인 것이고 이 氣의 象이 形으로 나타나는 만큼, 形으로 物의 元氣를 알아낼 수 있다는 사고 방식이 형국론으로 발전된 것이라 본다. 예컨대 나무가 우뚝 솟은 듯한 山形을 갖춘 산은 木氣가 흘러 木山으로, 불꽃처럼 타오르는 듯한 산세는 火山으로 보는 것 따위가 그것이다. 혹은 多産과 결부하여 여성의 생식기에 유추하거나, 길한 짐승의 형상을 비견하는 것 등이 모두 그와 같은 관념의 소산이다.

산천이 融結하면 그 외관상 많은 象과 物形의 모습을 띠게 된다. 이 물형과 상은 각각 그에 상응한 理氣와 象運이 내재되어 있는 것으로 본다. 따라서 풍수설에 있어서는 保局形勢와 山穴形體에 따라 이에 상응한 정기가 그 땅에 모여 있는 것으로 간주하기 때문에 穴處 주변의 국면이 어떤 형국을 갖는가 하는 것은 길흉판단에 있어 중요한 지표로 이용될 수 있는 것이다.

원래 山形 판단에는 5星法이 있다. “經에 이르기를 하늘에는 五星이 있고 땅에는 五行이 있다고 한다. 하늘의 5성은 별자리로 나뉘고 땅의 5행은 산천으로 벌리어, 氣는 땅으로 흐르고 形은 하늘에 걸려 있다. 따라서 형으로 기를 보아 人紀를 세운다”고[58] 하였다. 이것이 산형을 5성에 비기어 보는 근거이다.

5성은 오행설에 기초하며, 오행설의 근본은 剛柔와 같이 《書經》의 洪範 중에 있는데, 홍범 九疇의 차례는 수·화·목·금·토로 되어 있다. 오행의 성격에는 여러 해석이 있으나 「民用五材」라 하여 고대인의 생활 소재를 들어 오행이라 했다는 설이 가장 유력하다.

따라서 5材의 배열도 사람의 생명 지속에 가장 직접적인 수, 화로 시작하여 다음의 생활 소재인 목, 금에 이르고 최후로 일체 소재의 기본이 되는 토가 제시되었다. 이 생활 소재로서의 사람들이 쓰는 5재가 점차로 추상화되어

58) 《地理正宗》 권 1, 青囊經 권 中.

일종의 원리적인 지위를 차지하게 된다.

이 원리화된 5행조직을 구체적으로 나타낸 것이 《禮記》의 月令이라 할 수 있다. 월령은 천문, 역법과 밀접한 관련을 가지며 相生, 相剋의 형세를 취하기도 한다. 이 상생·상극원리가 산천 형국에, 특히 산의 모양에 결부되어 5성법을 낳게 되는 것이다.

5성의 생김새는 둥근 모양을 한 것이 金星, 곧고 모나지 않으며 直聳한 것이 木星, 물이 흐르듯 큰 굴곡없이 위에서 아래로 부드럽게 뻗어 간 것이 水星, 불꽃같이 뾰족하고 날카롭게 생긴 것이 火星, 반듯하고 옆으로 뻗어 중후한 인상을 풍기는 것이 土星이다.

5성은 淸·濁·凶 3格으로 그 길흉을 논하는 바, 청이란 별이 수려하고 광채가 나는 것이며, 탁이란 별이 추악하고 거칠고 煞을 띤 것을 말한다. 산의 형세를 미루어 유형을 분류하고 그로써 형국을 논하려면 먼저 5성에 의하여 대관하지 않을 수 없다. 이것은 또 국면을 이루고 있는 주위의 각 산들과 결부되어 이루 헤아릴 수 없이 많은 종류의 유형을 낳게 된다. 그 조사된 유형만도 수백 가지이며[59] 이것은 어떤 의미에서 무궁무진한 가지 수를 파생시킬 수도 있는 개념이다.[60]

따라서 앞서 서경의 大花勢라는 것도 땅의 명당 모양을 꽃에 비유하여 그것이 얼마나 좋은 경우인가를 표현하는 하나의 형국론적 방법이라고 생각하면 틀림이 없다. 그리하여 인종 7년에는 드디어 林原驛에 大花新宮이 낙성되었으며, 묘청은 각종 음양비술로써 국왕의 移御를 잦게 하고 나중에는 서경을 국도로 삼아야 한다면서 서경 천도 운동을 벌이다가 개경에 있는 儒臣들의 맹렬한 배척을 받게 되자 드디어 난을 일으키게 되었던 것이다.

이 반란의 결과로 서경은 큰 타격을 받게 되었는데, 먼저 문종 때에 설치되었던 西京畿四道라는 행정 구역이 해체되어 江東·江西·中和·順和·三登·三和의 6縣으로 되고, 또한 3경 중에서 서경은 이미 국왕 巡駐地로서의 지위를 잃어버린거나 다름없었다. 따라서 명종 이후부터는 전래의 3신사상과 산악숭배사상에 근원을 두고 있는, 거리상 개경 가까이 위치한 三蘇

59) 村山智順, 《朝鮮の風水》(朝鮮總督府, 1931), 229~246쪽.
60) 崔昌祚, 앞의 책, 179~188쪽.

(三山)를 神山으로서 뿐만 아니라 풍수지리 도참에 부응하는 길지로 중시하여 여러 차례 相地하고 궁궐을 조성하며, 더 나아가서는 천도의 후보지로서까지 논의하기에 이르렀던 것이다.

〈崔昌祚〉

3. 민속종교

1) 고려시대 민속종교 이해의 문제점

민속종교(Folk Religion)[1]란 기층사회를 통해 전승되고 있는 전통적 생활습속의 한 측면으로, 초월적 세계와의 교류를 통해 현실의 각종 재난을 피하면서 보다 건강하고 풍요로운 삶을 누리려는 데 목적을 둔 기복적이며 공리적인 종교전통이다. 이것은 원시사회에서 자연발생적으로 생겨나, 한동안 사회적으로나 문화적으로 중요한 역할을 했다. 그러나 민속종교는 세계에 대한 통일적 해석이나 일상적 삶을 초월한 인생의 궁극적 이상을 제시하고 있지 못한 까닭에, 사회가 복잡해지고 문화가 발달함에 따라 사회적 통제력과 문화적 영향력을 점차 상실하고 차츰 기층사회의 신앙으로 침전되어 가기 마련이다. 그 결과 고려시대에는 고대사회에 비해 민속종교의 의미가 사회적으로나 문화적으로 크게 축소되었다. 즉 국왕의 巫王(Shaman-king)적 성격이 크게 퇴색하고, 무격이 공식적으로 국정을 보좌하는 일이 사라지게 되었다.

그렇지만 민속종교는 고려시대에도 생활 속에 깊이 뿌리 내리고 있으면서 사람들의 사고와 행동을 지배하고 있었다. 고려 인종 원년(1123) 송나라 사신단의 일행으로 고려에 왔던 徐兢이 《高麗圖經》祠宇條에서 "고려는 평소 귀

---

1) 民俗宗教를 흔히 民間信仰이라고도 한다. 그렇지만「민속종교」라는 용어를 사용한 것은 이것을 종교현상으로 보고자 해서이다. 그리고 민간신앙이란 용어로는 이 점을 분명히 하기가 어렵다고 생각해서이다. 왜냐하면 신앙(Belief)이란 개념은 원래 개인의 내면화된 종교현상을 가리키는 것으로 儀禮와 더불어 종교의 주요 구성요소이지만, 종교현상 전체를 포괄하는 용어는 아니기 때문이다.

신을 두려워하여 믿고 음양에 얽매어 병이 나도 약을 먹지 않으며 부자 사이같이 아주 가까운 육친이라도 서로 보지 않고 呪咀와 厭勝을 알 따름이었다"라고 한 것은 바로 이러한 사실을 반영한다. 이러한 현상은 왕실에서도 마찬가지였다. 고려 태조가 훈요 10조에서 고려의 창업을 산천의 陰助에 의했다고 한 것(제5조)이나, 天靈 및 五岳·名山·大川·龍神을 섬기는 八關會를 중시한 것(제6조) 등이 그 예가 될 것이다.[2] 이렇듯 고려시대의 민속종교는 사회와 문화를 이끌어 가는 위치에 있지 못했지만, 당시인의 일상생활과 밀접한 관련을 가지고 있었던 만큼, 이에 대한 조명은 고려시대의 종교와 문화 전반을 이해하기 위해서도 필요한 것이라 할 수 있다.

그러나 고려시대의 민속종교를 살펴보는 데에는 몇 가지 어려움이 있다. 그 중 하나는 민속종교의 범주 문제이다. 민속종교는 그 연원을 원시자연종교로까지 거슬러 올라갈 수 있지만, 단순한 원시종교의 잔존물(survivals)에 그치는 것이 아니다. 다시 말해서 민속종교는 신념체계가 체계화 내지 성문화되어 있지 않고 유동적인 까닭에, 밖으로부터 전래된 외래종교들의 요소들을 많이 내포하고 있고, 그 결과 신앙구조가 상당히 중층적이다. 그러므로 어느 선까지를 민속종교란 범주에서 논의해야 할지 애매할 때가 많다. 더구나 고려시대는 민속종교의 신앙구조가 중층화되는 과정에 있었으므로, 범주를 설정하기가 더욱 어렵다.

다음은 자료의 문제이다. 고려시대의 민속종교를 엿볼 수 있게 해주는 자료로는 고려시대인들이 남긴 문집류 등도 있지만, 가장 중요한 자료는 조선 문종 원년(1451)에 완성된 《高麗史》이다. 그러나 《고려사》는 역사서이기 때문에 민속종교에 관한 기사들이 적고, 또 지배층을 중심으로 한 것이어서 얼마 안되는 관련기사마저도 대부분이 지배층에 관한 것으로, 기층사회의 민속종교에 대한 언급이 별로 없다. 뿐만 아니라 《고려사》는 민속종교를 극복되

---

2) 《高麗史》 권 2, 世家 2, 태조 26년 4월.
그런데 崔滋, 《補閑集》 上에 의하면, 태조는 崔凝과의 대화에서 부처와 산천신 등에 대한 숭배가 후삼국의 혼란을 수습하기 위한 고식책에서 나온 것이었다고 했다. 이러한 사실로 보아 태조의 민속종교에 대한 주목이 시대적 상황에 따른 일시적인 것이었다고 하더라도, 이를 통해 민속종교가 고려인들의 심성 속에 깊이 자리하고 있었음을 짐작할 수 있다.

어야 할 문화전통으로 인식했던 유학자들에 의해 편찬된 것인 만큼, 기층사회에 관한 기사라 하더라도 민속종교의 부정적인 면과 그로 인한 배척에 관한 것들이어서 그 실상을 파악하기에 더욱 어렵게 한다.

그 결과 고려시대의 민속종교에 대한 이해는 스스로 한계를 가질 수밖에 없는 것이지만, 여기서는 오늘날의 민속종교의 범주에 포함되는 현상들을 중심으로 하고, 《고려사》에 전하는 지배층의 민속종교 관련 자료들을 유추 해석하여 이 문제를 살펴보고자 한다. 그리고 이를 고려 전기와 후기로 나누어 서술해야 하는데, 민속종교는 시대에 따른 변화가 적은 것이므로 고려 전기라 하더라도 그 양상에는 후기와 큰 차이가 없는 것 같다. 그러므로 여기서는 고려 전기 부분에서 후기의 자료까지 동원하여 고려시대 민속종교의 특징적인 현상들을 언급해 보고자 한다.

2) 민속종교의 신 관념

민속종교는 숭배하는 신들이 다종 다양하다는 데 그 특징이 있다. 고려시대 민속종교의 신앙대상으로 천신·산신·성황신·용신 등이 기록을 통해 확인되고 있다.

(1) 천 신

天神은 하늘 자체를 신격화한 것으로, 고대사회에서부터 이미 중요한 숭배의 대상이었다. 고려시대에도 태조 10년(927) 후백제군과의 桐藪전투를 앞두고 祭天한 것을 필두로 하여,[3] 이후 圓丘祭·八關會·醮 등의 각종 국가 제사를 통하여 숭배되어 왔다.

원구제란 하늘의 형상을 본뜬 원구라는 제단에서 昊天上帝를 제사하는 것인데, 매년 정월 첫번째 辛日과 4월의 길일 두 차례에 걸쳐 정기적으로 거행되었으며,[4] 그 밖에도 국가의 불행이 있을 때에는 수시로 거행되었다. 그리

3) 《新增東國輿地勝覽》 권 27, 河陽縣 山川 醮禮山.
4) 《高麗史》 권 59, 志 13, 禮 1, 吉禮大祀 圜丘.

고 매년 11월에 거행되는 팔관회는 태조의 훈요 10조 제6조에서 언급한 바와 같이 "천령 및 5악 · 명산 · 대천 · 용신을 섬기는 것"이며,[5] 醮는 《고려사》 禮志 雜祀條에 언급된 바와 같이 "수시로 천지 및 경내의 산천을 대궐 뜰에서 두루 제사하는 것"이다.

물론 이들 국가제사를 토대로 민속종교의 천신을 논하기는 어려울지도 모른다. 왜냐하면 호천상제는 《詩經》을 비롯한 유교경전에 보이는 신이며, 원구제는 성종 2년(983)에 유교에 입각하여 국가제사를 정비하는 과정에서 처음 시행된 것이기 때문이다. 또 팔관회도 명칭 자체가 불교의식에서 나온 것일 뿐만 아니라 국왕의 法王寺 행차가 주요부분을 이루고 있는 행사이며, 醮도 도교의례의 명칭이기 때문이다.

그러나 이들 의례는 어느 것이나 그 원래의 모습과는 일정한 차이를 보이고 있다. 먼저 원구제의 경우, 중국에서는 후한 광무제 建武 2년(A. D. 26) 국가제사로서 정착된 이래 역대 왕조에 의해 계속되어 왔으며, 그 祭日은 《禮記》 郊特牲에서 규정된 바와 같이 동지일의 제사가 正祭로서 가장 중시되어 왔다.[6] 그러나 고려에서는 동지일의 제사가 없다. 이러한 사실은 고려의 원구제가 중국제도의 복사판이 아님을 의미한다. 또 팔관회도 하루 낮 하루 밤 동안 八戒를 지킨다는 원래의 의미와는 달리 천령 · 5악 · 명산 · 대천 · 용신을 섬기는 것으로서,[7] 《고려도경》 사우조에서도 이를 고구려의 제천행사인 東盟과 연결시키고 있어 순수한 불교행사가 아니었음을 짐작케 한다. 그리고 도교의 초는 밤중에 술이나 마른 고기 등을 차려놓고 消災度厄을 위해 星辰에 제사하는 것인데,[8] 고려의 초는 북극성을 신격화한 天皇大帝나 太一 등을 제사하는 경우도 있지만 기본적으로 천지와 산천을 대궐 뜰에서 合祀하는 것이다. 이러한 차이는 한국의 전통적 천신관념이 이들 의례 속에 투영된 결과라 하겠으며, 나아가 이들 의례를 통해 민속종교의 천신관념을 짐작해

---

5) 《高麗史》 권 2, 世家 2, 태조 26년 4월.

6) 福永光司, 〈昊天上帝と天皇上帝と元始天尊〉 (《道敎思想史硏究》, 岩波書店, 1987), 130~134쪽.

7) 명종 때 文克謙이 "太祖始設八關 盖爲神祇也"라고 한 것도 참고가 된다(《高麗史》 권 99, 列傳 12, 文克謙 및 《高麗史節要》 권 13, 명종 14년 10월).

8) 《隋書》 권 35, 經籍志 4, 道經.

볼 수 있겠다.

그렇다고 할 때 먼저 지적할 수 있는 사실은 천신이 神界의 최고신으로 여겨졌다는 점이다. 이규보가 신종 7년(1204) 경주 민란을 진압하고 지은 〈公山大王謝祭文〉[9]에서 동경 민란의 진압은 공산 산신이 국가를 위해 皇天上帝에게 변고해 준 덕택이라 한 것이나, 고종 6년(1219) 桂陽都護府副使로 있으면서 지은 〈桂陽祈雨城隍文〉[10]에서 비가 오도록 성황신이 지방관인 자신을 대신해서 하늘에 부탁해 달라고 한 것, 또 고종 41년(1254) 太廟의 제문에서 몽고병이 물러가도록 종묘의 신령으로 하여금 상제에게 부탁해 달라고 한 것[11] 등은 바로 이러한 사실을 보여준다. 다시 말해서 이들 자료에서 천신이 왕실의 조상신이나 성황신·산신보다 상위의 신임을 알 수 있다.

뿐만 아니라 이들 자료에서 천신이 비를 내리고 兵禍를 막아주는 등, 인간의 길흉화복에 큰 힘을 발휘하는 전지전능한 신으로 여겨졌음을 확인할 수 있다. 때문에 고려에서는 원구제 등에서 정기적으로 풍요와 비 등을 비는 이외에도, 천재지변이 극심하여 다른 초자연적 방법들로 이를 물리치지 못할 때면 천신에게 직접 제사를 지내기도 했다. 예컨대 숙종 7년(1102) 송충이 극성을 부려 講經會를 열었지만 효험이 없자 왕이 군신을 거느리고 禁中에서 상제와 五帝에게 3일간 기도했다거나,[12] 예종 원년(1107) 가뭄이 들어 강경회를 열고 神廟에서도 빌었지만 효과가 없자 왕이 군신을 거느리고 會慶殿에서 호천상제에게 직접 제사했다는 것[13] 등이 그것이다.

이렇듯 천신은 국가적 차원에서 致祭되고 있었지만, 현종 15년(1024) "봄부터 가뭄이 심하여 백성들이 모여 하늘에 부르짖으면서 기도하였다"라는 기사로 미루어 민간에서도 이에 대한 제사가 행해지고 있었음을 알 수 있다.[14] 그렇지만 천신은 마을이나 개인의 문제를 기원하기에는 워낙 높고 무한한 존재였다. 때문에 천신숭배는 고려 일대를 통하여 주로 국가적 차원에서 계

9) 李奎報,《東國李相國集》 권 37.
10) 위와 같음.
11)《高麗史》 권 24, 世家 24, 고종 41년 10월 무자.
12)《高麗史》 권 54, 志 8, 五行 2.
13)《高麗史》 권 12, 世家 12, 예종 원년 7월 기해.
14)《高麗史》 권 4, 世家 4, 현종 15년 5월 계사.

속되었고, 인하여 민간신앙과는 점차 거리가 멀어져 갔다. 민간 차원에서의 천신에 대한 의례나 祭場에 대한 고려시대의 기록이 적은 것은 이러한 데에도 원인이 있다 하겠다.

이와 관련하여 주목되는 사실은 민속종교의 帝釋神(天帝釋) 신앙이다. 제석신은 오늘날 민속종교에서도 중요한 신격으로 숭배되고 있는데, 이러한 현상은 이미 고려시대의 기록에서 확인되고 있다. 이규보가 〈老巫篇〉에서 이웃에 사는 늙은 무당이 天帝釋을 모셨다고 한 것이나,[15] 《고려사》에서 공민왕 때 천제석임을 자칭하는 무당들이 있었음을 전하는 것이[16] 바로 그것이다. 제석이란 원래 須彌山 꼭대기에 위치한 忉利天을 주재하는 불교의 천신이다. 그러나 민속종교의 제석신은 불교의 신격을 그대로 가져온 것은 아니다. 왜냐하면 오늘날의 민속종교에서 제석신은 가택신·생산신·인간의 수명과 복을 관장하는 신으로 여겨지고 있어,[17] 불교의 제석과 상당히 다른 면을 보이고 있기 때문이다.

이것은 민속종교의 제석신이란 민속종교 원래의 신격을 불교 용어를 빌어 표현한 것임을 의미한다. 그렇다고 한다면 제석신이란 용어를 빌어온 데에는 나름대로 이유 내지 양자 사이에 어떤 공통점이 있었기 때문일 것이다. 이러한 공통점으로 생각해 볼 수 있는 것은 다같이 천신이라는 점이다. 즉 민속종교 원래의 신격이 천신이었기 때문에 불교의 천신명을 빌어 제석신이라 표현했다는 것이다. 그렇다고 할 때 민간층의 천신신앙은 제석신 신앙으로 그 명맥을 이어온다고 하겠으며, 이러한 현상은 고려시대로까지 소급될 수 있겠다. 《三國遺事》 고조선조에서 단군의 할아버지로서 전통적 천신임에 틀림없는 환인을 제석이라 주석한 것도 이러한 의미에서 이해된다.

한편 고려시대의 민속종교에서는 별들도 숭배의 대상이 되고 있었다. 이러한 사실을 보여주는 것이 이규보의 〈노무편〉인데, 여기에는 무녀가 七元(日月과 5星이지만, 이 경우는 북두칠성)과 九曜(日月을 포함한 9星)를 그린 巫神圖를 봉안하고 있었음이 언급되어 있다. 그리고 공민왕대의 인물인 洪彦博

15) 李奎報, 《東國李相國集》 권 2.
16) 《高麗史》 권 114, 列傳 27, 李承老 附 云牧 및 권 111, 列傳 24, 柳濯.
17) 《한국민속대사전》 2 (민족문화사, 1991), 1252~1253쪽.

이 매일 밤 하늘의 별에 기도하였다는 《櫟翁稗說》 前集 2의 기록도 참고가 된다.

(2) 산 신

山神은 민속종교의 대표적인 신격으로서, 《舊唐書》 新羅傳에 신라인들이 산신을 제사하기 좋아했다는 기록이 보이는 등, 일찍부터 신앙의 대상이 되어 왔다. 고려시대에도 이러한 전통을 이어받아, 고려의 건국을 정당화하는 왕실 세계설화에 平那山 산신이 등장하는 것을 비롯하여, 산신이 대단히 중요시되었다. 그것은 산신이 산에 있으면서 산을 지배하는 데 그치지 않고, 인간의 길흉화복 전반을 통어하는 것으로 믿어졌기 때문이다.

기록을 통해 확인되는 것만 보더라도 산신은 우선 병란으로부터 국가나 지역을 지켜 줄 수 있는 것으로 믿어졌다.

① 현종 2년(1011) 2월, 監察御史 安鴻漸이 아뢰기를 '契丹兵이 長湍에 이르니 눈보라가 갑자기 일어나면서 紺岳神祠에 마치 깃발과 士馬가 있는 것 같아 거란병이 두려워하여 감히 전진하지 못했습니다…'라고 했다(《高麗史節要》 권 3).

② 고려사람들이 전하기로는 '大中祥符 연간(1008~1016)에 거란이 왕성을 침입하자 崧山의 신이 밤중에 수만 그루의 소나무로 변하여 사람소리를 내었다. 오랑캐들은 원군이 있는가 의심하여 곧 철수하였다. 후에 그 산을 봉하여 崧이라 하고 사당을 마련하여 그 신을 제사드렸다'고 한다(《高麗圖經》 권 17, 祠宇 崧山廟).[18]

③ 고종 43년(1256) 4월 경인일에 몽고병이 충주에 들어와 州城을 무찌르고 또 산성을 치니, 관리들이 노약하여 능히 막아내지 못할 것을 두려워해서 月嶽神祠로 올라갔다. 이 때 갑자기 운무가 끼고 풍우와 雷雹이 함께 들이치니 몽고병이 신의 도움이라 하여 공격하지 못하고 물러갔다(《高麗史》 권 24, 世家 24).

이상의 기록들은 산신이 외적으로부터 지역이나 국가를 지켜줄 수 있는 힘의 소유자로 여겨졌음을 보여준다. 때문에 전쟁이 있을 때에는 산신에게 미리 전승을 기원하기도 했다. 전승 기원은 여진과의 싸움이 계속되던 예종 4년(1109)에 왕이 근신을 파견하여 進奉山과 九龍山에 빌었던 경우에서 보는 바와 같이[19] 국왕의 주관 하에서 이루어진 적도 있지만, 군대의 지휘관이 전투

18) 徐 兢, 《高麗圖經》 권 40, 同文 正朔條에도 같은 내용이 보인다.
19) 《高麗史》 권 13, 世家 13, 예종 4년 6월 무자.

에 임하여 행한 경우도 있었다. 가령 신종 5년(1202) 민란을 진압하기 위해 출정한 관군이 公山大王 · 경주의 北兄山 및 東岳과 西岳의 산신에게 전승을 기원했던 것,[20] 고종 24년(1237) 초적 李延年의 무리를 치러 가면서 全羅道指揮使 金慶孫이 錦城山神에게 전승을 기원했던 것,[21] 우왕 9년(1383) 鄭地가 왜구와 싸우기에 앞서 智異山神祠에서 신의 도움을 요청한 것[22] 등이 그것이다.

그리고 전쟁에서 승리했을 때에는 산신의 도움이라 믿었으니, 이규보가 경주민란 진압군의 일원으로 참여하여 지은 일련의 제문들은 이러한 사실을 잘 보여준다.[23] 그 중에서도 경주 서악에 올린 제문의 일절은 특히 그러하다.

> 어제 東京의 元惡 義庇가 죽음을 받은 것은 실로 (西岳)大王의 덕분입니다. 왜냐하면 적이 다른 곳으로 도망갈 데가 없지도 않았는데, 의비가 서악으로 들어와 숨어 있다가 우리에게 잡혔으니, 이 어찌 대왕께서 시킨 것이 아니겠습니까(李奎報,《東國李相國集》 권 38, 東京西岳祭文).

또 산신은 비를 조절하는 힘이 있는 것으로 믿어졌다. 그래서 가뭄이 계속되면 산신에게 비를 빌었고, 비가 너무 많이 오면 비가 그치기를 빌었다. 이에 관한 기록은《고려사》五行志 2에 모아져 있는데, 그 중 몇 가지를 예시해 보면 다음과 같다.

① 현종 2년 4월 신유, 松岳에 비를 빌었다.
② 정종 6년 5월 을묘, 초하루날 北岳에 비를 빌었다.
③ 선종 2년 4월 또 산악에 비를 빌었다.
④ 예종 11년 4월 기사, 九月山에 비를 빌었다.
⑤ 정종 6년 8월 정미, 北岳에 비 개이기를 빌었다.
⑥ 숙종 3년 7월 무신, 松岳에 비 개이기를 빌었다.

그리고 산신은 병을 낫게 해줄 수 있는 힘이 있는 것으로 믿어졌다. 민간에서는 병이 나면 崧山神祠(松嶽神祠)를 찾아가 옷이나 말을 바치고 기도했다

---

20) 李奎報,《東國李相國集》 권 38에 수록된 〈祭公山大王文〉, 〈北兄出祭文〉, 〈慶州東西兩岳祭文〉, 〈獻馬公山大王文〉 참조.
21)《高麗史》 권 103, 列傳 16, 金慶孫.
22)《高麗史》 권 113, 列傳 26, 鄭地.
23) 李奎報,《東國李相國集》 권 38에 수록된 〈東京西岳祭文〉, 〈東西兩岳合祭文〉, 〈公山大王謝祭文〉 참조.

든지,[24] 예종 4년(1109) 전염병이 돌자 송악과 諸神祠에 사람을 보내어 祈禳했다든지,[25] 신종 때 경주민란을 진압하러 갔던 統軍尙書 金陟侯가 병에 걸리자 지리산 산신에게 제사를 드렸던 것[26]이나 충렬왕이 병에 걸리자 사신을 보내어 지리산에 제사를 지냈던 것[27] 등은 이러한 믿음에서 나온 것이라 하겠다.

이렇듯 산신은 인간의 길흉화복 전반에 커다란 영향력을 행사한다고 믿어졌으므로, 고려시대에도 산신에 대한 숭배가 왕실을 비롯한 지배층에서부터 민간에 이르기까지 크게 성행하였다. 개인의 기복을 위해 산신을 제사한 기록들이 심심찮게 보인다는 점도 그러하지만,[28] 산신을 제사한다고 몰려다니다가 失行하는 자가 생기는가 하면, 紺岳山 산신을 제사하러 가다가 長湍에서 익사한 자가 속출하여 국가에서 이를 금하기까지 했다는 사실은 당시 산신에 대한 숭배가 얼마나 성행하였는지를 단적으로 보여준다.[29]

산신에 대한 숭배는 개인적 차원에서 뿐만 아니라 국가적 차원에서도 중요시되었다. 국가에서는 산신들을 국가의 致祭 대상 목록인 祀典에 포함시켜 정기적으로 제사하였다. 팔관회에서 5악과 명산이 숭배되었고 醮에서의 치제 대상에 산이 포함되어 있는 점으로 미루어 제사가 개경에서 거행되기도 했지만, 현지에서의 제사를 위해 향과 축문을 내려주기도 하고,[30] 봄과 가을로 전국에 外山祭告使를 파견하기도 했다.[31] 그리고 가뭄이나 전쟁과 같은 특별

---

24) 徐 兢, 《高麗圖經》 권 17, 祠宇 崧山廟.

25) 《高麗史》 권 13, 世家 13, 예종 4년 12월 을유.

26) 李奎報, 《東國李相國集》 권 38, 智異山大王前願文.

27) 《高麗史》 권 28, 世家 28, 충렬왕 원년 6월 기사.

28) 송악에 제사한 것만 해도, 고종 3년 3월 崔忠獻이 제사한 것(《高麗史節要》 권 15), 우왕 11년 2월 갑오에 궁녀들이 제사한 것과 같은 해 3월 기묘 姜仁裕의 처가 제사한 것(《高麗史》 권 135, 列傳 48, 辛禑 3), 우왕의 유모 장씨가 제사한 것(《高麗史》 권 115, 列傳 28, 禹玄寶) 등이 기록에 보인다. 송악에 대한 제사는 주로 송악에서 거행되었겠지만, 그 밖의 지역에서 행해지기도 했다. 崧山神의 別廟가 群出島에 있다든지(《高麗圖經》 권 17, 祠宇 五龍廟), 원종 때 일본정벌에 앞서 김해에서 송악신을 제사했다든지(《新增東國輿地勝覽》 권 32, 金海都護府 祠廟 松岳堂) 등이 그것이다.

29) 《高麗史》 권 85, 刑法 2, 禁令 충렬왕 14년 4월 · 충선왕 3년 4월.

30) 《高麗史》 地理志에 언급된 것으로는 紺岳山 · 胎靈山 · 智異山 · 無等山 · 鼻白山이 있다.

31) 《高麗史》 권 8, 世家 8, 문종 18년 2월 계유.

한 경우에도 수시로 산신에 대한 제사를 거행하였다.

이와 같이 祀典에 포함된 명산의 숫자는 고려 일대를 통하여 계속 늘어갔다. 인종 7년(1129)에는 새로 창건한 서경에 大花宮의 主山을 새로 사전에 편입하였다.[32)]

① 원종 14년 5월 경진일에 광주 無等山神이 적(삼별초)을 토벌하는 데 음조하였다 하여, 禮司에 명하여 작위를 加封하고 춘추로 致祭하게 하였다(《高麗史》 권 27, 世家 27).

② 나주인들이 '錦城山神이 巫에게 내려 말하기를 진도와 탐라를 치는 데 실로 나의 힘이 있었지만, 장사에게는 상을 주고 나에게는 祿을 주지 않으니 어찌된 일이냐. 반드시 나를 丁寧公에 봉하라' 했다고 말했다. (鄭)可臣이 그 말에 혹하여 (충렬)왕에게 넌지시 말하여 정령공에 봉하고 나주읍의 祿米 5석을 거두어 해마다 그 사당에 주게 하였다(《高麗史》 권 105, 列傳 18, 鄭可臣).

위의 자료에서 보는 바와 같이, 원종 14년(1273)에는 광주 무등산신을, 충렬왕 3년(1276)에는 나주 금성산신을 삼별초의 난을 진압하는 데 공이 있다고 하여 사전에 올렸다.

산신에 대한 국가적 차원의 또다른 배려는 수시로 산신에게 爵號나 德號를 가하는 것이었다. 목종이 즉위할 때 神祇에 대한 작호를 수여하기 시작한 이래,[33)] 왕이 즉위하거나 太廟에 祫祭를 지내는 등 국가적 경사가 있을 경우, 천재지변이나 전쟁 등 국가적 불행이 있을 경우에 가해졌다. 그런가 하면 왕이 巡狩하면서 지나온 산의 신에 대해서도 '仁聖' 등의 덕호를 더하였다. 충렬왕 13년(1287) 원을 도와 乃顏의 무리를 정벌하러 갈 때 감악산신의 두 번째 아들을 都萬戶로 봉했다고 하는 바, 작호는 산신의 아들에게까지 수여되기도 했다.[34)] 이러한 작호의 수여는 국가의 복리 증진을 위해 산신의 환심을 얻고자 한 것이 동기일 것이다.

그러나 공민왕 19년(1370) 6월 明은 神祇에게 崇名美號를 주는 것은 瀆禮不敬한 것이란 이유로 이를 폐지하면서,[35)] 곧 고려에 대해서도 명의 제도를

32) 《高麗史》 권 16, 世家 16, 인종 7년 3월 기묘.
33) 《高麗史》 권 3, 世家 3, 목종 즉위년 12월 임인.
34) 《高麗史》 권 30, 世家 30, 충렬왕 13년 6월 기묘.
35) 明의 洪武 3年 禮制改革에 대해서는 濱島敦俊, 〈明初城隍考〉(《榎博士頌壽記念 東洋史論叢》, 汲古書院, 1988), 352~362쪽 참조.

따를 것을 강요하였다.36) 그 결과 고려에서도 산신을 비롯한 신지에 대한 가호는 일단 중지되었다.

이렇듯 산신은 인간의 길흉화복 전반에 커다란 영향을 미친다고 믿어졌으므로, 산신숭배의 중심이 되는 神祠가 전국 도처에 존재하고 있었다. 기록을 통해 확인되는 것만 하더라도 개경의 松岳神祠와 龍首山祠 · 우봉의 九龍山祠 · 적성의 감악신사 · 서경의 木覓神祠37) · 충주의 月嶽神祠 · 남원의 지리산신사 등이 있었다. 이러한 신사들은 해당 산에 위치하고 있었으며,38) 각각 城隍 · 大王 · 國師 · 姑女 · 府女를 모신 5개의 사당으로 구성된 송악신사처럼39) 여러 채의 건물로 이루어진 경우도 있었던 것 같다. 그리고 현종 3년(1012) 12월 서경 목멱사의 신상을 만들었다든지,40) 의종 때 咸有一이 구룡산신상을 활로 쏘았다든지,41) 명종 17년(1187) 4월 계유에 지리산신상의 머리가 떨어져 나갔다든지42) 하는 기록으로 미루어 신사 안에는 신상을 봉안해 두었음을 알 수 있다.

이와는 달리 여러 산신을 한 곳에서 합사하는 신당이 만들어지기도 했는데, 妙淸의 八聖堂이 그것이다. 팔성당이란 인종 9년(1131) 묘청이 나라를 이롭게 하고 國基를 연장하기 위해 필요한 것이라 하면서 서경 林原宮 내에 설치한 것이다. 여기에는 ① 護國白頭嶽太白仙人 實德文殊師利菩薩, ② 龍圍嶽六通尊者 實德釋迦佛, ③ 月城嶽天仙 實德大辨天神, ④ 駒麗平壤仙人 實德燃燈佛, ⑤ 駒麗木覓仙人 實德毗婆尸佛, ⑥ 松嶽震主居士 實德金剛索菩薩, ⑦ 甑城嶽神人 實德勒叉菩薩, ⑧ 頭嶽天女 實德不動優婆夷의 신상을 그려 모셔두었다.43) 그러므로 팔성당에 모셔진 신들이란 산신이라 하겠는데, 특이한 사실은

36) 《高麗史》 권 42, 世家 42, 공민왕 19년 7월 임인.

37) 崔滋의 〈三都賦〉(《東文選》 권 1)에 의하면 목멱신은 稼穡, 즉 농사를 담당했다고 한다.

38) 송악신사와 감악신사가 각각 송악과 감악산의 위에 있다는 《高麗史》 권 56, 志 10, 地理 1의 기사 참조.

39) 《新增東國輿地勝覽》 권 5, 開城府 下 祠廟.

40) 《高麗史》 권 63, 志 17, 禮 5, 雜祀.

41) 《高麗史》 권 99, 列傳 12, 咸有一.

42) 《高麗史》 권 55, 志 9, 五行 3.
우왕 때 왜구가 패주하면서 지리산 聖母祠 신상의 이마에 상처를 입히고 갔다는 《新增東國輿地勝覽》 권 30, 晋洲牧 祠廟 聖母祠조의 기록도 참고가 된다.

43) 《高麗史》 권 127, 列傳 40, 叛逆 1, 妙淸.
팔성당에 대한 자세한 설명은 李丙燾, 《高麗時代의 硏究》(乙酉文化社, 1948),

팔성당에 모셔진 산신들의 本身·眞身을 불·보살이라고 한 점이다. 다시 말해서 불·보살이 인간을 이롭게 하기 위해 산신의 모습을 빌려 나타난 것이 8성이라는 것이다. 이것은 일종의 本地垂跡說이라 하겠는데, 이를 통하여 재래의 산신신앙이 불교와 혼합되어 가는 모습을 살필 수 있다.

한편 고려시대에는 역사적 인물이 산신이 되었다는 관념도 있었다. 이러한 관념은 단군이 阿斯達山神이 되었다는 데에서 이미 보이는 바이지만, 고려시대에도 九龍山天王이 태조의 6대조에 해당하는 虎景이라든지[44] 감악산신이 당나라 장수 薛仁貴라든지,[45] 순천 海龍山神이 견훤의 사위인 朴英規[46]라고 한 데서 나타나고 있다.[補]

(3) 성황신

城隍이란 성벽을 둘러싼 해자를 의미하는 바, 성황신이란 성을 수호해 주는 신이다. 중국의 경우,[47] 성황신 신앙은 6세기 무렵에 양자강유역을 중심으로 발생하였으며, 도시를 중심으로 상공업이 발달함에 따라 10세기 경에는 전국적으로 확산되어 갔고, 마침내 국가제사의 대상이 되기까지 하였다. 성황신 신앙은 도시 내에 있는 城隍廟를 중심으로 이루어졌는데, 성황묘에 모셔지는 성황신은 그 지역과 관련이 깊은 역사적 인물인 경우가 많다. 성황신은 처음에는 도시의 방어에 영험있는 신으로 신앙되었으나 후대로 가면서 도시의 기후를 통어하고 지역주민의 길흉화복을 조절하며 사후세계를 지배

189~192쪽 참조.

44) 李承休,《帝王韻記》권 下, 本朝君王世系年代.
그런데《新增東國輿地勝覽》권 31, 咸陽郡 祠廟條에 의하면《帝王韻記》에서 지리산 성모(산신)를 태조의 어머니인 威肅王后라 했다고 하나, 현재 유통되고 있는《帝王韻記》에는 이러한 내용이 보이지 않는다.

45)《高麗史》권 56, 志 10, 地理 1.

46)《新增東國輿地勝覽》권 40, 順天都護府 人物.

補) 고려시대의 산신숭배에 대한 연구로 최근 金甲童, 〈高麗時代의 山嶽信仰〉(《韓基斗華甲紀念 韓國宗教思想의 再照明》上, 圓光大出版局, 1993)이 발표되었다.

47) 중국의 성황신앙에 대한 기술은 주로 다음 연구성과들에 의거하였다.
David Johnson, The City-God Cult of T`ang and Sung China, *Harvard Journal of Asiatic Studies, Vol. 45. No. 2*, 1985.
小島毅, 〈城隍廟制度の確立〉(《思想》1990年 6月號).

하는 존재로 의미가 확대되어 갔다.[48]

고려의 경우, 성황에 대한 최초의 기록은 태조의 아들인 安宗 郁이 泗水縣으로 유배를 가서 자신을 현의 성황당 남쪽 歸龍洞에 엎어서 묻어달라고 유언했다는 기사이다.[49] 안종 욱이 사수현으로 유배를 당한 것은 성종대(981~997)의 일인 만큼, 이 기사로 미루어 늦어도 10세기 후반에는 고려에도 성황신 신앙이 존재하고 있었음을 알 수 있다. 그리고 문종 9년(1055)에 宣德鎭新城(함경남도 定平郡 宣德面)을 새로 설치하면서 성황신사를 두고 봄과 가을로 제사했다는 기록이 보이는 바,[50] 이는 성황신이 늦어도 11세기부터는 국가의 공식적인 제사의 대상이 되었음을 짐작케 한다.

성황신에 대해서는 祠廟를 마련하여 숭배하는 경우가 많았다. 성황신사나 성황사란 표현도 그러하지만, 충숙왕이 德水縣에 사냥을 나갔다가 매와 말이 죽는 바람에 화가 나서 성황신사를 불태웠다는 기록[51]은 그러한 사실을 잘 보여주고 있다. 그런데 우왕 11년(1385)에 명나라 사신이 와서 고려의 성황을 보려고 하자 조정에서는 국도가 훤히 내려다보이는 곳이라 하여 淨事色을 보여주면서 성황이라 속였다고 한다.[52] 이 경우 성황이란 개경의 성황신사라 생각되며, 《신증동국여지승람》 개성부조에서 개성의 烽燧가 송악산 성황당에 있었다고 한 것으로 미루어, 성황신사가 위치한 곳은 송악산이라 할 수 있다. 또 충숙왕이 불태운 덕수현의 성황신사는 삼성당산에 있었다고 한다.[53] 이러한 사실들은 성황신사들이 대체로 산이나 높은 곳에 위치해 있었음을 보여준다.

고려의 성황신사는 대체로 행정구역을 단위로 해서 존재했던 것 같다. 안종 욱에 관한 기사에 보이는 縣城隍을 비롯해서, 郡城隍[54]·諸道州郡의 성황[55]이란 표현이 보이는 것은 이러한 사실을 반영한다. 그래서 각 성황신에 대한 제사

48) 8세기의 인물인 李陽氷의 〈縉雲縣城隍神記〉(《全唐文》 권 437)에 "風俗水旱疾疫必禱之"라 하여 성황신의 직능이 전대에 비해 확대되었음을 보여준다.

49) 《高麗史》 권 90, 列傳 3, 安宗 郁.

50) 《高麗史》 권 63, 志 17, 禮 5, 雜祀 문종 9년 3월 임신.

51) 《高麗史》 권 34, 世家 34, 충숙왕 6년 8월 임자.

52) 《高麗史》 권 135, 列傳 48, 우왕 11년 9월.

53) 《新增東國輿地勝覽》 권 14, 豊德郡 山川 三聖堂山·祠廟 三聖堂祠.

54) 《高麗史》 권 23, 世家 23, 고종 23년 9월 정사.

55) 《高麗史》 권 63, 志 17, 禮 5, 雜祀 공민왕 9년 3월 갑오.

는 주로 그 지역의 지방인들, 특히 지방세력들에 의해 거행되었다. 전주의 경우, 매월 초하루 衙吏들이 지방민들로부터 제수를 거두어 성황신을 제사했음이 확인되고 있다.[56] 그러나 중앙에서 파견된 해당지역 지방관이 제사를 주재하는 경우도 있었다. 이것은 의종 때 함유일이 朔方道監 倉使로 가서 登州城隍祠에서 國祭를 행했다든지,[57] 신종 2년(1199) 이규보가 全州司錄으로 부임하여 성황대왕에게 바친 〈祭神文〉이 남아있다든지[58]하는 사실에서 짐작할 수 있다.

각 지방의 성황신사에 모셔진 성황신에는 역사적 인물들이 있었다. 《신증동국여지승람》에 의하면, 당나라 장군 蘇定方이 大興縣(권 20), 고려 태조를 도와 벼슬이 문하시중에 이르렀다는 金忍訓이 梁山郡(권 22), 후백제와의 전투에서 태조를 대신해 죽은 金洪術이 義城縣(권 25), 태조를 도와 공이 있었다는 府吏 출신의 孫兢訓이 밀양도호부(권 26), 申崇謙이 谷城縣(권 39), 견훤을 도와 벼슬이 引駕別監에 이르렀다는 金摠이 順天都護府(권 40)의 성황신이 각각 되었다고 한다. 이들은 소정방을 제외하고는, 고려 태조 때의 인물이며 각 지역의 지배적 성씨집단인 土姓 출신이다. 그리고 대체로 후삼국 통일과정에서 공을 세운 인물들이다. 이러한 인물들이 사후 성황신으로 숭배된 것은 해당 지역의 토성들에 의해서이며, 이를 통해 토성집단은 지방민들의 자발적 복종을 끌어내려 한 것으로 풀이된다.[59]

그렇다고 해서 모든 지역의 성황신을 인간 기원의 신이라 할 수는 없다. 왜냐하면 고려 말의 인물인 禹倬이 寧海司錄으로 부임하여 이 지역 주민들의 신앙대상인 八鈴神을 없앴는데,[60] 《신증동국여지승람》 권 24, 寧海都護府 祠廟條에 의하면 이 팔령신이 곧 영해의 성황신이기 때문이다. 뿐만 아니라 고려 명종 때의 인물 金克己에 의하면 울산지방에는 학을 타고 神頭山에 내려와 인간의 壽祿을 관장했다는 戒邊天神신앙이 있다고 하는데, 이 계변천신이 바로 울산의 성황신이

---

56) 李奎報, 《東國李相國集》 권 37, 祭神文 참조.
57) 《高麗史》 권 99, 列傳 12, 咸有一.
58) 李奎報, 《東國李相國集》 권 37.
59) 金甲童, 〈高麗時代의 城隍信仰과 地方統治〉(《韓國史硏究》 74, 1991), 17~18쪽.
60) 《高麗史》 권 109, 列傳 22, 禹倬.
우탁이 팔령신을 없앤 것에 대해서는 다양한 설화가 현지에 구전되고 있다. 이 중에는, 본래 팔령신은 모두 바위였는데 우탁이 바다에 모두 집어넣어 하나만이 남게 되었고, 지금 觀魚臺에 있는 당고개 서낭바위가 바로 그것이라는 설화도 있다(趙東一, 《人物傳說의 意味와 機能》, 嶺南大, 1979, 66~82쪽).

다.[61] 이러한 사실들은 성황신의 본질을 일률적으로 이야기하기 어려움을 보여주는 것이라 하겠다.

고려시대에 성황신이 널리 신앙되게 된 것은 그것이 인간의 길흉화복 전반에 커다란 영향력을 미친다고 여겨졌기 때문이다. 그 중에서도 가장 중요한 것은 병란으로부터 해당지역을 지켜준다는 것이다. 즉 고종 23년(1236) 溫水郡에 침입한 몽고병을 물리치자 왕은 그 군의 성황신이 은밀히 도와준 공이 있다 하여 신의 작호를 더했다고 하는데,[62] 이는 그 좋은 사례라고 할 수 있다. 그러나 성황신의 수호기능은 특정 지역에만 한정되지 않고 국가 전체로 확대되기도 하였다. 인종 14년(1136) 김부식이 서경을 함락한 후 여러 성황묘에 제사했다거나,[63] 공민왕 9년(1360) 3월 갑오일 여러 神廟에서 諸道州郡의 성황을 제사하여 홍건적과의 싸움에서 이긴 것을 사례했다는 것은 이러한 관념에서 나온 것이다.[64]

때문에 전쟁에 앞서 성황신의 가호를 빌기도 했다. 신종 6년(1203) 경주에서 민란을 일으킨 利備 부자는 성황사를 찾아가 기원했고,[65] 충렬왕 때 金周鼎은 일본을 정벌하러 가면서 각 관청의 성황신에게 제사를 지냈다.[66]

또 성황신은 비를 통어할 수 있다고 믿어졌다. 그래서 이규보는 고종 6년(1219) 桂陽都護副使로 부임하여 이 지방에 가뭄이 들자 〈桂陽祈雨城隍文〉·〈又祈雨城隍文〉을 지어 계양(富平)의 성황신에게 비를 빌었던 것이다.[67] 그리고 성황신은 국가나 개인의 미래를 예지하는 힘이 있다고 여겨졌다. 登州 성황신이 무격을 통하여 국가의 화복을 예언하여 적중한 적이 많았다거나,[68] 이규보가 꿈에서 全州 성황을 만났더니 그의 장래를 예언했다거나[69] 하는 것은 이러한 관념의 존재를 보여준다.

이렇듯 성황신은 인간의 삶에 커다란 영향을 미친다고 여겨졌기 때문에 祀

61) 《新增東國輿地勝覽》 권 22, 蔚山郡 樓亭 大和樓·祀廟 城隍祠 참조.
62) 《高麗史》 권 23, 世家 23, 고종 23년 9월 정사.
63) 《高麗史》 권 98, 列傳 11, 金富軾.
64) 《高麗史》 권 63, 志 17, 禮 5, 雜祀 공민왕 9년 3월 갑오.
65) 《高麗史》 권 100, 列傳 13, 丁彦眞.
66) 《新增東國輿地勝覽》 권 35, 光山縣 祠廟.
67) 모두 《東國李相國集》 권 37에 수록되어 있다.
68) 《高麗史》 권 99, 列傳 12, 咸有一.
69) 李奎報, 《東國李相國集》 권 24, 夢驗記.

典에 포함시켜 국가에서 제사를 지냈으며, 또 수시로 성황신에게 작호나 덕호를 가하기도 했다. 성황신에게 작호를 주는 것은 宣德鎭 新城의 성황신에게 崇威라는 덕호를 주었던 것에서 짐작할 수 있는 바와 같이 성황신사가 처음 설치될 때일 것이며, 이후 왕의 즉위나 전쟁이 있을 때에는 덕호가 추가되었다.[70] 그러나 성황신에 대한 작호 수여도 산신의 경우처럼 명나라측의 요구로 말미암아 공민왕 19년(1370)에 일단 중지되었다. 그렇지만 조선 태조 2년(1393)에도 吏曹가 각 지역의 성황을 鎭國公·啓國伯·護國伯으로 칭하고자 건의한 것을 보면,[71] 작호 수여의 중지는 일시적인 것이었다고 하겠다.

고려의 성황신앙은 발생지인 중국의 그것과 몇 가지 점에서 공통점을 가지고 있다. 가령 성황신사가 지방행정단위와 대응된다든지, 그 지방과 관련이 깊은 역사적 인물이 성황신으로 모셔진다든지, 지방의 군사적 수호신이며 天候의 조절자라는 점에서 그러하다. 그러나 고려의 성황신앙은 중국의 그것과 여러 가지 면에서 차이가 있다.

첫째 중국의 성황신앙은 도시를 중심으로 한 것이며, 성황묘도 성곽 내에 있을 뿐 촌락에는 없는 데 반해,[72] 고려의 경우는 앞에서 언급한 바와 같이 산을 비롯한 높은 곳에 위치하기도 했다. 둘째 중국의 성황신은 산신과 별개의 신격임에 반해, 고려에서는 산신과 동일시되기도 했다. 이것은 공양왕 2년(1390) 9월 한양으로 도읍을 옮겼으나 虎患이 거듭되자 白岳 성황과 木覓 성황에 제사했다는 사실로 미루어 짐작할 수 있다.[73] 셋째 중국의 성황신은 사후세계의 관리자 내지 명계의 지배자란 성격이 중요시되나, 고려의 경우에는 이런 관념이 전혀 확인되지 않는다. 넷째 고려의 경우, 성황신은 무격들과 관련이 깊다. 의종 때 登州 성황신이 무당에게 강신하여 국가의 화복을 예언했다거나,[74] 신종 때 丁彦眞이 성황사의 박수무당에게 경주민란을 진압할 밀계를 주었다거나,[75] 우왕 때 伊金이라는 인물이 미륵불임을 자칭하고

70) 충렬왕 7년 정월 병오 일본정벌에 앞서 祀典에 실려있는 中外의 城隍에게 德號를 더해준 것(《高麗史》 권 29, 世家 29)은 후자의 예이며, 충선왕 복위년 11월 신미에 加號한 것(《高麗史》 권 33, 世家 33)은 전자의 예가 될 것이다.

71) 《太祖實錄》 권 3, 태조 2년 정월 정묘.

72) 那波利貞, 〈支那に於ける都市の守護神に就いて〉上(《支那學》 7-3, 1934), 380쪽.

73) 《高麗史》 권 54, 志 8, 五行 2.

74) 《高麗史》 권 99, 列傳 12, 咸有一.

나오자 무격들이 자신들의 성황사를 철거하고 이금을 부처로 섬겼다는[76] 것은 이러한 사실을 반영한다.

이러한 차이는 고려의 성황신앙이 비록 중국에서 유래된 것이지만, 토착화과정에서 변질되었기 때문일 가능성이 있다.[77] 그러나 중국의 성황과 기원을 달리하는 재래의 종교전통일 가능성도 배제할 수 없다. 이와 관련하여 주목되는 것은 민속종교의 서낭당신앙이다. 서낭당은 토지와 마을의 수호신이며 경계신인 서낭신을 모신 곳인데, 그 형태는 神樹에 잡석을 쌓은 돌무더기 또는 신수에 당집이 복합된 것으로, 고개마루·한길 옆·마을 입구·사찰의 입구에 위치하고 있다. 이러한 서낭당신앙은 몽고의 顎博에서 기원한 것으로 여겨지는데, 시기적으로는 수렵문화 단계로까지 거슬러 올라간다고 한다.[78] 그렇다고 한다면 고려의 성황신앙이란 전통적 서낭당신앙이 전승되어온 것이며, 이것을 城隍이라 한 것은 서낭과 발음이 유사하기 때문이라고 할 수도 있다. 그러나 지금으로서는 어느 쪽을 택할 것인지를 단정하기 어렵고, 결론을 얻기 위해서는 좀더 많은 검토가 필요하다고 할 수밖에 없다.

(4) 수 신

물은 인간 생활에 절대적인 영향을 끼치는 것이기에, 한국에서도 일찍부터 물을 지배하는 신의 존재를 상정해 왔다. 고려시대에도 물 속에는 신이 산다는 믿음이 있었는데, 의종 때 함유일이 朔方道監倉使로 부임하여 鳳州의 鵂鶹岩淵을 오물로 메웠더니 갑자기 비바람이 쳐 사람들을 넘어뜨렸고, 날이 개어서 보니 오물이 모두 못 밖으로 던져져 있었다는《고려사》권 99 함유일전의 기사는 이러한 관념을 반영한다. 이 기사는 못의 신에 관한 것이지

75)《高麗史》권 100, 列傳 13, 丁彦眞.

76)《高麗史》권 107, 列傳 20, 權呾 附 和.
《高麗史節要》권 31, 우왕 8년 5월.

77) 金甲童, 앞의 글(1991)은 이러한 입장을 취하고 있다.

78) 孫晋泰, 〈朝鮮의 累石壇과 蒙古의 鄂博에 就하여〉(《朝鮮民族文化의 硏究》, 乙酉文化社, 1948), 159~182쪽.
金泰坤, 〈서낭당信仰〉(《韓國民間信仰硏究》, 集文堂, 1983), 92~125쪽.

만, 이 밖에도 바다에는 바다의 신이, 강에는 강의 신이 있다고 여겼다.

물속에 살면서 물을 지배하는 신의 본체는 용이라고 생각하였다. 이것은 다음과 같은 기사를 통해서도 짐작할 수 있다.

> 문종이 일찍이 그 (박연 가운데 있는 반석) 위에 올라갔더니 갑자기 풍우가 일어나 반석이 진동하는지라 놀라고 두려워하였다. 그 때 李靈幹이 호종하였다가 글을 지어 용의 죄를 헤아려 못에 던지니 용이 곧 그 등을 나타내거늘 이에 매를 치니 못 물이 이 때문에 다 붉어졌다(《高麗史》 권 56, 志 10, 地理 1, 牛峰郡 朴淵).

그러나 용신은 인간의 모습으로도 변할 수 있다고 여겼다. 가령 고려 왕실의 先代世系說話에 등장하는 서해용왕은 老翁의 모습을 했고, 삼각산 승려의 꿈에 나타나 충렬왕의 嬖倖인 尹秀에게 원수를 갚겠다고 한 용 역시 노인의 모습이었다.[79]

水神은 물을 지배하는 존재로서, 특히 비를 내리는 능력을 가졌다고 믿어졌다. 그것은 비의 근원이 되는 하늘의 못을 용왕이 관리한다고 여겼기 때문이며,[80] 그래서 한발이 들면 용왕에게 비를 빌었다. 또 기우제의 일환으로 용을 그리거나 土龍을 만들기도 했는데, 이 점에 대해서는 다음 항에서 설명하고자 한다. 또 수신은 뱃길의 무사함을 좌우하는 것으로 여겨졌다. 그래서 항로에는 용을 제사하는 신사가 곳곳에 있어 뱃사람들이 여행의 안전을 빌었다. 急水門 위쪽 공지에 있었다고 하는 蛤窟龍祠나 群山島 객관 서쪽 봉우리에 있었다는 五龍廟가 그러한 곳이다.[81] 또 신종 때 경주민란을 진압하기 위해 출동한 정부군이 임진강을 건너면서 용왕에게 안전한 도강을 기원한 것도[82] 이러한 관념에서이다.

그러나 수신은 인간을 초월한 능력의 소유자이므로, 물과 관련되는 이외의 사항에도 관계한다고 믿어졌다. 몽고병이 安峽에 침입하였으나 祭堂淵이란 못 쪽에 많은 기병이 있는 것 같아 감히 진격하지 못했다는 기록은[83] 이러

---

79) 《高麗史》 권 124, 列傳 37, 嬖倖 2, 尹秀.
80) 李奎報, 《東國李相國集》 권 37, 全州祭龍王祈雨文.
81) 徐 兢, 《高麗圖經》 권 17, 祠宇 및 권 36, 海道 6.
82) 李奎報, 《東國李相國集》 권 38, 臨津沙平通行龍王祭文.
83) 《新增東國輿地勝覽》 권 47, 安峽縣 山川.

한 관념을 반영한다. 때문에 전쟁에 앞서 용왕에게도 전승을 기원하였으니, 이러한 것으로는 신종 때 경주민란을 진압하기 위해 출동한 정부군이 용왕에게 제사한 사실에서 확인된다.84)

이렇듯 수신은 水界의 지배자로서 인간생활의 다양한 측면에 영향을 미치는 존재였기 때문에, 고려에서는 합굴용사나 오룡묘의 존재를 통하여 짐작할 수 있는 바와 같이 수신에 대한 신앙은 민간차원에서도 널리 행하여졌으며, 국가나 왕실 차원에서도 중요시되었다. 특히 왕실의 경우는 태조의 할머니가 서해 용왕의 딸이라고 하여 왕실의 계보를 용신과 연결시키고 있다. 그래서 왕족을 龍孫이라 했으며, 혜종은 용의 후손이기 때문에 늘 잠자리에 물을 뿌렸고 병에 물을 담아놓고 팔꿈치를 씻었다고 전해진다.85) 고려 왕실은 이러한 전승을 통하여 자신들의 계보를 초월적 존재와 연결시킴으로써, 왕의 권위를 높이고 지배의 정당성을 확보하려 했다.

그 결과 국가적 제전인 팔관회나 각종 국가제사에서 용신을 비롯한 수신이 숭배대상 내지 치제의 대상이 되었다. 그리고 현종 16년(1025) 5월 海南道 定安縣에서 산호수를 거듭 바치자 상서라고 하여 南海神을 사전에 올렸다는 데서 짐작할 수 있는 바와 같이,86) 이적을 보인 신을 새로이 사전에 포함시켜 국가의 치제대상을 확대해 나갔다. 참고로《고려사》지리지에서 수신의 祭場이라 한 것들을 열거해 보면, 南京留守官 楊津, 燕岐縣 熊津, 瓮津縣 長山串, 交州 德津溟所, 安岳郡 阿斯津 省草串과 挑串, 黃州牧 阿斯津 松串, 靜邊鎭 沸流水, 翼陽縣 東海神祠가 있다. 이 밖에 고려의 대표적인 용신 제장으로는 開城大井이 있는데, 이것은 태조의 할머니인 용녀가 팠으며 친정인 용궁을 드나들 때 이용했다고 전해지는 곳이다. 그래서 고려시대에는 개성대정에서 기우제와 別祈恩祭가 빈번이 거행되었다.87)

---

84) 李奎報,《東國李相國集》권 38, 黃池院龍王祭文.
85)《高麗史》권 88, 列傳 1, 后妃 1, 莊和王后 吳氏. 왕씨는 龍種이기 때문에 左脇 밑에 金鱗이 3개 있다는 전승도 있다(《燃藜室記述》1, 所引 閑骨董 참조).
86)《高麗史》권 63, 志 17, 禮 5, 雜祀.
87) 李惠求,〈別祈恩考〉(《韓國音樂序說》, 서울大出版部, 1972), 307~308쪽.

(5) 기 타

민속종교는 원래 다신숭배를 특징으로 하는 만큼, 고려시대의 기록에서도 위에서 열거한 것 이외의 많은 신앙대상들이 확인된다. 고려시대 민속 종교의 신 관념을 제대로 이해하기 위해서는 이러한 신격들 하나하나에 대한 검토가 있어야 되겠지만, 여기서는 중요하다고 생각되는 몇 가지만 살펴보기로 하겠다.

첫째, 東神祠에 모셔진 신을 들 수 있다. 동신사는 「東神聖母之堂」의 약칭으로 東神堂 · 東神廟라고도 하는데, 개경 내에 위치하고 있었다. 이곳은 宋에서 사신이 오면 들러서 참배할 정도로 고려의 대표적인 신사였던 만큼,[88] 규모도 커서 곁채만 하더라도 30칸에 달했다고 한다. 그리고 정전에는 장막을 치고 신상을 모셔두었는데, 이는 고구려 시조 주몽의 어머니인 河伯女라고 전해진다. 이러한 설명은 인종 원년(1123)에 송나라 사신단의 일원으로 고려에 왔던 서긍의 《고려도경》 사우조에 보이는 바이지만, 동신당은 고려 초부터 존재했던 것 같다. 왜냐하면 문종 11년(1057)의 禮部의 건의 중에 동신당이 언급되고 있기 때문이다.[89]

이 때 예부의 건의사항은 동신당을 비롯한 5개소에서 7일에 한 번씩 기우제를 지내자는 것이다. 그리고 《고려사》 오행지에는 동신당에서 祈晴祭나 기우제를 지냈다는 기사가 여러 번 보이고 있다. 이러한 사실은 동신이 비를 조절하는 힘을 가진 신으로 여겨졌음을 보여준다. 고구려에서 하백녀가 농업신으로 신앙되었음을 생각할 때,[90] 동신의 이러한 성격은 고구려의 신앙을 계승한 것이라 할 수 있겠다.

둘째, 木郎 혹은 木魅라는 것이 있다. 《고려사》 권 128, 李義旼傳에 의하면 당시 경주에는 豆豆乙이라고 하는 水魅를 신앙하고 있었고, 경주 출신의 이의민도 집안에 신당을 지어 이를 모셔놓고 날마다 복을 빌었는데, 하루는

---

88) 尹以欽, 〈「高麗圖經」에 나타난 宗教思想〉(《韓國宗教研究》 1, 1986), 119쪽.

89) 《高麗史》 권 8, 世家 8, 문종 11년 5월 무인.

90) 金哲埈, 〈東明王篇에 보이는 神母의 性格〉(《韓國古代社會研究》, 서울大出版部, 1990), 54~62쪽.

목매가 울면서 이의민의 패망을 예언했다고 한다. 또《고려사》권 54, 오행지 2에는 고종 18년(1231) 10월 을축일에 경주에서, 다섯 木郎이 "병장기를 보내주면 몽고병을 물리쳐주겠다"고 했고, 또 인간의 길흉화복에 절대적인 영향을 미칠 수 있다는 내용의 시를 지어 당시의 집정무인인 崔瑀에게 주었다고 보고하니, 최우는 內侍 金之蔿을 시켜 요구한 물건들을 주었으나 영험이 없었다는 기사가 보인다. 그런데 이 기사 가운데 "木郎은 곧 木魅이다"라는 기록이 보인다. 한편《신증동국여지승람》경주부 고적조에는 목랑을 '豆豆里'라고 하는데, 이 목랑을 王家藪라는 곳에서 제사하며, '두두리'는 신라 진지왕의 혼령이 桃花女와 관계해서 낳은 鼻荊郎에서 시작되었다는 기사가 있다.

이들 기사는 목랑 혹은 목매가 병화로부터의 수호 등 인간의 길흉화복 전반에 영향을 미칠 수 있는 신으로, 주로 경주지역에서 신앙되었음을 보여준다. 또 이의민이 열렬한 무격의 신봉자였다고 하는 바, 목랑은 주로 무격을 통하여 자신의 의사를 표시하였음을 짐작할 수 있다. 그런데 목매란 나무의 精을 뜻하며, 도깨비는 절구공이·부지깽이 같은 나무붙이와 밀접한 관계를 가지고 있으므로, 목매란 도깨비로 해석되고 있다. 그리고 두드리·두두을이란 '두드린다'를 한자로 표기한 것으로 도깨비의 속성의 어떤 측면을 나타내는 것으로 해석되고 있다.[91] 이러한 추측이 용납된다면, 도깨비에 대한 신앙은 고려시대에 이미 있었으며, 그것은 주로 경주지역을 중심으로 이루어졌다고 할 수 있겠다.

셋째, 인간의 死靈을 들 수 있다. 인간의 사령 중 조상신은 후손에게 있어 생명의 원천이며 수호자라는 의미에서 중요한 숭배의 대상이 된다. 그래서 고려왕실의 경우, 선왕의 위패(木主)를 모셔둔 太廟, 선왕의 眞影을 한 곳에 모셔둔 景靈殿, 선왕이나 先妃의 진영을 모셔두고 명복을 비는 眞殿寺院을 두어 조상숭배의 의식을 거행하였다.[92] 이러한 곳들은 조상의 신령이 계신

---

91) 朴恩用, 〈木郎攷〉(《韓國傳統文化硏究》 2, 曉星女大, 1986), 53~64쪽.
姜恩海, 〈豆豆里(木郎) 再考〉(《韓國學論集》 16, 啓明大, 1989), 57~74쪽.

92) 許興植, 〈佛敎와 融合된 王室의 祖上崇拜〉(《高麗佛敎史硏究》, 一潮閣, 1986), 47~102쪽.

곳이라 하여,[93] 여기에서 신왕의 즉위 등 국가의 각종 중요한 행사를 거행하였으며, 전승이나 관제 개정 등 국가의 중대한 일들을 보고하였다. 또 이러한 곳들은 병란이나 자연의 재해가 있을 때에는 조상의 도움을 비는 의례를 거행하는 장소였고, 천도의 가부나 외국과의 화전 여부를 결정할 때에는 조상신의 의사를 알기 위해 점을 치는 장소였다.

이렇듯 사령 가운데에는 조상신처럼 생자를 지켜주고 도와주는 선의의 존재도 있지만, 사람을 해치는 무서운 존재도 있다. 고려시대에도 원한을 품고 죽은 혼령은 질병을 비롯한 온갖 재앙을 일으킨다고 믿었다. 이러한 관념은 인종 24년(1146) 왕이 병에 걸리자 이자겸과 척준경의 원혼 때문이라 했던 것이나,[94] 황해도에 전염병이 돌자 여러 번 병란을 겪는 바람에 희생당한 棘城의 원혼들의 탓이라 생각했다는 것[95] 등에서 찾아볼 수 있다. 때문에 원령이 빌미가 된 병을 예방 또는 치료하기 위해서는 원령의 원한을 풀어주어야 한다고 생각했다. 그래서 인종은 이자겸의 처자를 고향으로 돌려보내는가 하면 척준경의 관직을 追復하고 그 자손에게 벼슬을 주었으며, 극성의 경우는 국가에서 봄 가을로 향과 축문을 내려 이들을 제사하였다.

나아가 사후에 아예 원령이 되어 활동하지 못하도록 하는 방책이 강구되기도 했다. 인종 초에 李永이 이자겸 세력에 의해 쫓겨나서 분사하자 이자겸은 술사를 보내어 그를 길가에 묻었다고 한 것이나,[96] 우왕 12년(1386) 淑妃 사건에 연루되어 처형당하는 사람이 죽은 다음 반드시 복수를 하겠다고 하자 그 시신을 저자에 버리게 했다든지 하는 것은,[97] 원령의 복수를 차단하기 위한 것이었다고 하겠다.

넷째, 토지신을 들 수 있다. 토지신에 대해서는 국가에서 方澤과 社稷을 두어 제사했지만, 민간에서는 오늘날 민속종교의 터주·터줏대감같은 것이 신앙되기도 했다. 이러한 사실이 이제현의《櫟翁稗說》前集 2에 보인다. 즉 樞密 韓光衍이 음양설을 무시하고 집을 지었더니 이웃 사람의 꿈에 그의 집

93) "太廟祖宗神靈所在可畏"(《高麗史》 권 122, 列傳 35, 伍允孚).
94)《高麗史》 권 17, 世家 17, 인종 24년 정월 신묘·2월 병진.
95)《新增東國輿地勝覽》 권 41, 黃州牧 祠廟 棘城祭壇.
96)《高麗史》 권 97, 列傳 10, 李永.
97)《高麗史》 권 136, 列傳 49, 우왕 12년 3월 을해.

토신이 나타나, 주인이 공사를 일으켜 우리를 편히 살지 못하게 하지만 벌주지 못하는 것은 그의 청렴함을 존중하기 때문이라고 했다는 것이 그것이다. 이에 의하면 토신은 집터마다 존재하여 집터를 맡아보고 집안의 길흉화복에도 관계하는 존재라 하겠다. 또 이것은 집을 지을 때에는 토신에 대한 배려를 해야 하며, 그렇지 않을 경우 재앙이 따른다(동티난다)는 믿음이 고려 시대에도 있었음을 보여준다.

이상에서 살펴본 바와 같이 고려시대의 민속종교는 다양한 신격들을 신앙대상으로 하는 이른바 다신교라 할 수 있다. 그 중에서 인간사회에 보다 가까이 있는 산신이나 성황신·수신 등이 의례와 간청의 대상으로서 가장 중시되었다. 이에 비해 천신은 최고신으로 여겨진 것 같지만, 국가적 차원에서와는 달리 민간차원에서는 직접적인 의례의 대상으로서의 의미가 줄어들고 있었다.

이렇듯 다양한 신들은 모두 인간에게 복을 줄 수도 있고 재앙을 줄 수도 있는 능력의 소유자인 동시에, 인간이 기원하면 들어줄 수도 있는 존재로 믿어졌다는 점에서는 같다. 나아가 신들 각각은 인간생활의 특정 측면에만 영향력을 가진 것이 아니라, 모든 면에 관계한다는 점에서도 같다. 때문에 신들은 달라도 기원하는 내용은 같아진다. 이것은 고려시대 민속종교에서도 신들의 직능이 그만큼 분화 내지 전문화되어 있지 않았음을 보여주는 것이라 하겠다.

3) 민속종교의 의례

의례란 초자연적 힘을 움직여서 인간과 자연의 상태를 변화시킨다거나 변화를 방지하고자 하는 데 목적을 둔 종교행위를 말한다.[98] 고려시대에도 다양한 의례들이 정기적·비정기적으로 거행되었는데, 이들을 그 목적에 따라 몇 가지로 분류해 살펴보면 다음과 같다.

---

98) Anthony Wallace, Religion : *an anthropological view*, Random House, 1966, p. 107.

(1) 치 병

질병은 인간의 생존을 위협하는 최대의 적인 만큼, 고려시대에도 질병에 대처하기 위한 방법들이 다양하게 강구되었다. 이 중에는 의약을 통한 치료 방법도 있었지만, 당시 의학 수준의 한계로 말미암아 종교적 방법에 의존하는 경우가 많았다.《고려도경》사우조에서 "고려는 평소 귀신을 두려워하여 믿고, 음양에 얽매어 병이 나도 약을 먹지 않으며, 부자 사이같이 아주 가까운 육친이라도 서로 보지 않고 呪咀와 厭勝을 알 따름이었다"라고 한 것은 이러한 사정을 말해준다.

종교적 방법은 질병이 초자연적 원인에서 비롯된다는 믿음을 전제로 한다. 질병은 신의 벌이거나 원령의 복수라는 것이다. 예종이 병에 걸리자 宰樞들에게 자신이 부덕하여 하늘이 내린 벌이라 했다거나,[99] 충렬왕 때 金愲가 재판을 잘못했는데 꿈에 하늘에서 사람이 칼을 들고 내려와 치는 꿈을 꾸고 등창이 나서 죽었다거나,[100] 충렬왕의 嬖倖 尹秀가 갑자기 병으로 죽었는데 이는 용의 아들을 죽인 벌이라고 한 것[101] 등은 전자의 예이다. 또 앞에서 언급한 바와 같이 인종의 병은 이자겸이나 척준경이 빌미가 되었다고 한 것이나, 고종 때 尹周輔가 최이에게 죽임을 당한 金孫己의 처를 취하고 나서 김손기가 나타나 그를 치는 꿈을 꾸고 맞은 부분에 통증을 느끼다 죽었다고 하는 것은[102] 후자의 경우에 해당한다.

뿐만 아니라 병을 일으키는 것을 담당하는 五瘟(溫)神을 상정하기도 하였다. 오온신이란 상제를 대신하여 인간에게 각 계절의 질병을 가져다주는 신으로, 중국에서는 晋代에 이러한 관념이 나타나 隋唐代에 들어 오면서 널리 신앙되었다고 한다.[103]《고려사》권 63, 志 17, 禮 5, 雜祀條에 숙종 때 瘟疫 퇴치를 위해 오온신에게 빌었다는 기록들이 있고,《東國李相國集》권 38에는 〈七鬼五瘟神醮禮文〉이 있어 고려시대에도 오온신의 존재를

---

99)《高麗史》권 14, 世家 14, 예종 17년 4월 을미.
100)《高麗史》권 106, 列傳 19, 李湊 附 行儉.
101)《高麗史》권 124, 列傳 37, 嬖倖 2, 尹秀.
102)《高麗史》권 103, 列傳 16, 金希磾.
103) 宗力 劉君,《中國民間諸神》(河北人民出版社, 1986), 477~480쪽.

믿었음을 알 수 있다.

때문에 병에 걸리면 어떤 초자연적 원인에서 비롯된 것인가를 판단해야 하는데, 이 때 동원되는 것이 점복이다. 인종이 병에 걸렸을 때 점을 쳤다든지, 인종비 恭睿太后 任氏가 처녀시절 혼인을 하려는데 갑자기 발병하여 사경을 헤매자 卜人에게 病占을 쳐보게 했다든지 하는 것은[104] 이러한 사실을 반영한다. 그리고 이규보가 태어난 지 얼마 안되어 나쁜 종기가 온몸에 퍼지자 그의 아버지가 松岳祠宇로 가서 산 가지를 던져 나을 수 있겠는 지와 무슨 약을 쓰면 좋은지를 점쳤다고 하는 바,[105] 병점은 발병 원인을 찾아내는 데 뿐만 아니라, 이런 경우에도 이용되었음을 알 수 있다.

질병이 초자연적 원인에 의한 것이란 관념은 치병도 초자연적 방법에 의해야 한다는 관념을 낳았다. 그래서 원령이 원인이라면 원령의 원한을 풀어주어야 했다. 인종은, 이자겸과 척준경이 병의 빌미라고 하자 귀양간 이자겸의 처자를 고향인 仁州로 옮겨주었고, 척준경의 관직을 追復하면서 그의 자손을 소환하여 벼슬을 주었던 것이다.[106] 그런가 하면 무당의 말에 따라 신축한 金堤郡 碧骨池의 둑을 허물기도 했다.[107] 이것은 벽골지의 둑을 만드는 과정에서 흙을 잘못 다루었기 때문에 地神이 노하여 병을 가져다주었다는, 즉 동티[動土]났다는 관념에서 취해진 조치일 것이다.[108]

또 영험있는 존재에게 병이 낫기를 기원하기도 했다. 고려시대 역시 여러 종교가 병존하는 다종교 상황이었던 만큼, 기원의 대상은 대단히 다양하였다. 다시 말해서 어떤 종교전통의 초월적 존재인가를 막론하고 병을 낫게해줄 수 있는 존재라면 모두가 기원의 대상이 되었다. 또 한 사람의 병을 낫게 하기 위해서도 여러 계통의 초월적 존재들을 동시에 의례의 대상으로 삼기도 했다. 이렇듯 고려시대의 치병의례에는 종교계통을 달리하는 다양한 종류

---

104) 《高麗史》 권 88, 列傳 1, 后妃 1, 恭睿太后 任氏.

105) 李奎報, 《東國李相國集》 권 1, 年譜.

106) 《高麗史》 권 17, 世家 17, 인종 24년 정월 신묘·2월 병진.

107) 《高麗史》 권 17, 世家 17, 인종 24년 2월 경신.

108) 李能和, 〈朝鮮巫俗考〉(《啓明》 19, 1927), 6쪽.
신종 원년 6월에 경주민란과 만적란의 원인이 이의민이 쌓은 沙堤 때문이라고 한 術家의 말에 따라 이를 허문 것(《高麗史節要》 권 14)도 동티관념의 한 사례라 하겠다.

들이 있었지만, 그 중에서 민속종교의 치병의례는 역사도 오랠 뿐만 아니라 가장 널리 거행되고 있었던 것이다.

민속종교의 신격에 대한 기원 사례로는, 민간에서 병이 나면 숭산묘(송악신사)를 찾아가 옷이나 말을 바치고 기도했으며,[109] 학질 환자는 화병으로 죽은 사람을 길가에 묻은 곳을 찾아가 기원했던 사실을[110] 확인할 수 있다. 또 신종 때 경주민란을 진압하러 간 정부군 사령관인 金陟候가 陣中에서 병을 얻자 부사 이하가 제문을 지어 지리산대왕에게 제사한 경우와,[111] 우왕이 장단에 놀러갔을 때 기생 5·6명이 갑자기 복통을 일으키자 술과 고기를 차려놓고 감악산신에게 제사를 지낸 경우도 있었다.[112]

그리고 전염병은 미치는 범위가 넓기 때문에, 개인 차원에서 뿐만 아니라 병이 돌고 있는 집단이나 국가 차원에서도 이를 물리치기 위한 의례를 거행하였다. 이러한 것으로는 숙종 5년(1100)과 6년에 五部에서 오온신을 제사한 것,[113] 예종 4년(1109) 5부에서 瘟神에게 제사하고 또 송악과 여러 신사에 사람을 보내어 祈禳한 것,[114] 신종 때 경주민란을 진압하러 간 정부군의 진중에 전염병이 돌자 제문을 지어 7鬼와 오온신에게 제사한 것[115] 등을 들 수 있다.

병을 낫게 하기 위해 초자연적 존재에게 기원하는 것은 왕실의 경우도 예외가 아니었다. 그래서 병자가 생기면 불교적 내지 도교적 의례들과 함께 민속종교의 신격들에게도 완쾌를 빌었던 것이다. 예종 17년(1122)에 사람들을 파견하여 산천의 神祇들에게 기도한 것,[116] 인종이 병을 낫게 하기 위해 "무당과 의원 方術을 찾음이 한두 번이 아니며 神聖之靈에 빈 일이 많았던 일"[117] 고종 46년(1259)에 근신들을 파견하여 여러 신사와 道殿에 기도한

109) 徐 兢,《高麗圖經》권 17, 祠宇 崧山廟.
110)《高麗史》권 97, 列傳 10, 李永.
111) 李奎報,《東國李相國集》권 38, 智異山大王前願文.
112)《定宗實錄》권 3, 정종 2년 정월 을해.
113)《高麗史》권 63, 志 17, 禮 5, 雜祀.
114)《高麗史》권 13, 世家 13, 예종 4년 4월 갑진·12월 을유.
115) 李奎報,《東國李相國集》권 38, 七鬼五瘟神醮禮文.
116)《高麗史》권 14, 世家 14, 예종 17년 3월 임오.
117) 金富軾, 〈俗離寺占察會疏〉(《東文選》권 110).

것,[118] 충렬왕 원년(1275)에 洪子藩을 보내어 지리산에 제사한 것,[119] 충숙왕 16년(1329)에 제천단이 있는 氈城에서 기도한 것[120] 등은 이러한 사실을 보여준다. 그러나 왕의 경우는 이에 그치지 않고 신들의 환심을 얻기 위해 명산대천의 神祇들에게 加號를 하는가 하면[121] 조상의 陵을 수리하기도 하고,[122] 나아가 병이 빌미가 된 것을 없앤다는 의미에서 죄수의 사면, 토목공사 중지, 도살 금지, 사냥하기 위해 잡은 매를 놓아주는 등의 조치를 취하기도 했다.

한편 고려시대에는 병을 낫게 하는 방법의 하나로 避病이란 것이 있었다. 피병이란 병을 얻거나 전염병이 돌면 얼마 동안 거처를 다른 곳으로 옮기는 방법이다. 이러한 풍습은 定宗이 위독하자 帝釋院으로 거처를 옮겼다는 기록으로 미루어[123] 고려 초부터 존재했다고 할 수 있다. 이후 《고려사》에는 왕이나 왕비가 피병했다는 기사가 20여 회에 걸쳐 보이고 있다. 또 能祐라는 승려가 신돈의 아이를 맡아서 기르면서 아이가 아프니 다른 곳으로 옮겨 길러야겠다고 한 것과,[124] 우왕이 王福命에게 그의 손녀와 혼인하겠다고 하자 왕복명이 "신의 손녀는 병을 얻어 避居 중이라 어디에 있는지 알 수 없습니다"라고 한 기사도 보인다.[125] 이러한 사실은 고려시대에는 계층의 상하를 막론하고 피병이란 풍습이 널리 행해지고 있었음을 짐작케 한다.

왕이나 왕비의 경우, 피병을 하는 곳은 대개가 사찰이나 개인의 私第였다. 그리고 사제로는 무신의 집인 경우들이 보인다. 충렬왕비가 장군 李貞의 집으로,[126] 충렬왕이 金方慶의 집으로 거처를 옮긴 것이 그것이다.[127]이

118) 《高麗史》 권 24, 世家 24, 고종 46년 4월 갑신.
119) 《高麗史》 권 28, 世家 28, 충렬왕 원년 6월 기사.
120) 《高麗史》 권 35, 世家 35, 충숙왕 16년 5월 병술.
鹽州(연안) 동쪽의 氈城에 제천단이 있음은 《高麗史》 권 58, 志 12, 地理 3에 언급되어 있다.
121) 《高麗史》 권 14, 世家 14, 예종 17년 4월 을축.
122) 《高麗史》 권 20, 世家 20, 충렬왕 5년 4월 계묘.
123) 《高麗史》 권 2, 世家 2, 정종 4년 3월 병진.
124) 《高麗史》 권 133, 列傳 46, 辛禑 1, 우왕 즉위전 기사.
125) 《高麗史》 권 135, 列傳 48, 辛禑 3, 우왕 9년 9월 갑진.
126) 《高麗史》 권 29, 世家 29, 충렬왕 5년 5월 무진.
127) 《高麗史》 권 29, 世家 29, 충렬왕 9년 정월 병진.

러한 사실은, 피병이 병을 일으키는 악귀의 접근을 막을 수 있는 곳으로 거처를 옮김으로써 병을 예방하거나 낫게 하기 위한 것임을 짐작케 한다. 그런데《東國李相國集》권 35, 故華藏寺住持王師定印大禪師追封靜覺大師碑銘에는 강종이 병을 얻자 國師 志謙이 왕의 병을 자신의 몸에 옮기려는 마음이 간절했다는 내용이 보인다. 이것은 병을 다른 사람에게 옮기면 환자가 낫는다는 관념이 당시에 있었음을 보여준다. 그렇다고 할 때 피병하는 의미도 병을 견딜 수 있는 사람에게 병을 옮김으로써 낫게 한다는 의미가 있을지도 모르겠다.

피병은 단순히 거처를 옮기는 데 그치지 않고, 이와 함께 여러 가지 금기들을 지켜야만 소기의 목적을 달성할 수 있다고 믿었던 것 같다.《역옹패설》전집 2에 金汝孟이란 인물이 어떤 시골집에 피병가서, 절대 말을 해서는 안된다는 의사의 지시를 지키려다 봉변을 당했다는 이야기가 있는데, 이로 미루어 금기사항 중에는 말하지 않는다는 것도 포함되어 있었다고 하겠다.

(2) 기우제

적당량의 강우는 농경의 필수조건이다. 그러나 강우는 인간이 마음대로 조절할 수 있는 것이 아니며, 가뭄이 계속될 경우 사람들이 당하는 고통이란 비참을 극한 것이다. 여기에서 비는 단순한 자연현상이 아니라 초월적 존재의 소관사항이며, 적당량의 비를 얻기 위해서는 초월적 존재에게 기원해야 한다는 관념이 나오게 된다. 우리 나라에서도 단군신화에 雨師가 보이는 등 일찍부터 비를 통제하는 신의 존재를 상정했고, 삼국시대에 이미 고구려 · 백제 · 신라를 막론하고 국가제사로서 기우제가 거행되고 있었다.

이러한 전통을 이어받아 고려에서도 다양한 형태의 기우제가 행해지고 있었는데,[128] 가뭄이 개인을 넘어서는 집단 차원의 재앙인 만큼, 그것은 국가

---

128) 고려시대의 기우제에 대해서는 다음과 같은 연구가 있다.
朴桂弘, 〈中世社會의 祈雨儀式에 對한 考察〉(《韓國民俗研究》, 螢雪出版社, 1979).
李熙德, 〈祈雨行事와 五行說〉(《高麗儒敎政治思想의 研究》, 一潮閣, 1984).

나 지역단위에 의한 집단의례로서 거행되었다. 《고려사》에는 주로 국가차원의 기우제를 전하는데, 이에 의하면 고려에서는 성종 3년(984) 3월에 처음으로 雩祀(기우제)를 거행하였다고 한다.[129] 그러나 이것이 성종 3년 이전에는 기우제가 없었음을 의미하는 것은 아닐 것이다. 고려에서는 그 해의 가뭄을 예방하기 위하여 매년 4월에 길일을 택하여 원구에서 왕이 직접 기우제를 거행하였다.[130] 그런데 원구는 기록상 성종 2년에 처음 나타나므로, 성종 3년에 우사를 처음 거행했다는 것은 한발 예방의 기우제를 이 때 새로 설치한 원구에서 처음 거행했다는 의미일 것이다. 이러한 해석에 문제가 되는 것은 3월과 4월이라는 차이인데, 이것은 3월이 4월의 잘못이거나, 3월에서 4월로 나중에 바뀌어진 것으로 보면 어떨까 한다.

매년 4월 원구에서 기우제를 행한다는 것은 당나라의 제도인데,[131] 고려에서는 이러한 제도를 받아들여 매년 정기적으로 가뭄을 예방하기 위한 기우제를 거행하였다. 이 밖에 매년 立夏 후 申日에 국도의 서남쪽 月山에 단을 쌓아놓고 雨師를 제사한 것도 정기적 기우제로서의 의미를 지닌 것이라 할 수 있다.

이러한 노력에도 불구하고 고려 일대를 통하여 한발이 매우 잦았는데 이에 그 원인을 찾아 가뭄을 극복하려는 노력들이 있었다. 《고려사》 권 54, 志 8, 五行 2는 가뭄의 원인을 5행 중 金의 운행이 잘못된 결과로 설명하고 있다. 이것이 고려인들의 관념을 그대로 반영하는 것인지는 좀더 검토해야겠지만, 가뭄은 자연운행이 정상에서 벗어난 때문이라고 여겨졌을 가능성은 충분히 있다.[132]

나아가서 자연의 일탈현상은 인간의 잘못이 부른 결과라 여기는 관념이 있었다. 특히 유교정치이념이 수용되면서는 군주의 부덕의 소치라고 생각하였다. 즉 정치와 형벌의 잘못이 민생을 해치고, 이로 말미암은 원망이 하늘에 영향을 주어 재이가 나타난다는 것이다. 이러한 「天人相關說」에 입각하여, 고려에서는 한발이 들면 왕은 스스로를 반성하는 교서를 내리는가 하면 正殿

129) 《高麗史》 권 3, 世家 3, 성종 3년 3월 경진.
130) 《高麗史》 권 59, 志 13, 禮 1, 吉禮 圜丘.
131) 《通典》 권 43, 禮 3, 大雩.
132) 《高麗史》 권 63, 志 17, 禮 5, 吉禮 小祀.

을 피하고 평상시의 식사를 감하는 등 근신과 절제의 모습을 보였고, 죄수를 재심리 내지 사면하거나 토목공사를 중지함으로써 원성의 소지를 없앴으며, 노인이나 불쌍한 사람들을 구휼하는 등의 어진 정치를 베풀었다. 이러한 논리에서 한 지방에 가뭄이 들면 지방관의 잘못 때문이라 여겨 지방관이 스스로를 반성하기도 했다.[133]

그런가 하면 시장을 옮기기도 하였다. 비를 오게 하기 위해 시장을 옮기는 것은 위로는 신라 때부터 시작하여[134] 아래로는 근래에 이르기까지 행해져왔다.[135] 강우와 시장 옮기는 것이 어떤 관계에 있는가에 대해서는 지금까지 첫째 시장은 陰이므로 남쪽으로 옮김으로써 陽과 조화를 이루어 비가 오게 한다는 해석,[136] 둘째 시장은 더럽고 부정한 것이므로 이를 정화시킴으로써 비가 오게된다는 해석,[137] 셋째 사람들이 구름처럼 모이는 시장을 옮긴다는 것은 구름의 이동을 상징하는 유감주술적 행위라는 해석이[138] 있어 왔다. 그러나 그 이유에 대한 설명은《禮記》檀弓 下에 이미 보이는데, 천자나 제후가 죽으면 후계자가 자책의 뜻으로 시장을 옮기는 바, 한발 때 시장을 옮기는 것도 왕이 자책하는 의미라는 것이다. 이로 미루어 고려시대 한발 대책의 하나로 시장을 옮기는 것도 일종의 왕의 자책행위라고 할 수 있겠다.

이와 같은 하늘의 견책에 답하려는 노력들과 함께, 왕은 물론 민간에 이르기까지 양산·삿갓·부채 등의 사용을 금하기도 하였다. 여기에는 왕이 근신하는 태도를 보인다는 의미도 있겠지만, 비의 원천인 하늘을 가리거나 구름과는 병존할 수 없는 바람을 일으키는 물건들을 사용하면 비를 쫓는다는 주술적 사고방식이 근저에 있다고 하겠다.

그럼에도 불구하고 비가 오지 않을 때에는 신에게 직접 호소하는 방법을

133) 李奎報,《東國李相國集》권 37의〈全州祭龍王祈雨文〉,〈桂陽祈雨城隍文〉,〈又祈雨城隍文〉,〈又祈雨國師大王文〉참조.
《高麗史節要》권 23, 충렬왕 33년 6월조에는 尹諧가 全州司錄으로 재직할 때, 누이와 간통한 자를 죽임으로써 비를 오게 했다는 기사가 보인다. 이것은 주민의 패륜 행위가 가뭄을 가져온다는 관념인 것 같다.

134)《三國史記》권 4, 新羅本紀 4, 진평왕 50년.

135) 村山智順,《釋奠·祈雨·安宅－朝鮮總督府調査資料 45－》(1938), 130～137쪽.

136) 村山智順, 위의 책, 133쪽.

137) 任東權,〈韓國原始宗敎史〉(《韓國民俗學論攷》, 集文堂, 1971), 392쪽.

138) 朴桂弘, 앞의 글, 157쪽.

취하였는데, 여기에는 도량의 개설, 齋醮의 거행, 원구·종묘·사직에 대한 제사 등의 방법이 있었다. 그리고 이상과 같은 방법들이 복합적으로 사용되기도 하였다. 이러한 사실 또한 고려의 다종교 상황을 잘 보여주는 것이거니와, 이와 함께 전통적 신들에 대한 기우제도 병행되었다. 개경의 松岳·東神廟·朴淵·開城大井에서의 기우제나 명산대천(群望이라고도 함)의 신사에서의 기우제가 바로 그러한 것이라 할 수 있다.

기록상으로 고려시대의 비정기적 기우제는 성종 10년(991) 7월부터 보이고 있는데, 이 때 산천이 이미 기도의 대상이 되고 있다.[139] 또 기우의 절차에 관한 논의들을 보면, 靖宗 2년(1036)에는 기우제의 첫 번째 절차로서 岳鎭海瀆·山川으로 능히 구름과 비를 일으킬 수 있는 자들을 北郊에서 제사하자는 有司의 건의가 있었고,[140] 문종 11년(1057)에는 예부에서 송악·東神堂·여러 신묘·산천·박연에서 비가 올 때까지 7일에 한 번씩 기우하자는 건의가 있었으며,[141] 인종 8년(1130) 두 번째 雩祭를 지내려 하니 太史가 먼저 川上·송악·東神廟·여러 신사·栗浦·박연에 기도하고 나서 우제를 지내자고 건의하였다.[142] 이러한 사실들은 고려시대의 기우제에서 전통적 신들을 치제하는 것이 일찍부터 제도화되어 있었을 뿐만 아니라, 상당한 비중을 차지하는 것이었음을 짐작할 수 있게 한다.

그런데 산천의 경우, 유교경전에서 이미 구름과 비를 일으키는 것이라 하여 기우의 대상으로 규정하고 있으며,[143] 정종 2년의 岳鎭海瀆·山川을 北郊에서 제사하자는 유사의 건의는 당의 제도를 그대로 따르자는 것이었다.[144]

---

139) 《高麗史》 권 3, 世家 3, 성종 10년 7월 및 권 54, 志 8, 五行 2.
140) 《高麗史》 권 6, 世家 6, 정종 2년 5월 신묘.
141) 《高麗史》 권 8, 世家 8, 문종 11년 5월 무인 및 권 54, 志 8, 五行 2.
142) 《高麗史》 권 54, 志 8, 五行 2.
여기서 雩祭가 천상·송악 등에서의 기우제와 어떻게 다른가 하는 점이 문제가 되겠는데, 《高麗史》 권 10, 世家 10, 선종 5년 4월 병신조에 비가 오지 않아 동남 동녀 각 8인을 시켜 춤추면서 雩를 부르게 했다는 기록이 보이는 점으로 미루어, 이러한 형식의 의례를 고려에서 우제라 한 것 같다. 왜냐하면 《春秋公羊傳》 桓公 5년조에 대한 何休의 주에 "使童男女各八人 舞而呼雩 故謂之雩"라는 설명이 보이기 때문이다.
143) 《禮記》 月令 및 鄭玄 注.
144) 《通典》 권 43, 禮 大雩 참조.

그러므로 산천에 대한 기우를 민속종교적 전통에서 나온 것이라 하기 어려울지도 모르겠다. 그러나 산신이 비를 내리는 힘을 가진다는 믿음은 우리에게도 일찍부터 있어 왔다. 영일현의 서쪽에 있는 雲梯山의 聖母는 신라 남해왕의 부인인데 가물 때 빌면 효험이 있었다는《三國遺事》권 1, 紀異 1, 南解王條의 기록은 이러한 사실을 단적으로 보여주는 것이라 하겠다. 또 기우제의 대상이 되는 명산대천도 결국 민속종교적 전통에서 영험성이 인정된 것들이라 생각된다. 그러므로 명산대천에 대한 기우제는 표면상으로는 유교 정치이념에 입각한 것이라 하더라도, 그 이면에는 민속종교적 전통이 내재되어 있다고 생각된다.

앞 절에서 언급한 바와 같이 고려에서는 산신·성황·수신(용) 등 대부분의 신들이 비를 내릴 수 있는 힘을 가진 것으로 믿어졌다. 그래서 국가에서는 이들 신이 깃든 곳에 사람을 보내어 비를 빌었다. 개경의 송악·동신묘·박연·개성대정은 그 중에서도 대표적인 곳이었다. 또 이와는 달리 영험있는 신들을 한 곳에 모아서 합사하는 방법을 취하기도 했다. 정종 2년 유사의 건의 중에 비를 내리게 할 수 있는 岳鎭海瀆이나 산천의 신을 개경의 북쪽교외에서 합사하자는 내용도 있지만, 빈번히 행해지고 있었던 것은 川上祭였다. 천상제는 신라시대에 四川上祭가 있었던 점으로 미루어 연원이 오랜 기우제라 하겠는데, 고려시대에는 수해나 한재 때 松嶽溪上에서 百神에게 드렸던 제사를 가리킨다.145)

한편 기우제는 왕이 직접 主祭하는 경우나 문무 관료를 파견하여 거행하는 경우도 있었지만, 무격을 한 곳에 모아놓고 비를 비는 경우도 많았다.

이에 관한 기사들을《고려사》에서 찾아 정리해 보면 다음 표와 같다.

이 밖에 충렬왕 6년(1280)에는 盲僧을 모아 기우했다는 기록이 있다.146) 맹승이란 독경이나 점복을 업으로 하는 盲覡, 즉 판수를 가리킨다고 한다.147) 그렇다고 한다면 이것 역시 무를 모아 비를 빈 것과 같은 범주에 속하는 것이라 할 수 있겠다.

---

145)《高麗史》권 54, 志 8, 五行 2 정종 원년 5월 갑진.
146)《高麗史》권 29, 世家 2, 충렬왕 6년 5월 임자.
147) 孫晋泰, 〈盲覡考〉(앞의 책), 341~356쪽.

·	연 대	내 용	출 전
1	현종 12년 5월 경신	造土龍於南省庭中 集巫覡禱雨	世家 및 五行 2
2	숙종 6년 4월 을사	曝巫祈雨	世家 및 五行 2
3	예종 16년 윤5월 신미	聚巫祈雨	世家 및 五行 2
4	인종 원년 5월 갑자	造土龍(于都省廳) 聚巫祈雨	世家 및 五行 2
5	11년 5월 병인	集巫三百餘人宇都省廳祈雨	世家
6	11년 5월 경오	集女巫三百餘人于都省廳祈雨	五行 2
7	11년 6월 기해	又聚巫禱雨	世家
8	12년 5월 경술	集巫于都省(廳) 禱雨	世家 및 五行 2
9	12년 6월 기묘	集巫二百五十人于都省 禱雨	世家 및 五行 2
10	15년 5월 임오	會巫都省庭 禱雨	五行 2
11	15년 6월 신묘	大雨 震南郊人馬 罷散祈雨巫女	五行 2
12	18년 윤6월 기축	聚巫又禱	世家 및 五行 2
13	명종 3년 4월 병자	聚巫禱雨	世家 및 五行 2
14	8년 5월 임자	聚巫都省 〈又〉 禱(雨)	世家 및 五行 2
15	19년 윤5월 계유	聚巫禱(雨)于都省	世家 및 五行 2
16	고종 33년 6월 계묘	以旱 聚巫于都省 禱雨	世家
17	37년 5월 기축	聚巫都省 禱雨三日	世家 및 五行 2
18	충렬 10년 5월 정축	集巫于都省 禱雨	五行 2
19	15년 5월 신묘	聚巫禱雨	世家 및 五行 2
20	30년 4월 을미	聚巫禱雨	世家 및 五行 2
21	32년 6월	以旱 聚巫禱雨	五行 2
22	32년 7월 기묘	以旱 聚巫禱雨	世家
23	충숙 3년 5월 기사	聚巫禱雨	世家 및 五行 2
24	5년 4월 기미	聚巫禱雨	世家 및 五行 2
25	16년 5월 정묘	聚巫禱雨六日	世家 및 五行 2
26	후원년 5월 신묘	聚巫禱雨	世家 및 五行 2
27	후 4년 5월 임오	聚巫禱雨	世家 및 五行 2
28	충목 2년 5월 계사	緊巫三司禱雨	五行 2
29	공민 3년 5월 병자	聚巫禱雨	五行 2

위의 표를 중심으로 고려시대 무격을 모아 비를 비는 것을 살펴보면, 이것은 고려 일대를 통해 행해지고 있던 기우제의 방법이었다고 할 수 있다. 이때 많은 무격들이 동원되었으며, 많을 때에는 한번에 300명까지 동원되는 경우도 있었다. 그리고 그 기간은, 비가 오면 중간에 그만두기도 했겠지만, 긴 경우는 6일동안 계속 한 경우도 있었다. 무격기우의 장소는 주로 국가기관인데, 그 중에서 都省(都省廳)이 가장 많고, 그 밖에 南省·三司도 있었다.

도성과 남성은 각각 尙書都省과 國子監을 말하며,[148] 三司란 稅貢과 녹봉을 관장하며 그 출납사무를 담당하던 기관이다. 그러나 왜 하필 이들 관청에서 기우제를 지냈는지는 설명하기 어렵다.

무격을 모아 어떻게 기우했는지는 이상의 자료만으로 자세히 알기 어렵지만, 그 중에는 무격들을 땡볕에 오랫동안 있게 하는 방법이 있었다. 숙종 6년에 '曝巫祈雨'했다는 것이 그것이다. 중국에서는 춘추전국시대에 이미 이러한 방법이 행해지고 있었는데, 한발 때 신과 통하는 무격들을 이런 식으로 학대하면 하늘이 이들을 가엽게 여겨 비를 내린다는 논리에 근거를 두고 있다.[149] 고려의 무격 기우도 같은 관념에서 행해진 듯하며, 무격들에게 이것은 커다란 고통이었다. 충숙왕 16년(1329) 무를 모아 6일간 비를 빌자 무들이 이를 견디지 못하여 모두 도망가니, 잡으러 다니는 자가 거리에 널려있었다는 것은[150] 바로 이러한 사실을 말한다.

또 土龍을 만들어 기우했다는 것이 보인다. 토룡이란 깨끗한 흙으로 용의 모습을 만든 것을 말한다. 한발 때 용의 모습을 그리거나 만들어 비를 비는 일은 신라시대에 이미 행해진 이래로[151] 근래에 이르기까지 행해져 왔다.[152] 고려시대에는 선종 3년(1086) 4월 신축일에 有司가 토룡을 만들고 민가에서 용의 그림을 그려 기우하자고 건의했고, 선종 6년(1091) 5월 을해일에 유사에 명하여 용을 그려 비를 빌었다.[153] 이러한 방식의 기우는 중국에서 漢代에 이미 행해지고 있었는데, 이는 용이 비를 불러올 수 있는 존재이므로 이를 만듦으로써 지상에 비를 내리게 한다는 유감주술적 관념에 기초한 것이다. 그러므로 이러한 造龍祈雨는 중국에 연원을 둔 기우방식이라 하겠다. 그러나 조룡기우방식은 우리나라에 수용되고 민속으로 정착하는 과정에서 원래의 그것과 상당히 다른 모습을 보이게 된다. 조선시대의 사실이지만《牧民心書》禮典六條 제사조에서 "가뭄을 당하면 수령들이 짚으로 용을 만들어 붉

---

148) 國子監試를 일명 南省試라 한 것(《高麗史》권 74, 志 28, 選擧 2) 참조.
149)《禮記》檀弓 下의 魯穆公과 縣子와의 대화 참조.
150)《高麗史節要》권 24, 충숙왕 16년 5월.
151)《三國史記》권 4, 新羅本紀 4, 진평왕 50년.
152) 村山智順, 앞의 책, 137~140쪽.
153)《高麗史》권 54, 志 8, 五行 2.

은 흙을 칠하여 아이들로 하여금 끌고 다니면서 매질을 하여 욕보이게 했다"는 것이다.[154]

한편 한 지방에 가뭄이 들면 지방관이 기우제를 지냈다. 이러한 사실로는 이규보가 全州牧司錄으로 가서 용왕에게 비를 빌었고, 桂陽都護府副使로 부임하여 성황신과 國師大王(산신)에게 제문을 지어 비를 빌었음이 확인되고 있다. 이 때 지방관은 가뭄이 자신의 잘못에서 비롯된 것이라 자책하면서 신에게 비를 빌고, 신이 언제 비를 내려줄 것인지 占具를 던져 점을 치기도 하였다.[155]

또 민간에서도 가뭄이 들면 기우제를 거행하였다. 가뭄으로 말미암아 현종 15년(1024)에는 백성들이 모여 하늘에 부르짖으며 기도하였고,[156] 충렬왕 14년(1288)에는 많은 사람들이 송악에서 기우했는데 이 때 술 마시고 失行하는 사람들까지 생겨 사헌부에서 이를 금한 일도 있었다.[157]

(3) 점 복

점복이란 어떤 징표를 토대로 미래에 일어날 일, 과거나 현재의 감추어진 사실, 그리고 현재 하고자 하는 행위의 시비에 대한 정보를 얻고자 하는 방법인데, 다만 징표와 정보의 관계가 경험과학적이 아니고 초자연적·신비적인 데 그 특징이 있다. 한국의 청동기 내지 초기 철기시대의 주거지에서 점복에 사용되는 卜骨들이 출토되고 있는 점으로 미루어, 점복의 역사는 상당히 거슬러 올라갈 수 있으며, 고려시대에도 개인의 행동에서부터 국가의 정책결정에 이르기까지 점복에 의존하는 바가 많았다.

이러한 사실을 잘 보여주는 것이 국가기구 속에 점복을 담당하는 관청이 있었다는 점이다. 太卜監과 太史局이 그것으로, 이들 관청은 국초에 설치되어 중간에 명칭이 변경되기도 하고, 통합과 분리를 되풀이했지만 고려 말기

154) 중국의 造龍 祈雨에 대해서는 다음과 같은 연구가 있다.
白鳥淸, 〈龍の形態に就いて〉(《東洋學報》 26-2, 1934), 105~134쪽.

155) 李奎報, 《東國李相國集》 권 37에 수록된 〈全州祭龍王祈雨文〉, 〈桂陽祈雨城隍文〉, 〈又祈雨城隍文〉, 〈又祈雨國師大王文〉 참조.

156) 《高麗史》 권 4, 世家 4, 현종 15년 5월 계사.

157) 《高麗史》 권 85, 志 39, 刑法 2, 禁令.

까지 존속하였다.[158] 태복감과 태사국에는 각각 太卜監·太史令 이하 이 방면의 전문가들이 소속되었고, 이들을 통칭하여 日官이라 하였다. 일관들은 국왕의 측근에서 天變地異의 의미를 해독하고 그에 대한 대처방안을 제시하였으며, 또 국왕과 관련된 각종 행사의 택일, 吉地의 卜定 등을 업으로 하고 있었다. 태조의 후삼국 통일을 예언한 고려 초의 崔知夢과 충렬왕대의 伍允孚는 《고려사》에 독립된 열전이 마련될 정도로 日官으로서의 활약이 두드러진 인물이었고, 특히 오윤부는 점복으로 그 명성이 원에까지 알려져 원 세조의 초청을 받기도 하였다. 또 고려에서는 점복인의 양성에도 어느 정도 배려를 하였으니, 태조 13년(930) 서경에 학교를 설치할 때 복업을 두었으며,[159] 광종 9년(958) 과거를 처음 시행하면서부터 복업을 뽑았다.[160]

뿐만 아니라 고려에서는 국가의 중대사를 점복으로 결정하기도 하였다. 현종 2년(1011) 거란에 사절을 파견하기에 앞서 태사로 하여금 길흉을 점치게 하였으며,[161] 인종 4년(1126)에는 금나라에 대한 事大의 可否를 태묘에서 점쳤고,[162] 고종 8년(1221)에는 몽고측의 무리한 물품 요구를 들어줄 것인지를 태묘에서 점쳤다.[163] 또 예종 2년(1107)에는 여진을 정벌할 것인가를 태묘에서 점쳤으며,[164] 공민왕 6년(1357)에는 왕이 직접 奉恩寺로 행차하여 太祖眞殿에서 한양 천도의 가부를 점쳤고,[165] 우왕 3년(1377) 왜구가 개경 부근까지 위협함에 천도 여부를 태조진전에서 점쳤다.[166] 이러한 사실들은 외교·전쟁·천도 등 미래의 길흉을 예측·판단하기 어려운 국가의 중대사를 결정할

---

158) 《高麗史》 권 76, 志 30, 百官 1에 의거하여 정리하면 다음 표와 같다.

국초	현종14	예종11	충렬1	後	충렬34	공민5	공민11	공민18	공민21
太卜監	司天臺	司天監	觀候監	太史局	書雲觀	司天監	書雲觀	司天監	書雲觀
太史局	太史局	太史局	太史局	太史局		太史局		太史局	

159) 《高麗史》 권 74, 志 28, 選擧 2, 學校.
160) 《高麗史》 권 73, 志 27, 選擧 1, 科目.
161) 《高麗史》 권 4, 世家 4, 현종 2년 4월 을축.
162) 《高麗史》 권 15, 世家 15, 인종 4년 3월 을미.
163) 《高麗史節要》 권 15, 고종 8년 9월.
164) 《高麗史》 권 96, 列傳 9, 尹瓘.
165) 《高麗史》 권 39, 世家 39, 공민왕 6년 정월 임진.
166) 《高麗史》 권 133, 列傳 46, 우왕 3년 5월 계미.

때 점복에 의지했음을 보여주는 것이라 하겠다.

중대한 문제의 결정을 점복에 의지하려는 것은 개인의 경우도 마찬가지였다. 고종 7년(1220) 崔怡(瑀)의 동생 崔珦은 洪州에서 반란을 일으키기에 앞서 신사로 가서 점구를 던져 길하다는 답을 얻었고,[167] 고종 45년(1258) 文璜 등은 권신 金俊을 제거할 계획을 세우면서 盲僧 伯良에게 일의 성패를 점쳤으며,[168] 원종 12년(1271) 判太史局事 安邦悅은 강도에서 개경으로 환도하는 문제에 대해 태조진영 앞에서 점을 친 후 삼별초를 따라 진도로 갔다는 것 등은[169] 바로 이러한 사실을 말해준다.

징표를 기준으로 할 때 고려시대의 점복은 자연현상을 징표로 한 것, 인간의 어떤 측면을 기준으로 한 것, 인위적으로 만든 징표를 기준으로 한 것 등으로 나누어 볼 수 있다.

먼저 자연현상을 징표로 한 점복은, 자연의 운행이 정상적인 궤도를 벗어나 이상현상을 보이는 데에는 무언가 감추어진 의미가 있다는 관념에 기초하고 있다. 이 때 징표가 되는 자연현상으로는 천문현상·기상현상·동물의 변태 등이 있으며, 《고려사》의 천문지와 오행지 등에서 이에 관한 사례들을 많이 찾아 볼 수 있다. 이 중에서 몇 가지만 예시해 보면 다음과 같다.

○ 선종 9년 11월 경자일에 태백성이 낮에 나타나자, 태사가 3년 안에 國喪이 있겠다고 하였다(권 47, 志 1, 天文 1).

○ 명종 16년 9월 신유일에 鎭星이 歲星을 범하니, 태사가 내란이 있을 징조이니 佛頂消災道場을 열어 이를 가시게 하자고 아뢰었다(권 48, 志 2, 天文 2).

○ 숙종 6년 정월 임술일에 赤氣가 북쪽에서 서쪽으로 하늘에 가득차게 뻗혀있자, 占者가 遼宋 간에 兵喪之災가 있겠다고 하였다(권 54, 志 8, 五行 2).

○ 명종 6년 4월 신축일에 黑氣가 서북에서부터 동남으로 뻗혀있자 태사가 3개월이 못되어 西京의 반란군이 패망할 것이라고 하였다(권 53, 志 7, 五行 1).

○ 선종 6년 4월, 찬바람이 크게 일어나자 태사가 兵革 旱災의 징조이니 덕을 닦아 이를 가시게 하자고 했다(권 55, 志 9, 五行 3).

○ 인종 11년 12월 병술, 운무가 5일간 끼였고 나무가 얼자 태사가 아뢰기를 나라에 큰 근심이 있고 외적이 침입해 올 징조라고 하였다(권 55, 志 9, 五行 3).

167) 《高麗史》 권 129, 列傳 42, 叛逆 3, 崔忠獻 附 怡.
168) 《高麗史》 권 130, 列傳 43, 叛逆 4, 金俊.
169) 《高麗史節要》 권 19, 원종 12년 5월.

○ 고종 46년 5월 을묘일에 慈雲寺의 연못에서 핏빛 같은 붉은 물거품이 생기니, 寶文閣 校勘 姜度가 말하기를 신라 虎景王 때에도 大觀寺 연못이 붉게 변하더니 왕이 죽었는데 이번에도 고종의 병이 낫지 않을 것이라고 하였다(권 53, 志 7, 五行 1).

○ 고종 22년 10월, 北界의 모든 강들 얼음이 두텁게 얼었다가 갑자기 갈라지니, 父老들이 몽고병이 침입해올 징조라고 하였다(권 53, 志 7, 五行 1).

○ 태조 8년 3월 병신일에 궁성에서 길이 70자나 되는 지렁이가 나왔는데, 사람들이 발해가 투항해올 조짐이라 하였다(권 55, 志 9, 五行 3).

○ 우왕 7년 4월 갑자일에 도성으로 노루가 들어오니 日官이 秘記에 의해 이는 나라가 망할 징조이니 왕이 사냥을 다니지 말고 반성할 것을 권하였다(권 54, 志 8, 五行 2).

○ 최응의 어머니가 최응을 임신했을 때 그 집 호박넝쿨에 참외가 열렸는데, 궁예가 이를 점쳐보니 사내아이가 태어나면 나라에 위태롭다고 했다(권 92, 列傳 5, 崔凝).

이상의 사례들은 비정상적인 자연현상이 미래에 일어날 사태를 알려주는 것으로 여겨졌음을 보여준다. 그리고 그것이 알려주는 바는 국왕의 죽음, 내란의 발발 및 그 결과, 외적의 침입, 한발, 나라의 멸망 등에 걸치고 있으며, 심지어 중국에서 일어날 일까지도 예시하고 있다. 이렇듯 자연현상이란 징표의 의미를 판단함에는 나름대로 근거하는 바가 있었다. 위의 사례에서 신라의 고사와 《秘記》같은 문헌이 징조를 판단하는 근거로 이용되었는데, 이러한 문헌으로는 이 밖에도 《海東古賢讖記》·《天地祥瑞誌》·《開元占經》·《舊占文》·《京房易傳》 등 우리나라와 중국의 점서들이 사용되었음을 확인할 수 있다.

한편 인간의 어떤 면을 징표로 한 점복으로는 觀相占과 星命占, 夢占이 행해지고 있었다. 관상점이란 인간의 相貌를 보고 그의 운명을 판단하는 것인데, 이에 관한 자료로는, 고려 초의 승려인 忠湛이 어렸을 매 相者가 그의 관상을 보고 12살에 명성을 드러내겠다고 한 것,[170] 演之라는 術僧이 崔怡의 관상을 본 것,[171] 안향이 金怡의 상을 보고 귀하게 될 것임을 예언한 것,[172]

170) 〈原城興法寺眞空大師塔碑〉(《韓國金石全文》 中世 上, 亞細亞文化社, 1984), 309쪽.

171) 《高麗史》 권 103, 列傳 16, 金希磾.

172) 《高麗史》 권 108, 列傳 21, 金怡.

相師 天一이 충선왕의 관상을 본 것[173] 등이 전해지고 있다. 또 성명점이란 사람의 생년월일을 天干地支에 배당시켜 天星의 운세를 살핌으로써 인간의 운명을 추산하는 것인데, 우왕 때의 인물인 朴尙衷이 성명학에 정통하여 사람의 길흉을 점쳐 적중함이 많았다는 사실이 전해진다.[174]

夢占이란 인간의 꿈을 징표로 하여 미래사를 예지하는 것이다. 이것은 꿈을 신비한 것으로 여겼기 때문인데, 이에 의하면 꿈은 신이 친히 나타나 신의를 계시하는 장이거나 인간의 운명에 대한 암시를 내포하는 것이다. 의종이 西江으로 놀러가려는데 꿈에 한 부인이 나타나 5월 이전에는 놀러가서는 안된다고 했다든지,[175] 예종 때의 인물인 郭輿의 꿈에 어떤 이인이 나타나 이름을 輿로 개명하라고 했다는 것은[176] 전자의 예에 해당한다. 그러나 이러한 경우는 나타내고자 하는 바가 명확하기 때문에, 행차를 중지하거나 이름을 고치면 될 뿐 점복의 대상이 되지 않는다. 이에 비해 후자는 뜻하는 바가 명확하지 않으므로, 주로 점복의 대상이 되는 꿈은 후자의 경우이다.

몽점에 관한 것으로 기록에 가장 많이 보이는 것이 胎夢이다. 《고려사》의 열전이나 고려시대 승려들의 탑비에 그 인물의 위대함을 내세우기 위해 많은 태몽들이 소개되어 있기 때문이다. 이러한 자료들은 이미 상당수가 정리된 바 있어,[177] 이들 사례의 제시는 이로써 미루기로 하지만, 한 가지 첨가할 것은 아이의 이름을 태몽에 근거해서 짓는 풍속이 있었다는 점이다. 이러한 것으로는, 어머니가 하늘에 자식 얻기를 청하던 중 하늘에서 내려오는 아이를 품는 꿈을 꾸고 낳았다고 하여 초명을 請이라 했다든지,[178] 난초 화분을 안다가 떨어뜨리는 꿈을 꾸고 낳았다고 해서 초명을 夢蘭이라 했던 사실이 전해진다.[179]

---

173) 《高麗史》 권 33, 世家 33, 충선왕 즉위전기.
174) 《高麗史》 권 112, 列傳 25, 朴尙衷.
175) 《高麗史》 권 19, 世家 19, 의종 24년 3월 정사.
176) 《高麗史》 권 97, 列傳 10, 郭輿.
177) 任東權, 〈高麗時代의 占卜俗〉(앞의 책), 326~328쪽.
秋萬鎬, 〈羅末麗初 禪師들의 胎夢과 民衆生活〉(《伽山李智冠스님華甲紀念 韓國佛敎文化思想史》 上, 伽山佛敎文化硏究院, 1992), 647~667쪽.
178) 《高麗史》 권 99, 列傳 12, 李純佑.
179) 《高麗史》 권 117, 列傳 30, 鄭夢周.

몽점에는 태몽과는 달리 꿈을 꾼 당사자의 미래를 알아보는 것이 있었다. 이러한 사례로는 최지몽이 태조의 꿈을 후삼국을 통일할 징조라고 해몽한 것,[180] 경종의 왕비 獻貞王后가 곡령에 올라가 소변을 보는 꿈을 꾸고 점을 치니 국왕을 낳을 징조라고 한 것,[181] 현종이 숨어 살던 시절에 꿈에 닭소리와 다듬이 소리를 듣고 술사에게 물으니 즉위할 징조라고 해몽한 것[182]등을 들 수 있다. 또 꿈을 토대로 행동을 결정하기도 하였다. 崔暹이 제자인 金審言의 머리에서 화기가 솟구쳐 하늘로 올라가는 꿈을 꾸고 사위를 삼았다든지,[183] 충렬왕 때 金連은 차고 있던 金魚가 떨어지는 꿈을 꾸고 벼슬을 그만두었다는 것이[184] 그것이다.

인간이 만든 징표를 토대로 한 점복이란 占具를 이용한 점복 방법이다. 이것은 비록 인위적인 것이지만 적당한 도구와 적절한 방법을 사용한다면 신의 뜻이나 미래의 길흉을 알아낼 수 있다는 생각에 기초하고 있다.

이러한 방법으로는 두 가지가 기록에서 확인되고 있다. 그 하나는 우왕 3년(1377) 왜구 때문에 천도를 하고자 하여 太祖眞殿에 사람을 보내어 점쳤는데 '動' '止' 중 '지'자를 얻어 이를 중단하였던 사실인데,[185] 이와 같이 어떤 일의 가부를 결정하고자 할 때 가부에 해당하는 글자를 만들어 그 가운데 하나를 택하여 일을 결정하는 방법이다.

다른 하나는 나무나 대나무를 다듬어 만든 茭 또는 杯珓라는 점구를 몇 개 던져 그것이 떨어진 모습을 보고 점복을 하는 방법이다. 이 방법은 이규보가 태어난 지 석 달만에 나쁜 종기가 생겨 약을 써도 낫지 않자 그의 아버지가 송악신사에서 아이의 생사와 무슨 약을 쓸 것인지를 점칠 때 사용되었다. 또 이규보가 전주의 지방관으로 가서 성황신이 언제 비를 줄 것인지를 점칠 때도 이용되었으며,[186] 최이의 동생 최향이 반란을 꾀하기에 앞서 성패

180) 《高麗史》 권 92, 列傳 5, 崔知夢.
181) 《高麗史》 권 88, 列傳 1, 后妃 1, 獻貞王后 皇甫氏.
182) 《高麗史》 권 4, 世家 4, 현종 즉위전기.
183) 《高麗史》 권 93, 列傳 6, 金審言.
184) 《高麗史》 권 107, 列傳 20, 金連.
185) 《高麗史》 권 133, 列傳 46, 우왕 3년 5월 계미.
이러한 점복방법은 위에서 언급한 공민왕 6년 한양천도 여부를 결정할 때에도 사용되었다.
186) 李奎報, 《東國李相國集》 권 1, 年譜 및 권 37, 又祈雨城隍文.

를 점칠 때도 사용되었다.[187] 오늘날에도 인위적 징표를 토대로 한 점복이 여러 가지로 행해지고 있는데, 그 중에서도 擲米占이나 돈(錢)점은 바로 고려시대의 이러한 점복 방법과 맥락을 같이하는 것이라 하겠다.

(4) 기복제

이상에서 언급한 의례들도 재앙을 방지하거나 물리쳐서 궁극적으로는 복된 생활을 영위하고자 하는 것이지만, 이와는 달리 복을 비는 것이 일차적 목적인 의례들도 있다. 특별한 재앙이나 이상현상이 없는 데도 정기적으로나 수시로 거행되는 의례들이 바로 그러한 것들이다.

이 가운데 민속종교와 관련하여 주목되는 것은 산천에 대한 의례들이다. 산천에 대한 의례는 신라시대에 이미 祀典에 포함되어 국가제사의 일부를 이루고 있었다. 고려에서도 명산대천은 국가적 의례의 대상이 되었으며, 성종 9년(990)에 그 틀이 마련되었다. 성종은 그 2년에 원구제를 거행하고 7년에는 5묘를 정하였으며, 9년에 서경으로 행차하여 산천의 제사를 刪定하겠다는 교서를 내렸다.[188] 그러므로 고려의 산천에 대한 제사는 성종이 유교이념에 보다 충실하게 사전을 정비하는 과정에서 제도화된 것이라 하겠다.

국가의 사전에 포함된 산천으로는 積城 紺岳山·西京 楊津·鎭州의 胎靈山·燕岐 熊津·公州 鷄龍山·大興 蘇定方祠·報恩 俗離山·鎭安 馬耳山·南原 智異山·靈岩 月出山·海陽 無等山·交州 德津溟所·安岳 阿斯津華串과 挑串·長淵 長山串·黃州 阿斯津松串·定州 鼻白山·靜邊鎭 沸流水가 《고려사》 지리지에서 확인된다. 이들 산천에 대해서는 특별한 재앙이 없더라도 국가에서 봄과 가을에 향과 축문을 내려주는가 하던, 각지에 外山祭告使를 파견하여 제사하게 했다. 이 제도는 낭비가 많다고 하여 문종 18년(1064) 동북 양계와 浿西道는 외산제고사를 따로 파견하지 않고 각각 監倉使와 안찰사가 이 일을 대신하게 하는 변화가 있기도 했지만,[189] 신종 원년(1198) 李寅甫가 경상도제고사로 파견된 사실이 《補閑集》 등에서 확인되는

187) 《高麗史》 권 129, 列傳 42, 叛逆 3, 崔忠獻 附 怡.
188) 《高麗史》 권 3, 世家 3, 성종 9년 9월 기묘.
189) 《高麗史》 권 8, 世家 8, 문종 18년 2월 계유.

등[190] 고려 일대를 통하여 계속되어 왔다. 그리고 충렬왕 원년(1275)에는 外山祈恩別監을 충청·경상·전라·동계로 나누어 보냈다고 하는데,[191] 이 외산기은별감이 외산제고사와 같은 것이라면 이들의 파견 목적이 국가를 위해 복을 비는 것임을 알 수 있다. 또 고려에서는 이들의 제사 비용을 위해 산천의 신사에 토지를 지급하였다. 창왕 즉위년(1388) 9월 사전개혁을 논의하면서 道殿·神祠 등의 토지는 회수하지 말자는 견해가 많자 右常侍 許應이 이를 반대한 상소를 올렸다는 것은 이러한 사실을 반영한다.[192]

이러한 공식적인 의례와는 달리 왕실이 사사로이 복을 비는 의례들도 있었는데, 別祈恩이 그것이다. 별기은이란 개경의 國巫堂에서 국내의 여러 산천을 合祭하여 祈恩하는 것과는 별도로, 지방의 명산대천 소재지에서 복을 빌게 하는 행사이다.[193] 성종 원년(982) 최승로가 시무 28조에서 백성의 부담을 줄이기 위해서라도 왕실이 別例祈祭를 지내지 말도록 하자고 한 것을 보면, 이러한 행사는 고려 초부터 행해지고 있었던 것으로 짐작된다.

고려시대에 별기은은 봄과 가을에 두 차례 정기적으로 행해졌다.[194] 그러나 왕실의 안전이 위협을 받을 때는 더욱 빈번히 거행되기도 하였다. 특히 공양왕은 사철 13곳에서 별기은을 행하였다고 한다.[195] 이 때 별기은이 거행된 13곳이 어디인지는 밝혀져 있지 않지만, 그 중 8곳은 조선시대의 기록에서 확인된다. 德積·白岳·松岳·木覓·紺岳·開城大井·三聖·朱雀이 그것이다. 여기서 삼성이란 몽고압제기에 중국에서 전래된 水道의 화복을 주재하는 신을 제사하는 곳이며, 주작이란 朱雀 7宿를 제사하는 곳을 말한다.[196] 그렇다고 할 때 별기은에서는 산신·수신 등 다양한 신격들이 의례의 대상이 되었다고 하겠으며, 그 중에서도 산신이 가장 많았다고 하겠다.

---

190) 崔　滋,《補閑集》下.
191)《高麗史》권 28, 世家 28, 충렬왕 원년 6월 무신.
192)《高麗史》권 78, 志 32, 食貨 1.
193) 李惠求, 앞의 글, 299~338쪽.
194)《太宗實錄》권 22, 태종 11년 7월 갑술.
195)《高麗史》권 45, 世家 45, 공양왕 2년 9월 계사.
196) 이상은《太宗實錄》권 22, 태종 11년 7월 갑술조의 내용을 정리한 것인데, 이에 의하면 주작은 송도 南薰門 밖에 있었다고 한다. 그런데《新增東國輿地勝覽》권 13, 豊德郡 祠廟條에 三聖神堂과 朱雀神堂이 나란히 보이는 점으로 미루어, 이들을 제사하는 곳은 풍덕에도 있었던 것 같기도 하다.

별기은을 위해서는 환관이나 司鑰 또는 무격을 보내어 치제하게 했지만, 공민왕 22년(1373)에는 왕의 嬖倖인 金興慶의 어머니 柳氏를 交州·江陵·楊廣 三道祈恩使로 파견한 경우도 있다.[197] 이로 미루어 별기은을 위해서는 왕실의 측근자들이 파견되었음을 짐작할 수 있다.

복을 빌기 위한 의례는 왕실에서 뿐만 아니라 민간에서도 널리 행해지고 있었다. 충선왕 3년(1311) 공경사대부에서 서민에 이르기까지 사람들이 다투어 감악산에 제사했고, 그 바람에 知中門事 閔儒와 前少尹 金瑞芝가 감악산으로 가다가 長湍津에서 빠져죽는 사태가 발생했다고 하는데,[198] 이러한 감악산 제사도 기복을 위한 것이었다고 추측된다.

이렇듯 왕실에서부터 서민에 이르기까지, 또 공식적인 데서부터 국가에서 금지하는 행사에 이르기까지 기복제가 거행되고 있었다면, 어떤 내용들이 기원되었을까 하는 점이 궁금해진다. 인종 16년(1138) 국내의 명산대천을 제사하면서, 왕은 천지의 和氣를 이루기 위해서라고 했다.[199] 이렇듯 기원의 내용이 거창한 것도 있지만, 대체로는 보다 현실적인 문제들이 기원되었던 것 같다. 예종 2년(1107) 종묘와 사직 및 群望(산천)에 제사하여 풍우의 순조를 기원했다든지,[200] 명종 15년(1185) 白馬山에 사람을 보내어 태자의 후사를 빌었다든지[201]하는 것은 바로 이러한 사실을 보여준다. 그러므로 각종의 기복제란 풍요와 다산을 보다 적극적으로 불러들이려는 의례라 할 수 있겠다.

이상에서 고려시대에 거행되었던 의례들을 그 목적에 따라 몇 가지로 나누어 살펴보았다. 그 결과 고려시대에도 국가에서부터 개인에 이르기까지 다양한 현실적인 문제들을 의례를 통하여 해결하려 했음을 짐작할 수 있게 되었다. 이와 관련하여 주목되는 사실은 고려의 祀典이 표면상으로는 신라에 비해 중국의 그것에 훨씬 가까와지고 있지만, 그 내면에는 민속종교적 관념이 복재해 있다는 점이다. 그리고 국가제사의 차원에서 수용된 유교적 의례

197) 《高麗史》 권 124, 列傳 37, 嬖幸 2, 金興慶.
198) 《高麗史節要》 권 23, 충선왕 3년 4월.
199) 《高麗史》 권 16, 世家 16, 인종 16년 5월 경자.
200) 《高麗史》 권 12, 世家 12, 예종 2년 7월 무자.
201) 《高麗史》 권 20, 世家 20, 명종 15년 5월 병술.

들이 점차 민속 종교화되어 가는 모습을 보이고 있으니, 土龍 기우 같은 것이 그 예가 될 것이다.

〈徐永大〉

집 필 자

개 요 ……………………………………………………………………………… 최병헌

Ⅰ. 불 교

1. 불교사상의 전개
   1) 나말려초의 교종과 선종 …………………………………………… 김두진
   2) 광종대의 불교통합운동과 천태학의 연구 ……………………… 김두진
   3) 현종대 이후 화엄종・법상종의 대두와 불교계의 모순 …… 김두진
   4) 대각국사 의천의 불교개혁운동과 천태종의 창립 …………… 리영자
   5) 승관조직과 승과제도 ………………………………………………… 이봉춘
2. 대장경의 조판
   1) 초조대장경의 조판 …………………………………………………… 천혜봉
   2) 속장의 조판 …………………………………………………………… 천혜봉
3. 불교행사의 성행
   1) 불교행사의 유형과 전개 …………………………………………… 홍윤식
   2) 항례적인 불교행사 …………………………………………………… 홍윤식
   3) 각종의 도량 …………………………………………………………… 홍윤식
   4) 반승과 재회 …………………………………………………………… 홍윤식
   5) 향도조직 ……………………………………………………………… 이해준
4. 사원의 경제활동 ……………………………………………………… 이상선

Ⅱ. 유 학

1. 유학사상의 정립 ……………………………………………………… 이희덕
2. 유학사상의 발전 ……………………………………………………… 이희덕
3. 유학사상의 실천적 전개 …………………………………………… 이희덕

Ⅲ. 도교 및 풍수지리 · 도참사상

1. 도교사상 .... 양은용

2. 풍수지리 · 도참사상 .... 최창조

3. 민속종교 .... 서영대

한국사 16

고려전기의 종교와 사상

편찬간행 **국사편찬위원회**

초판1쇄 2003년 11월 30일
2쇄 2013년 6월 4일

번각발행 **탐구당**

등록일 1950년 11월 1일
등록번호 서울 제 03-00993 호

주소 서울특별시 용산구 한강대로 62 나길 6
전화 (02) 3785-2211(대표)
팩스 (02) 3785-2272
홈페이지 www.tamgudang.co.kr
전자우편 tamgudang@paran.com

ISBN 978-89-8236-582-9
978-89-8236-566-9(세트)

값 15,500 원